JN448886

[제2판]

청소년 문제와 보호

모경환 · 이미리 · 김명정
공저

교육과학사

제2판 머리말

우리나라 청소년들의 학업성취도는 국제적으로 최상위권을 유지하고 있지만 주관적 행복지수는 OECD 국가 중 최하위권에 속한다. 몇 년째 청소년사망 원인 1위가 자살이며, 중·고등학생들은 학년이 올라갈수록 우울감의 경험률도 높게 나타난다. 우리사회는 과거 어느 때보다 급격한 변화를 경험하고 있으며 청소년과 관련된 사회문제는 더욱 다원적이고 복잡하게 변해가고 있다. 우리 청소년들은 학업 스트레스, 가출, 자살 등의 문제뿐만 아니라 최근에는 집단 괴롭힘, 약물 오남용, 사이버일탈 등이 날로 심각해져가고 있다.

이러한 청소년 문제에 대한 올바른 이해는 청소년들의 행복한 삶과 자아실현 및 발달을 돕고 사회문제의 해결과 국가발전을 위해 대단히 중요하다. 청소년 문제에 대한 다각적인 이해를 통해 이를 예방할 수 있는 사회적 대책과 국가정책을 마련할 수 있다. 이 책은 청소년에 대한 이해를 바탕으로 청소년 문제의 현황을 파악하고 이를 이론적으로 규명하며 바람직한 청소년 정책을 모색하자는 취지에서 집필되었다.

이 책은 총 3부 12장으로 구성되어 있다. 먼저 제1부에서는 청소년 문제의 개념과 특징, 청소년 문제에 대한 이론, 그리고 청소년 문제의 배경에 대해서 다룬다. 여기서는 청소년기의 특징과 청소년 문제의 의미와 유형, 청소년 문제에 대한 다양한 이론적 접근법, 그리고 청소년 문제의 배경으로서 가족, 학교, 사회에 대해서 고찰한다.

다음으로 제2부에서는 청소년 문제의 다양한 유형과 대책을 나룬다. 우리사회 청소년들이 경험하는 대표적 문제인 가출, 집단 괴롭힘, 학교부적응, 인터넷 중독, 성일탈, 약물 오남용, 우울증과 자살 등에 대해 살펴본다. 이들 문제에 대한 현황을 살펴보고 이들을 이해하기 위한 이론적 입장과 우리 현실에 기초한 바람직한 대책에 대한 논의한다.

마지막으로 제3부에서는 청소년 문제에 대한 논의를 기초로 청소년 보호에 대한 정책과 동향을 살펴본다. 우리나라 청소년 보호 정책과 비전을 검토하고 세계 각국의 청소년 보호정책을 고찰함으로써 우리 청소년 보호정책에 대한 시사점을 도출하고자 하였다.

이 책이 청소년 문제와 청소년학을 공부하는 학생들과 청소년 기관이나 단체에서 활동하는 현장 전문가, 그리고 청소년 정책을 입안하고 실행하는 행정가들에게 좋은 참고서가 되기를 기대한다. 이 책의 출판을 격려해주신 교육과학사의 한정주 사장님, 정경식 부장님, 이정호 실장님과 편집진에게 깊은 감사를 표한다.

2020년 2월

저자 일동

차례

제2부
청소년 문제의 유형과 대책

제3부
청소년 문제와 청소년 보호

제1부

청소년 문제의 이론과 배경

제1장

청소년 문제의 개념과 특징

개관

세계 각국에서 청소년 문제는 주요한 사회문제이다. 우리 사회에서는 학업 중단, 가출, 우울증 등의 문제뿐만 아니라 최근에는 사이버 일탈, 약물 남용, 자살 등이 날로 심각해져가고 있다. 청소년 문제의 발생 연령대가 낮아지는 한편 청소년과 관련된 사회 문제도 다양하고 복잡해지고 있다. 현대 사회에서 청소년 문제가 날로 심각해져가는 이유는 무엇일까?

청소년 문제로 규정되는 범위는 시대와 사회에 따라 차이가 있으며 청소년 문제에 대한 사회적 대응도 다양하게 나타난다. 한 사회 내에서도 사회적 계층이나 성별에 따라 적용하는 기준도 차이가 있다. 이 장에서는 청소년 문제의 개념과 특징에 대해 살펴보고자 한다. 청소년 문제에 대한 개념적 정의와 용례를 통해서 의미를 파악하는 한편, 사회적 현상으로서 청소년 문제가 갖고 있는 특징에 대해 살펴볼 것이다.

학습목표

1. 청소년 문제의 의미를 정의할 수 있다.
2. 청소년 문제의 유형을 제시할 수 있다.
3. 청소년 문제의 특징을 설명할 수 있다.

주요용어

청소년기, 사회문제, 청소년 문제, 청소년 비행, 지위 비행

1. 청소년 문제의 개념

청소년 문제는 청소년과 문제라는 단어의 합성어이다. 여기에는 아동기와 성인기의 중간 단계로서의 '청소년기'와 사회 구성원들이 문제로 인식하고 있다는 '사회문제'로서의 의미가 내포되어 있다. 즉 청소년 문제는 사회 전체에 부정적 영향을 미치는 상황으로서의 사회문제와 청소년들의 발달 과업 상에 나타나는 문제라는 복합적인 의미를 가지고 있다.

따라서 청소년 문제에는 청소년에 의한 폭력, 약물 오남용, 자살, 성일탈 등의 일반적인 사회문제뿐만 아니라 욕구 좌절, 부적응 등 청소년 시기에 나타나는 제반 문제가 포함된다. 이와 같은 구체적인 청소년 문제들을 다루기에 앞서 이 장에서는 먼저 청소년과 청소년 문제의 개념을 고찰하고, 청소년 문제의 특징을 살펴보기로 한다.

1) 청소년의 의미

청소년이란 아동기와 성인기의 중간 단계에 있는 집단을 지칭하며, 아동기의 미성숙함과 사회적 의존성에서 벗어나 성인기의 자율성과 사회적 책무성으로 이행하는 단계에 놓여있다. 청소년기(adolescence)에는 신체적·정신적으로 급격한 성장이 이루어지고 부모로부터 독립해가며 심리적, 사회적, 도덕적으로 비약적인 발달이 이루어진다. 또한 사회적으로 역할이 명확하지 않아 책임이 모호하며, 학교에서 많은 시간을 보내야 하는 것과 같은 생활의 제약을 경험한다. 특히, 신체적인 변화에 초점을 두어 신경계와 내분비계의 급격한 발달로 성적 성숙이 이루어지는 것을 지칭하여 사춘기(puberty)라고 한다. 그래서 청소년기를 사춘기가 시작되는 시점부터 사회적 독립을 이룰 때까지를 나타내기도 한다(Curtis, 2015).

우리나라에서는 사회통념상 청소년기를 중·고등학교 시기(13~18세)를 의미하지만, 연령을 기준으로 청소년을 정의할 때 몇 가지 기준이 사용되고 있는데, 미국소아과학회(American Academy of Pediatrics)에서는 11~21세를 청소년으로 본다. 유엔(UN)사무국에서는 'adolescents'를 10~19세로, 'youth'를 15~24세로 정의하여, 이에 따라 청소년은 10~24세의 집단을 가리킨다. 세계보건기구(WHO)나 유엔아동기금(UNICEF)에서도 이러한 정의를 따르고 있다.

미국의 경우 대부분의 주(州)에서 미성년자(minor)는 18세 미만으로, 소년범의 해당 연령(juveniles)은 10-17세로 정하고 있다(Eitzen & Zinn, 2003: 341). 독일의 경우에는 청소년보호법에서 '아동'은 14세 미만으로, '청소년'은 14세 이상 18세 미만의 자로 정의하고 있다. 그리고 일본의 경우, 소년(소년법상 20세 미만), 아동(아동복지법상 18세 미만), 미성년자(민법상 20세 미만), 학령아동(학교교육법상 6-12세)으로 나누어 규정하고 있다(정순원, 2006: 10). 최근에는 신체적 조숙화 경향과 교육 연한의 연장 등으로 인하여 청소년기의 시작은 빨라지고 성인기의 시작은 늦어지는 경향이 나타나고 있다.

이와 같이 연령을 기준으로 청소년을 정의하는 것은 나라별, 시대별, 국제기구별로 많은 차이를 나타내고 있어서 일관성을 갖기 어렵다. 따라서 청소년기를 정의할 때는 성인기로 이행하는 과도기의 사회적 과정에 초점을 맞추는 것이 필요하다.

우리나라에서도 관련법에 따라 청소년의 연령을 조금씩 다르게 정의하고 있다. 형법에서 '형사미성년자'는 만 14세 미만의 자로서, 형법 제 9조에는 '14세가 되지 아니한 자의 행위는 벌하지 아니한다.'고 규정하고 있다. 민법에서 '미성년자'는 만 19세 미만의 자로서, 미성년자의 법률 행위는 원칙적으로 법정 대리인의 동의를 필요로 한다. 또한 청소년보호법에서는 '청소년'을 만 19세 미만인 자로, 청소년기본법 에서는 '청소년'을 만 9세 이상 24세 이하의 자로, 소년법에서는 '소년'을 만 19세 미만인 자로, 그리고 아동복지법에서는 '아동'을 18세 미만의 자로 규정하고 있다. 이를 표로 나타내면 다음과 같다.

〈표 1-1〉 청소년 관련 법률상의 명칭

규정 법률	법률상의 명칭	연령대
형법	형사미성년자	만 14세 미만
민법	미성년자	만 19세 미만
청소년보호법	청소년	만 19세 미만
청소년기본법	청소년	만 9세 이상 - 24세 이하
소년법	소년	만 19세 미만
아동복지법	아동	만 18세 미만
근로기준법	연소자	만 15세 이상~18세 미만

이상에서 살펴본 바와 같이, 청소년의 보호와 육성은 국가의 중요한 업무이기 때문에 세계 각국에서 법률로 규정하고 있으며, 제정된 법의 목적에 따라 연령 규정과 보호의 내용이 다르다. 또한 국가 기관에 따라 청소년의 대상 연령이 차이가 있는데, 통계청과 여성가족부의 '청소년 통계'에서는 9~24세, 대검찰청의 '범죄분석통계'에서는 18세 이하를 청소년으로 규정하고 있다.

통계청 자료에 따르면 2019년 우리나라 청소년인구(9~24세)는 876만 5천 명으로, 1982년에 정점(1,420만 9천 명)을 찍은 후 감소하고 있다. [그림 1-1]에 나타난 바와 같이 2019년 우리나라 전체의 17.0%를 차지하고 있는 청소년 인구는 2060년에는 10.4%로 감소할 전망이다(통계청 · 여성가족부, 2019).

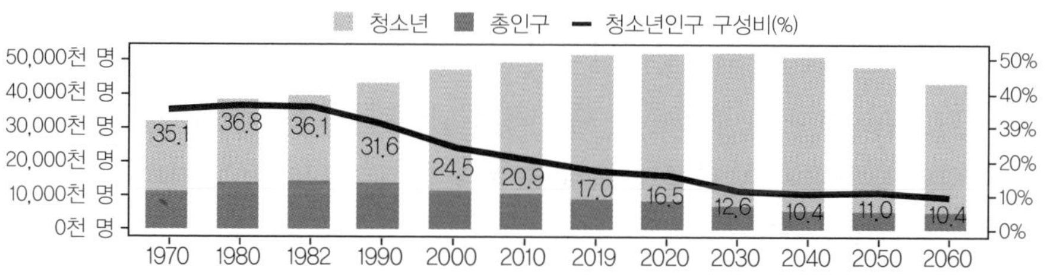

[그림 1-1] 청소년 인구 추이

출처: 통계청 · 여성가족부(2019), p.5.

이와 같은 청소년기는 성인과 아동 사이의 과도기에 해당하며 아동기나 성인기와는 구별되는 다음과 같은 독특한 특성을 나타낸다. 첫째, 청소년기에는 급격한 신체적 성장과 함께 생식 능력이 생기고 2차 성징이 나타난다. 자신의 신체와 외모에 대한 관심이 증가하며, 성적 충동과 관심이 높아진다. 둘째, 청소년기를 '질풍과 노도의 시기'라 할 만큼 청소년들은 정서적인 불안, 혼란, 갈등을 경험한다. 이러한 불안정한 정서적 상태는 성인으로 성숙해가면서 점차 안정을 찾아간다. 셋째, 정서적 변화와 함께 인지적 능력, 즉 사고 능력 또한 발달한다. 청소년기에는 아동기와는 달리 논리적이고 추상적인 사고가 가능하며 문제해결 같은 고차적 사고 기능이 발달한다. 넷째, 청소년기에는 가정으로부터 벗어나 점차 학교나 또래집단과의 유대관계를 강화한다. 특히 또래집단은 청소년의 자아정체성과 정서적 안정에 매우 중요한 역할을 한다. 다섯째, 자동차 운전면허 취득과 같은 성인의 역할에 입문하게 되며, 일부 청소년은 투표권을 갖게 되는 등 사회적 역할과 책임감이 증가한다.

2) 청소년 문제의 개념

청소년 문제는 '청소년'과 '문제'의 합성어인데, 위에서 살펴본 바와 같이 청소년이란 인간의 발달 단계 중 아동기를 지나 성인기로 진입해가는 세대 집단을 가리킨다. 청소년은 아동 및 성인과는 다른 독특한 인지적, 도덕적, 신체적 발달 특징을 지니며, 고유한 사회적 지위와 그에 대한 역할을 부여받는다. 또한, 문제란 '사회문제'를 의미한다. 즉, 사회구성원 대다수의 삶에 부정적 영향을 미치며 구성원들의 관심과 지혜를 모아 해결해야할 과제를 가리킨다. 따라서 청소년 문제란 청소년이라는 특정한 세대 집단과 관련된 사회 문제로서 사회적 관심과 노력을 통해 해결하고 개선해야할 제반 문제들을 통칭한다고 할 수 있다.

청소년 문제는 일반적으로 청소년들이 저지르는 규범 위반 행위를 가리킨다. 모든 사회는 어떤 현상이 바람직하다 혹은 바람직하지 않다고 판단하는 행위의 기준을 지니고 있는데, 이를 사회 규범이라 한다. 사회 구성원들은 사회 규범에 따라 자신의 행동 방향을 계획하며, 타인의 행동의 적절성을 평가하기도 하고, 규범 위반자에 대해서 제재를 가하기도 한다.사회 규범의 종류는 다양하여 모든 사회구성원들에게 기대되는 공통의 규범도 있지만, 특정 역할에 기대되거나 통용되는 규범도 있다. 예를 들어, '남의 물건을 훔치지 말라'는 사회 구성원 모두에게 해당되는 규범이다. 그러나 여성과 남성, 성년과 미성년, 도시인과 촌락 거주민 등, 하위 집단별로 각기 독특한 행동 기준이 존재할 수 있다.

따라서 청소년 문제란 청소년이 사회 보편의 규범 및 청소년이라는 세대 집단에게 기대되는 독특한 사회 규범을 위반하는 것을 의미한다고 할 수 있다. 사회학에서는 규범 위반 행위를 '일탈행위'로 통칭하고 있는데, 특히 청소년이 저지른 일탈행위를 가리켜 '청소년 비행'이라는 개념을 사용한다. 요약하자면, 좁은 의미에서 청소년 문제는 청소년의 일탈행위 즉, 청소년 비행(juvenile delinquency)을 의미한다고 할 수 있다.

그러나 청소년 문제는 '청소년의 사회 규범 위반 행위'에만 국한되지 않는다. 사회적으로 통용되는 청소년 문제의 의미나 정책, 그리고 학술 연구에서 규정되는 청소년 문제는 훨씬 다양한 차원을 포괄하고 있다. 풀러(Fuller, 2013)에 의하면 청소년 문제는 ①법을 어긴 행위 ②청소년을 대상으로 한 범죄 ③지위 비행 ④방임 · 속박 · 학대 · 가정내 불화 등을 포함한다. 즉, 청소년이 사회적 규범을 위반하여 사회에 해악을 초래하고 자기 자신을 위험에 처하게 한 경우뿐만 아니라, 청소년을 대상으로 한 범죄, 청소년과 관련된 가정 문제도 청소년 문제에 포함시키고 있다. 요컨대 넓은 의미에서 청소년 문제는 청소년의 범법 및 비행 외에도 청소년의 삶의 질과 건전한 성장을 위협하는 제반 사회문제를 포괄하는 것으로 볼 수 있다.

2. 청소년 문제의 유형

앞서 청소년 문제의 개념을 살펴보았다. 청소년 문제는 좁게는 청소년이 저지르는 비행행위에서, 넓게는 청소년에게 고통과 위협을 초래하는 제반 상황을 의미한다. 청소년 문제의 다양한 유형을 범주화해서 체계적으로 파악하고 대책을 마련하는 것이 중요하지만, 문제행동을 나타내는 용어가 통일되어 있지 않고 정부에서 발표하는 통계도 실태를 종합적으로 파악하는 데는 한계가 있다.

한국청소년정책연구원의 연구에서는 청소년 문제행동의 범주와 분류에 대한 기존 선행연구들이 특정 문제행동에 치중하거나, 과거와 다른 현재의 추세를 제대로 반영하지 못하거나, 문제행동의 분류 기준이 일관적이 못하다는 점 등을 비판하고 〈표 1-2〉와 같이 보다 체계적인 문제 유형을 제시하고 있다(이종원 외, 2001).

〈표 1-2〉 청소년 문제행동의 유형

범주	유형	항목
규범적 문제 행동	표출형 문제행동	귀걸이 착용, 머리 염색, 짙은 화장, 과도한 다이어트
	유흥/풍속형 문제행동	음주, 흡연, 성인용 술집 출입, 디스코텍/나이트클럽 출입, 성인용 노래방 출입, 비디오방 출입, 음란/포르노물 열람, 폭력/잔혹물 열람, 이성친구와의 성적 접촉, 이성친구와의 성관계
	권위반항형 문제행동	부모님에 대한 반항, 교사에 대한 반항, 용돈 유용, 무단결석, 무단외박, 가출, 컨닝, 가족 돈/카드 유용, 심한 말다툼
법률적 문제 행동	폭력/절도형 비행	타인 금품 절도, 금품 갈취, 상점 절도, 공공기물 파손, 폭행, 패싸움 참여, 공공장소 소란행동, 친구따돌리기(왕따)
	성비행	성매매, 강제적인 성관계, 버스/지하철에서의 고의적인 신체접촉, 사창가 배회
	도피형 비행	자살 시도, 마약 복용, 환각약물 흡입

사이버 문제 행동	사이버 비가해형 문제행동	폭력성 게임, 폭력성 사이트 열람, 음란성 게임, 음란/포르노 사이트 열람, 음란대화 시도, 불법 소프트웨어 사용, 반사회적 사이트 열람, 인터넷 과잉 몰입
	사이버 가해형 문제행동	온라인 욕설/폭언, 웹사이트 해킹, 스팸메일/바이러스 유포, 허위정보 유포, 아이디/주민번호 도용, 온라인 스토킹

출처: 이종원 외(2001), p. 41~42.

이를 구체적으로 살펴보면 첫째, 규범적 문제행동은 법률적으로 제재를 받는 범죄 이외에 사회적, 도덕적으로 문제시되는 유형의 문제행동을 말하는데, 청소년이기 때문에 문제시되는 경우와 위법하지는 않지만 사회적으로 타당하지 않다고 여겨지는 행동들이다. 둘째, 법률적 문제행동은 법규범에 저촉되는 행동을 하여 법적 처벌을 받게 되는 행위를 포괄하는데, 14세 이상 20세 미만 청소년의 문제행동이 포함된다. 셋째, 사이버 문제행동은 인터넷의 급속한 확대에 따른 가상 공간과 직·간접적으로 연관된 문제행동을 가리키는데, 사이버-가해형 문제행동과 사이버-비가해형 문제행동으로 분류된다(이종원 외, 2001).

이러한 한국청소년정책연구원의 문제행동 분류 방식은 기존 연구들에 비해 비교적 종합적이고 분석적으로 파악할 수 있게 해주는 장점이 있다. 다만, '청소년 문제'라고 일컬어지는 분야 전체의 지형을 거시적으로 이해하는 데는 한계가 있다. 여기에서는 청소년 문제의 유형을 보다 포괄적이고 거시적으로 이해하기 위해서 그 영역을 청소년 비행, 청소년 대상 범죄, 청소년의 개인적·심리적 문제, 청소년 관련 복지 문제로 구별하여 살펴보도록 하겠다.

1) 청소년 비행

청소년 비행(juvenile delinquency)이란 청소년이 저지른 사회 규범 위반 행위를 의미한다. 사회는 청소년에 대해 어떠한 행위 규범을 준수할 것을 기대한다. 이때 행위의 기준이 되는 사회적 규범은 매우 다양한 내용을 포괄한다. 먼저, 살인이나 도둑질과 같이 반사회적이고 위법적인 동시에 비도덕적인 행위를 금하고 있다. 이뿐만 아니라, 학교에 출석하거나 용모를 단정히 하는 것 등과 같이 법으로 규정되어 있지 않고 위반한다고 해서 중대한 사회적 해악을 초래하는 행위가 아닌 것까지도 포함된다. 또한 규범 위반자에 대한 제재 방식도 다양하다. 중대한 범죄 행위의 경우 행위자는 사회적 격리, 신체적 자유 박탈, 재산 몰수와 같은 처벌을 받게 된다. 그러나 교사나 보호자의 지시를 위반한 경우에는 간단한 꾸중이나 훈방에 그치는 경우가 대부분이다.

일반적으로 청소년 비행은 사회 혹은 청소년 집단, 그리고 행위 당사자인 청소년에게 위협이 되는 일탈행위를 가리킨다. 풀러(Fuller, 2013)는 청소년 비행을 ① 지위 비행, ② 방화 및 강도, 절도와 같은 재산 범죄, ③ 약물 사용 및 남용, ④ 비행 집단 가담, ⑤ 살인, 테러, 강간 등 심각한 범법 행위 등으로 분류하고 있다. 여기에서 경미한 일회성 거짓말이나 요란한 헤어스타일, 유행 추종, 연예인 선망 등은 일반적으로 청소년 비행으로 다루지 않는다.

일반적으로 청소년 비행은 형벌 법규를 위한 범죄 행위, 즉 범죄적 비행(index offenses)과 성인에게는 문제가 되지 않으나 청소년이라는 지위 때문에 문제가 되는 지위 비행(status offenses)으로 구분할 수 있는데, 상세한 내용은 다음과 같다.

(1) 범죄 행위

범죄 행위는 말 그대로 '법을 어긴 행위'이다. 즉, 청소년이 법에서 금하고 있는 방화, 살인, 절도, 강도, 공문서 위조, 약물 제조, 사기 등을 저지른 경우이다. 죄의 성립과 처벌에 관한 내용을 규정하고 있는 형법에서는 만 14세 미만의 자는 '형사미성년자'라 하여, 비록 범죄에 해당하는 행위를 한 경우에도 형벌을 내릴 수 없도록 하고 있다(형법 제9조).

〈표 1-3〉에 나타난 바와 같이 10세 미만의 아동의 경우에는 사건 자체가 성립하지 않으며, 10세 이상 14세 미만에 대해서는 소년법에 따른 보호조

치를 내린다. 형법의 적용을 받을 수 있는 14세 이상~19세 미만에 대해서는 행위의 경중에 따라 검찰단계에서 보호사건 또는 형사사건으로 나누어 처리한다(장중식, 2008). 즉 '소년법'에 의하여 사회봉사명령이나 장 · 단기 보호관찰 등의 보호처분을 받게 하거나 형법에 따라 형사처분을 받도록 구분하고 있다.

〈표 1-3〉 청소년의 위법행위에 대한 법적 조치

연령	위법 행위에 대해 적용되는 법과 조치
만 10세 미만	사건이 성립하지 않음
만 10세 이상 ~ 만 14세 미만	소년법에 따른 보호조치
만 14세 이상 ~ 만 19세 미만	행위의 경중에 따라 소년법에 의하여 보호처분을 받거나 형법에 따라 형사처분

전체 범죄자 중에서 소년범죄자가 차지하는 비중을 살펴보면, 〈표 1-4〉에 나타난 바와 같이 2012년 5.1%를 기록한 이후 감소 추세에 접어들어 2017년에는 3.9%를 기록하고 있다(통계청 · 여성가족부, 2019). 2017년 소년범죄자(18세 이하)는 7만2천7백여 명으로 전년(7만6천명) 대비 4.3% 감소하였다. 범죄유형별로 살펴보면, 재산 범죄가 39.9%로 전년보다 3.6%p 감소한 반면, 강력범죄(흉악범죄, 폭력 범죄)는 각각 0.4%p, 3.3%p 증가하였다. 즉 소년범죄 발생이 가장 높은 범죄군은 재산 범죄이며, 그 다음은 강력범죄(폭력), 기타(교통범죄 등), 강력범죄(흉악) 순으로 나타났다. 재산 범죄자 구성비는 2013년 이후 감소 추세를 보이는 반면, 강력범죄자 구성비는 2016년부터 증가 추세이다.

〈표 1-4〉 소년범죄자[1)] 현황 (단위: 천명, 명, %, %p)

	전체 범죄자 (천명)	소년 범죄자 (명)		범죄유형별 구성비			
			구성비	재산 범죄[2)]	강력 (흉악) 범죄[3)]	강력 (폭력) 범죄[4)]	기타[5)]
2007	1,990	88,104	4.4	38.2	2.2	26.4	33.2
2008	2,473	134,992	5.5	29.4	2.2	25.2	43.1
2009	2,519	113,022	4.5	40.5	2.8	26.1	30.6
2010	1,954	89,776	4.6	45.1	3.5	25.9	25.5
2011	1,908	83,068	4.4	45.7	4.0	26.8	23.6
2012	2,118	107,490	5.1	44.3	2.9	30.5	22.3
2013	2,147	91,633	4.3	49.9	3.0	24.1	22.9
2014	1,880	77,594	4.1	46.7	4.1	24.9	24.2
2015	1,949	71,035	3.6	45.1	3.8	24.6	26.4
2016	2,020	76,000	3.8	43.5	4.4	25.6	26.4
2017	1,862	72,759	3.9	39.9	4.8	28.9	26.4
증감률	-7.8	-4.3	0.1	-3.6	0.4	3.3	-

출처: 대검찰청, 「범죄분석통계」
주: 1) '08.6월 소년법 개정에 따라 19세에서 18세로 변경
2) 절도, 장물, 사기, 횡령 등
3) 살인, 강도, 방화, 성폭력
4) 공갈, 폭행 · 상해 등
5) 교통사범, 저작권법 위반, 기타
출처: 통계청 · 여성가족부(2019), p. 30.

2008~2017년도 소년범죄 유형을 구체적으로 살펴보면 절도, 장물, 사기, 횡령 등의 재산범이 가장 많은 비중을 차지하고 있고, 다음으로는 공갈, 폭행, 상해 등의 폭력범, 그 다음으로는 살인, 강도, 방화, 성폭력 등의 강력범이 차지하고 있다. 〈표 1-5〉에 나타난 바와 같이 2007년 이후 강력범의 비율이 지속적으로 증가하고 있다.

〈표 1-5〉 청소년 범죄의 유형별 현황(2009-2017) (단위: 명)

구분 \ 연도		2008	2009	2010	2011	2012	2013	2014	2015	2016	2017
계		134,992	113,022	89,776	83,060	107,490	91,633	77,594	71,035	76,000	72,759
강력범	소계	3,016	3,182	3,106	3,289	3,107	2,775	3,158	2,713	3,343	3,463
	흉악범	1,427	1,608	999	1,268	1,104	786	594	506	483	380
	성폭력	1,589	1,574	2,107	2,021	1,686	1,735	2564	2,207	2,860	3,083
폭력범	소계	34,067	29,488	23,276	22,233	32,774	22,119	19,352	17,473	19,476	21,043
	공갈	1,046	1,495	1,422	1,509	2,827	1,127	1974	1,285	1,499	1,597
	폭행·상해등	33,021	27,993	21,854	20,724	29,947	20,992	17,378	16,188	17,977	19,446
재산범	소계	39,688	45,774	40,478	37,978	47,605	45,735	36,271	32,068	33,088	29,056
	절도	33,073	38,494	33,534	31,380	32,256	33,092	26,047	21,170	22,534	20,008
	횡령 등	1,855	1,664	1,483	1,528	2,448	2,545	2,143	2,253	2,481	2,380
	장물	571	820	722	454	1,200	1,498	830	801	591	443
	사기	4,189	4,796	4,739	4,616	6,701	8,600	7,251	7,844	7,482	6,225
교통사범		27,666	18,138	13,842	11,523	12,101	9,845	9,216	8,567	9,259	9,239
저작권법 위반		20,272	7,720	275	318	759	446	249	260	146	128
기타		10,283	8,720	8,799	7,727	11,144	10,713	9,348	9,954	10,688	9,830

주: 1) 흉악범: 살인, 강도, 방화.
2) 폭행 · 상해 등: 폭행 · 상해의 죄 · 폭행행위 등 처벌법(공갈죄 제외) · 기타.
3) 횡령 등: 횡령 · 배임 · 손괴.
4) 교통사범: 도로교통법 · 교통사고처리 특례법 · 특정경제범죄 가중처벌에 관한 법률(도주차량).
출처: 여성가족부(2018), p. 454.

2017년 기준으로 소년범죄자의 특징을 살펴보면 다음과 같다. 첫째, 가족구성 측면에서는 친부모가정의 자녀가 68.6%, 편부(계모가 있는 경우도 포함)가정 자녀가 7.9%, 편모(계부가 있는 경우도 포함)가정 자녀가 8.4%, 무부모 가정 자녀가 1.9%였다. 친부모가정 자녀가 72.2%를 차지했던 2007년 통계와 비교해보면, 이른바 결손가정 자녀의 비율이 증가했음을 알 수 있다. 둘째, 생활계층을 살펴보면 하류층이 48.2%로 가장 많고, 중류층이 39%, 상류층이 0.8%였다. 셋째, 범행동기별로 살펴보면 생활비 마련이 4.2%, 유흥비 마련이 2.7%, 호기심이 11.3%, 부주의가 6.2%, 우발적 동기가 26.8%로 나타났다. 넷째, 성별로 살펴보면 남자 소년범이 전체 소년범 인원 중 83,4%, 여자 소년범이 16.6%를 차지했다(대검찰청, 2018).

(2) 지위 비행

청소년 비행에는 범죄적 비행 외에 지위 비행이 포함된다. 지위 비행은 성인이 했을 경우에는 문제가 되지 않으나, 청소년이 동일 행위를 한 경우에는 일탈로 간주되는 행위를 가리킨다. 즉, 행위자가 청소년이라는 특수한 사회적 지위(status)를 지니고 있기 때문에 일탈로 간주되는 것이다. 음주, 흡연, 가출, 무단 결석, 행실 불량 등이 이에 속한다. 범죄 행위가 사회의 질서와 안전을 유지하기 위해 제재되는 성격이 강한데 비해, 지위 비행은 해당 행위가 청소년의 건전한 성장과 발달을 저해하기 때문에 사회적으로 금하는 행위라 할 수 있다. 즉, 청소년에게 허용한다고 해서 사회 질서를 크게 해치지는 않지만 행위 당사자에겐 장기적인 피해를 입힐 수 있기 때문에 금하는 것이다. 예를 들어 청소년 흡연의 경우 성인의 흡연보다 사회적 해악이 반드시 큰 것은 아니다. 사회가 청소년 흡연을 일탈행위로 규정하고 금하는 것은 그것이 갖는 사회적 해악 때문이라기보다는 청소년기 흡연이 초래할 수 있는 장기적인 발달상의 문제를 염려하기 때문이다.

청소년의 지위 비행을 어떻게 다루어야 하는가에 대해서는 논쟁이 존재한다. 한편에선 지위 비행을 관대하게 다루어야 한다고 주장하는데, 그 근거는 다음과 같다. 첫째, 청소년 교육 혹은 교정을 위한 자원을 보다 심각한 청소년 문제를 다루는 데 쓸 수 있다. 둘째, 사소한 위반 행위에 대한 처벌은 낙인 효과를 가지고 있어서 비행 행위의 재발을 초래할 수 있다. 셋째, 지위 비행의 개념 및 범주가 모호하여 때로는 성인들이 청소년을 통제하거나 억압하는 구실로 악용되기도 한다. 즉, 행위 자체가 해당 청소년의 성장과 발달에 해가 되어서 개입하고 지도하려는 것이 아니라 성인이 자신의 권위를 관철시키기 위한 수단으로 이용하는 경우가 있다. 넷째, 범죄 행위보다 오히려 엄격한 처벌이 내려지는 경우도 있다(Kratcoski & Kratcoski, 2004: 241-243).

그러나 한편에서는 지위 비행도 엄격하게 다스려야 한다고 주장한다. 지위 비행 행위에 대한 엄중한 훈육과 처벌을 주장하는 사람들은 다음과 같은 근거를 들고 있다. 첫째, 지위 비행을 저지르는 청소년과 범죄를 저지르는 청소년이 서로 다른 집단이 아니다. 즉, 범죄를 저지르는 청소년들이 지위 비행도 저지르는 경우가 많다. 둘째, 낙인 효과가 존재한다고 보기 어렵다. 지위 비행을 저지른 청소년들은 이전부터 부모, 교사, 친구들과 갈등을 겪거나 문제가 있다는 평가를 받고 있었던 경우가 많다. 즉, 지위 비행에 대한 처벌이 해당 청소년에 대한 주위 평가를 변화시키지는 않는다. 셋째, 지위 비행만을 대상으로 하는 별도의 지도 방법을 구상하고 제도화하기에는 현실적인 자원이 부족하다. 넷째, 지나치게 엄격한 처벌을 가한다는 비판이 있으나, 대부분의 지위 비행자는 소년범 경력이 이미 있거나 지위 비행을 반복하는 문제를 가진 청소년이므로 처벌이 불합리하게 과중하다고 보기 어렵다(Kratcoski & Kratcoski, 2004: 243-245).

현재 지위 비행 행위에 대해서는 관대하게 조치하는 것이 일반적이다. 소년범과는 분리하여 다루고, 시설에 격리하기보다는 가정, 학교, 사회 속에서 관찰하고 교육하는 방식을 주로 사용하고 있다. 반복적이거나 심화되고 있는 것이 아닌 경우에는 부모나 교사도 간단한 훈육에 그치는 경우가 많다. 경찰에게 단속된 경우에도 소년부에 송치하는 경우는 드물고 소년풍기사범으로 분류하여 보호자에게 연락하거나 훈방조치를 취하는 경우가 많다(장중식, 2008).

최근 한국 사회에의 청소년 비행에서 급격하게 증가하고 있는 영역이 이른바 '사이버 일탈'이다. 정보통신기술의 발달로 사이버 일탈이라는 새로운 청소년 문제 영역이 부상하였다. 청소년은 사회적 약자로서 기성세대에 비해 대안적인 의사소통 수단을 빠르게 받아들인다. 따라서 부모 세대에 비하여 인터넷 서비스나 소셜네트워크서비스(SNS), 스마트폰의 활용에 적극적이다. 또한 청소년기 특유의 호기심으로 인해 통신수단을 탈법적이거나 위험한 일에 시험해보려는 욕구가 강하다. 김준호 외(2003)는 사이버 일탈의 구체적인 예로 해킹, 바이러스 유포, 스팸메일유포, 사이버성폭력, 사이버스토킹, 사이버매매춘알선 및 원조교제, 사이버 음란 사이트 운영과 음란물 접촉, 사이버폭력물 접촉, 반사회적 사이트 접촉뿐만 아니라 사이버상 언어폭력과 욕설, 사이버상의 명예훼손과 허위사실 유포, 인터넷상 저작권침해, 인터넷사기, 게임아이템절도, 인터넷도박, 아이디/주민등록번호 도용 등을 들고 있다.

2) 청소년 대상 범죄

청소년 문제는 청소년이 비행 행위를 저지른 경우뿐만 아니라 청소년을 대상으로 한 범법행위나, 청소년이 피해를 입은 행위도 포함한다.

청소년의 범죄 피해 실태를 분석하기 위해 대검찰청의 공식 자료를 분석한 홍영오 · 연성진(2014)의 연구에 따르면 〈표 1-6〉에 나타난 바와 같이, 1998년 피해 건수는 총 34,616건으로 해당 연령층의 청소년 1,000명 중 5.6명이 각종 범죄로부터 피해를 받은 것으로 나타났다. 이후 2003년에는 총 28,750건으로 피해율은 1,000명 당 5.5명으로 가장 낮았으나, 이후 지속적으로 증가하여 2012년에는 102,271명으로 19.0%에 달하는 것으로 나타났다.

청소년을 대상으로 하는 범죄 유형을 절도, 강도, 강간, 폭력 및 상해, 폭력행위 등 처벌에 관한 법률로 구분하였을 때 〈표 1-7〉과 같은 결과가 나타난다. 범죄 유형 중 가장 피해율이 높은 것은 '절도'이며 다음으로 '폭행 및 상해'인데, '폭행 및 상해'의 피해율이 2004년 이후 지속적으로 상승하고 있음을 알 수 있다. 청소년 범죄 피해율을 성별에 따라 구분하면 〈표 1-6〉에 나타난 바와 같이 2012년 기준 남자 청소년의 피해율이 23.1%, 여자 청소년의 피해율이 14.4%이다. 또한 표에는 나타나지 않았으나 성별에 따라 비교하면 강간의 경우 남자청소년보다 여자청소년의 피해율이 높은 반면, 절도, 강도, 폭행 및 상해, 폭력행위 등 처벌에 관한 법률 위반 유형에서는

〈표 1-6〉 청소년의 전체 범죄 피해율

	청소년 전체			남자청소년			여자청소년		
	피해 건수	추계 인구 수	피해율	피해 건수	추계 인구 수	피해율	피해 건수	추계 인구 수	피해율
1998	34,616	6,203,033	5.6	24,824	3,199,252	7.8	9,792	3,003,781	3.3
1999	35,384	6,086,093	5.8	24,221	3,145,337	7.7	11,163	2,940,756	3.8
2000	39,993	5,913,854	6.8	27,087	3,063,136	8.8	12,906	2,850,718	4.5
2001	37,236	5,693,311	6.5	23,467	2,954,220	7.9	13,769	2,739,091	5.0
2002	30,858	5,454,415	5.7	19,462	2,838,545	6.9	11,396	2,615,870	4.4
2003	28,750	5,271,588	5.5	17,892	2,751,257	6.5	10,858	2,520,331	4.3
2004	42,038	5,168,783	8.1	25,000	2,705,387	9.2	17,038	2,463,396	6.9
2005	43,849	5,151,104	8.5	26,733	2,703,107	9.9	17,116	2,447,997	7.0
2006	44,881	5,180,108	8.7	27,526	2,729,734	10.1	17,355	2,450,374	7.1
2007	54,767	5,220,331	10.5	34,487	2,758,794	12.5	20,280	2,461,537	8.2
2008	61,260	5,344,076	11.5	38,680	2,833,622	13.7	22,580	2,510,454	9.0
2009	69,692	5,421,295	12.9	44,797	2,875,661	15.6	24,895	2,545,634	9.8
2010	64,058	5,447,742	11.7	39,695	2,894,580	13.7	24,363	2,566,811	9.5
2011	59,820	5,381,411	11.0	37,034	2,882,185	12.8	22,786	2,565,557	8.9
2012	102,271	5,381,411	19.0	65,614	2,841,888	23.1	36.657	2,539,523	14.4

출처: 대검찰청「범죄분석」의 내용 재구성.
피해율: 인구 1,000명당 피해건수.
추계인구는 통계청의 국가통계포털(KOSIS: Korean Statistical Information Service) 이용.
청소년: 만 13세에서 만 20세.
출처: 홍영오 · 연성진(2014). p. 70.

모두 남자 청소년의 피해율이 여자청소년보다 높게 나타났다(홍영오 · 연성진, 2014).

〈표 1-7〉 청소년의 범죄유형별 피해율 (단위: 건)

	절도		강도		강간		폭행 및 상해		폭처법 위반	
	피해 건수	피해율	피해 건수	피해율	피해 건수	피해율	피해 건수	피해율	피해 건수	피해율
1998	2,696	0.4	481	0.08	1,392	0.2	1,227	0.2	11,066	1.8
1999	2,328	0.4	448	0.07	1,467	0.2	1,392	0.2	11,148	1.8
2000	3,925	0.7	391	0.07	1,361	0.2	1,550	0.3	12,924	2.2
2001	3,428	0.6	401	0.07	1,026	0.2	1,550	0.3	12,035	2.1
2002	3,112	0.6	433	0.08	1.464	0.3	1,208	0.2	9,253	1.7
2003	2,837	0.5	630	0.12	1,448	0.3	1,261	0.2	8,734	1.7
2004	4,150	0.8	664	0.13	2,311	0.4	1,944	0.4	11,522	2.2
2005	5,174	1.0	321	0.12	2,719	0.5	2,227	0.4	12,977	2.5
2006	4,895	0.9	579	0.11	3,013	0.6	6,226	1.2	7,881	1.5
2007	5,794	1.1	729	0.14	3,125	0.6	9,704	1.9	8,483	1.6
2008	6,671	1.2	790	0.1	3,575	0.7	10,992	2.1	9,004	1.7
2009	9,390	1.7	1,153	0.2	4,090	0.8	12,144	2.2	9,555	1.8
2010	10,208	1.9	690	0.1	5,793	1.1	12,130	2.2	6,782	1.2
2011	10,578	1.9	606	0.1	6,743	1.2	16,223	3.0	6,785	1.2
2012	25,972	4.8	433	0.1	5,652	1.1	18,816	3.5	8,879	1.6

출처: 대검찰청 「범죄분석」의 내용 재구성, 폭행 및 상해는 폭행과 상해피해의 합산.
피해율: 인구 1,000명당 피해건 수.
추계인구는 통계청의 국가통계포털(KOSIS: Korean Statistical Information Service) 이용.
청소년: 만 13세에서 만 20세.
출처: 홍영오 · 연성진(2014). p. 72.

청소년을 대상으로 한 범죄는 청소년의 신체, 심리, 환경에 심각하고 장기적인 피해를 입히게 된다. 우선 신체적 발달이 급격하게 이루어지는 시기에 입은 외상은 영구적인 흉터나 신체적 장애를 남길 수 있다. 이는 청소년기 및 청소년기 이후의 장애나 질병으로 이어지거나, 그로인한 부정적인 신체이미지 형성, 대인관계 기피, 신체 기능 저하 등을 초래하게 된다.

부모나 보호자, 친구 등 믿었던 사람으로부터의 가해 경험은 트라우마(외상후 장애)로 남아 문제행동을 유발하기도 한다. 미성년자 시절에 범죄 피해를 입었던 사람이 이후 가해행위를 저지르거나, 자기 신체에 자해 행위를 하거나, 이후 심리적 · 신체적 폭력 행위에 대해 적절하게 대처하지 못하고 수동적인 반응을 보이는 것은 대표적인 외상후 장애의 예이다. 인지능력과 도덕성이 미숙한 시기에 일어난 피해 경험은 죄책감을 유발하기도 한다. 이는 피해 사실의 원인을 자신의 잘못으로 돌리기 때문이다. 특히 가해자에 대한 신뢰가 높았거나 어린 시절에 피해를 입었을 때 이런 현상이 나타나기 쉽다. 자신의 부적절한 행실이나 주의 부족으로 사건이 발생했다고 여겨 자기 자신을 비난하게 되는 것이다(홍영오 · 연성진, 2014).

또래에 의해 발생하는 대표적인 문제로는 따돌림과 괴롭힘을 들 수 있다. 또래로부터의 따돌림, 괴롭힘, 놀리기, 성희롱 등은 심각한 사회적 문제와 정서적 문제를 유발한다. 정서적 문제로는 우울증, 좌절감, 신경증, 낮은 자존감, 불안 등을 초래한다. 또한 이러한 개인적, 심리적 문제는 학교 중도탈락, 낮은 사회 성취, 대인 관계 기피 등과 같은 사회적 문제로 이어지기 쉽다(이춘화 외, 2006).

한편 아동이나 청소년이 범죄 피해를 입은 경우, 해당 가족이 정상 기능을 상실할 위험성이 높아진다. 무엇보다 가해자가 가족 내에 있는 경우 가족이 유지되기 어렵다. 가해자가 가족이 아닌 경우에도 부모가 서로를 비난하거나 자책감을 극복하지 못하는 경우, 피해자인 아동과 청소년을 오히려 비난하는 경우, 피해자 외의 다른 형제자매가 가정의 불안정으로 인한 2차 피해를 입는 경우 등의 문제가 발생하게 된다. 따라서 전문가들은 미성년자를 피해자로 하는 범죄가 발생한 경우 가족 단위의 상담이나 치료를 권하고 있다.

3) 개인적 · 심리적 문제

법을 위반하거나 반사회적 행위를 저지른 경우도 아니고, 특정한 가해자에 의한 구체적인 피해 사실이 발생한 경우가 아니더라도, 청소년이 정신적 · 신체적 고통으로 인해 건전한 발달을 위협받는 경우가 있을 수 있다. 학습된 무력감, 무망감, 우울증, 스트레스, 섭식장애, 자살, 스트레스 등과 같은 개인적 · 심리적 문제 역시 주요한 청소년 문제의 영역이다.

'학습된 무력감(learned helplessness)'이란 삶에 대한 통제력 상실, 비관주의, 체념 등을 특징으로 하며, 어떤 사태나 대상에 대해 통제력을 행사할 수 없는 무력한 상황을 반복 경험하게 되면서 학습하게 된 무기력 상태를 말한다. 학습된 무력감은 인지, 정서, 행동에 부정적인 영향을 미친다. 인지적인 측면에서 학습된 무력감은 부정적인 현실 인식, 반복적인 자살생각과 높은 상관관계가 있다. 또한 학습된 무력감과 우울정서 사이에 밀접한 관계가 있음이 보고되고 있다. 뿐만 아니라 학습된 부력감은 학업중단, 약물사용, 폭력행위, 자살시도, 대인기피와 같은 부적응 행동과도 높은 관련성이 있다(김영미, 2012).

무망감(hopelessness)이란 자신에게 닥친 실패나 불행을 결코 바꿀 수 없다는 부정적인 신념이다. 자신이 괴로워하는 문제는 해결이 불가능하며 이는 앞으로도 절대로 변하지 않을 것이라고 여기는 비합리적 사고의 한 유형이라 할 수 있다. 무망감과 우울정서, 자살행위는 서로 밀집한 상관관계를 맺고 있다(정영주 · 정영숙, 2007).

우울감(depression)은 자살생각 또는 자살행동을 예견하는 강력한 요인이다(김갑숙 · 전영숙, 2012; 김현순, 2009). 한 연구에 따르면 우울감을 경험한 적이 있는 청소년은 그렇지 않은 청소년보다 자살시도를 할 위험성이 7.98배나 높게 나타났다(박은옥, 2008). 한국아동 · 청소년패널조사의 자료를 분석한 김경호(2019)의 연구에 따르면 우리나라 청소년은 학교급이 높아질수록 우울이 점차 더 심각해지는 경향을 나타내며, 청소년의 자아존중감은 우울에 유의미한 부적 영향을 미친다. 즉 자아존중감이 높을수록 우울 수준은 낮게 나타난다.

섭식장애(eating disorder)는 이상 식이 행동으로 인해 신체적 건강 문제는 물론이고 비정상적인 인지, 우울증과 같은 심리적 문제, 인간관계 단절과 사회활동 기피 등과 같은 문제가 유발되며, 심한 경우 영양 실조 혹은 자살시도로 생명까지 위협할 수 있는 정신적 질병이다. 구체적으로는 신경성 식욕부진증(거식증)과 신경성 폭식증이 포함된다.신경성 식욕부진증은 체중 증가에 대한 두려움이나 성장에 대한 거부로 인해 음식물 섭취를 거부하는 것이다. 신경성 식욕부진증 환자들에게는 보통 체중 감소, 무월경, 빈혈, 탈모 등과 같은 신체적 증상이 동반된다. 반면, 신경성 폭식증은 단시간에 많이 먹는 폭식행동과 이로 인한 체중증가를 막기 위해 폭식, 구토 등을 반복하는 것을 특징으로 한다(이난, 2001). 청소년의 섭식장애는 체형 만족감, 주관적 비만정도, 자기통제, 신체자존감, 우울감 및 성장기 애정결핍 등이 영향을 미치는 것으로 나타났다(박지영 외, 2013; 이수경 · 권현용, 2019; 정선영, 2017).

4) 청소년 복지의 문제

청소년 문제의 마지막 영역은 법 · 제도 · 경제상황 · 가정환경 등과 같은 구조적 요인에 의해 발생하는 청소년 복지의 문제이다. 시겔과 웰시(Siegel & Welsh, 2009)는 사회구조적인 요인이 초래하는 청소년 복지 문제를 ① 빈곤문제, ② 건강문제, ③ 가족문제, ④ 생활환경문제로 들고 있다. 가정이 청소년을 방임하고, 지역사회가 안전한 환경과 적절한 교육 프로그램 및 여가 프로그램을 제공하지 않을 때, 그리고 국가가 기본적인 건강 · 보건 서비스를 제공하지 않을 때 청소년은 사회구조적인 피해자가 될 수 있다. 경제 불황, 교육 서비스의 불평등한 분배, 문화 환경의 낙후, 보건 서비스의 부족 등과 같은 사회구조적 문제로 인하여 가장 큰 피해를 보는 것은 노년층과 미성년자 등과 같은 사회적 약자이다.

청소년기는 성인으로서의 자립을 위해 필요한 교육과 훈련을 받는 시기로, 경제적 · 사회적으로 의존적인 지위에 있게 된다. 이러한 시기에 적절한 지원의 부재는, 청소년의 기본적인 삶의 질, 건전한 성장을 위협하게 되며, 이로 인한 부작용은 성인기 이후까지 지속되기 쉽다. 예컨대 학교를 중도 탈락한 청소년은 성인이 된 이후에도 저임금 노동이나 실업 문제로 고통 받을 가능성이 높다. 또한 성장기의 영양 부족이나 약물문제는 성장지체나 난치질환, 신체장애를 유발할 수 있다.

청소년 복지 문제를 크게 경제적 문제, 교육적 문제, 문화적 문제, 가족 문제, 건강 문제 등으로 나누어 살펴볼 수 있다.

첫째, 청소년의 성장과 행복을 저해하는 경제 문제로 빈곤, 실업, 저임금, 고용차별 등을 들 수 있다. 빈곤은 건강문제, 가족문제, 교육문제 등 다른 청소년 문제를 동반하는 가장 강력한 요인이라 할 수 있다. 정부 통계에 따르면 2018년 기초생활보장 수급자 중 청소년(12~19세)은 237,971명으로 총수급자 중에서는 14.4%에 달하는 수준이다(보건복지부, 2019). 그러나 생계, 취미활동, 데이트, 학비 등을 위해 일자리를 갖고 싶어 하는 청소년이 직업을 구하는 것은 쉽지 않다. 학업과 병행하기도 어려울뿐더러 성인을 중심으로 편성된 학력 중시 사회에서 이들을 고용하고자 하는 일자리는 그리 많지 않다. 결국 청소년들은 고용이 불안정하고 낮은 임금을 지급하는 단순 노동에 종사하거나 합법적이지 못한 일자리의 유혹에 빠지기 쉽다.

둘째, 청소년의 삶의 질과 관련된 교육의 문제는 크게 교육 기회 측면과 교육의 질 측면으로 나누어 생각해 볼 수 있다. 우선 특정 지역에 거주하는 청소년이나 특정 계층의 청소년, 혹은 최근 증가하고 있는 다문화가정 청소년은 학교 교육에 접근 기회가 제한될 수 있다. 통학 거리가 멀거나, 학교교육에 들어가는 비용을 감당할 수 없거나, 외국인 부모의 법적인 지위 문제로 인하여 학교를 다닐 수가 없기 때문이다. 퇴학이나 중도 탈락한 청소년에 대한 적절한 사후 조치가 취해지지 않는 것도 교육 기회가 제한되는 예로 볼 수 있다. 학교를 다닌다고 하더라도 학교 시설이 낙후되거나 교사의 전문성이 부족한 경우 사실상 교육 경험의 질적 차이라는 문제가 발생하게 된다. 우리 사회는 높은 교육열을 자랑하며, 학교교육과 노동시장이 밀접한 관계를 맺고 있다. 따라서 교육 접근 기회가 제한되거나 최선의 교육을 받지 못한 청소년은 성인이 된 후에도 사회적, 경제적으로 소외될 가능성이 높다.

셋째, 문화적 문제는 청소년의 문화적 권리가 제한되는 제반 문제들을 포함한다. 문화적 권리란 청소년 집단을 포함한 사회의 하위집단들이 자신의 문화적 정체성을 표현하고 유지할 수 있는 권리를 의미한다. 청소년은 세대 집단으로서 다른 세대와 구분되는 독특한 문화를 형성하고 유지할 권리가 있다. 이는 특정한 계층, 인종, 종교 집단의 문화적 정체성에 대해서도 마찬가지이다. 그러나 입시 경쟁으로 인한 여가 시간의 부족, 건전한 문화 콘텐츠의 부족, 문화 창조에 참여할 수 있는 기회 부족, 집단주의적 학교 풍토 등은 이러한 청소년의 문화적 권리를 제약하고 있다.

넷째, 청소년의 가족문제는 가족구조 혹은 가족기능의 결함으로 인해 적절한 경제적·정서적·교육적 보호와 지원을 받을 수 없는 문제이다. 일반적으로 결손가정의 청소년들은 양친부모 가정의 청소년들에 비하여 상대적으로 비행을 많이 저지르는 것으로 나타난다. 이러한 현상은 결손가정으로 인해 파생된 경제적 빈곤, 부적절한 양육과 사회화의 부재 등의 결과로 나타난다(기광도, 2009; 윤우석, 2011).

다섯째, 청소년 건강과 관련된 문제이다. 이는 질병에 대한 적절한 치료가 보장되지 않는 경우, 장애 청소년에 대한 지원이 이루어지지 않는 경우, 그리고 청소년기 신체 발달에 대한 이해 및 건강관리에 대한 교육이 부족할 경우 등을 들 수 있다. 특히 우울감 및 학업스트레스와 관련된 심리적 건강 문제와 섭식장애와 관련된 신체적 건강 문제, 난치병 청소년이나 장애 청소년에 대한 의료서비스 제공 등이 시급한 문제라 할 수 있다.

3. 청소년 문제의 특징

1) 지위의 과도기성

사회에서 청소년은 '○○이다'라는 진술보다는 '○○이 아니다'라는 진술로 설명되는 존재이다. 즉, 아동도 아니고 성인도 아닌 과도기적인 존재로 규정되기 쉽다. 특히 '성인'이라는 목표를 향해가는 존재, 성인이 되어가는 존재로 여겨진다(Walsh & Bennett, 2004). 따라서 청소년은 성인으로서의 자기 존재를 드러내고 증명하려는 욕구를 갖게 된다. 즉 청소년은 또래, 가족, 그리고 자기 자신에게 성인이 되었음을 보여줘야 한다는 심리적 압박을 느끼게 되며 이는 비행 행위를 저지르는 요인이 될 수 있다. 자기 증명 욕구가 초래할 수 있는 문제행동에는 흡연, 음주, 결석, 교사에 대한 반항에서 방화, 절도, 폭력 등과 같은 범죄행위까지 다양하게 나타날 수 있다.

풀러(Fuller, 2013)는 성인이 되었음을 보여주고자 하는 욕구가 구체적으로 어떤 심리적 압력을 통해 일탈행위를 유발하는지 다음과 같이 설명하고 있다.

첫째, 부모의 통제로부터 자유로워졌음을 과시하려는 청소년의 욕구가 일탈 행동을 유발하는 경우이다. 청소년들은 아동기에 수용하였던 부모의 권위, 종교적 가르침, 성인의 지시 등과 같은 사회적 통제로부터 자유를 획득하려 하고, 이를 또래의 규범이나 가치로 대체하려고 한다. 이때 또래의 가치나 동조 압력이 음주, 통금시간 위반, 약물 사용, 가출, 비행 집단과의 교제 등과 같은 일탈행위를 초래할 수 있다.

둘째, 남자 청소년들은 자신의 남성성을 과시하고 싶어 하며, 이로 인해 일탈행위를 하게 된다. 다수의 남자 청소년들은 자신이 성인이 되었음을 증명하려면 강력한 남성성을 보여줘야 한다고 생각한다. 즉 강한 육체적 힘, 여성에게 위압적인 태도, 힘을 수단으로 타인에게 군림하려는 태도, 소속 집단에의 충성이나 희생, 외부 압력에 대한 저항 등을 남성다움이라 생각하며 이를 행동으로 표현하려 한다.

셋째, 일부 여자 청소년들의 성적인 방종 행위도 자율성 획득 혹은 성인이 되었음을 보여주기 위한 자기 증명의 욕구에서 유발된다고 할 수 있다. 여자 청소년들은 부모로부터 독립성을 획득했음을 보여주거나, 또래 남자 청소년들과 동등한 위치에 있음을 확인하거나, 자기 신체에 대한 자기 결정권을 증명하기 위해서 성행동과 관련된 사회적 규범을 의도적으로 위반하기도 한다.

넷째, 경제적으로 자립했음을 보여주려는 욕구가 비행 행위를 유발하기도 한다. 성인의 지위를 하루 빨리 획득하고 싶은 청소년에게 경제적으로 의존적인 상황은 매우 불편한 일이다. 한편 청소년의 소비를 유혹하는 외부 자극은 나날이 강해지고 있다. 한편 빠르게 변하는 유행, 스타를 내세운 광고, 여가 및 취미 활동 시간의 증가, 이성 교제에 들어가는 비용 등 청소년이 용돈을 필요로 하는 요소는 크게 증가하고 있다. 그러나 대부분의 가정에서는 교육적인 목적에서라도 자녀의 용돈을 제한하고 있으며, 그렇다고 일자리를 얻는 것도 여의치 않다. 따라서 이러한 소비 욕구와 경제적 자립 욕구의 충돌이 종종 가게에서 물건 훔치기, 부모님 지갑에서 돈 훔치기, 친구의 물건 훔치기나 빼앗기 등과 같은 문제행동의 원인이 되기도 한다.

다섯째, 고통이나 죽음을 두려워하지 않는 강한 존재가 되었음을 보여주기 위해서 무분별한 행동을 하기도 한다. 격렬하고 위험한 스포츠를 즐기는 것이 그 예이다.

2) 개념의 모호성

청소년 일탈행위나 문제 상황은 그 기준의 복잡함과 모호함으로 인해 대책 수립에 어려움이 있다. 효과적인 문제해결 방안을 수립하기 위해서는 명확한 개념 규정과 실태 파악이 선행되어야 하는데, 청소년 문제는 시대적, 사회적 상황에 따라 내용이 달라지고 개념이 모호하여 일률적으로 규정하기 어렵다.

청소년 문제와 관련된 용어도 문제행동(problem behavior), 비행(delinquency), 일탈(deviance), 범죄(crime) 등의 용어가 혼용되고 있다. 그 의미도 사회규범을 어기는 모든 행위를 포괄적으로 의미할 때도 있고, 실정법을 위반한 범죄행위에 국한되기도 한다. 또한 문제성 여부도 상황과 시대에 따라 변한다. 특정 행동이 과거에는 문제시되었으나 현재에는 문제로 간주되지 않거나 그 반대의 경우도 성립한다.

청소년에게 허용되는 행위 기준은 사회마다 다르다. 뿐만 아니라 같은 사회 내에서도 청소년의 성별, 소속 계층 등에 따라 다른 규범이 기대될 수 있다. 경우에 따라서는 가벼운 일탈행위는 오히려 장려되기도 한다. 어떤 성인들은 사회가 부과하는 규범을 있는 그대로 준수하려는 청소년을 청소년답지 않은 것으로 평가하기도 한다. 또한 청소년집단에게만 적용되는 지위 비행의 규정과 제재를 두고 청소년 세대와 기성세대 간에 갈등이 일어나기도 한다.

3) 문제의 복잡성

최근 청소년 문제는 그 실태 측면에서 점차 악화되고 있으며 복잡한 양상을 나타내고 있다. 가족 해체, 극심한 학업 경쟁, 사회의 장기적인 경제불황, 성인 세대와의 문화 갈등, 불건전한 미디어 환경, 무분별한 청소년 대상 마케팅과 같은 사회적 맥락 속에서 청소년 범죄나 지위 비행 문제는 갈수록 심각해지고 있다. 동시에 청소년 대상 범죄의 증가, 우울이나 자살시도와 같은 심리적 문제 증가, 각종 사회문제 증가 등은 청소년의 삶의 질을 위태롭게 만들고 있어, 적절한 보호 대책이 요구된다.

청소년 문제는 청소년이라는 특정한 집단의 문제로만 다루어서는 해결책을 찾기 힘들다. 문제 상황에 놓인 청소년의 내적 요인과 외적 환경의 상호작용, 청소년 문제를 둘러싼 가족, 학교, 사회 환경의 복합적 요인을 파악하고 이에 근거한 적절한 해결책을 모색해야 한다.

한편 학문 혹은 정책 영역으로서 청소년 문제는 문제 청소년의 처벌과 교정이라는 초창기 모습에서 벗어나 청소년 인권 및 삶의 질의 문제를 다루는 영역으로 발전하였다. 청소년 문제는 위기 청소년의 구제와 적절한 교육뿐만 아니라 모든 청소년의 건전한 성장과 행복한 삶을 위해 위험 환경을 규제하고 필요한 지원을 제공하기위해 노력하는 중요한 분야라 할 수 있다.

학습 정리

1. 청소년 문제는 청소년들이 사회적 규범이나 법률을 위반하는 행위를 하는 것으로, 사회질서 및 타인의 복지를 위협하는 반사회적 행동 뿐 아니라 청소년 자신의 건전한 발달을 저해하는 범죄 피해, 심리적 문제, 사회구조적 문제를 망라한다.
2. 청소년 문제 영역은 범죄 행동, 지위 비행, 심리적 질환, 범죄 피해, 구조적 요인에 의해 발생하는 경제, 교육, 문화, 가족, 건강 문제 등으로 분류된다.
3. 청소년 문제의 특징은 다음과 같다. 첫째, 아동에서 성인으로 이행하는 과도기적 위치가 갖는 특성이 일탈행위의 주요한 요인이 된다. 둘째, 일탈행위에 대한 개념 정의나 규정이 모호하며, 실태파악이 쉽지 않다. 셋째, 최근 청소년 문제는 심화되고 있으며 청소년 문제에 대한 학문적 연구나 정책적 관심은 확대되고 있다.

참고문헌

기광도(2009). 결손가정과 청소년 비행간의 관계분석. **형사정책연구**, 20(1), 137-172.
김갑숙 · 전영숙(2012). 청소년의 우울, 불안과 충동성이 자살생각에 미치는 영향. 한국

생활과학회지(충북가정학회지), 21(5), 903-913.

김경호(2019). 청소년의 자아존중감과 우울 간의 관계: 한국아동·청소년패널조사의 3개 시점의 비교. 청소년복지연구, 21(2), 69-96.

김영미(2012). 청소년의 일상적 스트레스와 학습된 무력감이 심리적 부적응에 미치는 영향: 가족응집성의 조절된 매개효과를 중심으로. 청소년복지연구, 14(3), 47-73.

김준호 외(2003). 청소년 비행론. 서울: 청목.

김현순(2009). 청소년의 스트레스, 자기효능감, 우울과 자살생각의 관계. 한국청소년연구, 20(1), 203-225.

대검찰청(2018). 대검찰청 2018 범죄분석. http://www.spo.go.kr/site/spo/crimeAnalysis.do

박은옥(2008). 청소년의 자살시도에 영향을 주는 요인. *Journal of Korean Academy of Nursing. 38*(3), 465-473.

박지영 외(2013). 여고생의 섭식문제 구조모형 구축: 생체행동가족모형의 적용. *Child Health Nursing Research, 19*(3), 228-237

보건복지부(2019). 2018 국민기초생활보장 수급자 현황. 세종: 보건복지부.

이 난(2001). 대학생의 신체적 자아개념 및 강박증과 섭식장애(eating disorder) 행동과의 관계. 교육심리연구, 15(4), 387-402.

여성가족부(2018). 2018 청소년백서. 서울: 여성가족부.

윤우석(2011). 가족의 구조적 특성과 사회경제적 지위가 부모의 양육과 청소년 비행에 미치는 영향검증. 형사정책연구, 22(1), 137-172.

이수경·권현용(2019). 청소년 성장 과정에서 나타난 섭식장애 진행요인과 어머니와의 갈등에 관한 사례연구. 한국사회복지질적연구, 13(2), 67-86

이종원 외(2001). 전국 청소년 문제행동 실태 조사 연구. 한국청소년정책연구원 연구보고서 9-279.

이춘화 외(2006), 청소년 문제행동 종합대책 IV. 연구보고 06-R13. 서울: 한국청소년개발원

장중식(2008). 소년범죄 처리와 소년법상의 문제점 및 개선방안. 교정연구, 41, 141-162.

정선영(2017). 여자 청소년의 신체관련변인, 자기통제, 신체자존감이 섭식장애 행동에 미치는 영향. 한국데이터정보과학회지, 28(6), 1403-1414.

정순원(2006). 청소년의 인격성장권과 사이버공간에서의 청소년보호. 성균관대학교 박사학위논문.

정영주·정영숙(2007). 청소년의 자살생각과 관련된 우울, 인지적 와해 및 친구지지 간의 관계 분석. 한국심리학회지: 발달, 20(1), 67-88.

통계청 · 여성가족부(2019). 2019년 청소년 통계. 2019. 5. 2. 보도자료.

홍영오 · 연성진(2014). 청소년 대상 범죄 피해조사. 서울: 한국형사정책연구원.

Curtis, A. C. (2015). Defining adolescence. *Journal of Adolescent and Family Health, 7*(2), https://scholar.utc.edu/jafh/vol7/iss2/2

Eitzen, D. S. & Zinn, M. B. (2003). *Social Problems* (9th ed.). Pearson.

Fuller, J. R. (2013). *Juvenile delinquency: mainstream and crosscurrents* (2nd ed.). Oxford University Press.

Kratcoski, P. C. & Kratcoski, L. D. (2004). *Juvenile delinquency* (5th ed.). Prentice-Hall.

Siegel, L. J. & Welsh, B. C. (2009). *Juvenile delinquency: theory, practice, and law*. Cengage Learning.

Walsh, D. A. & Bennett, N. (2004). *Why do they act that way?: a survival guide to the adolescent brain for you and your teen*. Free Press.

제2장

청소년 문제에 대한 이론

개관

청소년 문제의 원인은 복합적이다. 청소년 문제를 이해하기 위한 다양한 이론들이 발달해왔으며, 각 이론은 청소년 문제에 대한 원인 분석과 그에 따른 대책 또한 다양하게 제시하고 있다. 이 장에서는 청소년 문제의 원인을 개인적 요인과 환경적 요인으로 나누어 살펴보고자 한다.

개인적 요인에 중점을 두는 이론에는 고전 이론, 생물학적 이론, 그리고 심리학적 이론이 있다. 고전 이론은 문제행동이 청소년 개인의 합리적 선택의 결과라는데 초점을 두고 있으며 생물학적 이론은 청소년의 생리학적, 유전적 요인에 주목한다. 이에 비해 심리학적 이론은 청소년의 성격과 인지발달에 초점을 둔다. 청소년 문제의 원인을 환경적 요인에 두는 이론은 사회해체, 아노미현상, 사회통제, 낙인효과 등에 주목한다.

학습목표

1. 청소년 문제에 대한 고전 이론을 설명할 수 있다.
2. 청소년 문제에 대한 생물학적 이론의 최근 동향을 이해한다.
3. 청소년 문제에 대한 심리학적 이론의 특징을 제시할 수 있다.
4. 사회환경 요인에 중점을 둔 청소년 문제 이론을 설명할 수 있다.

주요용어

고전 이론, 정신분석 이론, 인지 이론, 사회해체론, 아노미, 낙인이론

1. 개인적 요인에 대한 이론

청소년 문제의 원인이 청소년의 개인적 요인에 있다고 보는 관점에는 고전 이론, 생물학적 이론, 심리학적 이론 등이 있다. 이들 이론은 청소년의 합리적인 선택이나 생물학적, 심리학적 특성 등 청소년 개개인의 특성에 문제의 원인이 있으며 대책 또한 이러한 특성에 맞추어 수립해야 한다고 주장한다.

1) 고전 이론

(1) 고전 이론의 발달

비행이나 문제행동의 원인을 악마, 종교적 원죄, 인간의 탐욕 등에서 찾았던 시대를 벗어나 과학의 시대에 접어들면서 청소년 문제를 설명하는 다양한 이론이 발달해왔다. 청소년 문제에 대한 이론은 일반 범죄이론의 발전에 많은 영향을 받았는데, 초기 범죄이론은 인간 행위에 대한 설명은 그 자신에게서 원인을 찾아야 한다는 전제에서 출발했다. 이탈리아의 체사레 베카리아(Cesare Beccaria), 영국의 제레미 벤담(Jeremy Bentham) 등 고전 이론(Classical theory)의 선구자들은 인간이 합리적 사고를 가진 자율적 존재라는 가정에서 출발하여 인간의 범죄는 범죄자가 자신의 욕구를 충족시키기 위한 자유의지의 결과라고 보았다. 즉 범죄는 개인의 선택에 의한 행위이므로 책임도 철저히 개인이 져야 한다고 보았다. 고전 이론에 따르면 청소년의 범죄행위도 청소년 개개인의 자유의지에 따른 선택의 결과이다(Thompson & Bynum, 2017: 49). 따라서 고전 이론은 합리적 선택이론 또는 선택이론(Choice theory)이라고도 불린다.

고전 이론의 대표적인 인물인 이탈리아의 법학자이자 정치가였던 체사레 베카리아(Cesare Beccaria, 1738~94)는 처벌은 정해진 법에 따라 죄에 합당하게 주어져야 하는 필요악으로, 공적이고 즉각적으로 이루어져야 한다고 주장했다. 그는 처벌의 목적이 사회적 복수가 아니라 범죄를 억제하는 데 있으며, 이를 위해 처벌은 확실하고 신속하게 이루어져야 한다고 보았다(Bartollas & Schmalleger, 2018: 37).

영국의 철학자이자 법학자인 제레미 벤담(Jeremy Bentham, 1748~1832)은 베카리아의 고전 이론을 더욱 발전시켰다. 인간은 쾌락을 극대화하고 고통을 최소화하려는 합리적인 존재이기 때문에, 적절한 처벌은 범죄를 억제하고 줄일 수 있다고 주장했다. 그는 처벌은 최소 비용으로 범죄를 억제할 수 있는 수단이라고 보았다(Bartollas & Schmalleger, 2018: 38).

(2) 고전 이론에 대한 비판

고전 이론에 따르면 범죄를 저지른 청소년은 치료보다는 처벌을 받아야 한다. 비행이나 범죄는 자유의지를 가지고 이해득실을 따진 후에 이익을 극대화할 수 있는 합리적 결정으로 이루어진 의도적인 행위이기 때문이다. 고전 이론은 범법행위를 저지른 성인과 아동을 구분하지 않았는데, 이후 신고전 이론(Neo-classical school)에서는 모든 개인이 똑같이 합리적이거나 자신의 행위에 책임을 져야하는 것은 아니라고 주장했다. 즉 청소년의 문제행동을 판단함에 있어서 정신지체아거나 특별한 상황에 처해 있는 경우라면 정상을 참작해야 한다고 주장했다.

그러나 고전 이론이나 신고전 이론은 인간의 행위에 영향을 미치는 사회적 요인을 간과했다는 점에서 비판을 받았다. 인간은 누구나 합리성을 가진 존재라고 할지라도 사회적 불평등이 만연한 게 현실이다. 개인이 범죄에 가담하게 되는 것은 단순한 쾌락과 고통의 방정식에 의해서가 아니라 빈곤, 소외, 사회적 지위 등이 영향을 미치므로 이러한 복합적 환경 요인들을 고려해야 제대로 파악할 수 있다(Thompson & Bynum, 2017: 50).

2) 생물학적 이론

고전 이론에 대한 비판이 제기되면서 생물학적 이론이 대두되었다. 생물학 이론에 따르면 개인이 범법 행위를 하게 되는 것은 개인의 자유의지에 의해서가 아니라 인간의 비정상적인 신체적 구조에 의해서 발생한다. 즉 생물학적 이론은 청소년의 문제행동이 청소년 개인의 신체적 특징, 즉 체형이나 지능, 염색체, 생화학적 결함 등 생물학적 요인에 의해 발생한다고 주장한다. 따라서 각 청소년의 문제행동을 예방하고 줄이기 위해서는 처벌을 강화하기보다는 각 개인의 통제되지 않는 비정상적인 특성을 치료해야 한다.

(1) 특성이론

문제행동의 원인을 여전히 개인에게 두고 있지만, 자유의지에 따른 개인의 합리적 의사결정이 아니라 개인이 통제할 수 없는 생물학적 특성 또는 특질(trait)에서 원인을 찾는 것이 특성이론이다. 따라서 비행의 억제를 위해서 처벌이 아니라 정신적, 신체적 조건의 치료에 중점을 둔다.

범죄의 원인을 출생 시에 타고난 생물학적 특성에서 찾고자 했던 선구적 학자는 이탈리아의 범죄학자이자 의사였던 체사레 롬브로소(Cesare Lombroso, 1835~1909)였다. 근대 범죄학의 아버지라고 불리는 그는 범죄자의 관상이나 골상 등 신체적 특징과 범죄 원인을 연결시킨 실증적 연구로 범죄학의 발전에 크게 기여하였다. 다윈의 진화론의 영향을 받은 롬브로소는 범죄자들이 거대한 아래턱, 강한 송곳니, 납작한 코, 두 줄 치아 등의 타고난 신체적 특징을 지닌다고 주장하였다. 이러한 특징들은 타고난 것이며 격세유전(atavism)의 결과, 즉 진화과정에서 부모는 가지고 있지 않으나 그 이전의 조상이 가지고 있던 형질이 다시 후대에 나타나는 현상으로 설명하였다(Siegel & Welsh, 2017: 72).

이 같은 인간의 신체적 특징과 청소년 비행의 관계에 대한 실증적 연구의 20세기 대표적 학자로 미국 심리학자 윌리엄 셸던(William Sheldon, 1898~1977)을 들 수 있다. 그는 미국 아이비리그 대학생들의 사진을 분석하고 인간의 체형(somatotype)과 성격적 특징을 세 가지로 구분하였다. 첫째, 내배엽형(endomorphic) 인간은 뚱뚱하고 둥근 체형이며, 외향적이고 안락함을 추구한다. 둘째, 중배엽형(mesomorphic) 인간은 근육질이고 단단한 체형인데, 독단적이고 공격적인 특성을 갖는다. 셋째, 외배엽형(ectomorphic) 인간은 신체가 마르고 허약한데, 내성적이고 예민한 성격을 가지고 있다. 이 중에서 비행청소년들은 대개 중배엽형 체형을 소유하고 있는데, 중배엽형 체형이 독단적이고 공격적인 기질과 관련이 있다고 주장하였다(Kratcoski & Kratcoski, 2004: 28).

그러나 이러한 체형과 비행의 관계에 대한 연구는 이후 심리학적, 사회학적 연구가 발달하면서 많은 비판을 받게 되었다. 1940~50 년대에 인기를 끌었던 셸던의 연구에 대해서도 이후에 그의 연구방법의 신뢰성에 의문이 제기되었다.

(2) 생화학 이론

생화학(biochemical) 이론은 인체의 화학적 결합이 신경계에 영향을 미치고 청소년의 문제행동을 유발한다고 본다. 생화학 연구는 인간의 뇌손상, 비타민 결핍증, 그리고 저혈당증 등이 공격적 행동이나 비행과 연관이 있음을 밝혀냈다. 또한 산모가 납이나 알코올, 마약에 중독되었을 경우 그 산모에게서 출생한 아이들이 학습장애나 성격장애를 겪을 가능성이 높다는 연구 결과도 있다.

환경오염 또한 문제행동의 원인으로 밝혀졌다. 심한 대기오염에 노출된 아동들이 인지 장애와 전두엽 손상을 가져오고 이것이 청소년의 반사회적 행동을 유발한다.

또한 음식 섭취에서 다불포화지방(polyunsaturated fat), 아연 마그네슘 철분 등의 미네랄, 비타민 B, C, E군 등의 결핍과 포화지방(saturated fat), 설탕 등의 과다 섭취는 주의력 결핍, 우울증, 조현병, 치매 등의 위험을 증가시키는 것으로 밝혀졌다(Siegel & Welsh, 2017: 74-75).

(3) 신경계 장애

생물학적 이론 중에 신경계 이상과 신경계 뇌질환에 주목하는 이론들이 있다. 이들 연구는 청소년의 문제행동의 원인을 신경학적 결함에서 찾는다. 이러한 결함이 가져오는 기능 장애의 대표적인 것이 주의력결핍 과잉행동증후군 또는 주의력결핍 과잉행동장애(Attention Deficit Hyperactivity Disorder: ADHD)이다. ADHD는 과다한 활동성, 극단적 주의 결핍, 과도한 감정 분출 등의 특징을 가지고 있으며 우울, 불안장애, 학습장애 등의 문제를 수반한다. ADHD를 가진 청소년은 문제행동에 연루되며 성인기 범죄로 연결될 가능성이 높다.

부모가 약물 중독 상태에서 임신했거나 출산 과정에서 건강의 악화, 임신중독증, 난산 등으로 인해 자녀가 뇌손상을 입었을 때 자녀의 성장과정에서 주의력결핍 과잉행동장애를 유발할 수 있다. ADHD는 자녀의 학업실패와 정서발달의 장애를 가져와 비행으로 이어질 가능성이 매우 높다. 이들 청소년은 공격성이 높고, 약물 남용, 알코올, 흡연, 성범죄에 연루되는 비율이 높다. 또한 체포와 처벌의 빈도 또한 상대적으로 높다(Siegel & Welsh, 2017: 77).

(4) 유전이론

유전이론은 청소년 비행이나 문제행동이 부모로부터 유전된다고 주장한다. 범죄의 유전을 주장한 초기 연구들은 주된 범죄의 원인으로 정신적 능력의 선천적 결함에 초점을 두었으며, 이러한 정신적 결함이 대를 이어 유전됨으로써 범죄가 발생한다고 보았다.

초기 유전이론으로는 20세기 초 미국의 심리학자이자 우생학자인 헨리 고다드(Henry Goddard, 1866~1957)의 가계연구(家系研究)가 유명하다. 고다드는 남북전쟁 당시 군인이었던 마틴 칼리칵(Martin Kallikak)의 가계를 조사하였다. 칼리칵은 퀘이커 교도인 여성과 정식 결혼하여 많은 자녀를 두었는데 그 후손들은 교육자, 의사, 변호사 등으로 성장하고 정신지체가 발견되지 않았다. 그런데 칼리칵이 어느 정신박약 여성과의 불륜을 통해 낳은 자식의 후손들에게는 정신박약, 알코올 중독자, 범죄자 등이 많이 발견되었다. 이를 토대로 고다드는 낮은 지능이나 정신박약이 유전되어 범죄를 발생시킬 수 있다고 주장했다(Empey, 1982).

그러나 낮은 지능이 범죄의 직접적 원인이 된다는 주장에 대해서는 많은 논란이 있으며 엄밀한 과학적 증거는 없다. 말년의 고다드는 자신의 연구를 이용하는 우생학자들에 대해서 반대의견을 표시했으며 자기 연구의 한계를 인정하고 유아 교육과 양육 환경의 개선에 많은 노력을 기울였다.

범죄의 유전성을 입증하려는 노력은 1960년대 미국, 프랑스 등에서 발달한 'XYY염색체 가설' 또한 유명하다. 유전학자들은 교도소에 수감된 남성들이 일반인들보다 XYY염색체 보유비율이 훨씬 높다는 것을 밝혀냈다. 즉 일반인들의 성염색체(XY)보다 범죄자들에게 초남성(XYY) 염색체가 더 많다는 사실이 범죄자들의 공격성 및 범죄를 설명할 수 있다고 주장했다. 그러나 이후 대다수 살인자들에게 XYY염색체가 발견되지 않는 등, 많은 연구에서 XYY염색체가 범죄와 직접적인 인과관계는 없는 것으로 밝혀졌다(Thompson & Bynum, 2017: 52~53).

유전이론은 청소년들의 문제행동이 유전적인 요인에 의해 발생한다고 본다. 그러나 인간의 행동은 어느 특정한 유전적 특징으로만 설명될 수는 없으며 유전과 가족 배경, 성장 환경 등이 복합적으로 작용하여 나타난다. 이후의 많은 연구들에 의하면 문제행동을 일으키는 유전적 요인이 존재한다고 하더라도 이러한 요인이 독립적으로 작용하기보다는 환경과의 상호작용 속에서 작용한다고 할 수 있다.

3) 심리학적 이론

대부분의 청소년 문제행동은 일정한 심리적 문제를 내포하고 있다. 비행청소년들의 특징인 가족 해체, 부모와의 갈등, 친구 · 교사와의 갈등 등은 이들에게 성격상의 문제가 나타날 가능성이 높다는 것을 시사해준다. 상당수 비행 청소년들은 또한 불안 장애, 반사회적 성격 등을 가지고 있어서, 심리적인 요인을 살펴보는 것은 청소년 문제를 파악하고 대책을 마련하는데 중요한 시사점을 제공한다.

(1) 정신분석 이론

오스트리아의 정신의학자 지그문트 프로이드(Sigmund Freud, 1856~1939)가 창시한 정신분석 이론(psychoanalytic theory)은 문제행동의 원인이 유년기에 형성된 비정상적 성격에 있다고 본다. 정신분석 이론에 따르면 인간의 성격은 원초아(id), 자아(ego), 초자아(super-ego)라는 세 가지 구성요소를 가지고 있다. 첫째, 원초아(id)는 타고나는 것으로, 통제되지 않은 원초적 충동이다. 둘째, 자아(ego)는 현실세계의 실제를 통해 발달하며, 원초아의 욕구를 조절한다. 셋째, 초자아(superego)는 부모, 타인과의 상호작용을 통해 발달하며, 양심과 도덕 법칙을 나타낸다.

이 세 가지 요소는 동시에 작동하는데, 원초아가 욕구와 욕망을 지배한다면, 초자아는 도덕 감정을 불러일으킴으로써 이를 억제한다. 또한 자아는 이 사이에서 현실을 파악한다. 이 세 요소가 균형을 이룰 때 정상적인 생활을 영위한다. 만약 하나의 요소가 지배하게 된다면 인간은 비정상적 성격 특성을 드러낸다. 만약 유년기에 초자아가 적절하게 발달하지 못하면 원초아가 지배하게 되며 선과 악을 구분할 능력을 기르지 못하게 되며 성인기에 정신병적 징후를 나타낸다. 여기에서 비행 등 반사회적 행동이 발생한다(Siegel & Welsh, 2017: 81-82).

독일 출생의 미국 정신분석학자인 에릭 에릭슨(Erik H. Erikson, 1902~1994)은 프로이드의 이론을 수정하여 인간이 태어나서 죽기까지 겪게 되는 발달의 단계를 여덟 가지로 이론화했다. 인간은 이러한 여덟 단계를 거치면서 발달하게 되는데, 한 단계에서 다음 단계로 순조롭게 발달하지 못할 때 문제행동을 일으키게 된다고 보았다(Erikson, 1980). 이 여덟 단계는 다음과 같다: ① 자신을 보살펴주는 사람과의 신뢰관계, ② 신체 기능에 대한 통제력, ③ 환경 속에서 맡게 되는 행동 역할에 대한 실험, ④ 신체적, 사회적, 인지적 기능, ⑤ 청소년기의 자아정체감과 목적의식, ⑥ 성인기의 타인과의 친밀감, ⑦ 가족을 돌보는 태도, ⑧ 질병과 죽음 같은 인생의 위기를 대처하는 능력 등이다. 이처럼 인간이 각 단계마다 성취해야 할 과업이 있는데, 이러한 과업을 온전히 수행하지 못했을 때 사람들은 정체성의 위기(identity crisis)를 경험하게 되며, 이러한 위기가 비행 행위나 정신 병리의 원인이 된다고 주장하였다.

(2) 인지이론

인간의 인지적 발달과 비행 행위를 연결한 인지이론의 선구자는 스위스 발달심리학자 장 피아제(Jean Piaget, 1896~1980)이다. 피아제는 아동의 인지적 추론 능력이 네 단계를 거쳐 발달한다고 보았다: 감각동작기(sensori-motor stage, 0-2세), 전조작기(pre-operational stage, 2-7세), 구체적 조작기(concrete stage, 7-11세), 형식적 조작기(formal operational stage, 11세-성인). 마지막 단계인 형식적 조작기에 이르러 논리적, 추상적 사고가 가능해진다(Bartollas & Schmalleger, 2018: 48). 이러한 피아제의 이론을 적용하여 도덕성 발달 단계를 구성한 학자는 미국의 심리학자 로렌스 콜버그(Lawrence Kohlberg, 1927~1987)이다.

콜버그에 따르면 인간의 윤리적 행위의 원천이 되는 도덕적 추론 능력이 크게는 세 단계, 작게는 여섯 단계를 거치면서 발달한다: (1) 인습이전 단계(preconventional: 제1단계-벌과 복종의 단계, 제2단계-욕구충족수단으로서의 도덕성), (2) 인습 단계(conventional: 제3단계-대인관계의 조화를 위한 도덕성, 제4단계-법과 질서의 유지를 위한 도덕성), (3) 인습이후 단계(postconventional: 제5단계-사회계약 정신으로서 도덕성, 제6단계-보편적 도덕원리에 대한 확신으로서 도덕성)(Kohlberg, 1981).

콜버그의 연구에 따르면 범죄자들은 비범죄자들에 비해 훨씬 낮은 수준의 도덕성 발달단계에 머물러 있었다. 비범죄자들은 대부분 3단계나 4단계의 도덕성을 유지하는데 비해, 범죄자들은 1단계와 2단계에 머물러 있었다. 범죄자들은 도덕적 미성숙함에 갇혀 있으며, 비행 정도가 심한 청소년들은 1단계에 머물러 있다(Bartollas & Schmalleger, 2018: 48).

(3) 성격이론

성격이론(personality theory)에서는 문제행동의 원인이 개인의 성격 구조에 있다고 본다. 즉 어린 시절에 형성된 특정한 성격적(인성적) 특성이 청소년들로 하여금 정상적인 생활을 하지 못하게 하며 비행을 유발한다는 것이다. 임상심리학자들은 비행청소년들이 일반청소년에 비해 권위에 대한 반항심이 높고 좌절감을 많이 느끼며 충동적 성향이 높게 나타난다고 보았다.

정신의학자들과 성격심리학자들은 그동안 '미네소타 다면 인성검사(MMPI)'나 '로샤(Roschach) 검사'와 같이 인간의 성격을 측정할 수 있는 다양한 검사도구들을 개발해왔다. 1921년 스위스 정신과의사인 헤르만 로샤(Herman Rorschach)에 의해 소개된 로샤검사는 피조사자에게 [그림 1]과 같은 좌우 대칭의 잉크반점 카드를 제시하고 이에 대한 반응과 설명을 토대로 성격을 진단하는 검사이다.

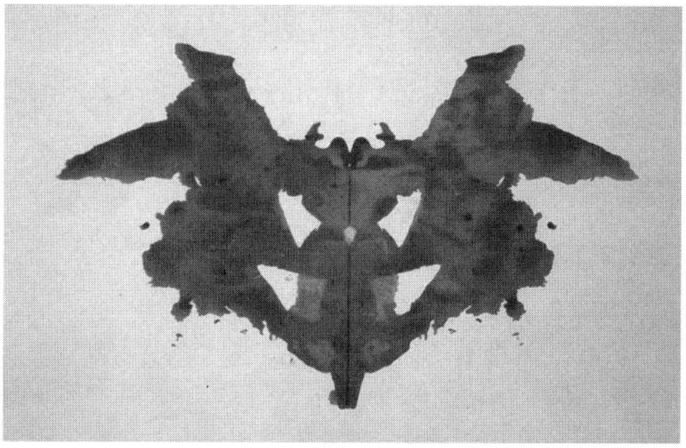

[그림 2-1] 로샤 잉크반점 검사의 첫 번째 그림

최근에는 로샤검사에 비해 상대적으로 검사의 신뢰도와 타당도가 높은 MMPI가 널리 사용되어 왔다. MMPI(Minnesota Multiphasic Personality Inventory)는 소년법원이나 소년원 등에서 광범위하게 사용해 온 성격검사의 하나로서(김준호 외, 2003), 우울증, 편집증, 정신병적 성격, 그리고 기타 행동 질환을 밝혀내는데 사용된다. 이러한 검사를 신뢰하는 학자들은 검사를 통해 문제가 밝혀지면 치료를 통해 다시 건강한 청소년으로 만들 수 있다고 가정하고 있어서 이러한 관점을 '의료 모형'(medical model)이라고도 부른다.

하지만 이러한 성격이론에 대해서 많은 반론들이 제기되었다. 첫째, 청소년 비행이 반드시 성격장애와 관련되지 않을 수도 있다. 밀러와 케네디(Miller & Kennedy, 1966)의 연구에 따르면, 정신병동에 넘겨진 청소년 환자들을 대상으로 조사한 결과, 대다수의 환자들이 성격장애가 있다는 이유로 치료 프로그램을 받았으나, 환자 자신들은 정서적 문제가 있다거나 치료 프로그램이 필요하다고 생각하지 않았다. 대다수 환자들이 가혹한 형사 처분을 피하기 위해 정신과 치료라는 방법을 선택한 것으로 나타났다. 둘째, 연구 방법론적으로 표본의 대표성에 문제가 있다. 비행청소년의 경우 대부분 교정시설에 수용되어 있는 청소년들을 표집하기 때문에 일반화에 한계가 있다. 또한 특정 성격과 비행의 관계에 있어서, 성격에 문제가 있기 때문에 비행이 발생하는 것인지 아니면 비행의 결과로 그러한 성격문제가 발달했는지는 명확히 알아내기 힘들다(Kratcoski & Kratcoski, 2004, 49에서 재인용).

2. 환경적 요인에 대한 이론

개인적 요인에 대한 이론은 청소년 문제의 원인이 개인의 선택 또는 생물학적, 심리적 특성에 있다고 보았다. 그러나 문제행동의 원인이 개인 내부에만 있다고 보기는 어려우며, 외부 환경의 영향을 받는다는 점에서 환경적 요인에 대한 이론을 살펴볼 필요가 있다. 청소년 문제의 원인을 환경적 요인에서 찾을 경우, 사회해체, 무규범상태, 사회적 학습, 낙인효과 등을 고려한다.

1) 사회해체론

청소년 문제의 원인을 환경적 요인에서 찾는 연구들은 인간생태학(human ecology)의 영향을 많이 받았다. 인간생태학은 인간과 환경의 집단적 상호작용을 연구하는 학문으로서, 이 영향을 받은 학자들은 비행의 원인을 사회해체, 산업화, 거주지역의 변화 등 사회적 변화에서 파악하고자 했다.

대표적으로 미국 시카고 대학의 어네스트 버제스(Ernest W. Burgess) 교수가 1925년 시카고를 사례로 연구하여 발표한 '동심원 모델'로, 생태학적 원리를 도시 내부구조에 적용한 이론이다. 그는 도심지역에 동심원 형태의 자연적인 거주지역이 형성된다고 보았는데, 가장 중심의 상업지구(제1지구)를 둘러싸고 점이지구(Zone of transition, 제2지구)가 형성되는데, 이 지역이 변화가 가장 빨리 일어나고 구성원의 부적응과 사회문제가 가장 많이 발생한다는 것을 발견했다. 즉 도시생태의 변화가 사회해체(social disorganization)를 유발하고, 사회 규범이 그 구성원에 대한 규율과 통제력을 상실하게 된다는 것이다(Thompson & Bynum, 2017: 85).

사회해체로 청소년 문제를 설명하는 대표적인 사례로 1920~30년대 시카고 지역에서 행해진 클리포드 쇼(Clifford Shaw)와 헨리 메케이(Henry McKay)의 연구가 유명하다. 그들은 버제스의 사회문제에 대한 생태이론을 적용하여 [그림 2-2]와 같이 도시지역을 몇 개의 권역으로 구분하고 이들 간에 비행과 범죄의 빈도에 상당한 차이가 있음을 밝혀냈다(Shaw & McKay, 1969). 제1지구는 도시의 중심지로서 상가, 관공서들이 위치한 지역, 제2지구는 본래 부유층이 살다가 교외로 빠져나가고 공장, 빈민촌, 대중교통 회사들이 위치해있는 점이지역, 제3지구는 점이지대를 벗어난 노동자들의 거주 지역, 제4지구는 중산층 가족들의 거주 지역, 마지막으로 제5지구는 상류층 주민들의 교외지역이다. 그들의 연구 결과, 제2지구에서 비행이 가장 빈번히 발생하는 것으로 밝혀졌는데, 이 지역에는 장기 체류하는 거주민이나 지역사회에 참여하는 주민들이 극히 적다는 것을 발견했다. 또한 이 지역 주민들의 가치관이나 생활 습관이 비행이나 범죄를 조장하는 경향이 상대적으로 크다는 것도 밝혀냈다.

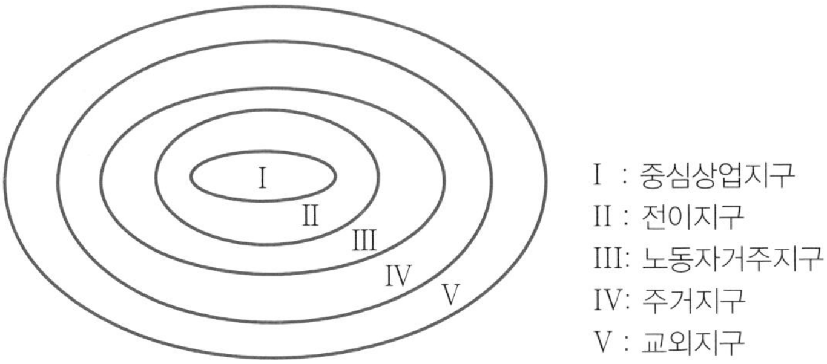

[그림 2-2] 도시지역의 동심원 모형]

출처: Thompson & Bynum (2017), p. 85 재구성.

이후 쇼(Shaw)는 메케이(Henry McKay)와 함께 '시카고지역 연구'를 미국 전역으로 확대시켜 연구한 결과, 특정 도시 내에는 '고빈도 비행지역'이 존재하며, 이들 지역은 높은 이동성, 고인구밀도, 슬럼화 등의 특징을 가지고 있다는 것을 밝혀냈다. 또한 이러한 현상은 도시의 인종적 구성의 비율이 달라져도 지속됨을 밝혔다 (Kratcoski & Kratcoski, 2004: 56-58). 즉 범죄나 비행이 가족이나 개인적인 요인 때문이 아니라 개인이 거주하는 지역적 조건에 기인한 것이란 것을 주장했다. 이러한 시카고학파의 생태학적 이론은 비행을 사회해체의 관점에서 조명하여 사회병리 현상의 이해에 획기적인 계기를 마련하였다.

2) 아노미 이론

19세기 후반 프랑스 사회학자 에밀 뒤르껭(Emile Durkheim, 1858~1917)이 최초로 제시한 '아노미(anomie) 이론'은 청소년 문제 및 비행을 설명하는데 큰 기여를 했다. 현대의 고도로 분업화된 사회가 구성원들이 공동으로 받아들일 수 있는 규칙을 만들어내지 못하면 사회적 연대가 약화되고 사회해체가 나타나는데, 이로 인해 발생하는 무규범(normlessness) 혹은 규칙 붕괴의 상태를 '아노미'라고 한다.

이후 미국의 사회학자 로버트 머튼(Robert Merton, 1910~2003)이 아노미 이론을 다양한 종류의 비행을 설명하는 일반 이론으로 발전시켰다(Merton, 1938). 머튼은 행복을 추구하고 부와 성공을 원하는 개인의 삶의 목표와 이 목표를 달성하기 위한 제도적 수단 간의 괴리에서 발생하는 불만족으로 아노미를 설명했다. 즉 권력, 명예, 재산 같이 문화적으로 인정된 목표를 달성하려면 일정한 교육 수준이나 직업이 필요한데 이러한 제도적인 수단을 얻지 못할 경우 무기력과 좌절감, 즉 아노미에 빠지게 된다.

머튼에 따르면 각 개인이 문화적 목표와 제도화된 수단 간의 갈등에 적응해 나가는 방식에는 [그림 2-3]에 나타난 바와 같이 다섯 가지 유형이 있다(Merton, 1938). 첫째, 문화적 목표와 제도화된 수단을 모두 수용하는 동조형(conformity)으로, 이 경우에는 문제행동이 나타나지 않는다. 둘째, 문화적 목표는 추구하지만 합법적인 수단이 없을 때 나타나는 혁신형(innovation)으로, 비합법적인 수단으로 목표를 달성하려는 유형이다. 셋째, 문화적 목표는 거부하지만 제도화된 수단은 수용하는 의례형(rituals)으로 목적을 모른 채 기계적으로 공부를 하는 청소년들이 이 유형에 속한다. 넷째, 문화적 목표와 제도화된 수단을 모두 포기한 도피형(retreatism)으로, 대

행위 적응 방식		
적응 방식	문화적 목표	제도화된 수단
동조형	+	+
혁신형	+	−
의례형	−	+
도피형	−	−
반항형	±	±

※ +는 수용, −는 거부, ±는 통용되는 목표를 거부하고 새로운 것으로 대체

[그림 2-3] 개인의 적응 유형

출처: Merton(1938), p. 676.

표적인 예로 부랑아나 약물 중독자를 들 수 있다. 다섯째, 기존의 문화적 목표와 제도적 수단을 모두 거부하는 반항형(rebellion)으로 새로운 목표와 수단을 추구하는 사회운동가나 혁명가가 이에 해당한다. 머튼은 첫째 유형 이외의 유형은 모두 일탈적이라고 보았다.

머튼은 특히 저소득층 자녀들이 문화적 목표를 실현할 수 있는 합법적 수단의 결핍에서 느끼는 긴장과 좌절을 비행의 원인이라고 보았기 때문에, 그의 이론을 '긴장이론(strain theory)'이라고도 부른다(Siegel & Welsh, 2017: 104-105). 이러한 아노미 이론은 왜 문제행동이 특히 하층 청소년들에게 많이 나타나는지를 잘 설명해준다. 이에 따라 아노미 이론에서는 하층 청소년들이 추구하는 목표를 실현할 수 있도록 경제적으로 지원하고 교육과 직업훈련의 기회를 제공하는 복지정책의 필요성을 강조했다. 그러나 이러한 아노미 이론은 중산층 이상의 청소년들이 일으키는 비행이나 개인적 특성에 의해 저질러지는 문제행동을 설명하는 데에는 한계가 있다.

3) 사회학습이론

사회학습이론(social learning theory)은 문제행동이 기본적으로 사회적 학습의 산물이라고 본다. 즉 문제행동은 TV같은 매체에 의해 학습되거나 부모나 교사, 또래 등의 일탈행위를 모방함으로써 발생한다. 사회학습 이론가들은 생물학적, 심리학적 요인도 의미가 있다고 보지만 문제행동을 일으키는 가장 중요한 요인은 모방이나 학습에 의해 형성된 개개인의 가치나 태도라고 본다.

미국의 사회학자 에드윈 서덜랜드(Edwin Sutherland)는 학습과정에 기초하여 범죄와 비행의 일반 이론을 정립하였다. 차별접촉이론 또는 차별교제이론(differential association theory)이라고 불리는 그의 이론에 따르면 법을 위반하는 것에 대해 호의적인 사람들과의 접촉에 의해서 범죄 동기를 내면화하고 범죄에 대해 호의적인 태도를 형성하며, 범죄 기술도 함께 배우게 된다. 청소년들은 비행친구들의 교제를 통해 비행을 습득하는데, 이 과정에서 접촉의 빈도가 높고, 기간이 길며, 친밀도가 강할수록 비행을 습득할 가능성이 높아진다(Kratcoski & Kratcoski, 2004: 63). 그러나 이러한 차별접촉이론은 정신질환에 의한 범죄나 범죄행위가 학습되는 정확한 과정을 설명하지 못한다. 또한 범죄유발요인이 많은 환경에 있는 청소년들 중에 범죄를 저지르지 않는 경우나, 전혀 범죄자와의 접촉이 없이 일어나는 범죄 등에 대해서도 제대로 설명하지 못하는 한계점을 가지고 있다.

이러한 한계점을 비판하면서 레이 제프리(C. Ray Jeffrey)는 '차별강화이론(differential reinforcement)'을 제시하였다. 이 이론은 범죄가 학습되는 과정을 '강화(reinforcement)'의 원리를 바탕으로 설명한다. 즉 범죄행위에 대하여 보상(정적 강화)이 따라오면 그것을 반복하고 처벌(부적 강화)이 따라오면 그것을 회피하는 경향이 있다. 따라서 청소년들이 비행을 저질렀을 때, 비행친구들은 보상과 칭찬으로 정적 강화를 제공하고, 일반적인 친구들은 비난과 훈계로 부적 강화를 제공하기 때문에 비행친구들과 사귀는 것은 비행에 호의적인 태도를 학습하고 문제행동을 일으킬 가능성을 높인다(Kratcoski & Kratcoski, 2004: 63).

4) 사회유대론

사회유대론(social bond theory)은 미국의 범죄학자 트래비스 허시(Travis Hirsch)가 주창한 것으로 그는 비행을 예방하는 중요한 요소로 '사회적 유대감'을 제시한다. 즉 부모, 친구, 교사와 강한 유대를 형성한 청소년은 긍정적인 자아개념을 소유하고 비행에 저항할 수 있는 능력이 생긴다. 그러나 사회적 유대가 깨지면 사회적 관계가 위협받는 것에 대한 걱정이 사라져서 쉽게 법을 위반하거나 비행에 가담하게 된다. 요컨대 사회에서 강한 유대감(social bond)을 형성한 청소년들이 그 사회의 규범과 가치를 수용하고 법과 규칙을 잘 준수하는데 비해, 사회적 유대감이 약한 청소년들은 비행에 빠지기 쉽다고 보았다.

이러한 사회적 유대에는 다음 네 가지 요소가 있다. 첫째, 애착(attachment)은 부모와 가족 등 타인에 대한 존경과 배려를 나타낸다. 둘째, 헌신(commitment)은 학교에서 성공하고 좋은 직업을 갖는 등의 전통적 목표를 수용하고 개인적 신망을 중요하게 생각하는 것을 말한다. 셋째, 관여(involvement)는 사회에서 용인된 전통적인 목표를 달성하기 위해 시간과 노력을 기울이는 것을 말한다. 넷째, 신념(belief)은 사회의 규범, 가치 법을 수용하고 받아들이는 것을 말한다. 허시의 연구에 따르면 이와 같은 네 가지 요소를 강하게 소유하고 있는 청소년들이 비행에 가담하는 비율이 훨씬 낮게 나타났다(Hirsch, 1969).

허시는 이러한 사회적 유대가 결합하여 간접적으로 우리의 행위를 규율한다고 주장했다. 교통경찰이나 감시카메라가 없는 곳에서도 이러한 유대가 간접적으로 심리적 '통제'를 가하여 질서를 지키게 한다. 그러나 비행청소년이나 범죄자들은 비행 충동을 '통제'할 수 있는 유대감이 형성되지 않아서 문제행동을 하게 된다고 보았다. 이러한 의미에서 허시의 이론은 '사회통제론(social control)'이라고도 부른다.

5) 낙인이론

낙인이론(labeling theory)은 사회가 개인에게 반응하는 방식, 그리고 개인이 사회에 반응하는 방식이 개인의 행위를 결정한다는 전제에서 출발한다. 경찰이나 법원 같은 공공기관, 또는 부모나 이웃에게서 문제아로 낙인찍히면 이후 문제아로서의 삶을 살아가게 된다는 것이다. 최초 비행에 가담하게 되는 데는 여러 가지 이유가 있지만, 사법처리 과정에서의 낙인(labelling)이 이후의 삶을 따라다니며 청소년의 정체성을 변화시키고 비행적 삶에 빠져들게 된다.

에드윈 레머트(Edwin Lemert, 1981)는 청소년 비행을 일차적 비행과 이차적 비행으로 구분하였다. 일차적 비행(primary deviance)은 초기 문제행동으로서 심각하지 않은 가벼운 일탈행위를 말한다. 그런데 이러한 행위에 대하여 비행청소년이라고 공개적인 낙인이 찍히게 되면 사회적 제재를 받게 되고, 결국 그로 하여금 이차적 일탈(secondary deviance)을 저지르게 만든다고 보았다. 따라서 낙인이론가들은 경미한 일탈은 비행으로 규정하지 말아야 한다고 주장하며, 소년원이나 교도소 같은 사법시설에 보내는 것보다는 가급적 사회 내에서 처리할 것을 권장한다.

한편으로는 낙인의 긍정적 효과도 지적하는 입장도 있다. 즉, 청소년들로 하여금 자기 행동의 심각성을 깨닫게 하여 추가 비행을 방지하게 할 수도 있다는 것이다. 그러나 낙인이 긍정적 효과를 발휘하기 위해서는 다음의 요건이 충족되어야 한다. 최초의 낙인이 이루어지는 상황이 비공개적이어야 하며, 미래의 비행은 공개적인 과정을 감수해야 한다는 인식이 이루어져야 한다. 또한 비행이 그쳤을 때는 낙인이 쉽게 제거될 수 있다는 믿음이 있어야 효과를 발휘할 수 있다(Siegel & Welsh, 2017: 114-115).

학습 정리

1. 고전 이론에 따르면 비행은 인간의 자유의지에 따른 합리적인 선택의 결과이다. 따라서 처벌의 고통이 비행으로 인해서 얻어지는 이익보다 커야 범죄를 억제할 수 있다고 본다.

2. 생물학 이론에 따르면 개인이 범법 행위를 하게 되는 것은 인간의 비정상적인 신체적 구조에 의해서 발생한다. 또한 심리학적 이론은 비행의 원인이 개인의 성격이나 인지발달의 문제 등 행위자 자신에게 있다고 본다.

3. 인간생태학의 영향을 받은 사회해체론은 사회해체의 관점에서 사회병리현상의 하나인 비행을 연구했다. 이에 비해 아노미이론은 사회적연대가 약화되어 발생하는 무규범상태를 비행의 원인으로 보았다.

4. 사회학습이론은 문제행동이 기본적으로 학습된 사회적 산물이라고 주장한다. 차별교제이론은 범죄자들과의 교제를 통해 범죄를 습득한다고 보았으며 차별강화이론은 범죄행위에 대한 강화의 존재를 주요한 원인으로 본다.

5. 사회심리학적 이론은 사회학적 요인과 심리학적 요인이 결합하여 청소년 문제행위를 발생시킨다고 본다. 사회적 유대감의 형성을 강조하는 관점과 낙인을 비행의 원인으로 보는 입장이 있다.

참고문헌

김준호 외(2003). 청소년 비행론. 청목.

Bartollas, C. & Schmalleger, F. (2018). *Juvenile Delinquency* (3rd edition). Pearson.

Empey, L. T. (1982). *American delinquency: its meaning & construction*. Wadsworth.

Erikson, E. H. (1980). *Identity and the Life Cycle*. Norton.

Hirschi, T. (1969). *Causes of Delinquency*. Berkeley: UC Berkeley Press.

Kohlberg, L. (1981). *The Philosophy of Moral Development: Moral Stages and the Idea of Justice*. Harper & Row.

Kratcoski, P. C. & Kratcoski, L. D. (2004). *Juvenile delinquency* (5th edition). Prentice-Hall

Lemert, E. (1981). Diversion in Juvenile Justice. *Journal of Research in Crime and Delinquency, 18*, 34-46.

Merton, R. K. (1938). Social Structure and Anomie. *American Sociological Review, 3*(5), 672-682.

Shaw, C. R. & McKay, H. D. (1969). *Juvenile Delinquency and Urban Areas*. University of Chicago Press.

Siegel. L. J. & Welsh. B. C. (2017). *Juvenile Delinquency: The Core* (6th edition). Wadsworth.

Thompson, W. E. & Bynum, J. E. (2017). *Juvenile Delinquency: A Sociological Approach*(10th edition). Rowman & Littlefield.

제3장

청소년 문제의 배경

개관

청소년 문제에는 그 문제를 둘러싼 복합적인 배경들이 존재하며, 이러한 배경들은 청소년들의 문제행동에 직·간접적으로 영향을 미친다. 본 장에서는 청소년을 둘러싼 가족, 학교, 사회의 환경적인 특징을 알아보고, 각각의 환경이 청소년들의 문제행동과 어떠한 관계를 맺고 있는지 살펴보고자 한다. 첫째, 현대 사회 가족의 구조적, 기능적 문제는 무엇이고, 이러한 문제가 어떻게 청소년 문제와 관련되어 있는지 알아볼 것이다. 둘째, 학교부적응 현상과 학교폭력, 교육병리현상 등이 청소년 문제를 발생시키는 과정을 알아볼 것이다. 셋째, 현대사회의 여러 특징을 토대로 사회 환경이 청소년들의 문제행동에 미치는 영향을 살펴보고자 한다.

학습목표

1. 청소년 문제를 둘러싼 배경들을 나열할 수 있다.
2. 가족의 변화가 청소년 문제에 미치는 영향을 설명할 수 있다.
3. 교육병리현상이 청소년 문제에 미치는 영향을 분석할 수 있다.
4. 청소년 문제에 대한 대중매체의 영향을 제시할 수 있다.

주요용어

한부모가족, 양육태도, 학교부적응, 교육병리현상, 대중매체, 사이버중독

청소년의 성장은 개인적인 요인뿐만 아니라 개인을 둘러싸고 있는 환경적인 요인의 영향을 많이 받는다. 더불어 청소년 문제 또한 특정한 단일요인보다는 여러 형태의 복합요인들에 의한 상호작용의 결과라고 볼 수 있다. 즉, 청소년 문제는 청소년이 살아가고 있는 환경과 그 안에서 이루어지는 사람들과의 상호작용 속에서 발생한다. 따라서 이번 장에서는 청소년의 문제의 배경을 가족, 학교, 사회로 나누어 살펴보고자 한다.

1. 가족과 청소년 문제

1) 가족의 기능

청소년 문제를 둘러싼 배경으로서 가족은 구성원들에게 가장 기본적이며 일차적인 환경이다. 인간은 가족을 통해 초기 사회화를 거치며 성장과 발달을 한다. 이를 통해 가족은 구성원 간의 친밀함을 토대로 정서적인 안정을 누리게 해준다. 매슬로우(Maslow, 1976)가 제시했듯이 친밀성을 누리고자 하는 것은 인간의 욕구 중 가장 기본적인 것으로서 가족은 이러한 기본 욕구를 충족시키는 기능을 한다. 정서적 안정을 토대로 청소년은 가족을 통해 보살핌을 받음으로서 안전을 보장받고, 이를 기반으로 사회에 적응할 수 있는 능력을 기를 수 있게 된다. 이처럼 가족은 청소년의 사회화 과정에서 매우 중요한 역할을 한다. 그러나 가족을 기반으로 한 정서적 안정기능이 결핍될 때 청소년은 학교를 포함한 사회에서 올바르게 적응할 수 있는 능력을 기르지 못해 부적응 문제를 야기할 수 있다.

현대사회가 점차 복잡하게 변화하면서 가족의 구조와 함께 기본적인 정서적 안정 기능도 변화되고 있다. 예를 들면, 맞벌이 부부의 증가와 이혼율의 상승으로 인해 자녀들은 부모를 통해 얻을 수 있었던 정서적 안정의 기회가 줄어들게 되었다. 따라서 가족의 기본적인 기능인 초기 사회화의 기반이 흔들리세 되었나.

2) 현대사회 가족구조의 변화

현대사회에 들어 가족구조의 변화로 인해 청소년들에게 가족을 통한 정서적 안정의 기회가 줄어들면서, 이것이 청소년 문제행동 증가의 원인으로 작용하게 되었다. 여기서는 가족의 구조가 변화함에 따라 발생하는 정서적, 교육적 기능의 결핍이 청소년 문제행동에 미치는 영향을 중심으로 살펴본다.

첫째, 이혼에 따른 한부모 가족의 증가를 들 수 있다. 2018년 이혼은 총 108,700 건으로 전년(106,000 건) 대비 2.5%(2700 건)증가한 것으로 나타났다(통계청, 2019). 또한 대다수(77.6%) 이혼 부모는 평균 1.5명의 자녀를 키우고 있으며, 월평균소득은 약 220만원으로 전체 가구 소득 대비 절반 수준이다. 또한 한부모의 84.2%는 취업중이지만 근로소득이 낮아 근로빈곤층(워킹푸어, working poor) 특성을 나타냈고 근무시간이 길어 일과 가정의 양립이 어려운 것으로 나타났다. 한부모는 자녀와의 여가활동 빈도가 낮고, 자녀가 방과후 돌봐주는 어른 없이 혼자 지내는 비율이 상대적으로 높다(여성가족부, 2019). [그림 3-1]에 나타난 바와 같이 2008년 우리나라 한부모 가구 비율은 9,0%였는데, 2018년에는 10.9%로 증가하였다(여성가족부, 2018: 174).

(단위: %)

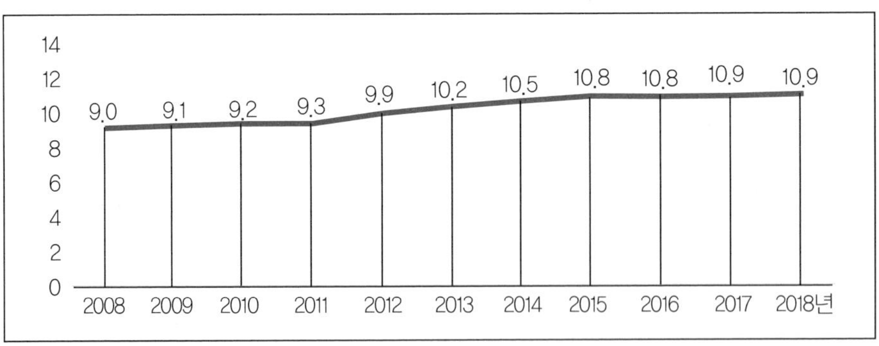

[그림 3-1] 한부모 가구 비율 추이

출처: 여성가족부(2018), p. 174

이혼은 가정의 해체를 가져오기 때문에 자연스럽게 한부모 가족의 증가를 가져올 뿐 아니라 부모가 이혼에 이르는 기간 동안 자녀들에게 불안정한 가정환경이 제공된다. 부부가 이혼을 한 이후, 자녀들은 주로 어머니와 함께 살게 되는 데 대부분 경제적 어려움을 가지게 되고 이것이 비행의 원인이 되기도 한다. 이러한 연쇄작용으로 부모의 이혼을 경험한 청소년들은 부모의 부재에 대한 슬픔, 상실감에 따른 심리적인 불안과 경제적인 소득 감소에 적응해야 할 뿐 아니라 극단적인 경우 소년, 소녀 가장으로서 부모의 역할까지 대신해야 하는 경우도 발생하게 된다. 가족형태와 청소년 비행 간의 관계를 살펴보면, 대부분의 비행에 있어서 양부모 가정의 자녀보다 사별가정, 이혼가정, 별거가정의 자녀들이 비행 가담율이 높게 나타나고 있다(정제영 외, 2016; 윤우석, 2011; 조아미 외, 2009).

둘째, 핵가족화에 따른 교육 기능의 약화를 들 수 있다. 전통사회의 확대가족 제도에서는 가족이 하나의 작은 사회 단위로서 역할을 수행하였으며 사회에서 직면할 인간관계에 대한 덕목을 가족 내에서 미리 배울 수 있었다. 그러나 출산율의 저하와 함께 한 자녀 가정이 늘어나면서 형제, 자매가 없는 청소년들은 개인의 욕구를 억제하거나 타인을 위해 양보하고 협동하는 경험을 가족 내에서 배울 기회가 적다.

또한 소(少)자녀관의 확산과 함께 자녀를 과잉보호하게 되는 가능성이 커지고, 학업을 강조하는 데 반해 정서교육이나 예절교육을 소홀히 하는 측면도 자주 나타난다. 이와 같이 전통적으로 행해오던 가족을 통한 대인관계에 대한 예절교육이나 정서적인 안정을 제공하는 기능이 축소됨에 따라 청소년들은 심리적인 불안뿐만 아니라 행동발달 측면에 있어서도 부적응을 나타내기도 한다.

셋째, 맞벌이 부부의 증가로 인해 소원해진 부모-자녀 관계를 들 수 있다. 현대사회는 가족구조의 측면에서 핵가족화가 일반적인 경향이다. 전통사회의 확대가족 형태에서는 조부모나 친척들을 통해 자녀 양육의 부담을 나눠가질 수 있었으나, 현대사회에서는 핵가족화의 보편화로 인해 자녀양육이 고스란히 부부에게 큰 부담으로 나타나고 있다. 부부가 맞벌이를 하는 경우 청소년 자녀들은 많은 시간을 혼자 보내게 됨으로써 고립감과 외로움을 경험하게 된다.

실제로 우리나라 맞벌이 부부가 자녀 양육을 위해 사용하는 시간이 상대적으로 적고, 청소년의 경우 부모와 대화하는 시간이 상대적으로 짧은 것으로 나타난다. 청소년 문제의 예방을 위해서는 가족 구성원 간의 대화시간이 많고 서로 관심과 애정을 느낄 수 있는 가정환경의 조성이 필요하다.

3) 가족의 심리적 환경

가족의 경제적 환경뿐만 아니라 심리적 환경 또한 청소년들의 문제행동에 큰 영향을 미친다. 예를 들어 우울증을 앓고 있는 부모가 있는 가정의 경우, 가정에서 부정적인 심리적 환경이 조성되어 자녀 또한 불안감을 지니게 되고 이는 청소년기에 문제행동을 유발하는 요인으로 작용하기도 한다. 반면, 부모가 청소년 자녀에게 친밀감을 가진 가정은 심리적으로 안정적인 환경을 경험하게 함으로서 바람직한 인성을 지닐 수 있도록 하는 데 결정적인 역할을 한다. 이처럼 가족의 심리적 환경은 청소년기 발달에 큰 영향을 주고 청소년 문제행동과도 밀접한 관련이 있다.

자녀가 경험하고 느끼는 가족의 심리적 환경은 주로 부모의 양육태도에 따라 결정되는데 이 또한 청소년의 문제행동과 밀접한 관계가 있다. 부모가 민주적인 방식으로 의사결정을 하고, 자녀에게 애정이 담겨있는 언행을 주로 하는 가정의 경우, 청소년기 자녀의 문제행동이 적다. 하지만 부모로부터 신체적 학대, 지나친 간섭이나 기대, 방임, 일관성 없는 양육을 경험한 청소년들은 부정적 심리나 문제행동을 보이는 경향이 상대적으로 높게 나타난다.

미국 버클리대학교 심리학 교수인 바움린드(Baumrind, 1991)는 부모의 자녀양육 태도의 유형을 네 가지로 구분하였다. 〈표 3-1〉에 나타난 바와 같이 독재적 부모, 허용적 부모, 방임적 부모, 민주적 부모 중에서 민주적 부모 유형이 자녀의 올바른 성장을 위한 양육태도로 가장 적합한 것을 알

〈표 3-1〉 부모의 양육태도 유형

부모의 양육 유형	구분		특징
	자녀에게 요구 (demanding)	자녀 요구 존중 (responsive)	
독재적 (authoritarian)	O	X	• 부모가 정한 규칙의 준수를 요구함 • 실패 시 처벌, 강압적 복종을 제시함 • 자녀들에게 많은 요구를 하지만, 자녀의 요구에 대해 부모는 반응하지 않음
허용적 (permissive)	X	O	• 지녀의 요구에 대해 반응하지만 심한 요구를 하지 않음 • 너그럽고 자녀들과의 충돌을 피함 • 자녀 스스로의 자율과 규제를 허용함
방임적 (disengaged)	X	X	• 자녀의 요구에 반응하지도 않고, 어떠한 것을 요구하지도 않음 • 대체적으로 자녀 생활에 전혀 개입하지 않음
민주적 (authoritative)	O	O	• 자녀의 욕구 변화에 민감함 • 이성과 설득을 통해 자녀들을 복종하게 함 • 토론과 대화를 통해 문제를 해결하도록 격려하고, 독립적 사고를 격려함

출처: Baumrind(1991), p. 62 재구성.

수 있다.

부모의 양육태도는 자녀가 성장함에 따라 변화해야 한다. 부모의 무관심도 문제지만 과잉보호 또한 문제행동과 높은 상관관계를 가지고 있다. 유아기의 직접적인 훈육은 일정한 시기를 지나면 영향력이 약화되고 부모는 자녀에게 점차 많은 자율권을 주게 된다. 이때에도 부모는 자녀의 일상생활에 관심을 갖는 감독자의 역할을 해야 한다. 이를 위해서 가족 간의 대화를 통한 의사소통은 매우 중요한 역할을 하며, 개방적인 가족 분위기는 자녀가 자신의 일상적인 경험을 부모와 공유하고 소통할 수 있도록 하는 환경을 제공해준다.

2. 학교와 청소년 문제

1) 학교의 기능과 청소년 문제

학교는 인간이 가족을 중심으로 행해지는 초기사회화를 거친 다음 단계에 이동하는 기관으로서 아동기로부터 청소년기를 거치는 동안 대부분의 사회 활동을 하는 공간이다. 따라서 청소년은 학교를 통해 아동기에 주로 부모에게 의존하던 생활 습관에서 벗어나 보다 독립적으로 자율적인 행동과 사고를 통해 성장해 갈 수 있다. 하지만 최근 들어 학교에서 행해지는 사회화 기능에 대해 부정적인 시각이 등장하게 되었는데 그 이유는 학생들이 학교를 통해 적절한 사회화 과정을 거치지 못하는 경우들이 발생하기 때문이다.

현대사회에서 교육과 친교의 장이 되어야 할 학교와 인간적 성숙과 자아실현에 기여해야 할 학교교육이 청소년 문제의 한 요인이 되고 있는 것은 큰 문제이다. 집단 따돌림, 모욕, 괴롭힘, 폭력과 같은 문제가 특정 학교만의 문제가 아니라 대다수 학교에서 나타나고 있는 것이 현실이다.

그 중에서도 학교폭력은 최근 많은 학교들이 직면하고 있는 문제로서, 문제의 심각성과 해결의 필요성에 대한 사회적 공감대가 형성되고 있다. 교육부에서 실시한 2019년 1차 학교폭력 실태조사 결과에 따르면, 피해 유형별로 분류할 때 언어폭력 〉 집단따돌림 〉 사이버 괴롭힘 〉 스토킹 〉 신체폭행 순으로 많이 발생하는 것으로 나타났다(교육부, 2019).

2) 학교부적응 현상

학교부적응 현상이란 청소년들이 학교라는 새로운 환경에 적응하는데 필요한 가치관과 행동양식을 습득하는 과정에서 어려움을 겪는 상태를 의미한다. 청소년들은 학교 공간에서 일어나는 일상생활에서 여러 가지 형태의 부적응을 경험하게 되는데 이는 대부분 개인의 욕구가 충분히 충족되지 않음으로서 발생하는 것이다. 학교부적응의 예로는 학교공포증, 등교거부, 중도탈락, 무단결석 등이 있다. 이러한 학교부적응 현상은 신체적 · 심리적 · 사회적 불안을 야기하고 청소년 문제행동 요인으로 작용할 수 있다. 여기에서는 학교부적응 현상에 영향을 미치는 요인으로서 학교 풍토, 학교폭력, 학업 실패에 대하여 살펴보고자 한다.

(1) 학교 풍토

최근 우리나라 학교교육의 실태를 보면, 학생과 학생 간, 교사와 학생 간의 상호작용이 감소함에 따라 서로간의 존중과 신뢰가 희박해지고 있다. 이는 결국 부정적인 학교 풍토를 형성하게 되고 청소년 문제의 원인이 될 수 있다. 여기서 학교 풍토(school climate)란 학교가 일정한 규칙에 따라 조직되고 운영되는 과정에서 형성되는 특유의 문화를 의미한다. 이는 교육주체간의 의사소통 방식, 바람직한 것으로 기대되는 행동 규범, 또래와의 교제 방식, 학생의 일탈행위를 예방하고 규제하는 방식 등을 모두 포괄하는 개념이다(Kratcoski & Kratcoski, 2004: 182).

따라서 긍정적인 학교 풍토란 학교 내에서 생활하는 구성원들 간에 원활한 의사소통 문화가 형성되고, 학생들과 교직원이 일정한 절차를 거쳐 함께 정한 교칙을 통해 폭력이나 차별과 같은 부정적 행위들을 줄여가는 문화를 말한다. 이러한 긍정적 학교 풍토를 이루기 위해서는 적극적으로 학교 행사에 참여하는 학생들의 열의와 학생들의 요구들에 유동적이고 적절한 반응을 하려는 교육자들의 노력을 통해 형성할 수 있다.

교사와 학생, 학생과 학생 간의 신뢰와 존중은 긍정적인 학교 풍토를 형성하는 기제로 작용한다. 학교와 교칙, 교직원에 대해 신뢰감이 높게 형성된 학생은 학교활동에 적극적으로 참여하고, 능동적인 교우관계를 형성하며 비행가능성이 낮다(Kratcoski & Kratcoski, 2004: 181-182). 이러한 긍정적인 학교 풍토는 특정 주체 하나만의 노력이 아닌 학교행정가와 교사, 학부모, 학생과 지역사회의 올바른 관심과 노력이 함께 이루어질 때 성공적으로 정착할 수 있다.

(2) 학교폭력

학교를 떠올릴 때 학생들은 개인마다 다른 느낌을 갖는다. 누군가에는 흥미롭고 즐거운 장소로 추억될 수 있는 반면, 누군가에게는 고통스럽고 무의미했던 장소로 기억될 수 있다. 바람직한 학교는 학생들에게 보다 나은 삶을 살아갈 수 있도록 도와주는 사회화 기관으로서의 역할을 하는 것이다. 이러한 맥락에서 학교는 학생들이 학습에 집중하고, 교사와 교직원들의 관심과 배려 속에 친구들과 함께 어우러져 살아가는 방식을 배우고 터득해 가는 사회화 공간이 되어야 한다. 하지만 일부 학교에서는 특정 학생들에 의해 행해지는 청소년 비행으로 인해 피해 학생들에게 학교는 끔찍하고 괴로운 기억으로 남는 장소가 되고 있다.

학교폭력은 우리 사회의 대표적인 청소년 문제로 자리 잡고 있다. 최근의 학교폭력은 다음과 같은 특징을 가지고 있는 것으로 나타났다(관계부처 합동, 2012).

① 학교폭력 경험의 저연령화

교육부의 2019년 1차 학교폭력 실태조사 결과에 따르면, 학교폭력 피해경험 연령이 낮아지고 언어폭력·사이버폭력 등 정서적 폭력의 비중이 증가하는 추세에 있다. 초등학생의 피해 응답률이 2017년 2.1%, 2018년 2.8%, 2019년 3.6%로 나타났다. 또한 전체 피해응답률은 1.6%이며, 학교급별 피해 응답률은 초등학교 3.6%, 중학교 0.8%, 고등학교 0.4%로 나타났다(교육부, 2019).

② 가해자와 피해자 구분의 불분명

학교폭력은 가해자와 피해자의 구분이 불분명한 특징이 있다. 학교폭력 피해 경험이 있는 학생이 다시 학교폭력을 당하지 않기 위해 다른 학생에게 학교폭력을 행사하는 피해와 가해의 악순환이 지속되고 있다.

③ 정신적 폭력의 증가

과거의 학교폭력이 단순한 신체적 폭력 중심이었던데 반해 최근 강제적 심부름, 사이버 폭력, 성적 모독 등 언어적 · 정신적 폭력이 증가하고 있다. 특히, 언어적 · 정신적 폭력은 휴대전화 문자 등 SNS 등을 통해 손쉽게 반복적으로 이루어지고 있어 그 심각성을 더하고 있다.

④ 피해유형의 다양화

또한 학교폭력은 과거에 비해 다양한 형태와 특징을 보이고 있다. 〈표 3-2〉에 나타난 바와 같이 학교폭력의 피해 유형은 날로 다양하고 복잡해지고 있다. 교육부의 〈학교폭력 실태조사〉에 나타난 피해 유형 추이를 살펴보면 언어폭력이 가장 많은 비중을 차지하고 있고, 최근에 집단따돌림이 급증하였음을 알 수 있다.

〈표 3-2〉 학교폭력의 피해 유형별 비중

구분	2013년 1차	2014년 1차	2015년 1차	2016년 1차	2017년 1차	2018년 1차	2019년 1차	증감 (%p)
언어폭력	34.0	34.6	33.3	34.0	34.1	34.7	35.6	0.9
집단따돌림	16.6	17.0	17.3	18.3	16.6	17.2	23.2	6.0
사이버 괴롭힘	9.1	9.3	9.2	9.1	9.8	10.8	8.9	-1.9
스토킹	9.2	11.1	12.7	10.9	12.3	11.8	8.7	-3.1
신체폭행	11.7	11.5	11.9	12.1	11.7	10.0	8.6	-1.4
금품갈취	10.0	8.0	7.2	6.8	6.4	6.4	6.3	-0.1
강제심부름	6.1	4.7	4.2	4.3	4.0	3.9	4.9	1.0
성추행 · 성폭행	3.3	3.8	4.2	4.5	5.1	5.2	3.9	-1.3

출처: 교육부(2019), p. 3.

(3) 학업 실패

전통적으로 학업은 가치 있는 일로 여겨져 왔다. 뿐만 아니라 교육적 성공은 높은 사회경제적 지위를 달성하는 주요한 수단으로 간주되어 왔다.

그러나 다수의 학생들은 사회와 부모, 그리고 자기 자신이 원하는 학업성취 수준을 달성하지 못하여 좌절감을 느낀다. 청소년기에 경험하게 되는 학업 실패는 청소년 문제와 많은 연관성을 가지고 있다.

학교에서의 학업 실패와 비행의 연관성에 대해 시겔과 웰시(Siegel & Welsh, 2017)는 다음과 같은 네 가지 상이한 관점을 소개하고 있다(246-247).

첫째, 비행이 학업 실패를 초래한다. 자기통제력이 낮은 청소년은 공격적이고 반사회적이다. 이런 청소년들이 품행의 문제를 일으키며, 학업 실패로 이어진다.

둘째, 학교에서의 실패 경험이 직접적인 비행의 원인이 된다. 즉, 학교에서의 학업 실패는 청소년기 학생에게 심각한 좌절감과 분노, 거부감을 초래하고, 이것이 반사회적 행동으로 표출된다는 것이다.

셋째, 학교에서의 학업 실패가 학생들의 심리적, 행동적 장애를 초래하여 비행의 한 요인이 된다. 일반적으로 학업성취도가 낮은 학생들은 그렇지 않은 학생들에 비해 자기 존중감이 낮고, 이렇게 자기 존중감이 낮은 학생들에게서 비행성향이 높게 나타나는 것으로 알려져 있다.

넷째, 학교에서의 학업 실패와 비행은 청소년의 '비행성향' 이라는 제3의 요인을 공유하고 있다. 즉 비행성향이 높은 청소년들이 학업 실패도 경험하고 비행에 가담할 확률도 높은 것이지, 학업 실패가 비행의 직접적인 원인이라고 보기는 어렵다는 것이다.

이상에서 살펴본 바와 같이 학업 실패와 청소년 비행 간의 관계에 대하여 아직까지 명확한 원인-결과 관계가 밝혀지지 않고 있다. 하지만 일반적으로 학업 실패는 다양한 경로를 통해 청소년 문제와 연관되어 있다는 통념을 부인하기는 어렵다. 따라서 학업 실패와 청소년 문제의 관계에 대하여는 장기간에 걸친 종단연구를 통해 명확하게 설명할 수 있는 노력이 필요하다.

3) 교육병리 현상

학교교육에서 나타나는 다양한 역기능 현상을 병리학에 비유하여 '교육병리'로 규정하기도 한다. 교육병리현상이란 교육의 과정이나 결과에서 발생하는 문제가 교육의 대상인 학생들에게 고통과 피해를 주는 상황을 의미한다(권이종, 1991). 과도한 사교육비의 부담, 입시위주의 교육환경, 그리고 성적을 최우선시하는 왜곡된 교육풍토 등이 이미 우리 사회의 병리현상으로 자리 잡고 있다. 특히 치열한 성적 경쟁, 주입식 교육 방법, 유명 학군, 그리고 특수 목적 고등학교(특목고)의 진입 과열 등은 우리 사회에서 입시위주의 병리현상이 심각한 상황에 처해 있다는 것을 증명한다.

우리 사회가 급격한 근대화 과정에서 구성원들의 사회적 성취욕구가 증가한 것과 함께 지위 습득의 도구로서 대학 교육에 대한 수요가 급증하였다. 이로 인한 대학교의 양적 팽창과 학력 인플레 현상은 명문대학으로 진학하기 위한 경쟁으로 변질되면서 입시 경쟁은 더욱 가속화되어 왔다. 이와 같이 입시위주의 교육병리 현상은 단순히 학교만의 문제가 아니라 사회구조적인 문제로 조명할 필요가 있다.

입시위주의 학교교육으로 인해 발생하는 대표적인 교육병리 현상으로 전인교육의 부재를 들 수 있다. 학생들은 가능한 많은 양의 지식들을 암기하고, 시험에서 좋은 성적을 거두어야한다는 정신적 스트레스에 시달리고 있다. 또한 학교에서 제공하는 교과목의 편성에 있어서도 입시에서 비중이 큰 교과목들 중심으로 배치가 되고, 그에 속하지 못한 다른 과목들은 소홀하게 다루어진다. 이러한 현상들은 우리 청소년들이 균형 잡힌 전인교육이 아닌 입시위주의 교육에 몰입해 있음을 나타내주고 있다.

청소년기는 인지적 발달도 중요하지만 정서적인 측면에서도 심리적 안정과 발달이 중요하다. 따라서 친구들과의 협동, 교사와의 인간적 유대관계 형성하는 것은 청소년기에 학교 환경에서 수행해야 할 중요한 발달 과업이다. 청소년 시기에 이 같은 과업이 충족되지 못한 채, 친구 · 교사들과의 폭넓은 정서적 교류를 경험하지 못하고 과도한 경쟁에 내몰리게 되는 상황은 다양한 청소년 문제의 발생 원인이 될 수 있다.

3. 사회와 청소년 문제

청소년 문제에 영향을 주는 환경은 크게 가정, 학교 그리고 사회로 구분해서 살펴볼 수 있다. 그 중에서도 사회 환경은 가정이나 학교 환경에 영향을 미칠 수 있는 요인이다. 즉, 가정과 학교 차원에서 청소년들에게 유익한 환경을 만든다고 해도 사회 전체적으로 청소년들에게 부정적인 환경이 지배적이라면 가정과 학교의 노력은 소기의 성과를 거둘 수 없기 때문이다. 따라서 청소년 문제에 대하여 사회적인 시각에서 조명해보는 것이 필요하다.

급격한 사회 변동, 지역사회의 연대 약화, 대중매체에서의 청소년 유해 프로그램 증가, 사회 전반에 나타나는 구조적 불평등 등은 청소년 문제를 유발하고 강화시키는 요인이 된다. 여기에서는 이와 같은 현대사회의 특징과 청소년 문제의 관계에 대해서 살펴보고자 한다.

1) 사회변동과 가치관의 붕괴

현대사회를 후기산업사회, 고도산업사회, 정보화사회 등으로 표현한다. 과학기술의 발달 및 생산방식의 변화를 통해 현대사회는 새로운 사회조직과 구조, 새로운 가치체계와 인간관계를 형성하게 되었다. 따라서 현대사회의 가장 큰 특징을 대표하는 단어를 찾으라고 한다면 '변화(change)'를 꼽을 수 있을 것이다(Ichilov, 1998).

하지만 사회의 여러 부문에서 진행되는 거대한 변화는 사회구성원들에게 신선함과 함께 새로운 사회에 적응해야 하는 스트레스와 부담감을 주었다. 이를 테면 급격한 사회변동을 겪게 되면서 가치관의 변화를 가져왔고, 이는 세대 간의 연계성 상실(loss of connectedness), 즉 세대 갈등의 등장을 통해 사회적 연대를 약화시키기도 한다.

또한 눈부신 과학의 발달과 새로운 기술문명의 등장은 이에 걸맞은 새로운 가치관을 요구한다. 그러나 인간의 의식구조가 사회적 변화 속도를 따라가지 못하게 되는 문화지체(cultural lag) 현상을 가져오기도 한다. 예컨대 사회적으로는 여성의 경제활동 참여가 증가하였는데 가족 내에서 가사나 육아의 부담을 여성이 전담해야 한다는 의식을 계속 가지고 있을 경우 가족 구성원 간의 갈등을 유발하고 이는 이혼과 같은 가족해체를 가져와 청소년 문제의 원인이 될 수 있다.

2) 산업화와 지역사회의 붕괴

과학기술의 발달과 함께 시장 확대와 생산력의 증대는 인간의 생활방식에 큰 변화를 가져왔다. 이러한 변화는 양면적인 특징을 나타내는데 생산성의 확대로 인해 생활수준의 향상을 가져왔지만, 반면에 가정이나 지역사회의 기능은 과거에 비해 많이 축소되었다. 이는 청소년 문제를 발생시키는 요인으로 등장하게 되었다. 즉, 청소년을 보호하기 위한 중요한 환경의 하나로 작용하는 지역사회가 붕괴됨으로서 공동체 간의 유대는 약화되었고 이로서 청소년 문제는 더욱 증가하게 되었다.

지역사회에는 청소년 문제를 유발하는데 작용하는 위험요인(risk factor)과 문제를 예방하거나 억제할 수 있는 보호요인(protective factor) 또는 회복요인(resilience factor)이 있다. 위험요인으로는 빈곤의 집중, 사회적 혼란, 높은 범죄율, 약물 남용 및 폭력집단의 존재 등이며, 보호요인으로는 청소년들을 정서적으로 지원하고 조언해줄 수 있는 비공식적 네트워크, 역할모델의 존재, 어른들과의 친밀한 관계 등을 들 수 있다.

청소년 문제는 지역사회의 경제적 특성과 공간적 특성 등과 같은 환경의 영향을 받는다. 위에 기술한 지역사회의 보호요인들이 청소년들을 비행이나 범죄로부터 보호해주는 역할을 하는데, 지역사회가 붕괴된다는 의미는 단순히 공동체의 유대가 약화된다는 의미를 넘어서 청소년에 대한 통제기능과 방패막이로서 작용하던 사회적 기능을 상실하는 것을 의미한다.

3) 대중사회와 대중매체

청소년 문제에 영향을 미치는 사회환경적 요인으로 대중매체와 인터넷을 포함한 각종 미디어를 들 수 있다. 이와 같은 매체를 통해 이루어지는 의사소통은 대체적으로 일 방향적인 경향을 나타낸다. 즉 대중매체를 통해 동일한 메시지가 청소년을 포함한 다수의 수신자들에게 동시에 전달된다. 따라서 상업적, 정치적 목적으로 제작된 메시지가 대중들에게 유포되어 대중의 의견을 왜곡하거나 호도할 수 있다.

특히, 올바른 가치관이 정립되지 않은 청소년들은 대중 매체의 영향을 받을 가능성이 매우 크다. 청소년들이 일상적으로 접하게 되는 선정적인 방송과 자극적인 광고 문구들, 그리고 이들에 의해서 생산되는 저질문화는 물질주의와 퇴폐풍조의 조성에 기여하며 청소년의 건전한 발달을 저해하고 있다.

우리나라는 세계 어느 나라보다도 짧은 시기에 인터넷이 광범위하게 보급되면서 정보화가 빠르게 확산되어 우리의 삶과 문화, 특히 청소년 문화에 크게 영향을 미쳤다(정민승, 2002). 최근 들어서는 페이스북과 트위터, 마이 스페이스와 같은 소셜 네트워크 서비스(SNS)의 등장은 소셜 미디어 이용함으로서 청소년의 시회·정치참여의 확산을 가져왔다는 긍정적인 측면이 존재한다. 하지만, 스마트폰의 보편화에 따른 중독증상과 인터넷 이용시간이 증가하면서 사이버 세계에서의 일탈행위 발생등과 같은 새로운 형태의 청소년 문제를 야기하게 되었다.

4) 사회구조적 불평등

자본주의 체제의 심화와 함께 발생하는 빈부격차는 사회의 구조적 불평등을 강화하는 요인이다. 빈부격차와 구조적 불평등이 심화되면 청소년들은 미래에 대한 계획을 세우는 과정에 있어서 상당한 좌절감을 갖게 된다. 개인의 노력만으로는 빈곤의 현실을 탈피하기 어려운 현실에서 청소년들은 개인적 자존감이 낮아질 뿐만 아니라 사회적인 효능감도 저하된다.

청소년기는 자신의 미래를 위해 꿈을 키우고 구체적인 계획을 세우는 중요한 시기이다. 하지만 사회의 구조적 불평등으로 인해 개인의 노력을 토대로 한 사회적 성취가 불가능하다고 인식하게 될 때 사회에 대한 분노를 형성하게 된다. 이러한 분노와 절망감은 청소년 일탈행위 주요 요인으로 작용할 수 있다.

이와 같이, 급격한 사회변동과 가치관의 혼란, 지역사회의 붕괴, 대중사회와 대중매체의 영향, 그리고 사회의 구조적 불평등의 존재는 청소년들에게 부정적인 영향을 주어 청소년 문제를 심화시키게 되는 요인이 되고 있다. 이러한 현실에서 우리는 어떠한 사회 환경을 조성하는 것이 청소년 문제를 해결할 수 있을 것인지 생각해 보아야 할 것이다.

학습 정리

1. 현대사회에서 가족의 구조와 기능의 변화가 청소년 문제행동의 요인으로 작용한다.
2. 학교 교육을 통해 청소년의 욕구가 충족되지 못하면서 발생되는 부적응 현상과 각종 교육병리 현상은 오늘날 증가하는 청소년 문제와 깊은 연관성을 지니고 있다.
3. 현대사회의 특성으로서 나타나는 사회구조의 급격한 변화, 지역사회의 붕괴, 구조적 불평등, 폭력적인 대중매체 등은 청소년 문제를 유발하고 강화시키는 역할을 한다.

참고문헌

관계부처합동(2012). 학교폭력근절 종합대책. 2012. 2. 6. 대한민국정부.

교육부(2019). 2019년 1차 학교폭력 실태조사 결과 발표. 2019. 8. 27. 보도자료.

권이종(1991). 청소년과 교육병리. 양서원

여성가족부(2018). 2018 청소년백서. 서울: 여성가족부.

여성가족부(2019). 2018년 한부모가족 실태조사 결과 발표. 2019. 4. 12. 보도자료.

윤우석(2011). 가족의 구조적 특성과 사회경제적 지위가 부모의 양육과 청소년 비행에 미치는 영향검증. 형사정책연구, 85, 137-172

정민승(2002). 사이버 공간과 평생학습. 교육과학사

정제영 · 선미숙 · 장선희(2016). 중학생의 비행에 영향을 미치는 요인 분석. 한국청소년연구, 27(2), 325-352.

조아미 · 임영식(2009). 가족구조 유형에 따른 청소년의 심리적 특성과 지위 비행의 차이. 미래청소년학회지, 6(1), 137-154.

통계청(2019). 2018년 혼인 · 이혼 통계. 2019. 3. 20. 보도자료.

Baumrind, D. (1991). The influence of parenting style on adolescent competence and substance use. *Journal of Early Adolescence, 11*(1), 56-95.

Ichilov, O. (Ed.) (1998). *Citizenship and Citizenship Education in a Changing World*. Woburn Press

Kratcoski, P. C. & Kratcoski, L. D. (2004). *Juvenile delinquency* (5th edition). Prentice-Hall

Maslow, A. H. (1976). *The farther reaches of human nature*. Penguin Books

Siegel. L. J. & Welsh. B. C. (2017). *Juvenile Delinquency: The Core* (6th edition). Wadsworth.

제2부

청소년 문제의 유형과 대책

제4장 가출

개관

청소년 가출은 일반적으로 청소년이 보호자의 동의없이 일정 기간 동안 집을 나가는 것을 의미한다. 가출은 다른 청소년 비행에 비해 그 심각성이 크지 않은 것으로 여기는 시각이 존재하지만, 상습적이고 장기화된 가출은 청소년의 신체적·정서적 건강에 악영향을 미칠 뿐만 아니라 심각한 비행으로 이어질 가능성이 높다. 청소년 가출에 영향을 미치는 원인에는 개인적 요인과 환경적 요인이 있으나 가정환경이 가장 큰 영향을 미치는 것으로 나타나고 있다.

현재 우리나라에서는 가출 청소년을 위해 청소년 쉼터와 청소년 지원센터 등을 운영하고 있다. 그러나 아직까지 충분한 지원을 제공하기에는 여건이 미흡한 실정이다. 가출 충동을 느끼는 청소년들에게 필요한 전문적 상담과 가출 청소년들을 조기에 구조하여 필요한 지원을 제공함으로써 청소년 가출 문제를 해결해 나가야 한다. 무엇보다 돌아가야 할 가정이 가출 청소년들에게 충분한 정서적 안정을 주는 공간이 될 수 있도록 가정 문제 전반에 대한 제도적 차원의 개선이 요구된다.

학습목표

1. 청소년 가출의 의미를 설명할 수 있다.
2. 청소년 가출의 유형을 다양한 기준에 따라 분류하여 설명할 수 있다.
3. 청소년 가출의 원인을 개인적, 가정적, 사회적 요인으로 구분할 수 있다.
4. 가출 청소년을 지원하는 제도와 개선 방안을 설명할 수 있다.

주요용어

가출, 가출 청소년, 가출의 원인, 청소년 쉼터, 청소년 지원센터

1. 가출의 정의

청소년기의 가출은 누구나 한번 쯤 경험할 수 있는 일로 여기는 시각이 존재한다. 그러나 가출은 그 목적이나 기간, 유형에 따라 간단히 여길 수 없는 경우가 더 많다. 특히 청소년의 가출은 그 행위 자체보다 이후에 발생할 수 있는 다양하고 심각한 문제행동들과 이어질 가능성이 높다는 점에서 중요하게 다룰 필요가 있다.

1) 가출의 다양한 의미

(1) 사전적 의미

가출은 사전적인 정의에 따르면 '가정을 버리고 집을 나가는 것'을 의미한다. 그러나 사전적 의미에는 그 대상이 청소년인지 성인인지에 대한 구별이 없고, 가정을 버리는 이유가 없으며, 또 얼마나 오랫동안 나가있는 것인지에 대한 구체적인 설명이 없다. 즉, 단순한 사전적 의미에 기반을 두어서는 청소년의 가출이 지닌 사회적 의미를 설명하고 그 대책을 모색하는데 한계가 있다.

(2) 법령상 정의

법령의 정의에 따르면 신고 당시 보호자로부터 18세 이상의 사람을 '가출인'이라 하고, '실종 아동 등의 보호 및 지원에 관한 법률' 제2조에 따라 약취, 유인, 또는 유기되거나 사고를 당하거나 가출하거나 길을 잃는 등의 사유로 인하여 보호자로부터 이탈된 아동을 '실종 아동'이라 한다. 법률에서는 '아동 등'의 범주에 18세 미만의 아동과 함께 장애인과 치매환자를 포함하고 있다.[1] 법령상의 정의에서는 '실종 아동'과 '가출인'을 연령으로 구분하고 있고 보호자가 찾고 있는지의 여부에 따라 '찾고 있는 실종 아동 등',

1) 실종 아동 등 및 가출인 업무처리규칙(경찰청예규 제533호, 2018. 1. 30).

보호자가 확인되지 않아 경찰관이 보호하고 있는 '보호 실종 아동 등', 신고 접수 후 48시간 경과 후에도 발견되지 않은 '장기 실종 아동 등'을 구분하고 있다.

(3) 학문적 정의

청소년학에서는 가출에 대한 다양한 개념 규정을 하고 있다. '자신 및 자신을 둘러싼 주위 환경에 대한 불만이나 갈등에서 비롯된 문제점에 대한 반발이나 해결을 위해 보호자의 승인 없이 최소한 하룻밤 이상 무단으로 집을 나가 돌아오지 않는 충동적 혹은 계획적 행위'로 정의하기도 하고(김준호 · 박정선, 1991: 24), '청소년이 부모나 보호자의 동의 없이 집을 떠나서 24시간 이상 집에 들어가지 않는 것'으로 정의하기도 하며(이수림 외, 2009: 4), '청소년이 부모나 법적 보호자의 동의 없이 일정 기간 이상 안정된 거주지를 떠나 생활하는 것'으로 정의하기도 한다(백혜정 · 방은령, 2009: 13).

이상의 정의들은 국내외 학자들이 정의한 다양한 가출의 개념들 중 공통적인 요소들을 조합하여 정리한 것이다. 즉, 청소년의 가출은 가정을 비롯한 주거지로부터 부모를 포함한 보호자의 허락 없이 최소 하루 이상 나가서 지내는 것을 의미하며 그 원인은 대체로 자신을 둘러싼 문제 때문인 것으로 설명할 수 있다.

가출이 내포하고 있는 중요한 요소 중 가장 중요한 부분은 자신을 둘러싼 문제 때문에 보호자의 허락 없이 이루어진다는 것이다. 그 이유는 자신을 둘러싼 문제가 가정에서 비롯된 경우일 수도 있고, 또는 가정에서 해결할 수 없는 경우가 많기 때문이다. 이러한 이유로 가출이 장기화될 경우 여러 가지 다른 문제행동으로 이어질 가능성이 더욱 높아진다.

과거에는 미성숙한 청소년이 가정을 떠나서는 하루도 지내기 어려운 경우가 많았다. 왜냐하면 교통수단의 제한 때문에 다른 곳으로 이동하는 것이 쉽지 않았을 뿐만 아니라 야간에 청소년이 출입할 수 있는 공간이 거의 없었기 때문이다. 그러나 오늘날에는 야간에도 도시의 경제 활동이 지속되고 비교적 적은 비용으로도 숙박을 해결할 수 있는 시설이 많기 때문에 과거에 비해 청소년들이 가출을 감행하기가 비교적 용이하다.

이처럼 오늘날은 청소년이 가출을 결심하기에 용이한 환경적 요인들이 갖추어져 있다. 문제는 이러한 환경적 요인들이 경우에 따라 청소년의 가출을 장기화하거나 때로는 다른 문제행동을 유발하는 원인이 되기도 한다는 점이다. 본 장에서는 청소년 가출의 다양한 원인과 유형, 실태, 그리고 그 해결 방안을 개인적 차원은 물론 환경적 차원에서 접근해 보도록 하자.

2. 청소년 가출의 유형

1) 가출 청소년의 유형 구분

청소년 가출의 유형은 학자들에 따라 다양하게 구분하고 있지만, 용어의 차이가 있을 뿐 그 내용을 살펴보면 크게 다르지 않다. 미국에서는 가출 청소년의 유형을 보통의 가출 청소년, 노숙 청소년, 버려진 청소년, 길거리 청소년, 보호체계 청소년으로 분류하고 있다.

일반적으로 분류되는 가출 청소년(runaways)은 18세 이하의 아동이나 청소년으로 집을 나와 최소한 하룻밤을 지낸 경우를 의미한다. 노숙 청소년(homeless youth)은 부모나 대리 양육자 혹은 제도적 보호에서 제외된 청소년을 의미하고 버려진 청소년(throwaways)은 부모나 양육 책임자에게서 쫓겨나 집으로 돌아갈 수 없는 청소년을 의미한다. 길거리 청소년(street youth)은 장기간 가출하거나 돌아갈 집이 없어서 길거리에서 스스로 살아가는데 익숙해진 청소년으로서 가족과의 유대가 끊기고 귀가에 대한 의지도 거의 없이 나름대로의 방식으로 길거리를 삶의 터전으로 받아들인 경우를 의미한다. 끝으로 보호체계 청소년(system youth)은 아동 학대, 방임 등 심각한 가정 문제가 인정되어 청소년기의 일정 기간 동안 정부의 보호 관리 하에 있는 청소년을 의미한다(김지현 외, 2002: 7).

2) 다양한 유형의 청소년 가출

청소년의 가출은 그 동기, 횟수, 결과에 따라서도 구분할 수 있다. 김준호와 박정선(1991)에 따르면 청소년의 가출은 그 동기, 횟수, 결과에 따라 유형을 구분할 수 있다고 하였다.

(1) 동기 · 횟수 · 결과에 따른 가출 유형

가출의 동기에 따라 충동적 가출과 계획적 가출로 구분할 수 있다. 충동적 가출이란 구체적인 계획 없이 집을 나간 경우인 반면, 계획적 가출이란 가출을 결심하기까지 시간적 여유와 준비 기간을 가진 경우를 말한다.

가출의 횟수에 따라 일과성 가출과 상습적 가출로 구분할 수 있는데, 일과성 가출이란 한 번쯤 부모의 보호로부터 벗어나 자유롭게 지내보고자 하는 욕망을 발산하고 가정으로 복귀한 경우를 말하는 반면, 상습적 가출은 그 동기와 관계없이 반복적으로 집을 나가는 경우를 의미한다.

끝으로 결과에 따라 시위성 가출, 도피성 가출, 추출성 가출로 구분할 수 있다. 시위성 가출은 가족 구성원들이 자신에게 관심을 갖기를 원하는 목적으로 행하는 것이므로 상대적으로 온건한 성격의 가출이며 문제행동으로 연결되는 경우가 적은 편이다.

도피성 가출은 갈등이 만연한 가정환경을 거부하고 탈출하려는 목적으로 행하는 것으로 시위성 가출에 비해 적극적인 목적의식을 갖는 것으로 볼 수 있다.

추출성 가출은 스스로 집을 나왔다기보다는 어떠한 이유로 가정으로부터 버려지거나 쫓겨나는 경우로 가출에 수반된 다른 청소년 문제를 야기할 가능성이 가장 높은 유형이라 할 수 있다(김준호 · 박정선, 1991: 24-25).

결과에 따른 가출 유형을 세분화하여 시위형 가출, 도피형 가출, 탈출형 가출, 탐험적 가출, 유희추구형 가출, 자아상실형 가출, 버려진 가출의 7가지로 구분할 수도 있다(구본용, 2000: 15-17; 유성경 · 송수민 · 이소래, 2000에서 인용).

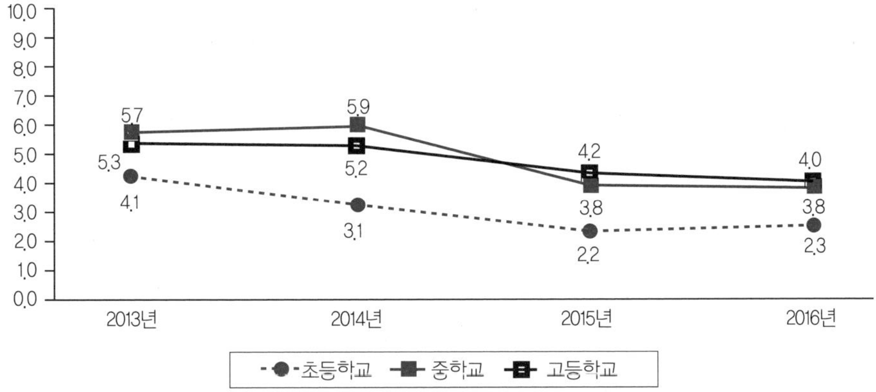

[그림 4-1] 청소년 가출 경험률

출처: 한국청소년정책연구원(2016). 아동 · 청소년 인권실태조사

이 중 시위형 가출과 도피형 가출은 위의 김준호와 박정선(1991)이 설명한 것과 같은 특성의 가출을 의미한다.

탈출형 가출은 보통 가정 폭력을 피하기 위한 가출을 의미하며 가출 청소년의 가족에 대한 적대감이 높은 유형이다. 이러한 가출은 장기화되기 쉬우며 비행 집단에 속하게 될 가능성이 많다.

탐험적 가출은 주변과의 갈등보다는 자신의 성장 욕구를 충족하기 위한 가출로 독립심이 강하고 자기완성의 욕구가 강한 청소년에게서 발현되는 유형이다.

유희추구형 가출은 단순히 쾌락을 추구하기 위한 가출로 주로 혼자하기보다는 또래들과 집단적으로 가출하는 경향이 높다. 이들의 가출은 짧은 기간이지만 자주 일어나는 특성을 보인다.

자아상실형 가출은 가정이나 학교에서 지속적인 좌절의 경험을 반복하다가 생활의 의욕을 상실한 청소년이 일으키는 유형으로 특별한 목적 없이 이루어지지만 쉽게 비행집단에 빠지는 경향이 있다.

끝으로 버려진 가출은 부모의 사망이나 이혼 등의 이유로 가정이 해체되거나 혹은 보호자로부터 버림받아 거리로 나온 유형이다.

(2) 기타 가출 유형

이러한 유형 외에도 가출의 유형을 보다 상세화한 구분도 있다. 남미애와 홍봉선(2007)은 청소년 쉼터를 이용하는 가출 청소년이 유형을 노숙형, 배회형, 일반형, 해체 가정형, 갈등 가정형으로 구분하였다.

노숙형의 경우 주로 거리에서 생활하고 있는 유형이고 배회형의 경우 집을 드나들면서 가출을 자주 하는 유형을 의미하며, 가출 경험이 거의 없으나 임시로 쉼터를 이용하는 경우를 일반형으로 구분하였다.

해체 가정형은 가정이 보호 기능이 해체되어 쉼터에서 지낼 수밖에 없는 유형을 의미하고 갈등 가정형은 되돌아갈 가정은 있지만 되돌아가고 싶어 하지 않는 유형을 의미한다(남미애 · 홍봉선, 2007: 47-48).

3) 가출 유형에 따른 대응 방안

이처럼 청소년 가출에는 다양한 유형이 있다. 청소년의 가출 문제를 해결하려는 입장에서는 각각의 유형이 갖는 특성을 정확히 이해하고 이에 적합한 문제 해결 노력을 기울여야 한다.

예컨대, 추출성 가출로 구분할 수 있는 청소년을 무턱대고 가정으로 복귀시키려는 시도는 근본적인 문제 해결에 도움이 되지 않는다. 이러한 경우에는 그 가정이 안고 있는 문제가 해결되지 않는 한 결코 가정이 청소년에게 편안한 공간이 될 수 없기 때문이며 오히려 계획적이고 상습적인 가출을 초래할 가능성만 더 높일 수 있다.

다른 예로 심리적 치료를 요하는 가출 청소년의 경우에는 가정으로 성급히 복귀시키거나 또는 보호시설에서 생활하게 할 경우, 본인은 물론 가족이나 동료들에게도 부정적인 영향을 끼칠 가능성이 높다. 이러한 경우에는 적절한 의료 서비스를 제공한 후 순차적으로 가정으로 복귀시키는 노력을 기울이는 편이 바람직할 것이다.

살펴본 바와 같이 청소년의 가출에는 다양한 원인과 형태가 있는데, 가장 근본적으로 가출을 유발한 원인을 밝혀내는 것이 우선 과제라 할 수 있다. 다음 절에서는 청소년 가출의 원인을 개인적 차원으로부터 사회환경적 차원까지 다양한 이론적 논의들을 통해 접근해보도록 하자.

3. 가출의 원인

가출의 원인은 작게는 청소년 개인의 특성이 기인한 것으로부터 크게는 사회환경적 배경에 기인한 것까지 구분할 수 있다. 청소년의 비행을 포함하여 인간의 범죄 행동을 다룬 선행 연구들을 보면 초기에는 문제행동의 원인을 개인적 특성에서 찾는 경향이 강했다. 즉, 대다수의 사람들은 하지 않는 특이한 행동, 예컨대 범죄 행위를 저지르는 원인은 그 사람의 유전적 특성이나 성격적 이상 때문이라는 것이다. 그러나 이러한 원인 진단은 과학적 · 의학적 근거가 부족하고, 모든 이상 행동의 원인을 개인의 탓으로만 돌리기 때문에 치료 이외의 어떤 대책도 마련할 수 없는 한계를 갖는다.

그러나 이후 사회과학의 발전에 따라 인간의 행동을 개인적 변인뿐만 아니라 사회적 변인으로 설명하는 것이 가능해졌다. 청소년 문제의 경우에도 문제행동에 영향을 미치는 다양한 사회적 변인들이 존재하며 이는 제도적 차원의 접근을 통해 해결 방안을 모색할 수 있다는 장점을 갖는다.

청소년학 연구에서는 청소년 가출의 원인을 개인적 측면과 환경적 측면으로 구분하며(백혜정 · 방은령, 2009: 32) 환경적 측면을 가정적 요인과 사회적 요인으로 구분하는 경우도 많다(김준호 · 박정선, 1991: 26).

1) 개인적 요인

(1) 가출 청소년의 개인적 특성

가출 청소년의 특성에 관한 연구는 주로 가출을 유발하는 개인의 정서적 요인을 밝혀내는데 관심을 갖는다. 정혜경과 안옥희(2001)는 가출 충동에 영향을 미치는 개인적 요인으로 반사회적 성격과 우울성향, 자아존중감을 지적하였고(정혜경 · 안옥희, 2001: 487), 현은민(2000)은 정서적 스트레스가 높을수록, 자존감이 낮고 통제성이 낮은 집단에서 가출 성향이 높다고 주장하였다(현은민, 2000: 10). 남녀 고등학생 1,100여 명을 대상으로 한 김경희 등의 연구(2007)에서는 가출 청소년의 경우 부정적인 자아개념과 위험한 활동을 원하는 자극추구성향이 그렇지 않은 청소년들에 비해 높은 것으로 나타났다(김경희 외, 2007: 353).

선행 연구의 결과에서 알 수 있듯이 개인적 요인에 관한 연구는 주로 가출 청소년의 심리적 · 정서적 특성을 밝히고 그 대처 방안으로 적절한 심리치료 프로그램의 개발을 강조하고 있다.

(2) 개인적 요인의 문제점

청소년 가출의 원인을 개인적 요인으로만 접근할 경우 다음과 같은 문제가 있다.

첫째, 유사한 심리적 · 정서적 문제가 있으나 가출하지 않는 청소년이 많다는 사실을 설명하기 어렵다. 이와 같은 문제는 동일한 개인적 특성을 가진 모든 청소년에 대비하여 가출 청소년의 비율을 산출하는 연구가 뒷받침되지 않은 한 통계적 신뢰도를 확보하기가 어렵다.

사실 이러한 연구는 주로 가출 청소년들을 대상으로 수행되기 때문에 전체 집단의 평균적 특성을 짐작하는 데는 한계가 있다. 다시 말해서 어떠한 심리적 · 정서적 특성이 있다고 해서 반드시 가출 청소년이 되는 것은 아니기 때문에 꼭 해당 요인만이 가출을 유발한다고 볼 수 없다는 의미이다.

둘째, 인간의 행동을 개인적 요인 탓으로만 규정하면 가출 청소년에 대한 부정적인 인식을 강화할 수 있다. 낙인의 가장 부정적인 영향은 어떤 사람에게 부여된 부정적인 인식이 해소되지 않아서 그 사람을 사회가 다시 수용하기 어렵다는 것이다.

만약 어떤 청소년이 가출한 이유가 다양한 환경적 요인의 탓이라면 사회가 그 책임을 분담할 수 있지만, 오로지 청소년 개인의 탓이라면 그것을 극복해야 하는 책임 역시 오롯이 개인의 몫으로 돌아가게 된다. 이러한 관점은 가출 청소년이 겪고 있는 심리적 · 정서적 어려움을 치유하여 건전한 삶으로 복귀시키는데 도움이 되지 않는다.

2) 가정적 요인

(1) 가정 요인에 대한 선행 연구

대부분의 청소년 문제에서 가정은 중요한 배경 요인이라 할 수 있다. 왜냐하면 가정은 전통적으로 아동과 청소년의 양육과 보호, 교육을 일차적으로 담당하는 기능을 수행해왔고, 가족이라는 일차 집단 속에서 정서와 태도의 형성이 이루어지기 때문이다. 따라서 문제행동을 일으키는 청소년에 대하여 그 원인을 가정에서 찾는 것은 당연한 접근이라 할 수 있다. 특히 가족 구성의 형태, 부모와 보호자의 양육 태도 등이 청소년의 가출에 어떤 영향을 미치는지에 대한 연구들이 많이 수행되었다.

Shelow 등의 연구에서는 가출 청소년의 경우 그렇지 않은 청소년들에 비해 친부모와 살고 있는 비율이 낮다는 점을 지적하면서도 가족 구성을 가출의 원인으로 일반화할 수는 없다고 주장하였다(Shellow et al., 1967: 16).

정혜경과 안옥희는 가족의 구조적 결손과 함께 부모의 정서적 학대와 권위주의적 태도가 청소년의 정서에 부정적인 영향을 미쳐 가출을 유발한다고 주장하였다(정혜경 · 안옥희, 2001: 490).

현은민의 연구에서도 가정의 폭력 성향, 부모와의 의사소통, 소득 정도 등에서 가출 청소년과 그렇지 않은 청소년 사이에서 차이가 났고, 특히 아버지와의 의사소통에 불만족할수록 가출 충동이 높은 것으로 조사되었다(현은민, 2000: 49-52).

다른 연구에서도 가족의 낮은 결속력, 부모와의 갈등, 부모의 거부적인 양육 태도 및 정서적 학대가 청소년의 가출에 영향을 미치는 것으로 확인되었다(배문조 · 전귀연, 2002: 29-31).

가출 청소년 220명을 대상으로 한 최근의 연구에서는 가출 청소년의

64.4%가 부모로부터 정서 학대를, 50.7%가 신체 학대를, 그리고 35.7%가 방임 학대를 경험한 것으로 조사되었고, 이러한 학대의 경험이 우울감으로 이어져 반복적인 가출로 귀결되는 것으로 나타났다(김재엽 외, 2018: 255-256).

(2) 청소년 가출에서 가정 요인의 중요성

선행 연구에 따르면 가정환경은 청소년의 가출 충동과 실제 가출 실행에 큰 영향을 미친다. 가정이 가출에 영향을 미치는 환경이라는 결과는 다른 문제행동과 비교했을 때 더 큰 심각성을 갖는다. 왜냐하면 가출의 해결은 청소년이 가정으로 돌아가도록 하는 것인데 가정이 오히려 청소년의 가출 충동을 부추기는 공간이라면 해결 방안이 없다는 결론이 되기 때문이다. 경우에 따라서는 보호 기능을 상실한 가정에 청소년을 돌려보내는 것이 더 큰 문제를 일으킬 수도 있다.

선행 연구에 따르면 청소년이 가출 이후에도 부모와 정서적 지지를 유지하면 재가출을 방지할 수 있다는 결과도 있지만, 가족의 지지가 거의 없이도 청소년의 태도가 개선되고 가출을 종결하는 경우도 있다. 이러한 결과에 비추어 볼 때, 보호 요인으로써 가정의 역할에 대해서는 더 많은 사례 연구가 필요할 것으로 보인다(백혜정 · 방은령, 2009: 37-38).

3) 사회적 요인

(1) 학교 요인

인간의 정서나 행동은 주로 자주 접촉하는 환경에 의해 영향을 받기 마련이다. 이러한 맥락에서 청소년의 문제행동을 이야기할 때 학교는 중요한 영향 요인이라 할 수 있다. 왜냐하면 인간이 가정 이외의 공간에서 가장 먼저 제도적인 사회화를 경험하게 되는 공간이 다름 아닌 교육 기관이며 대다수의 청소년들은 학교를 다님으로써 사회 구성원에게 요구되는 지식이나 기능, 가치와 태도를 체계적으로 습득하기 때문이다.

그런데 학교라는 제도적 공간은 청소년의 긍정적인 자아 형성 못지않게 다양한 실패와 좌절의 경험도 제공한다. 예컨대 일상적인 교우 관계에서의 갈등과 불화, 학업 성적에 따른 친구와의 비교, 선생님과의 애착 관계의 형성 실패 등은 정도의 차이기 있을지언정 대부분의 청소년들이 경험하는 것이라 할 수 있다. 문제는 이러한 경험들이 청소년의 가출에도 영향을 미치는가 하는 것이다.

선행 연구에 따르면 학교에서의 경험이 청소년의 가출에 영향을 미치는 것으로 나타났다. 성적에 대한 부담, 학교 공부에 대한 거부감, 교사와의 갈등, 학교 규율 및 통제에 대한 거부감 등이 가출의 원인이 되는 것으로 조사되었다(백혜정 · 방은령, 2009: 38). 그러나 단순히 학교에서의 경험이 가출에 영향을 미친다고 단정하기에는 경험적 증거가 많지 않다.

(2) 친구 요인

① 선행 연구 결과

비슷한 맥락에서 학교 안팎에서 만나는 친구들도 심리적 요인이나 가정 요인보다 가출 요인으로써의 영향력이 그리 크지 않은 것으로 나타났다.

국가청소년위원회와 한국청소년쉼터협의회(남미애 · 홍봉선, 2007)에서 실시한 연구에서 친구가 가출에 영향을 미친 가장 중요한 요인이라고 응답한 비율은 전체의 5.7%에 불과하였고, 정혜경과 안옥희(2001)의 연구에서도 교우 관계는 전반적으로 가출 충동에 영향을 주지 않는 것으로 밝혀졌다.

반면 이은정(2000)의 연구와 배문조, 전귀연(2002)의 연구에서는 비행 또래가 많을수록 가출 가능성을 증가시킨다는 결과를 보였다(백혜정 · 방은령, 2009: 39에서 재인용). 선행 연구들을 종합하면 친구 요인이 가출에 미치는 영향은 다른 요인이 비해 크지는 않지만, 어떤 친구를 만나느냐는 중요하게 고려해야 할 요인이라 할 수 있다.

이처럼 학교와 친구는 청소년의 가출에 영향을 미치는 사회적 요인으로 볼 수 있지만, 개인의 심리적 문제나 가정환경에 비해서는 비교적 적은 영향력을 갖는다고 볼 수 있다. 그렇다고 하여 사회적 경험의 중요성을 과소평가할 수는 없다. 왜냐하면 범죄학 등 제반 사회과학에서는 외부 집단과의 교제 경험이 범죄나 비행에 큰 영향을 미친다고 보기 때문이다.

② 차별교제 이론에 따른 설명

차별교제 이론은 이러한 주장의 대표적 이론으로 인간이 범죄를 저지르는 몇 가지 전제들을 제시하고 있다. 그러한 전제에는 범죄행위가 학습된다는 점, 학습은 친밀한 집단에서 이루어진다는 점, 사회 규범에 대한 비우호적 태도가 우호적 태도보다 클 때 비행을 결정한다는 점 등이 있다.

이 이론에서는 가족보다 친구 집단을 범죄 학습의 원천으로 지목하였다. 즉, 청소년의 비행은 비행을 자주 저지르는 친구들과 자주 접촉할수록 실행에 옮겨질 가능성이 높아진다는 것이다. 가출의 경우에 적용하면 상습적으로 가출하는 친구들과 자주 교제할수록 가출을 감행할 가능성이 높아진다고 해석할 수 있다(연성진 · 민수홍, 2004: 34-35).

4) 가출 원인의 상호작용적 측면

청소년 가출의 원인을 개인적 측면과 가정적 측면, 사회적 측면으로 구분하여 살펴보았다. 그런데 이 세 가지 원인은 상호작용하는 성격을 갖는다. 즉, 심리적 문제를 안고 있는 청소년은 그 이유가 의학적 질병에 의한 것일 수도 있지만, 억압적인 가정환경 때문일 수도 있다. 또는 가정에 아무런 문제가 없는데 학교에서의 교우 관계 때문에 소극적인 성격으로 변한 것일 수도 있다. 모든 경우에서 이 청소년은 겉으로 심리적 문제를 갖고 있는 것으로 나타나지만, 그 원인이 정확히 무엇인지를 알기 위해서는 세 가지 요인을 모두 고려해야 한다.

가출 청소년에 대한 최근의 연구들은 이러한 원인을 분석하고 각각의 원인에 적합한 문제해결 방안을 모색하고 있다. 범죄나 비행에 대한 전통적인 연구에 비해 청소년 가출에 대한 연구는 비교적 최근에 관심을 갖게 된 주제로서 더 많은 경험적 연구들을 필요로 한다. 그 이유는 폭력이나 절도 등에 비해 가출은 직접적인 범죄 행위로 보기 어렵기 때문에 많은 연구가 이루어지지 않았다. 그러나 가출은 다른 비행으로 이어지기 쉽다는 특징을 갖기 때문에 체계적인 연구가 필요하다. 다음 절에서는 최근 우리나라 청소년들의 가출 실태를 분석하고, 이에 대한 대처 방안을 살펴보도록 하자.

4. 청소년 가출의 실태와 지원 방안

1) 청소년 가출 현황

우리 사회가 청소년 가출을 바라보는 시각은 다른 청소년 비행을 바라보는 시각에 비해 그 편차가 크다. 다시 말해서 청소년의 성일탈이나 약물 오남용, 학업 중단 등의 문제에 대해서는 심각하게 받아들이는 반면, 가출의 경우에는 심각한 문제로 받아들이는 관점도 있지만 청소년기에 한 번쯤 일어나는 비교적 가벼운 일이라고 생각하는 시각도 있다.

실제로 청소년 가출의 상당수는 일회성으로 끝나는 경우가 많고, 청소년 개인과 그 가정에 심각한 문제를 일으키지 않는다. 하지만 가출이 장기화될 경우에는 청소년 유해환경과의 접촉이 일어날 가능성이 높아지고 더 심각한 비행이나 범죄로 이어질 수 있다.

다시 말해서 모든 가출 청소년이 비행 청소년이 되는 것은 아니지만, 다수의 비행 청소년은 가출 상태인 경우가 많다. 그렇기 때문에 청소년 비행의 예방을 위해서는 사전 단계의 성격을 갖는 가출 문제에 대한 정확한 인지와 대책이 필요하다.

(1) 경찰청 통계

가출 청소년에 대한 정확한 통계 산출은 쉽지 않다. 왜냐하면 일회성 가출의 경우 대부분 자연스럽게 해결되는 경우가 많고 신고되지 않은 가출의 경우 발생 건수로 집계되지 않기 때문이다.

통계에 따르면 2012년부터 2016년까지 아동의 실종 발생 건수는 매년 감소하고 있고 이들 대부분이 보호자에게 인계되었다. 그러나 소수라 하더라도 미발견 건수가 매년 있어왔고, 특히 최근에 미발견 사례가 증가하고 있는 점에 대해서는 수사 기관과 보호기관의 각별한 관심과 대처를 필요로 하는 부분이다.

〈표 4-1〉 실종 아동 및 가족복귀 현황 (단위: 건)

구분	발생 건수	발견 건수 (보호자 인계)	미발견 건수
2012년	27,295	27,291	4
2013년	23,089	23,088	1
2014년	21,591	21,588	3
2015년	19,428	19,421	7
2016년	19,870	19,824	46

출처: 보건복지부 위탁 실종아동전문기관 홈페이지; 여성가족부, 청소년백서(2017)에서 재인용

통계 자료에서 드러난 수치는 그 정확성에도 불구하고 가출의 이면에 자리잡고 있는 가출 청소년의 심리나 환경적 문제들을 보여 줄 수 없다는 점에서 한계가 있다. 더욱이 미신고 가출 사례의 경우 건수로 집계조차 되지 않는다는 점에서 통계 수치 자체의 한계도 감안하여 접근해야 한다. 이러한 문제를 정확히 파악하기 위해서는 청소년들을 대상으로 한 설문조사나 질적 면담 자료들을 살펴볼 필요가 있다.

(2) 가출 실태에 관한 선행 연구

청소년학계에서 가출 문제를 다룬 연구들은 최근에 많이 이루어지고 있다. 선행 연구들의 분석에 따르면 청소년 가출은 다양한 원인에 의해 발생하는 것으로 밝혀졌다.

① 일반 청소년에 대한 조사

백혜정(2009)은 초등학교 4학년부터 고등학교 3학년까지 제주도를 제외한 전국의 학생들 중 8,533명을 대상으로 표본 조사를 실시하였다. 조사 연구 결과 청소년 가출에 대한 다음 몇 가지의 실태 분석이 이루어졌다.

첫째, 상당 비율의 학생들이 가출 충동을 경험한 것으로 조사되었다. 초등학생의 경우 조사 대상의 22%가 가출 충동을 느낀 적이 있고, 중학생은 약 46%, 고등학생의 경우에는 약 52%가 가출 충동을 경험한 것으로 나타났다. 특히 6%의 학생들은 자주 또는 항상 가출 충동을 느낀다고 응답하여 적절한 대책이 필요한 것으로 나타났다.

이 중 실제로 가출 경험이 있는 청소년의 비율은 8%로 밝혀졌다. 초등학생의 경우 약 3% 정도가 실제 가출 경험이 있는 것으로 나타났고, 중학생은 약 8%, 고등학생은 약 12%가 가출 경험이 있는 것으로 밝혀졌다. 우리나라 청소년 전체 모집단에 일반화하기는 어려우나 표집 크기가 8,533명으로 통계적 신뢰도를 확보하고 있는 만큼 우리나라 청소년 10명 중 1명은 가출을 해본 경험이 있는 것으로 해석하여도 큰 무리가 없다.

가출 충동을 느끼거나 또는 실제 가출을 경험한 원인으로는 부모님에 대한 반감이 가출의 가장 큰 원인으로 조사되었다. 학업에 대한 부담도 가정문제 못지않게 가출의 중요한 원인으로 조사되었는데 가출 충동의 원인으로는 매우 큰 비중을 차지하지만 실제 가출의 원인으로는 그 비중이 낮게 나타났다. 즉, 학업 등과 관련한 학교에서의 실패나 좌절감은 가출 충동에는 영향을 미치지만 직접적으로 가출을 유발하는 요인으로는 영향력이 약하다고 해석할 수 있다. 다만 학업 부담 등이 가정에서 부모님의 관심과 보호로 상쇄되지 않을 경우에는 실제 가출로 이어지게 될 가능성이 높다고 유추할 수 있을 것이다.

이러한 해석은 가출 청소년과 일반 청소년을 비교 조사한 결과에서도 확인할 수 있다. 가정에서의 학대나 방임 정도를 비교한 결과 가출 경험이 있는 청소년은 그렇지 않은 청소년들에 비해 그 측정값이 높은 것으로 나타났다. 또한 가출 경험이 있는 청소년은 그렇지 않은 청소년에 비해 자존감은 낮게, 우울·불안 정도는 높은 것으로 나타나 정서적으로 더 많은 어려움을 겪고 있음을 알 수 있다(백혜정, 2009: 1-6).

이러한 현상을 두고 원인과 결과의 선후 관계를 명확히 규명하기는 쉽지 않다. 다시 말해서 정서적 곤란이 가출의 원인으로 작용하는 것인지, 가출 경험이 정서적 곤란을 유발하는 것인지는 단정할 수 없다는 것이다. 그러나 전자의 인과관계가 옳다면 정서적 문제를 해결하는 것이 가출의 예방적 대책이 될 수 있을 것이고, 후자의 인과관계가 옳다면 정서적 문제를 해결하는 것이 가출이 사후적 대책이 될 수 있을 것이다.

② 가출 청소년에 대한 조사

실태 조사를 목적으로 한 백혜정의 연구(2009)와 함께 청소년 가출 문제에 대한 정책 대안 마련을 목적으로 한 백혜정과 방은령의 연구(2009)에서도 우리나라 청소년들의 가출 실태를 구체적으로 제시해주고 있다.

일반 청소년과 쉼터에 거주하는 청소년을 비교 조사한 연구에서 일반 청소년이 가출 충동을 느끼는 비율은 약 42.9%인 반면, 쉼터 청소년은 81.9%가 가출 충동을 느끼는 것으로 나타났다. 그러나 가출 충동을 느끼는 원인에서는 일반 청소년이나 쉼터 청소년이나 모두 부모님에 대한 반감, 가정의 무관심, 가정불화 등과 같은 가정 변인이 학업 부담, 학교 친구들의 괴롭힘, 선생님과의 갈등 등과 같은 학교 변인보다 높은 것으로 나타났다.

실제 가출 경험 비율에서는 일반 청소년의 11.6%가 가출 경험이 있다고 응답한 반면, 쉼터 청소년은 83.3%가 가출 경험이 있다고 응답하였다. 전반적으로 여자 청소년보다는 남자 청소년이, 저학년보다는 고학년이 가출 경험이 많은 것으로 조사되었다. 가출 횟수에서는 전체 가출 경험자의 46%가 일회성 가출인데 비해 쉼터 청소년의 경우에는 재가출의 비율이 높은 것으로 나타났다.

가출 전과 가출 후 상황이 어느 정도 달라졌는가에 대한 응답에서는 대부분의 경우 차이가 없다는 반응을 나타냈다. 그런데 차이가 있다고 응답한 사례를 중심으로 분석해보면, 건강이나 경제적 상황, 학교생활 등이 나빠졌다는 응답이 좋아졌다는 응답보다 많은 반면, 마음이 편한 정도나 자신을 대하는 친구나 가족의 태도는 좋아졌다는 응답이 나빠졌다는 응답보다 많았다. 그러나 이는 갈등이 최고조였을 때 가출을 함으로써 잠시 동안 느낀 해방감에 기인한 경우가 많으며 가출 횟수가 많아지고 기간이 길어지면 대부분의 상황이 나빠지는 것으로 조사되었다(백혜정 · 방은령, 2009: 103-118).

(3) 우리나라 청소년 가출 실태의 이해

최근 연구 결과를 토대로 우리나라 청소년의 가출 실태를 다음과 같이 정리할 수 있다.

첫째, 열 명 중 한 명의 청소년은 가출 경험이 있다. 그러나 가출 충동을 느끼는 청소년은 몇 배 이상 많다. 이러한 실태는 가출이 비교적 흔한 청소년 문제라는 것을 보여준다. 여기에 대해서 상반된 해석이 가능한데 가출은 청소년기에 누구나 충동을 느끼거나 실제로 경험할 수 있는 것이므로 심각하게 받아들일 필요가 없다는 해석이다. 즉, 한 번의 가출 때문에 청소년을 낙인찍거나 부정적인 시각으로 바라보아서는 안 된다는 의미이다.

반면 가출은 많은 청소년들에게 쉽게 일어날 수 있는 일이기 때문에 더 많은 예방적 노력이 필요하다는 해석이다. 즉, 절도나 성매매, 약물 오남용과 같은 심각한 문제를 야기할 수 있는 청소년들이 다수의 가출 충동을 느끼는 청소년들 속에 잠재되어 있다는 의미이다.

둘째, 가정이 가출의 가장 중요한 요인이다. 설문 조사 결과 청소년들이 가출 충동을 느끼거나 실제로 가출하는 가장 큰 원인은 부모님과의 갈등으로 나타났다. 이러한 결과는 가출 문제에 대한 해결이 쉽지 않다는 것을 시사한다.

왜냐하면 어떤 문제가 사회 제도나 유해환경에 기인한 것이라면 정책 차원의 명확한 대책을 강구할 수 있다. 예컨대 불합리한 제도는 법규의 제·개정을 통해 대안을 마련할 수 있고 유해환경은 행정적인 조치를 통해 직접적인 변화를 가져올 수 있다.

그러나 가정에 관한 문제는 정부의 공적 영향력이 직접적으로 미치기 어렵다. 물론 가계 빈곤과 같은 문제들은 사회보장제도 등을 통해서 완화할 수 있지만, 가족 구성원 간의 갈등과 같은 문제는 근본적으로 가정 내에서 해결해야 하는 경우가 많다. 따라서 가정환경이 가장 큰 영향을 미치는 가출 문제에 대한 해결은 다각도의 노력이 필요하다.

2) 청소년의 가출과 비행의 관계

청소년 가출은 가출 자체보다 다른 비행으로 이어질 가능성이 높다는 점에서 중요하게 다루어져야 한다. 가출이 비행에 어떤 영향을 미치는지에 대해서는 많은 선행 연구들이 지적하고 있다.

김준호와 박정선의 연구(1991)에서는 비행을 크게 지위 비행, 폭력비행, 재산비행, 약물비행, 성비행으로 구분하고 가출 청소년이 경험한 비행의 정도를 조사하였다. 지위 비행은 성인에게는 비행이 아니나 청소년에게는 비행이 되는 행위를 의미하는데 유흥장 출입이나 음주, 흡연 등이 해당된다. 폭력비행은 패싸움, 폭행, 흉기소지 등이 해당하고 재산비행은 절도, 약물비행은 본드나 환각제 복용 등과 관련된 행위를 의미한다. 마지막으로 성비행은 이성과의 성관계 등을 의미한다.

조사 결과 가출 청소년이 많이 저지르는 비행은 지위 비행이고, 폭력비행, 재산비행, 약물비행, 성비행 순으로 그 비율이 낮아졌다. 그러나 가출이 반복될수록 지위 비행보다는 더 높은 비행성을 띠는 행위로 관심이 옮겨가는 것으로 나타났다(김준호 · 박정선, 1991: 101-104).

가출이 잦아지고 장기화될수록 당장의 생활을 유지하기 위한 경제 활동이 요구된다. 그러나 청소년이 안정적으로 생계를 해결할 수 있는 방법은 그리 많지 않다. 특히 청소년의 가출은 이후의 생활에 대한 뚜렷한 목적이나 설계없이 충동적으로 이루어지는 경우가 많기 때문에 정상적인 취업으로 연결되는 경우는 거의 없다고 할 수 있다. 아래 표에서 확인할 수 있듯이 가출 청소년들은 이전에 모아둔 돈이나 친구, 선배들의 도움으로 생활비를 충당하는 경우가 많은 것으로 나타났다(백혜정 · 방은령, 2009: 119).

〈표 4-2〉 가출 후 생활비 해결 방법(중복 응답) 단위: 명(%)

	일반 청소년			쉼터 청소년	계
	초등학생	중학생	고등학생		
아르바이트	2(2.38)	22(7.77)	51(12.50)	161(38.52)	236(19.78)
모아둔 돈	41(48.81)	144(50.88)	217(83.19)	120(28.71)	522(43.76)
구걸	2(2.38)	4(1.41)	11(2.70)	36(8.61)	53(4.4)
성매매	0(0.00)	3(1.06)	7(1.72)	14(3.35)	24(2.01)
강 · 절도	2(2.38)	11(3.89)	16(3.92)	86(20.57)	115(9.64)
친구 · 선배 도움	7(8.33)	71(25.09)	136(33.33)	177(42.34)	391(32.77)
기타	11(13.10)	40(14.13)	50(12.25)	84(20.10)	185(15.51)
무응답	26(30.95)	53(18.73)	39(9.56)	12(2.87)	130(10.90)
계	84(100.0)	283(100.0)	408(100.0)	418(100.0)	1,193(100.0)

설문 조사에 따르면 아르바이트나 모아둔 돈, 친구와 선배의 도움으로 생활비를 충당하는 경우가 높은 비율을 차지하고는 있으나 성매매나 강·절도와 같은 범죄를 통해 돈을 마련하는 경우도 11%정도의 비율로 나타났다.

그런데 모아둔 돈은 당장의 필요를 충족할 수는 있으나 곧 고갈되기 마련이고 친구와 선배의 도움도 장기적인 대책이 되지 못한다. 아르바이트의 경우 가출 청소년이 비교적 지속적으로 생계를 이어가는 방안이 될 수 있으나 부모와 학교가 인지하고 보호하는 상태에서의 아르바이트에 비해 부당한 대우를 받을 가능성이 높다. 결국 생계유지의 문제에서 가출 청소년들은 비행을 저지르게 될 가능성이 높아지는 것이다.

3) 가출 청소년에 대한 지원 체계

청소년의 가출 문제는 가정에서 해결해야 할 문제라고 생각하는 사람들이 많다. 선행 연구 결과에서 확인하였듯이 가정이 가출의 가장 큰 요인임에는 틀림없다. 그러나 빈번하고 장기화된 가출이나 비행을 저지르는 가출 청소년의 문제는 이미 가정에서 해결할 수 있는 문제를 넘어선 것이다.

연성진과 민수홍은(2004) 부모와 자녀, 교사와 학생의 관계 강화와 함께 가출 전후의 위기관리지원 체계의 확립을 강조하였다. 대개 가출 충동을 느끼는 청소년들은 그 문제의 원인이 가정이나 학교에 있기 때문에 갈등 당사자인 부모나 교사에게 자신의 문제를 이야기하기 어렵다. 따라서 청소년이 자신의 문제를 털어놓을 수 있고 적절한 지원을 받을 수 있는 위기관리지원 체계가 필요하다(연성진 · 민수홍, 2004: 116-118).

(1) 청소년 쉼터

① 청소년 쉼터 운영 현황

현재 우리나라에서 가출 청소년을 위해 운영하고 있는 대표적인 지원 체계로 청소년 쉼터가 있다. 청소년 쉼터는 1992년 최초로 설치된 이래 2017년 기준으로 전국에서 123개소가 운영되고 있다(여성가족부, 2017: 159-160).

〈표 4-3〉 연도별 청소년 쉼터 운영 현황

구분	2011년	2012년	2013년	2014년	2015년	2016년	2017년
일시쉼터	10	13	21	22	26	28	30
단기쉼터	48	49	50	50	52	51	53
중장기쉼터	25	30	32	37	41	40	40
계	83개소	92개소	103개소	109개소	119개소	119개소	123개소

출처: 여성가족부(2017).

청소년 쉼터는 2011년까지 80여개 소로 운영되어 오다가 2012년부터 매년 조금씩 증가하고 있는 추세이다. 그러나 개별 쉼터에서 보호할 수 있는 가출 청소년 수는 제한적이다. 앞서 우리나라 청소년 10명 중 1명이 가출을 경험한다는 통계에 비추어볼 때 현재 80여개의 청소년 쉼터가 보호할 수 있는 가출 청소년 수는 턱없이 부족하다는 것을 알 수 있다. 특히 이 중 상당수는 일시쉼터 또는 단기쉼터로 운영되고 있어, 가정 복귀가 어려운 심각한 가출 청소년들을 보호하는데 한계를 드러내고 있다.

〈표 4-4〉 청소년 쉼터의 종류 및 기능

구분	일시쉼터	단기쉼터	중장기쉼터
기간	24시간 이내 일시보호	3개월 이내 단기보호	3년 이내 중장기보호
이용 대상	일반 청소년 거리생활 청소년	가출 청소년	사립의지가 있는 가출 청소년
기능	• 위기개입상담, 진로지도, 적성검사 등 상담서비스 • 가출청소년 구조/발견, 청소년 쉼터와 연결 • 음식 등 기본적 서비스 제공	• 가출청소년 문제 해결을 위한 상담, 치료서비스 및 예방활동 • 의식주, 의료 등 보호서비스 제공 • 가정 및 사회복귀를 위한 가출청소년 분류, 연계, 의뢰 서비스 제공	• 가정복귀가 어렵거나 특별히 보호가 필요한 위기청소년을 대상으로 해당 청소년에게 필요한 특화된 서비스 제공
위치	이동형(차량) 고정형(청소년유동지역)	주요 도심별	주택가
지향점	가출예방, 조기발견, 초기개입	보호, 가정 및 사회복귀	자립 지원

출처: 여성가족부(2017).

② 청소년 쉼터 운영 실태

국회입법조사처(2014)는 청소년 쉼터의 운영 실태에 대한 조사 연구를 실시하였는데 그 주요 결과는 다음과 같이 정리할 수 있다.

첫째, 단기쉼터가 가장 많이 운영되고 있어서 가출 청소년들이 갖고 있는 문제들이 해결되지 않고 있었다. 그렇게 때문에 지속적인 보호가 필요한 청소년들은 서비스 기간의 제한으로 인하여 다른 쉼터로 전전해야하는 일명 “쉼터돌이(쉼터를 떠돌아다니는 청소년을 지칭하는 말)”를 양산하고 있었다.

둘째, 가출 청소년의 특성별로 요구되는 서비스가 체계적으로 작동하고 있지 않았다. 예컨대 전문적 치료가 필요한 청소년이 입소하였더라도 적절한 관리를 제공해 주지 못하여 다른 쉼터 입소자들과의 공동생활에 문제를 초래하는 경우가 많았고, 무엇보다 성별에 따라(특히 여성 가출 청소년) 다르게 제공되어야 할 특성화 서비스조차 미비한 경우가 많았다.

셋째, 쉼터 종사자들의 낮은 처우로 인하여 서비스 질 저하에 대한 우려가 높았다. 조사 대상 기관의 연봉 하한액을 기준으로 보면 시설장의 경우 2,880만원, 보호상담원과 자립지원요원의 경우 2,280만원, 행정원과 취사원의 경우 1,920만원 수준으로 초과근무수당을 제외한 기본급을 기준으로 하면 월 100만원~160만원 안팎의 저임금을 받고 있는 것으로 나타났다. 더욱이 쉼터 운영재원의 불안정성과 영세성, 예산배분 기준의 형평성이 부족하여 전체적인 서비스 질의 개선을 기대하기가 어려운 상황이었다.

(2) 청소년 지원센터(꿈드림센터)

청소년 쉼터 외에도 가출 청소년을 위한 지원 체계로 청소년 지원센터가 있다. 청소년 지원센터는 주로 학교 밖의 취약 청소년을 대상으로 자립동기 강화, 기술 습득, 검정고시 지원 및 학업 복귀를 지원하는 기관으로 2014년 제정된 '학교 밖 청소년 지원에 관한 법률'에 근거하여 설치되었다. 2017년 기준으로 청소년 지원센터(꿈드림센터)는 전국 202개소(광역 16개소, 기초 186개소)가 운영되고 있다.

〈표 4-5〉 전국 청소년 지원센터(꿈드림 센터) 운영 현황(2017년 기준) (단위: 개소)

지역	서울	부산	대구	인천	광주	대전	울산	세종	경기	강원	충북	충남	전북	전남	경북	경남	제주	소계
광역	1	1	1	1	1	1	1	-	1	1	1	1	1	1	1	1	1	16
기초	23	14	8	8	5	2	4	1	30	8	12	14	9	15	14	17	2	186
총계	24	15	9	9	6	3	5	1	31	9	13	15	10	16	15	18	3	202

출처: 여성가족부(2017)

학교 밖 청소년 지원 사업 대상은 학교에 장기간 결석하거나 취학의무를 유예한 청소년, 학교에서 제적·퇴학 처분을 받거나 자퇴한 청소년 등이 주요 대상으로 청소년 지원센터(꿈드림센터)에서는 관계 부처 협동으로 학교 밖 청소년을 발굴하고 있다.

(3) 가출 청소년 지원 체계의 문제점과 개선 방안

1990년대 들어 청소년 문제에 대한 사회적 관심이 높아짐에 따라 정부 차원의 제도가 시행되고 청소년 쉼터나 지원센터와 같은 지원 체계가 운영되는 점은 긍정적인 변화라 할 수 있다. 그러나 아직까지 가출 청소년들에게 충분한 사회적 안전망이 확보된 것은 아니다. 백혜정과 방은령(2009)은 가출 청소년 지원 체계의 문제점과 개선 방안을 다음과 같이 제시하였다.

첫째, 가출 청소년을 위한 정책과 지원 프로그램에 대한 홍보가 강화되어야 한다. 조사 연구 결과 가출 위기를 겪고 있는 대다수의 청소년들은 자신의 문제를 어디에서 상담받고 어떠한 지원을 받을 수 있는지 모르는 경우가 많다. 대부분의 청소년 문제가 조기 인지를 통해 예방할 수 있다는 점에 비추어 볼 때, 만성적인 가출을 경험하기 전에 이러한 지원 체계들을 이용할 수 있도록 하는 노력이 필요하다.

둘째, 관련 기관 근무자들의 근무 여건을 개선해야 한다. 청소년 관련 기관 근무자들은 노동 강도에 비하여 열악한 대우를 받는 경우가 많아 이직률이 높은 것으로 조사되었다. 가출 청소년 문제의 경우 오랜 실무 경험을 통해 깊이있는 이해와 가장 적합한 지원 방안을 제공하는 것이 중요하기 때문에 숙련된 전문가들이 계속 근무할 수 있는 여건을 마련해주는 것이 필요하다(백혜정·방은령, 2009: 64: 65).

그러나 무엇보다 청소년 가출에 가장 많은 영향을 미치는 요인이 가정이라는 사실에 근거할 때, 가정의 문제를 해결하는 것이 가장 중요하다. 선행 연구들에 따르면 친부모와 살고 있던 청소년은 가출 이후 성공적으로 가정으로 복귀하는 경우가 많으며, 가족과 지속적으로 의사소통을 하는 청소년은 가출 후 비행을 저지르는 경우가 적은 것으로 나타났다(박현진·송미

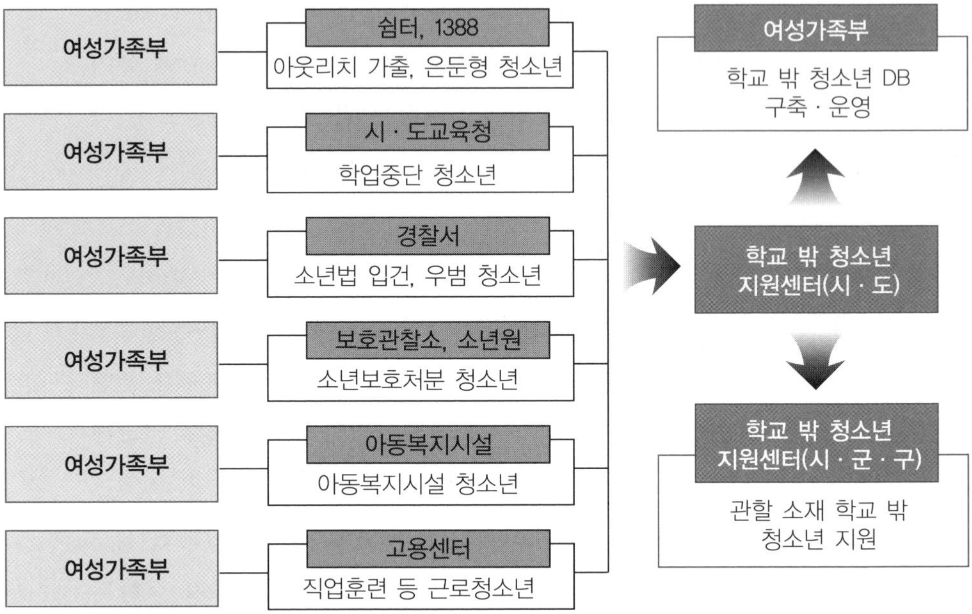

[그림 4-3] 학교 밖 청소년 발굴 체계

출처: 여성가족부(2017)

경 · 김은영, 2011: 24-15). 따라서 가출 청소년에 대한 지원 체계 못지않게 자녀와의 관계 회복을 위한 부모 교육 프로그램에도 많은 관심을 기울일 필요가 있으며, 해체 가정의 전반적인 복지 향상을 위한 제도적 뒷받침이 이루어져야 한다.

학습 정리

1. 가출의 정의

- 청소년 가출은 청소년이 가정을 비롯한 주거지로부터 부모를 포함한 보호자의 허락 없이 최소한 하루 이상 나가서 지내는 것을 의미한다.
- 간이 많아져서 가출을 실행하기가 용이하다.

2. 청소년 가출의 유형

- 청소년 가출은 동기에 따라 충동적 가출과 계획적 가출로 구분할 수 있고, 횟수에 따라 일과성 가출과 상습적 가출로 구분할 수 있다. 또 결과에 따라 시위성 가출, 도피성 가출, 추출성 가출로 구분할 수도 있다.
- 결과에 따른 가출의 유형을 시위성 가출, 도피형 가출, 탈출형 가출, 탐험적 가출, 유희추구형 가출, 자아상실형 가출, 버려진 가출로 세분화할 수도 있다.
- 청소년 가출의 유형은 정의한 학자마다 조금씩 다르지만, 유형별 원인을 정확히 인지하고 해당 유형에 적합한 대안을 마련해야 한다는 점은 동일하다.

3. 가출의 원인

- 가출의 원인에는 개인적 요인, 가정적 요인, 사회적 요인이 있다.
- 청소년 가출의 원인으로 개인적 요인에는 반사회적 성격과 우울 성향, 낮은 자존감, 자극 추구 성향, 정신 병리 등이 있으나 대부분 다른 사회적 요인들과의 상호작용을 함께 고려해야 한다.
- 가정적 요인은 청소년의 가출에 가장 큰 영향을 미치는 원인으로 가족 구성 형태나 보호자의 양육 태도와 큰 관련이 있는 것으로 나타났다. 가정적 요인은 가출 문제의 해결이 가출 청소년을 가정으로 돌려보내는 것이라는 점에 비추어 볼 때 신중하게 접근해야 할 부분이다.
- 청소년 가출에 영향을 미치는 사회적 요인에는 학교와 친구가 대표적이다. 학업에 대한 부담감, 교사와의 갈등, 비행 청소년들과의 교제는 가출에 영향을 미치는 요인이지만, 다른 요인들에 비해서는 비교적 적은 영향을 미치는 원인으로 밝혀졌다.

4. 청소년 가출의 실태와 지원 방안

- 다수의 조사 연구에서 우리나라 청소년의 절반 가량은 가출 충동을 느낀 적이 있으며 10% 정도는 실제 가출의 경험이 있은 것으로 나타났다.
- 청소년 가출이 반복되고 장기화될수록 폭력비행이나 재산비행, 약물비행, 성비행과 같은 보다 심각한 비행을 저지를 가능성이 높아지는 것으로 나타났다.
- 가출 청소년을 위한 청소년 쉼터나 청소년 지원센터가 운영되고 있으나 홍보나 예산 부족 등으로 충분한 지원이 이루어지지 않고 있다.

참고문헌

국회입법조사처(2014). 청소년 쉼터의 운영실태와 개선 과제. NARS 현장조사보고서 제34호.

김경희 · 김지수 · 김미진 · 정승교(2007). 청소년의 자아개념, 자극추구특성 및 가출 경험에 관한 연구, 정신간호학회지, 16(4), 348-356.

김재엽 · 성신명 · 박하연 · 한기주(2018). 부모로부터의 학대가 가출 청소년의 반복 가출에 미치는 영향: 우울의 매개효과, 한국청소년연구, 29(1), 239-263.

김준호 · 박정선(1991). 청소년의 가출과 비행의 관계에 관한 연구. 한국형사정책연구원 연구보고서.

김지현 · 양미진 · 박관성 · 손재환 · 이소영(2002). 가출청소년 상담정책 연구-한국청소년상담원과 전국청소년상담실의 역할을 중심으로. 한국청소년상담원 연구보고서.

남미애 · 홍봉선(2007). 2007 가출청소년 및 청소년 쉼터 실태조사. 국가청소년위원회 · (사)한국청소년 쉼터협의회.

박현진 · 송미경 · 김은영(2011). 위기청소년 부모교육 프로그램 개발-가출경험청소년 부모를 대상으로. 한국청소년상담원 연구보고서.

배문조 · 전귀연(2002). 청소년의 가출 충동과 관련된 특성 연구: 개인 · 가족 · 학교환경 · 또래관계를 중심으로, 대한가정학회지, 40(1), 23-35.

백혜정(2009). 2009 한국 아동 · 청소년 가출실태조사. 한국청소년정책연구원 연구보고서.

백혜정 · 방은령(2009). 청소년 가출 현황과 문제점 및 대책 연구. 한국청소년정책연구원 연구보고서.

연성진 · 민수홍(2004). 가출청소년의 비행예방에 관한 연구. 한국형사정책연구원 연구보고서.

유성경 · 송수민 · 이소래(2000). 청소년의 가출. 한국청소년상담원 청소년상담문제 연구보고서.

이수림 · 김은영 · 송미경 · 손현동(2009). 초등학생 가출예방 프로그램 개발. 한국청소년상담원 연구보고서.

정혜경 · 안옥희(2001). 청소년의 가출 충동에 영향을 미치는 예측요인, 아동간호학회지, 7(4), 483-493.

여성가족부(2017). 2017 청소년백서. 여성가족부.

한국청소년정책연구원(2016). 아동 · 청소년 인권실태조사

현은민(2000). 청소년의 가출: 가족적, 개인적 요인 및 대처행동의 영향, 대한가정학회지, 38(2), 1-55.

Robert Shellow, Juliana R. Schamp, Elliot Liebow and Elizabeth Unger(1967). Suburban Runaways of the 1960's. *Monographs of the Society for Research in Child Development. Vol. 32*, No. 3, 1-51.

제5장

집단괴롭힘

개관

집단괴롭힘을 당하는 청소년들은 심리적, 행동적 부적응을 보이며 극단적인 경우에는 자살을 시도하기도 한다. 집단괴롭힘은 비단 피해자나 가해자만의 문제 때문에 발생되고 지속되는 것이 아니라, 집단괴롭힘에 개입되어 있는 다양한 역할 집단간의 상호작용에 의해 지속된다. 본 장에서는 집단괴롭힘 역할 집단의 특성을 통해 어떠한 집단 과정이 작용하는지 살펴보고자 한다. 집단괴롭힘의 발생은 저연령화되고 있으며 성별에 따른 차이를 보인다. 또한 사이버 집단괴롭힘 문제의 발생과 심각성이 증가하고 있다. 정서적, 인지적, 행동적 특성과 같은 개인적 요인과 가족, 또래, 학교와 지역사회 요인과 같은 환경적 요인이 집단괴롭힘 가해 혹은 피해 경험과 어떻게 관련되어 있는지 살펴보고자 한다. 이러한 정보들을 기초로 집단괴롭힘의 문제를 해결하기 위해서 가정, 지역사회, 그리고 정부 차원에서 어떠한 노력을 해야 할 것인지 생각해보자.

학습목표

1. 청소년 집단괴롭힘에 관여된 역할 집단의 특성을 이해한다.
2. 청소년 집단괴롭힘의 가해 및 피해 경험과 관련된 심리적, 환경적 특성을 이해한다.
3. 청소년 집단괴롭힘의 문제에 대한 가정, 지역사회, 정부차원에서의 대처방안을 모색한다.

주요용어

집단괴롭힘, 피해자, 가해자, 방관자, 심리적 요인, 환경적 요인

1. 집단괴롭힘의 개념

집단괴롭힘은 집단이 있는 곳에 일어나는 행위로 오래전부터 어느 사회에서나 발생한 현상이다. 우리나라에서는 청소년 집단괴롭힘의 문제가 1990년대 중반에 접어들면서 주요 사회문제로 주목을 받기 시작하였고, 2011년 대구에서 집단괴롭힘으로 인한 피해 청소년 자살 사건을 연이어 접하게 되면서(최재훈, 2012. 1. 6; 탁상훈 · 김혜림, 2012. 1. 6) 청소년기 집단괴롭힘의 심각성과 대책의 시급함에 대한 사회적 관심이 이전에 비해 더욱 집중되고 있다(김혜원 · 이해경, 2000; 신순갑, 2012). 그 예로 2012년에는 청소년폭력예방재단이 121개 시민사회단체와 함께 '학교폭력대책범국민연대'를 발족시켜, 학교에서 발생하는 집단괴롭힘의 문제에 대한 정부 당국이나 지방 자치단체의 안일한 대처에 대해 비판하면서 집단괴롭힘의 문제를 근절하고 대책을 촉구하기 위한 성명서를 발표하고(신순갑, 2012) 소년법 폐지 및 개정 청원 여론에 근거해 관련법 개정을 검토하고 있다(권순재, 2017; 신지후, 2017).

집단괴롭힘을 당하는 청소년들은 심리적, 행동적 부적응을 보이며 극단적인 경우에는 자살을 시도하기도 한다(김창배, 2017; 신순갑, 2012). 그런데 집단괴롭힘으로 인한 이러한 심리적 · 행동적인 부정적 효과는 집단괴롭힘의 피해자뿐 아니라 가해자를 포함하여 어떤 유형으로든 집단괴롭힘에 관여하는 청소년들에게도 이후의 삶에서 지속적으로 나타날 수 있다(김희화, 2014; 황은영 · 도현심 · 신정희, 2008). 또한 집단괴롭힘의 문제는 피해자나 가해자만의 문제 때문에 발생되고 지속되는 것이 아니라, 집단괴롭힘에 개입되어 있는 다양한 집단간의 상호작용에 의해 지속되는 것이다(서미정, 2008; 조영미 · 임영식, 2015).

1) 집단괴롭힘의 법적, 학문적 정의

청소년 집단괴롭힘은 '왕따', '집단따돌림', '또래괴롭힘', '학교폭력' 등의 다양한 용어로 불리우고 있다. 영어권 국가들에서는 mobbing 혹은 bullying이란 단어가 집단괴롭힘을 지칭하는 용어이다(Olweus, 1978, 1991). 집단괴롭힘의 유형은 언어적 협박이나 욕설, 따돌림, 돈이나 물건을 빼앗는 행동, 때리거나 특정 장소에 가두는 행동, 강제로 심부름을 시키는 행동, 인터넷 채팅이나 이메일, 혹은 휴대전화로 하는 욕설, 비방, 따돌림 등 다양하다(청소년폭력예방재단, 2012).

집단괴롭힘과 유사한 용어인 학교폭력에 대해 「학교폭력예방 및 대책에 관한 법률(2017, 11, 28 일부개정, 제2조, 1항)」에서는 다음과 같이 정의하고 있다. "학교폭력이란 학교 내외에서 학생 간에 발생한 상해, 폭행, 감금, 협박, 약취, 유인, 명예훼손 · 모욕, 공갈, 강요 · 강제적인 심부름 및 성폭력, 따돌림, 정보통신망을 이용한 음란 · 폭력 정보 등에 의하여 신체 · 정신 또는 재산상의 피해를 수반하는 행위"를 말한다. 따돌림이란 학교 내외에서 2명 이상의 학생들이 특정인이나 특정집단의 학생들을 대상으로 지속적이거나 반복적으로 신체적 또는 심리적 공격을 가하여 상대방이 고통을 느끼도록 하는 일체의 행위를 말한다."

집단괴롭힘은 지속적으로 가해지는 폭력적 행동이라는 점에서 단순한 폭력과 다른데, 연구자들은 집단괴롭힘의 특징을 다음과 같이 제시하고 있다(이춘재 · 곽금주, 1999). 첫째, 고의적인 공격적 행동이다. 둘째, 반복적이고 지속적으로 이루어진다. 셋째, 힘의 불균형에 의해 특징지어지는 대인관계에서 일어난다.

집단괴롭힘은 가해자와 피해자의 입장에서 개념이 정의될 수 있다. 가해자의 입장에서 개념을 정의하면 개인 혹은 집단이 자기보다 힘이 약한 특정인(혹은 특정 집단)에게 심리적, 언어적, 신체적인 공격을 지속적이며 반복적으로 가하거나, 인격적으로 무시함으로써 따돌리거나 괴롭히는 언어적, 신체적인 행위이다(구본용, 1997; 변귀연, 2002; Smith, 1991). 가해행동은 신체적, 언어적, 관계적 유형으로 구분할 수 있다(Olweus, 1993: 박보경 외, 2004에서 재인용). 신체적 유형은 때리거나 밀거나 차는 등의 행동을 예로 들 수 있고, 언어적 유형은 위협하거나 비웃거나 별명을 부르는 행동, 관계적 유형은 몸짓이나 표정으로 상대를 기분 나쁘게 하거나 의도적으로 따돌리고 상대의 요구에 응하지 않는 행동을 예로 들 수 있다.

집단괴롭힘의 개념을 피해자의 입장에서 정의하면 한 사람이 반복적이고 지속적으로 한 명 혹은 그 이상의 사람들의 직접적인 폭력이나 소외 혹은 심리적 배제 등의 간접적인 폭력을 당하는 것이다(이춘재 · 곽금주, 1999; Olweus, 1978). Olweus(1978)는 bullying이란 용어를 사용하여 한 학생이 반복적이고 지속적으로 한 명 또는 그 이상의 다른 학생들로부터 부정적인 행동을 당하는 것으로 정의하였다(이해경 · 김혜원, 2001에서 재인용).

온라인상에서의 집단괴롭힘도 심각한 사회문제로 대두되고 있다(양방원 · 홍혜영, 2016; 전신현 · 이성식, 2010; 정여주 · 김동일, 2012). 온라인상에서 발생하는 집단괴롭힘 현상을 사이버폭력(cyberbullying)이라고 하는데 "이메일, 채팅창, 블로그, 웹사이트, 게시판 등의 인터넷 공간과 휴대폰 문자 메시지, 휴대폰 사용 중에 모욕적인 말을 듣거나 공격을 받는 것, 모욕감을 주는 사진이나 내용이 유포되어 정신적 · 신체적 피해를 당하는 것"을 의미한다(정여주 · 김동일, 2012, p. 646). 뿐만 아니라 다른 사람의 아이디를 도용하거나 그 사람인 척하면서 메시지나 사진을 올려서 그 사람을 곤란하게 하는 것, 의도적으로 온라인상의 모임에서 따돌리는 것도 사이버폭력에 포함된다(Willard, 2006; 전신현 · 이성식, 2010에서 재인용).

2) 집단괴롭힘 참여자의 특성

집단괴롭힘은 가해자와 피해자와의 일대일 관계에서 일어나는 것이 아니라, 다양한 역할을 수행하는 집단들 간의 상호작용적 과정 안에서 일어난다. 집단괴롭힘 참여자의 역할은 가해자, 피해자, 가해 · 피해자, 방관자로 구분할 수 있다(김혜원 · 이해경, 2000; 박영신 · 김의철, 2001; 서미정 · 김경연, 2004). 가해자는 피해자에 대해 공격적인 행동을 주도적이고 적극적으로 가하는 사람이고, 피해자는 친구들로부터 공격적인 행동을 당하는 사람이다. 가해 · 피해자는 친구들을 괴롭히는 데 참여하기도 하고 친구들로부터 괴롭힘을 당하기도 하는 사람이다. 방관자는 가해자의 폭력적 행동을 중지시키거나 반대하지 못하는 사람을 말한다.

청소년 집단괴롭힘 참여자의 역할 구분은 직접적인 가해와 피해 당사자가 아닌 사람들의 역할 집단을 더욱 세분화하여 다음의 6가지로 분류하기도 한다. 가해자(bullies), 피해자(victims), 조력자(assistants), 강화자(reinforcers), 방어자(defenders), 방관자(outsiders)의 6개 역할이다(김지은 · 박혜준, 2016; 심희옥, 2005; 조영미 · 임영식, 2015; 차윤희, 2005; Lovegrove & Cornell, 2014). 가해자는 집단괴롭힘에서 직접적 혹은 간접적으로 괴롭힘을 주도하는 사람이고, 피해자는 가해자와 또래들로부터 괴롭힘을 당하는 사람이다. 나머지 4개의 역할 집단은 가해와 피해의 직접적인 당사자가 아니지만 집단괴롭힘을 지속시키는 사람들인데, 조력자는 가해자를 따르면서 가해 행동에 참여하지만 주도하지는 않는 집단이다. 강화자는 웃거나 구경꾼이 되는 등 가해 행동을 부추기는 방식으로 행동하는 집단이다. 방어자는 피해자를 위로하고 가해 행동을 말리려고 노력하는 집단이다. 방관자는 괴롭힘을 보고도 못 본 체하거나 아무런 행동도 하지 않는 집단이다.

집단괴롭힘 참여자 역할 구분을 6개가 아니라 5개로 구분한 연구도 있다. 서미정(2008)은 청소년 집단괴롭힘 참여자 역할을 위에서 제시한 6개 역할 분류 중에서 조력자와 강화자를 가해 행동에 대해 적극적으로 동조한다는 점에서 유사한 역할로 간주하여 가해 동조자로 묶어 가해자, 피해자, 가해 동조자, 피해 방어자, 방관자의 5개 영역으로 분류하였다. 다음 〈표 5-1〉은 서미정(2008)의 연구에서 초등학생 5, 6학년과 중학교 1학년생을 대상으로 집단괴롭힘 참여자의 역할을 측정하기 위해서 사용한 척도의 문항을 제시한 것이다. 이 척도는 Salmivalli와 그의 동료들(1996)이 개발한 '참여자 역할 질문지(Participant Role Questionnaire: PRQ)'를 기초로 제작되었다. 각 역할에 제시된 문항의 내용을 통해서 아동과 청소년들이 집단괴

〈표 5-1〉 청소년 집단괴롭힘 참여자 역할별 행동 참여자 역할

참여자 역할	문항 내용
가해자	• 나는 다른 아이들을 때리거나 발로 찬 적이 있다. • 나는 다른 아이에게 별명을 부르거나 욕을 한 적이 있다. • 나는 다른 아이에게 신체적 장애나 외모와 관련하여 놀린 적이 있다. • 나는 다른 아이의 돈 또는 물건을 숨기거나 빼앗은 적이 있다. • 나는 다른 아이에게 괜히 툭툭치거나 사사건건 시비를 걸었던 적이 있다. • 나는 여럿이 놀 때 고의로 한 아이를 끼워주지 않았던 적이 있다. • 나는 어떤 아이에 대한 나쁜 소문을 퍼뜨려서 친구들이 그 아이를 싫어하게 만들었나.
피해자	• 반 아이들이 나에 대한 나쁜 소문을 퍼뜨려 반 아이들이 나를 싫어하게 만들었다. • 반 아이들이 내가 듣기 싫어하는 별명을 부르거나 욕을 하였다. • 반 아이들이 나에게 괜히 툭툭치거나 사사건건 시비를 걸어왔다. • 반 아이들이 노는 데 일부러 나를 끼워주지 않았다. • 반 아이들이 나의 신체적 장애나 외모와 관련하여 놀렸다. • 반 아이들이 나를 때리거나 발로 찼다. • 반 아이들이 나의 돈 또는 물건을 숨기거나 빼앗았다.
가해 동조자	• 반 친구들이 한 아이를 괴롭힐 때 옆에서 부추겼다. • 다른 아이가 누군가를 괴롭히기 시작하면 나도 괴롭히는 데 동참했다. • 누군가 괴롭힘을 당하고 있으면 구경하려고 그 주변으로 갔다. • 괴롭힘 상황을 구경하라고 다른 아이들을 불렀다. • 괴롭힘 당하는 아이를 보고 비웃었다. • 괴롭힘 당하는 아이를 붙잡는 등 괴롭히는 아이를 도왔다.
피해 방어자	• 괴롭힘 당하는 아이에게 힘과 용기를 주었다. • 괴롭힘 당하는 아이와 잘 놀아주었다. • 괴롭힘 당하는 아이를 위로해 주었다. • 괴롭힘 당하는 아이를 도와주기 위해 괴롭힘 상황을 선생님께 말씀드렸다. • 다른 친구들에게 괴롭힘 당하는 아이를 도와주라고 말했다. • 가해자에게 괴롭히는 것을 그만하라고 말했다.
방관자	• 괴롭힘 상황을 보고 모른 체 했다. • 괴롭힘 상황을 보고 그냥 지나쳤다. • 괴롭힘 상황에서 가만히 있었다. • 괴롭힘 상황을 보아도 평소대로 내 할 일을 했다. • 괴롭힘 상황에서 아무것도 하지 않고 보기만 했다. • 괴롭힘 상황에 별 관심이 없었다.

주: 이 표는 서미정(2008)의 p. 84에 제시된 '또래괴롭힘 참여자 역할 문항의 요인행렬표'의 문항을 정리한 것임.

롭힘 상황이 발생할 때 구체적으로 어떤 행동을 통해서 관여를 하는지 알 수 있다.

이와 같이 집단괴롭힘은 집단괴롭힘의 참여 역할 집단들의 역동에 의해 지속된다. 집단괴롭힘이 지속되는 이유를 학습이론의 관점에서 설명하면 가해자가 가해행동을 할 때 방관자의 행동은 가해행동을 암묵적으로 승인함으로써, 조력자와 강화자의 행동은 가해자에게 적극적인 보상이 됨으로써 가해자의 가해행동을 지속시키게 된다. 따라서 직접적 가해자와 피해 당사자에 대한 개입만으로는 해결이 어렵다.

집단괴롭힘의 참여자 역할 분포에 대한 선행연구 결과들을 살펴보면 피해자를 방어해주는 구성원들의 비율이 20% 이상을 차지하고 있다. 이는 집단괴롭힘의 문제 해결을 위해서 성인의 전문적 개입이 중요하지만 또래 친구들의 개입을 통해서 문제를 해결할 수 있는 가능성을 보여주는 것이다. 이러한 점을 토대로 또래상담자를 활용한 개입 방안들이 적극적으로 모색되고 있다(강창경, 2017; 김지은 · 박혜준, 2016; 서미정, 2008; 이미욱 · 하정희 · 최윤영, 2015; 조영미 · 임영식, 2015).

3) 집단괴롭힘 참여 역할 집단별 특성: 가해자, 피해자, 방관자를 중심으로

(1) 집단괴롭힘 가해 집단의 심리적, 환경적 특성

집단괴롭힘의 가해자는 친구들을 가해하는 행동으로 원하는 것을 얻게 되면 이것이 보상으로 작용해서 가해 행동이 강화되어 그 행동을 지속하게 되고, 나중에는 비행이나 범죄적인 폭력 행동을 하게 될 가능성이 있다. 선행연구들을 통해서 조사된 집단괴롭힘의 가해자의 특성을 요약하면 다음과 같다.

첫째, 집단괴롭힘 가해자는 또래를 지배하거나 물건 혹은 지위를 얻기 위한 도구적인 공격 행동이나 조직적이고 목표지향적인 공격 행동을 한다(Olweus, 1978; 박보경 외, 2004에서 재인용).

둘째, 집단괴롭힘 경험이 없는 청소년에 비해서 집단괴롭힘 가해자는 갈등상황에서 감정을 조절하는 자기조절 능력이 낮다.

셋째, 집단괴롭힘 가해자는 가해행동에 대한 죄의식을 느끼지 않는 경향을 보인다. 청소년폭력예방재단의 조사에 의하면(신순갑, 2012), 집단괴롭힘 가해학생은 자신의 행동에 대해 반성하기보다는 정당화하는 경향을 보인다. 가해 집단의 50.7%가 자신의 가해 행동에 대해서 피해학생에게 미안하게 생각한다고 응답했지만, 11.1%는 자신의 행동이 정당한 행동이라고 생각했고 9.6%는 아무런 생각도 들지 않는다고 응답했다(신순갑, 2012).

넷째, 그럼에도 가해 집단이 피해자나 방관자 혹은 가해동조자 집단에 비해 또래들에게 인기가 있다는 연구결과들도 보고되고 있는데, 가해 집단의 아동이나 청소년들이 더 사교적이고 활동적이며 자신을 주장하고 관계를 주도해 나가는 사회적 기술이 높은 경향을 보인다(박보경 외, 2004; 백지현, 2010). 가해자들의 이러한 긍정적인 사회적 특성 때문에 친구를 괴롭히는 자신의 행동이 잘못되었다는 인식을 하지 못한다. 가해자들은 자신의 행동이 잘못된 것이 아니라 피해자가 그럴만해서 괴롭힘을 받는다는 사고를 갖고 있어서 행동을 바꾸기가 어렵다(이해주 · 이미리 · 모경환, 2006).

다섯째, 가해자들은 부모와 형제 등의 가족 구성원들이나 이웃의 폭력행동을 지속적으로 관찰한 경험이 있다. 이렇게 공격적인 역할 모델을 관찰하고 학습하게 됨으로써 가해자들은 목표를 이루기 위해서 공격적인 행동을 하게 되고 학교에서도 또래친구와 교사에게 이러한 행동을 하는 경향을 보일 수 있다(황은영 · 도현심 · 신정희, 2008). 또한 갈등을 폭력으로 해결하는 상황을 자주 접하게 되면 갈등을 적절하게 해결하는 방법을 배우지 못해서 또래와의 관계에서 부적절하게 행동하게 된다.

여섯째, 가해자들은 부모의 양육태도가 일관성이 적고 덜 온정적이며 거부적이다(이춘재 · 곽금주, 2000). 부모의 이러한 부정적인 양육태도는 자녀의 공격성을 야기시키고 타인에 대한 공감, 협동심 등의 사회적 능력의 발달을 방해한다(이춘재 · 곽금주, 2000; 황은영 · 도현심 · 신정희, 2008).

(2) 집단괴롭힘 피해 집단의 심리적, 환경적 특성

집단괴롭힘 피해자의 심리적 · 환경적 특성에 대해서는 많은 연구들이 진행되었다. 피해자가 가지고 있는 심리적 특성 때문에 집단괴롭힘를 당하는 것인지 아니면 집단괴롭힘을 당하기 때문에 피해자 특유의 심리적 특성을 보이는 것인지에 대해서는 연구자들의 주장이 엇갈리지만, 피해자의 심리적 특성이 집단괴롭힘 피해에 미치는 영향을 살펴본 연구결과들에 의하면 환경적 특성에 따라서 영향이 달리 나타난다. 그렇기 때문에 피해자의 개인적 특성 때문에 집단괴롭힘이 발생한다고 볼 것이 아니라, 환경적 요인이 집단괴롭힘 발생의 매개적 역할을 한다고 보아야 할 것이다.

집단괴롭힘 피해자의 심리적 특성은 공격적 태도를 보이는지 여부에 따라 다르다. 공격적인 성향을 보이는지 여부에 따라서 집단괴롭힘 피해자를 공격적 피해자와 비공격적 피해자로 구분한다(박보경 외, 2004; 변귀연, 2003). 공격적 피해자를 도발적 피해자(provocative victim), 비공격적 피해자를 소극적 혹은 수동적 피해자(passive victim)로 분류하기도 한다(Olweus, 1993 1987). 공격적 피해자는 가해자와 비슷한 수준의 공격성을 보이고 공격을 받았을 때 반격하는 성향을 보이는 데 반해, 비공격적 혹은 소극적 피해자는 괴롭힘을 당했을 때 반격하는 행동을 하지 않는다는 점에서 큰 차이를 보인다. 그러나 공격적 피해자와 비공격적 피해자는 개인적, 환경적 특성에 있어서 유사점을 많이 가진다.

집단괴롭힘 피해자는 정서적, 인지적, 행동적으로 부적응적인 특성을 보인다. 이러한 부적응적인 특성들은 집단괴롭힘 피해의 원인이 되지만 집단괴롭힘 피해의 결과로 나타난 것이기도 하다. 그 내용을 살펴보면 다음과 같다(박보경 외, 2004; 변귀연, 2002; 황은영 · 도현심 · 신정희, 2008).

첫째, 집단괴롭힘 피해자는 부적응적인 정서 특성을 보인다. 정서가 불안하고 주의집중의 어려움을 겪는다. 두려움의 감정과 무력감 혹은 강한 분노 감정을 경험한다. 또한 부정적인 정서를 조절하는 데 어려움을 느낀다. 충동적이고 자기조절능력이 부족한데 이러한 특성은 비공격적 피해자보다 공격적 피해자가 더 강하다. 자아존중감이 낮으며 자기를 비난한다. 사회적으로 고립되어 있어서 외롭고 불안전한 느낌을 갖는다. 우울감을 느끼며 자살충동을 경험할 수 있고 극단적인 경우에는 자살을 시도한다. 집단괴롭힘 피해경험으로 인한 외상후 스트레스 장애 증상을 보일 수 있다.

둘째, 부적응적인 인지적 특성을 보인다. 그 예로 외적귀인을 많이 한다. 귀인(attribution)이란 주위에서 발생한 사건의 원인을 추정하는 심리적 과정을 말하는데, 내적귀인은 그 원인을 내가 통제할 수 있는 자신의 내부요인으로 추정하는 것이고, 외적귀인은 내가 통제할 수 없는 환경적 혹은 외부요인으로 추정하는 것이다. 선행연구에 의하면(김동욱 · 유재민 · 김청송, 2017; 김혜원, 2011a; 문진명, 2000) 집단괴롭힘 피해자들은 또래들로부터 피해를 당하는 상황에 대한 통제감을 상실하게 되고, 그 상황의 원인을 자신이 해결할 수 없다고 생각하여 변화를 위한 노력을 할 수 없는 외적귀인을 하게 된다.

셋째, 부적응적인 행동특성을 보인다. 과잉행동적인 경향이 있고 관심을 끌기 위한 행동을 많이 하며 지나치게 타인의 반응에 대해서 민감하다. 동시에 다른 사람에 대해 지나치게 무관심하고 비사교적이기도 하다. 자기주장을 잘 하지 못하고 쉽게 복종하는데, 이러한 특성은 공격적 피해자보다 비공격적 피해자가 더 많이 가지고 있다.

집단괴롭힘의 피해자가 되는 데는 환경적 요인의 영향이 크다. 앞서 말한 집단괴롭힘 피해자의 취약한 인지적, 정서적 특성은 개인을 둘러싼 환경의 취약성과 상호작용하여 집단괴롭힘의 문제를 악화시키는 결과로 이어진다(이미영 · 장은진, 2015). 집단괴롭힘 피해자의 환경적 특성을 살펴보면 다음과 같다(박보경 외, 2004; 변귀연, 2002; 이해경 · 김혜원, 2001; 황은영 외, 2008). 환경적 특성은 부모 요인과 친구 요인을 포함한다.

첫째, 부모의 양육태도가 비일관적이다. 피해자들은 출생 후부터 거절과 반응을 일관성 없이 지속하는 양육태도에 익숙해져서 또래들이 거절적인 행동을 할 때 반격 없이 수용을 하게 된다.

둘째, 가족폭력을 경험하고 있을 가능성이 있다. 가족폭력의 피해경험은 학교에서 또래들로부터의 집단괴롭힘의 피해자가 될 가능성을 증가시킨다. 부모가 서로 폭력을 행사하는 것을 관찰하고 직접 피해를 당하면서 폭력행동을 학습하게 되고 폭력에 무기력해지기 쉽다.

셋째, 부모의 지나친 과잉보호를 경험하고 있을 가능성이 있다. 부모의 지나친 과잉보호로 인해서 독립적으로 자신을 방어하고 기능할 수 있는 능력이 발달하지 않아서 친구들로부터 폭력을 당하게 될 때 적절하게 대처하기 어렵다.

넷째, 한 명 이상의 지지적인 친한 친구가 없다. 친한 친구와의 우정은 다음의 세 가지 이유로 집단괴롭힘의 피해로부터 보호해주는 역할을 한다(변귀연, 2006). 하나는 가해자는 피해자 친구들의 보복을 두려워한다. 다른 하나는 친구들과 함께 있는 아동은 혼자 있는 아동에 비해 가해의 표적이 될 가능성이 적다. 마지막 이유는 피해경험을 어떻게 해결해야 할지 친구들과 의논하고 협조를 구할 수 있다. 그러므로 지속적인 집단괴롭힘의 피해자는 이러한 보호기능을 해줄 친한 친구가 없을 가능성이 크다.

(3) 집단괴롭힘 방관자 집단의 심리적 특성

청소년 집단괴롭힘의 방관자 집단은 피해자에 대한 가해자의 공격을 중지시키거나 반대하는 입장을 표시하지 못하는 대다수의 집단임과 동시에 역할의 변화 가능성이 큰 집단이다. 이들은 대부분 무관심과 불안한 심리상태에서 집단괴롭힘을 방관하는 태도를 취하고 있다. 그런데 이 방관자 집단은 다양한 행동과 태도를 보인다. 일부는 방관의 형태로 집단괴롭힘의 유지에 기여하고, 일부는 가해자의 편에 동조하여 피해자를 비난하며 괴롭힘을 강화한다. 그리고 피해자에 대한 지지자도 포함되어 있다(김지은 · 박혜준, 2016; 조영미 · 임영식, 2015).

선행연구 결과들을 기초로 청소년 집단괴롭힘 방관자의 정서적, 인지적, 도덕적 특성에 대해 다음과 같이 요약할 수 있다(서미정, 2008).

첫째, 고통을 공감하는 능력이 부족하다. 피해자의 고통에 공감하는 능력이 가해자보다는 높으나 가해동조자와 유사한 수준을 보인다. 이렇게 피해자의 고통을 걱정해주는 공감이 부족하기 때문에 방관자들은 가해행동을 저지하려고 하지 않는다.

둘째, 집단괴롭힘과 가해행동에 대한 부정적인 태도와 입장을 갖는다. 이러한 태도로 인해서 가해자의 행동에 동조하지 않는다. 그리고 피해자를 돕게 되면 자신이 괴롭힘을 당하게 된다는 두려움과 심리적 부담감을 갖고 있다.

서미정(2008)은 초등학교 5, 6학년과 중학교 1학년 500여 명을 대상으로 집단괴롭힘 방관자의 하위 집단 특성에 따라 집단괴롭힘 참여 역할행동이 어떻게 다른지 분석한 연구에서 방관자 집단을 다시 '공감부족, 인지왜곡형', '반 또래괴롭힘형', 그리고 '손실지각형'의 세 유형으로 분류하였다. '공감부족, 인지왜곡형'은 피해자의 고통에 대한 공감 능력이 부족하다. 또한 피해자를 도우면 자신이 집단괴롭힘의 피해를 당할 수 있다는 심리적 부담감도 적다. 왜곡된 도덕적 사고 특성을 가지고 있어서 집단괴롭힘에 대해 부정적인 생각을 하지 않고, 피해자의 잘못으로 인해 괴롭힘을 당한다고 생각하는 경향이 있다.

'반 또래괴롭힘형'은 피해자의 고통을 공감하고 집단괴롭힘에 대해 반대하는 입장을 취한다. 따라서 이들은 방관자에서 피해자 방어자로 입장을 바꿀 가능성이 큰 집단이다. '손실지각형'은 피해자의 고통에 대해 공감은 많이 하지만, 피해자를 도와주면 가해자로부터의 보복이나 자신의 사회적 지위 하락과 같은 손실에 대해 가장 염려한다. 따라서 이들은 방관자 역할을 그대로 지속할 가능성이 가장 큰 집단이다.

이와 같이 집단괴롭힘 참여 역할 집단들 중에서 방관자 집단에 속한 청소년들은 피해자를 방어해주는 역할로 변화하거나 가해자를 동조해주는 역할로 변화할 가능성이 크다(서미정, 2008). 그럼에도 앞서 말한 바와 같이 피해자를 도와주었을 때 자기도 피해를 입을까봐 두려워서 혹은 친구가 괴롭힘을 당하는 것을 목격했을 때 어떻게 해야 할지 몰라서 방관한다는 아동이나 청소년들이 많다(신순갑, 2012). 그러므로 집단괴롭힘의 문제를 해결하기 위해서는 방관자 집단의 역할 전환을 위한 교육에 주의를 기울이는 노력이 필요하다(강창경, 2017; 김지은 · 박혜준, 2016; 서미정, 2008; 이미욱 · 하정희 · 최윤영, 2015; 조영미 · 임영식, 2015).

2. 집단괴롭힘의 실태

1) 집단괴롭힘의 일반적인 현황

청소년 집단괴롭힘의 발생빈도는 증가하고 있고 저연령화되고 있다. 성별에 따라서 집단괴롭힘 행동의 양상이 달리 나타나고 있으며 사이버 집단괴롭힘의 현상도 발생하고 있다. 청소년 집단괴롭힘의 문제를 해결하기 위해서는 앞서 살펴본 바와 같이 어떠한 집단역동에 의해 집단괴롭힘이 지속되는지 파악하는 것이 중요하지만, 동시에 발생현황이 어떤지를 알아야 어떤 측면의 개입이 필요한지 알 수 있다. 여기서는 선행연구를 통해 보고된 청소년 집단괴롭힘의 실태를 살펴보기로 한다(김혜원, 2011a,b; 김혜원 · 이해경, 2000; 신순갑, 2012; 여성가족부, 2012; 오승환, 2007).

첫째, 집단괴롭힘의 피해율과 가해율이 증가하고 있다. 청소년폭력예방재단에서 초, 중, 고등학생을 대상으로 매년 실시하고 있는 학교폭력 실태조사에 의하면 학교폭력 피해율은 2006년 17.3%, 2007년 16.2%, 2008년 10.5%, 2009년 9.4%, 2010년 11.8%, 2011년 18.3%로 나타나 감소하는 추세를 보이다가 2010년부터 다시 증가하고 있으며 가해율은 2006년 12.6%, 2007년 15.1%, 2008년 8.5%, 2009년 12.4%, 2010년 11.4%, 2011년 15.7%로 다시 증가하고 있다(신순갑, 2012, p. 28).

교육과학기술부에서 2012년 초에 전국 1만 1,363개 초중고 재학생을 대상으로 전수 인터뷰 조사를 실시한 결과에 의하면 중학생의 33%, 초등학교 4~6학년생의 24%, 고등학생의 12%가 학교에서 싸움 잘하는 학생으로 구성된 폭력조직이 있다고 응답하였다. 또한 전체 조사대상자의 12%가 학교폭력 피해를 당했다고 응답하였다.

집단괴롭힘의 현황을 파악하기 위해서 누구를 조사대상으로 하였는가에 따라서 이와 같이 피해경험율이나 가해경험율이 다르기는 하지만, 청소년폭력예방재단의 조사에 의하면 학교폭력에 대해 학생 스스로가 느끼는 심각성 인식 정도가 매년 증가하고 있음을 보여주고 있다. 학교폭력이 심각하다고 느끼는 학생들의 비율이 2008년에는 28.6%, 2009년에는 32.8%, 2010년에는 38.1%, 2011년에는 47.1%로 증가하고 있다(신순갑, 2012, p. 28).

둘째, 집단괴롭힘 발생의 저연령화 현상을 보인다. 최초 폭력피해연령은 2010년에는 12.9세, 2011년에는 11.4세로 조사되었다(여성가족부, 2012, p. 196). 초등학교 5학년에서 고등학교 2학년 학생 1,016명을 대상으로 한 조사에 의하면(김혜원, 2011a), 집단괴롭힘의 문제는 고등학생보다 초등학생과 중학생의 경우에 더욱 심각했고, 집단따돌림의 문제는 초등학생이 중학생보다, 중학생이 고등학생보다 더욱 심각했다. 또한 집단괴롭힘 피해 및 가해 경험률에 대한 2013년부터 2017년까지의 조사에 의하면 초등학생, 중학생, 고등학생 순으로 높았다(교육부, 2017). 이러한 조사결과들은 집단괴롭힘 문제 발생의 저연령화 현상을 보여주고 있다. 따라서 특히 초등학생의 집단괴롭힘 문제의 심각성에 주의를 기울여야 함을 시사한다(신순갑, 2012; 오승환, 2007).

셋째, 집단괴롭힘의 발생장소는 주로 학교이다. 학교폭력의 피해 장소는 학교 교실안(38.3%), 학교 교실밖(12.3%), 동네 골목(10.5%)순이었고 가해자는 학교 동년배나 선후배(42.2%), 다른 학교 선후배(6.1%)순이었다(여성가족부, 2012, p. 196). 2017년 조사에 의하면 집단괴롭힘의 67%가 학교에서 발생한다고 보고되어 학교 안에서의 발생율이 이전보다 증가하였음을 알 수 있다(교육부, 2017).

넷째, 집단괴롭힘의 양상에 있어서 남녀 차이가 있으며 남학생의 집단괴롭힘 발생비율이 더 높다. 집단괴롭힘의 양상은 아동기에 특히 성차가 두드러지는데 신체적인 공격과 같은 직접적인 괴롭힘은 남학생들에게서 많이 나타나고 따돌림, 소문 퍼뜨리기와 같은 간접적인 괴롭힘은 여학생들에게서 많이 나타나는 경향이다(김혜원, 2011b; 김혜원 · 이해경, 2000; 이성식 · 전신현, 2011). 전국의 초등학교 5학년생과 고등학교 1학년생 6,293명을 대상으로 집단괴롭힘의 발생빈도에 있어서 성차를 살펴본 조사에 의하면(오승환, 2007), 남학생이 여학생에 비해 가해집단에 속할 확률은 1.4배, 피해와 가해를 번갈아 경험하는 집단에 속할 확률은 1.6배 높았다.

여성가족부(2012)에서 전국 청소년을 대상으로 한 조사 자료에 의하면 집단괴롭힘 가해와 피해 유형별 비율에 있어서도 남녀 차이를 보였다. 전체적으로 집단괴롭힘 가해와 피해경험은 남자가 여자보다 높았는데 유형별로 살펴보면 조금씩 차이를 보인다. 가해유형 중에서 구타는 남자 12%, 여자 3%, 욕설이나 폭언은 남자 36%, 여자 23%, 금품갈취는 남자 5%, 여자 2%, 따돌림은 남자 7%, 여자 6%이었고, 피해유형 중에서 구타피해는 남자 46%, 여자 15%, 욕설이나 폭언 피해는 남자 60%, 여자 53%, 금품갈취 피해는 남자 30%, 여자 30%, 따돌림 피해는 남자 28%, 여자 46%이었다.

다섯째, 사이버폭력 현상이 발생하고 있다. 사이버폭력의 익명성은 현실에서 직접 대면한 상태에서 발생하는 집단괴롭힘에 비해서 가해자가 더욱 쉽게 폭력을 행사하게 만든다. 온라인상에서는 가해자가 피해자의 반응을 직접 눈으로 볼 수 없기 때문에 현실에서보다 더욱 심하고 반복적으로 폭력을 가하게 되고, 폭력의 여파가 훨씬 빠르게 확대되며 지속적이기 때문에 그에 대한 심리적, 신체적 손상은 더 크다(정여주 · 김동일, 2012).

초, 중, 고등학생을 대상으로 사이버폭력 경험 여부에 대한 실태 조사는 주로 2010년 이후부터 실시되고 있는데 대체로 35% 내외의 학생들이 사이버폭력 피해 경험이 있었다(이창호 · 신나민, 2015; 정여주 · 김동일, 2012). 사이버폭력의 내용을 살펴보면 소셜네트워크 서비스 상에서 주로 발생하고 있었는데 피해 청소년을 카톡방에 초대해 놓고 구성원들이 피해 청소년에게 욕설을 하거나 대화에서 따돌리는 행위를 하는 형태였다(이창호 · 신나민, 2015). 뿐만아니라 인터넷 게임 도중에 사이버 집단괴롭힘을 많이 경험하였다.

2) 집단괴롭힘 관여 역할 집단의 분포

집단괴롭힘 역할 집단의 분포를 아는 것은 집단괴롭힘의 문제를 누구를 대상으로 어떻게 접근해야 할지에 대한 정보를 준다. 집단괴롭힘 역할 집단의 분포에 대한 연구들을 살펴보면 가해와 피해 당사자들 보다는 직접 관여하지 않는 역할 집단에 속한 청소년들이 더 많으며 이들의 입장도, 가해에 동조하는 입장, 피해자를 도와주려는 입장, 방관자들로 분류된다고 한다.

초중생을 대상으로 한 연구에 의하면 직접적인 가해자와 피해자를 제외한 학급구성원의 40%는 가해자편에서 동조자이며, 40%는 방관자 집단이며, 20%는 피해자 동조 집단으로 한 반의 구조가 가해자 쪽으로 치우쳐 있어서 대다수가 가해자의 권력 남용에 저항하지 못하고 동조함으로써 집단괴롭힘이 유지된다고 하였다(김현주, 2003). 그러나 집단괴롭힘 상황이 발생할 때 피해 방어자 역할 집단의 비율이 가장 높았다는 반대의 결과들도 많다. 초중생을 대상으로 한 연구에서 피해 방어자 집단이 24%로 가장 높게 나타났고, 다음은 방관자, 그 다음은 가해동조자, 그 다음은 피해자 집단이었고 가해자 집단이 차지하는 비율이 가장 낮았다(서미정, 2008). 유사한 결과가 다른 연구들에서도 보고되고 있다(백지현, 2010; 심희옥, 2005). 한편, 집단괴롭힘 역할 집단 중에서 방관자 집단의 비율이 가장 높다고 보고한 연구도 적지 않은데, 초 · 중 · 고등학생을 대상으로 한 연구에서 가장 높은 비율을 차지한 역할은 방관자로 전체의 61%를 차지했다(엄명용 · 송민경, 2011).

선행연구 결과를 통해 볼 때 피해자를 방어해주는 역할을 수행하는 아동의 비율이 높다는 것은 이들에 대한 개입을 통해서 집단괴롭힘의 문제를 차단할 수 있다는 희망적인 상황이다. 그러나 동시에 방관자나 가해 행동을 부추기는 가해동조자의 수도 적지 않음은 우려할 상황이다. 따라서 집단괴롭힘의 문제를 해결하기 위해서는 피해자와 가해자 당사자에 대한 개입에만 초점을 둔 방안보다는 집단의 다수를 차지하며 역할의 변화 가능성이 큰 간접적인 긍정적, 부정적 개입자 혹은 방관자를 중심으로 문제해결적인 개입을 하는 것이 집단괴롭힘의 지속을 막는 데 보다 효율적일 것이다(서미정, 2008).

3. 집단괴롭힘의 관련 요인

1) 집단괴롭힘 관련 개인적 요인

집단괴롭힘 가해 혹은 피해 행동과 관련된 개인적 요인들은 정서적, 인지적, 행동적 요인들을 포함한다. 집단괴롭힘 가해 혹은 피해 경험과 관련된 정서적 특성으로는 공격성, 우울 및 불안, 외로움, 자아존중감을 들 수 있다. 인지적 특성은 스트레스와 스트레스 대처방식을 포함한다. 폭력에의 노출, 가해 및 피해 경험 등의 행동적 특성 또한 집단괴롭힘 가해 및 피해 행동과 관련되어 있다. 이러한 정서적, 인지적, 행동적 요인들은 집단괴롭힘 가해 혹은 피해 행동을 유발하는 요인이기도 하고, 행동의 결과로 나타난 요인이기도 하다. 그 내용을 구체적으로 살펴보기로 하자.

첫째, 공격성이 집단괴롭힘 가해 행동과 관련이 있다. 앞서도 말했지만 집단괴롭힘의 가해자들은 또래를 지배하고 물건이나 지위를 얻기 위해 공격성을 사용한다(김동욱 · 유재민 · 김청송, 2017; 박보경 외, 2004; 박성희, 2015; 이미욱 · 하정희 · 최윤영, 2015). 공격성은 집단괴롭힘 피해 행동과도 관련이 있는데, 피해자들은 또래들과의 갈등 상황에서 지나치게 반응적이며 공격적인 반응패턴을 보임으로써 또래들의 공격적인 행동을 유발하는 경우가 있다(박보경 외, 2004; 변귀연, 2003). 이와같이 집단괴롭힘 피해자를 공격 성향을 보이는 지 여부에 따라서 공격적 피해자와 비공격적 피해자로 구분하기도 한다. 이런점에서 공격성은 집단괴롭힘 가해와 피해 행동 모두와 관련된 심리적 특성이다.

둘째, 우울, 불안, 외로움과 같은 부정적인 정서가 집단괴롭힘 피해경험에 의해 나타난다(전신현 · 이성식, 2017; 조주영 · 오인수, 2014). 지속적인 집단괴롭힘을 당하게 되면 혼자 힘으로 자기를 방어할 수 없게 된다. 괴롭힘을 당하는 이유로 자신을 탓하게 됨으로써 우울감에 빠지게 된다. 또한 가해자에 대한 두려움 때문에 항상 불안해하게 되고 이러한 불안감은 부정적인 또래관계를 유발하게 된다. 결과적으로 자신을 방어해줄 수 있는 친구를 사귈 수 없고 외로움을 경험하게 된다.

셋째, 자아존중감이 낮은 청소년들은 집단괴롭힘이 발생할 때 피해자가 될 가능성이 크다. 자아존중감이 낮으면 자기주장이나 방어 능력이 떨어지기 때문이다(Olweus, 1993). 동시에 집단괴롭힘 피해경험의 결과로 자아존중감이 떨어지기도 한다(김재철 · 최지영, 2011; 김혜원, 2011b; 이은주, 2004). 한편, 자아존중감과 집단괴롭힘 가해 행동과의 관련성에 대해서는 의견이 나뉜다. 가해자는 가해행동 때문에 교사를 비롯한 주위 사람들과의 대인관계에서 갈등을 경험할 가능성이 크기 때문에 자아존중감이 낮다고 보는 입장이 있는 반면, 가해자는 피해자에 비해 사교적이고 활동적인 인성특성을 보이고 폭력을 행사함으로써 자아존중감을 회복하려고 하기 때문에 자아존중감이 높다고 보는 입장도 있다(김예성, 2000; 박보경 외, 2004; 오승환, 2007).

넷째, 스트레스와 대처방식은 집단괴롭힘 경험과 관련이 있다. 입시스트레스를 겪는 우리나라 청소년들은 스트레스에 대한 부적응적인 반응으로 우울증이나 폭력적 행동을 보이고 있으며(이미리, 2001, 2006; 이미리 · 최윤진, 2007), 폭력적 행동의 대표적인 예가 집단괴롭힘 행동이다. 이렇게 스트레스에 대처하는 방식은 집단괴롭힘 경험과 관련되어 있다. 집단괴롭힘을 당하는 피해자의 경우, 또래와 말다툼을 하거나 싸웠을 때 혹은 친구들이 따돌린다고 느낄 때 혼자서 고민하거나 걱정하고 어쩔 수 없는 일이라는 생각을 하는 등 소극적인 대처 행동을 많이 보인다. 또한 청소년 집단괴롭힘의 피해자 집단이 일반 집단이나 가해자 집단에 비해서 소극적인 대처행동을 더 많이 하였다(김혜원 · 이혜경, 2000; 양방원 · 홍혜영, 2016). 이러한 경향은 아동이나 청소년들이 또래관계에서 받는 스트레스에 대해 소극적으로 대처할수록 집단괴롭힘의 피해자가 될 가능성이 큼을 시사한다.

2) 집단괴롭힘 관련 환경적 요인

집단괴롭힘과 관련된 개인적 위험요인을 가지고 있다고 해서 집단괴롭힘의 피해나 가해자가 되는 것은 아니다. 환경적 요인과 상호작용할 때 집단괴롭힘의 문제가 발생하게 된다. 무엇보다 폭력적인 환경이나 폭력적 행동에 노출되는 경험이 많을 때 집단괴롭힘의 문제가 발생할 가능성이 높아진다(신순갑, 2012; 이해경 · 김혜원, 2001). 대중매체, 가족 구성원, 혹은 친구들의 폭력을 접하게 되는 경험이 누적되면 폭력적인 행동을 하게 되며 개인적 위험요인을 가지고 있을 때 더욱 그러하다. 갈등을 대화가 아니라 폭력으로 해결하고자 하고 폭력행동을 정당한 행위로 생각하게 한다. 때문에 청소년들이 또래들에 대해 죄책감없이 집단괴롭힘 가해행동을 하거나 피해를 당하는 것에 대해 무기력하게 반응하게 된다. 특히 부모 간이나 부모 자녀 간에 발생하는 가족폭력 속에서 성장한 청소년들은 폭력행동을 학습하게 되어 폭력에 대한 허용도가 높고 집단괴롭힘의 가해나 피해자가 될 가능성이 크다(신순갑, 2012; 오승환, 2007; 이상균, 2005). 집단괴롭힘과 관련된 환경적 요인의 영향을 가족, 또래, 학교와 지역사회 요인으로 나누어 구체적으로 살펴보기로 하자.

(1) 가족요인

집단괴롭힘 가해 및 피해 발생과 관련된 가족 요인의 대표적인 예로 부모의 부정적인 양육행동, 부부갈등을 들 수 있다. 부모의 양육행동은 자녀의 발달에 영향을 주는 가장 핵심이 되는 주요 요인이다. 부모의 부정적인 양육행동은 자녀가 공격적 행동을 하게 하는 원인이 될 수도 있고, 또래로부터 공격적 행동의 피해를 당하기 쉬운 행동을 촉진하는 원인이 될 수도 있다(이미영 · 장은진, 2015; 황은영 · 도현심 · 신정희, 2008).

자녀를 대할 때 부모가 체벌을 많이 사용사거나 애정과 거부적 행동을 일관성 없이 보여서 자녀에게 심리적인 스트레스를 많이 주게 되면 자녀들이 공격적이 된다는 연구결과가 있다(김선미, 2005; 황은영 · 도현심 · 신정희, 2008). 부모가 자녀를 과잉보호하거나 반대로 방임적으로 양육할 때 자녀는 수동적인 행동특성을 보이고, 또래로부터 공격을 당했을 때 자신을 방어하거나 자기주장을 잘하지 못하는 경향을 보인다는 연구결과도 있다(이경님, 2001; 최미경 · 도현심, 2001). 또한 집단괴롭힘 피해자의 경우 부모의 애정적이고 지지적인 양육을 받지 못하는 경우가 많았다. 애정적이고 지지적인 양육을 받지 못하는 것이 또래괴롭힘 피해경험과 관련이 있을 뿐 아니라 가해행동과도 관련이 있음을 보고하는 연구도 있는데, 초등학생을 대상으로 한 이 연구에서는 집단괴롭힘 가해자가 일반아, 피해자, 혹은 가해피해를 동시에 경험하는 아동들에 비해서 어머니의 양육행동이 가장 덜 온정적이었다(황은영 · 도현심 · 신정희, 2008).

부부갈등 또한 청소년의 집단괴롭힘 가해 및 피해 경험과 관련된 주요 요인이다(신순갑, 2012; 황은영 · 도현심 · 신정희, 2008). 집단괴롭힘과 관련된 개인적 요인에서 말한 바와 같이 폭력에의 노출은 집단괴롭힘 경험과 관련된 주요 요인이었는데, 부부갈등으로 인해 부부간에 폭력을 행사하는 상황에 자주 노출된 자녀들은 부모의 폭력행동을 모방할 뿐 아니라 갈등상황에서 대화로 문제를 해결하는 방법을 배울 기회가 적어 친구관계에서 자신이 원하는 바를 얻기 위해서 폭력적으로 행동할 가능성이 크다(오승환, 2007).

(2) 또래 요인

청소년 집단괴롭힘과 관련된 또래요인으로는 비행친구 유무, 친구로부터 받는 애정적 지지나 친구관계에 대한 만족도와 신뢰감을 포함하는 친구관계의 질, 또래압력 등을 들 수 있다. 비행친구와의 접촉은 집단괴롭힘 행동을 포함한 문제행동의 유발과 관련될 가능성이 크다(오승환, 2007; 정여주 · 김윤희, 2013; 한아림, 2012). 친구에 대한 만족감, 신뢰감, 애착, 그리고 친구로부터 받는 사회적 지지 정도는 집단괴롭힘의 가해 및 피해 행동과 의미 있는 관련성을 보인다. 친구관계에 대해서 만족하지 못하고 갈등과 경쟁을 경험하는 경우는 집단괴롭힘의 가해행동의 발생과 관련이 있고, 친한 친구와 애착을 형성하지 못하고 그들로부터 지지를 받지 못하는 경우는 집단괴롭힘의 피해 발생과 관련이 있다(황은영 · 도현심 · 신정희, 2008). 앞에서도 말했지만 한 명 이상의 지지적인 친한 친구는 집단괴롭힘의 피해로부터 보호해주는 역할을 한다.

또래압력은 청소년기 집단괴롭힘의 중요한 원인이다. 또래집단은 그들만의 소속감을 가지고 자기들만의 행동이나 생각의 규준을 가진다. 청소년들은 또래집단의 압력과 규준을 따름으로써 소속감을 가지게 되는데, 이 과정에서 또래집단으로부터 집단괴롭힘의 압력을 받게 되면 본인이 원하지 않아도 괴롭힘 행동에 가세하게 된다(조윤주 · 정옥분, 2009; 하은혜 · 조유진, 2007; 한아림, 2012). 청소년기는 발달 특성상 또래동조성이 증가하는 시기이므로, 집단괴롭힘의 문제 해결을 위해서는 청소년이 속해 있는 또래집단의 규준에 대한 이해가 선행되어야 한다.

(3) 학교와 지역사회 요인

집단괴롭힘의 문제가 주로 학교에서 발생하기 때문에(여성가족부, 2012) 학교는 집단괴롭힘과 관련된 주요 환경이다. 특히 학교생활에 잘 적응하는 정도는 청소년이 발달적으로 건강함을 나타내는 중요 지표가 된다. 동시에 학교적응도는 나른 적응 문제 유발과 관련된 주요 요인이 된다. 학교적응도는 학교 규칙 준수, 수업 참여 태도, 학업 성취와 관련된 적응 수준을 의미하는데(이미리, 2012; 조성연 · 이미리 · 박은미, 2009), 학교활동에 잘 참여하지 않고 학교에 대한 부정적인 인식을 가지고 있거나, 교사와의 관계에서 갈등을 경험하고 성적 위주의 학교 풍토에서 학업 성취가 낮으면 학교에서 실패감, 불안감, 불만을 경험하게 되고 이는 청소년들의 집단괴롭힘 가해 및 피해 문제 발생을 증가시키게 된다(김혜원, 2011b, 오승환, 2007). 이러한 학교부적응의 문제는 집단괴롭힘 발생의 원인이 되지만, 동시에 집단괴롭힘 발생의 결과로 일어날 수 있다.

학업성적 부진 혹은 학교 친구들이나 교사와의 관계에서 갈등을 경험하게 되면 친구나 선생님에게 존중받지 못한다는 기분을 갖게 되고, 이로 인해 손상된 자존심을 회복하기 위해서 폭력적 행동이나 일탈 행동을 할 수 있다(이은희 · 공수자 · 이정숙, 2004). 학교생활 부적응 정도가 집단괴롭힘 피해 경험의 증가와도 관련이 있는데, 선행연구에 의하면 학교만족도와 학업 성적이 낮을수록, 학교에 대한 인식이 부정적일수록, 학교활동에 대한 참여 수준이 낮을수록, 집단괴롭힘 피해 경험 정도가 높았다(김예성 · 박현선, 2007; 김혜원, 2011a).

집단괴롭힘 문제 발생과 관련된 지역사회적 요인으로는 폭력매체, 유해환경 요인이 있다. TV, 영화, 게임 등의 매체를 통해서 폭력적인 장면에 계속 노출되면 폭력행동에 대한 학습효과, 폭력에 대한 둔감화 효과, 혹은 폭력적인 문화에 대한 순응행동을 보이는 효과 등을 통해서 죄책감 없이 폭력행동을 행사하게 되고, 폭력행동을 합리화하고 정당화하게 된다는 것이 선행연구들을 통해서 보고되고 있다(이은희 외, 2004). 지역사회의 유해환경은 유흥업소, PC방, 노래방 등 폭력적인 매체와의 접촉이나 성적인 일탈행동을 하기 쉬운 자유롭고 밀폐된 공간이나 원칙이 지켜지지 않는 무질서한 사회분위기, 더욱 심각하게는 폭력적 범죄의 발생 등을 들 수 있다. 이러한 환경 속에서 청소년들은 폭력이나 비행에 노출되기 쉽고, 이는 집단괴롭힘 등의 문제행동을 유발하는 요인이 되고 있다(도기봉, 2009; 오병호 · 이상구, 2012).

4. 집단괴롭힘에 대한 대처 방안

집단괴롭힘의 문제를 해결하기 위해서는 통합적인 접근이 필요하다. 앞에서 살펴본 바와 같이 집단괴롭힘 문제의 발생은 심리적, 인지적, 행동적 부적응 문제 등의 개인적 요인 및 가정, 또래, 학교, 지역사회 등의 환경적 요인이 복합적으로 관련되어 있기 때문이다.

무엇보다 중요한 것은 집단괴롭힘의 문제가 발생하지 않도록 예방하는 것이다. 가정에서는 부모의 긍정적인 양육을 통해 자녀가 건강하게 성장할 수 있도록 해야 한다. 부모와 자녀 간의 의사소통이 원활하고 부모가 애정적인 양육과 적절한 감독을 함으로써 부모와 자녀 간에 애착이 형성되어야 자녀가 집단괴롭힘 등의 어려움을 경험하게 될 때 부모에게 도움을 청할 수 있다. 자녀의 문제에 대해 부모는 민감하고 적절하게 대처하는 가족분위기를 조성해야 한다. 건강한 가정에서 자라난 청소년들은 정서적으로 안정되어 있으며 자아존중감을 비롯하여 자기조절력, 사회성이 발달되어 집단괴롭힘 발생을 예방하는 보호요인 중 중요한 요인인 건강한 친구관계를 형성할 수 있다.

앞서 말한 바와 같이 집단괴롭힘의 문제가 가장 많이 발생하는 곳이 학교이기 때문에 집단괴롭힘의 문제 발생을 예방하기 위해 학교는 주된 역할을 담당해야 한다. 입시위주의 교육으로 인한 또래들 간의 과잉경쟁적인 분위기, 사제지간의 대화 단절, 교사권위의 추락은 학교에서 학생들간에 폭력적 행동이 발생하게 하는 위험요인이면서 폭력행동이 발생하였을 때 교사들이 적절하게 대처하기 어렵게 하는 원인이 된다(이은희 외, 2004). 또한 청소년들이 폭력적인 매체에 노출되기 쉽고 폭력이 미화되는 사회분위기, 그리고 지역사회 주민들의 청소년 인권이나 교육에 대한 관심의 부족은 청소년의 폭력행동을 증가시키는 위험요인이다(신순갑, 2012). 따라서 청소년 집단괴롭힘의 문제해결과 예방을 위한 대처는 청소년 개인에 대한 교육 및 상담뿐 아니라 가정과 학교, 지역사회 차원에서 통합적으로 이루어져야 한다.

1) 집단괴롭힘 역할 집단 대상별 교육 및 상담 프로그램

학교폭력에 대한 인식이 부족할 경우 피해를 당했을 때 혹은 목격했을 때 어떻게 대처해야 하는지 몰라서 피해가 더 커질 수 있다(신순갑, 2012). 그러므로 집단괴롭힘 피해 및 가해 청소년뿐 아니라 방관자들을 대상으로 한 교육 및 상담 프로그램의 실시가 요구된다(김지은 · 박혜준, 2016; 조영미 · 임영식, 2015). 그러기 위해서는 이러한 프로그램들을 전담하여 전문적으로 운영할 수 있는 집단괴롭힘 문제 전문상담 및 교육기관의 확대가 필요하다.

학교와 지역사회에서는 청소년 개인의 심리적, 인지적, 행동적 발달을 도모하는 교육 및 상담 프로그램을 적극적으로 개발, 제공해서 청소년 및 그들의 가족이 함께 적극적으로 참여할 수 있도록 여건을 조성해야 할 것이다. 프로그램의 예로는 폭력적 행동의 원인이 되는 충동성을 조절하는 분노조절 프로그램, 자기통제훈련 프로그램, 사회기술훈련 프로그램, 자아존중감 향상 프로그램, 부모자녀 간 긍정적인 상호작용을 증진시키는 집단상담 및 부모교육 프로그램 등을 들 수 있다(강창경, 2017; 도기봉, 2008; 오병호 · 이상구, 2012; 정여주 · 김동일, 2012).

집단괴롭힘 피해학생을 대상으로 정서적으로는 부정적 정서, 무기력감, 자기비난, 손상된 자아존중감, 분노 감정 등을 다루는 집단상담 프로그램들이 개발되고 효과가 검증되고 있다(강창경, 2017; 정여주 · 두경희, 2014; 변귀연, 2006). 또한 인지적 접근방법으로 스트레스를 직면하여 대처하는 방법을 가르치거나, 또래들과의 관계에서 자기주장을 할 수 있고 또래의 행동을 이해하고 적절하게 반응할 수 있는 사회적 기술을 가르치는 프로그램들도 개발되고 효과가 검증되고 있다(변귀연, 2006). 집단괴롭힘 피해학생의 역량을 강화하기 위한 정서적, 인지적 측면에서의 집단상담 프로그램은 피해학생들의 자아존중감을 향상시키고 사회성기술을 습득시키며 피해를 당했을 때 가해학생에게 당당히 맞서거나 또래친구, 가족, 혹은 교사에게 도움을 청하는 등의 문제에 적극적이고 적절하게 대처하는 행동을 발달시키는 등의 효과가 있음이 보고되고 있다(변귀연, 2006).

집단괴롭힘의 문제를 해결하기 위한 상담 및 교육 프로그램은 가해자나 피해자 등 개인에게만 초점을 두기보다는 집단괴롭힘을 가해와 피해집단뿐 아니라, 나양한 역할 집단이 참여하는 집단과정임을 인식하여 집단역동의 관점에서 이루어질 필요가 있다. 집단괴롭힘에 참여하는 역할 집단 중에서 역할의 변화가 큰 방관자 중심의 집단상담 프로그램을 통해 방관자 집단이 피해자를 돕거나 가해자의 괴롭힘 행동을 저지하는 역할을 수행하게 함으로써 집단괴롭힘의 문제가 지속되는 것을 차단할 수 있다(김지은 · 박혜준, 2016; 서미정, 2008; 조영미 · 임영식, 2015).

2) 집단괴롭힘 문제에 대한 정부 차원의 대책

「학교폭력예방 및 대책에 관한 법률」에서는 학교폭력을 예방하고 학교폭력이 발생했을 때의 대처방안에 대한 여러 가지 사항을 명시하고 있다. 학교에서 학생들과 교직원을 대상으로 학기별로 1회 이상 예방교육을 실시하거나(제11조, 제15조), 국가 및 지방자치단체는 학교폭력을 예방하고 근절하기 위해서 학교폭력 예방활동과 피해 및 가해 학생의 선도 및 교육활동을 위한 법적, 제도적 장치 마련에 노력해야 함을 강조하고 있다(제4조). 학교에는 상담실을 설치하고 전문상담교사를 두어 학교폭력문제를 전담하도록 하며(제14조), 학교폭력의 문제를 해결하기 위한 학교폭력대책지역위원회를 특별시, 광역시, 도, 특별자치도에 설치하고 학교에 학교폭력대책자치위원회를 설치하여 효율적으로 운영하도록 하고 있다(제9조).

학교폭력에 대처하기 위한 전달체계는 학교폭력 신고와 학교폭력대책자치위원회의 조치가 핵심이 되고 있다. 교육부(구 교육과학기술부), 여성가족부, 경찰청이 각각 운영하던 학교폭력 신고전화를 경찰청 '117' 학교폭력 신고센터로 통합하여 24시간 운영하고 있다(여성가족부, 2012). 학교폭력이 신고되면 단위학교별로 학교폭력대책자치위원회에서 학생 보호 및 이후 처리에 대한 조치를 결정하게 된다(오병호 · 이상구, 2012).

「학교폭력예방 및 대책에 관한 법률」의 제17조에 제시된 가해학생에 대한 조치내용을 살펴보면, 자치위원회는 피해학생의 보호와 가해학생의 선도 · 교육을 위하여 가해학생에 대하여 다음의 각 호에 제시된 조치를 할 것을 학교장에게 요청하게 되어 있다. 조치사항은 1. 피해학생에 대한 서면사과, 2. 피해학생 및 신고 · 고발 학생에 대한 접촉, 협박 및 보복행위의 금지, 3. 학교에서의 봉사, 4. 사회봉사, 5. 학내외 전문가에 의한 특별 교육이수 또는 심리치료, 6. 출석정지, 7. 학급교체, 8. 전학, 9. 퇴학처분을 포함하며 한 개 혹은 여러 개의 조치를 요청할 수 있다. 9개의 조치사항 중에서 2호에서 4호, 6호에서 8호까지의 처분을 받은 가해학생은 교육감이 정한 기관에서 특별교육을 이수하거나 심리치료를 받아야 하며, 그 기간은 자치위원회에서 정하게 되어 있다.

2015년에서 2019년까지 시행되는 제3차 학교폭력예방 및 대책 5개년 기본계획에 따라 여성가족부에서 집단괴롭힘 문제의 예방과 해결을 위해 다음의 네 가지 대책을 실행하고 있다(여성가족부, 2016). 첫째, 일반학생을 대상으로 인성교육을 진행한다. 학생들의 공감, 배려, 의사소통능력, 갈등해결 능력을 개발하기 위한 '어울림 학교폭력예방 프로그램', 학생들의 준법의식을 길러주기 위한 '학생자치법정', 학교폭력에 대한 학생들의 자율적인 대처 역량을 기르기 위한 '청소년 경찰학교', 사이버집단괴롭힘의 문제를 예방하고 해결하기 위한 정보통신윤리교육 등을 인성교육의 예로 들 수 있다. 둘째, 학교전담경찰관, 배움터 지킴이, 학교보안관 등 학생보호인력을 배치한다. 셋째, 위기청소년 대상 교육, 상담, 돌봄 서비스, 정신과 치료, 위기청소년과 부모를 대상으로 한 특별교육 등의 지원을 위해 각 학교에 Wee클래스를 확대 설치하여 상담 및 치료적 지원을 한다(여성가족부, 2016). 넷째, 학교폭력을 조기에 파악하고 예방하기 위해서 매년 2회에 걸쳐 전국적으로 학교폭력실태조사를 실시하고 학기초에 학교폭력서클 집중단속, 상담주간을 운영하는 등 학교폭력 사안을 공정하게 처리하는 학교의 역량을 강화하기 위한 노력을 한다. 예를 들어 117신고 상담센터를 운영하거나 학교폭력 관련 정보를 익명으로 신고하고 상담할 수 있는 서비스를 제공하는 '도란도란'(www.dorandoran.go.kr)을 운영한다.

학습 정리

1. 집단괴롭힘의 개념

- 집단괴롭힘은 고의적인 공격적 행동이고, 반복적, 지속적으로 이루어지며 힘의 불균형에 의해 특징지어지는 대인관계에서 일어난다. 집단괴롭힘 참여자의 역할은 가해자, 피해자, 가해·피해자, 방관자로 구분할 수 있다. 집단괴롭힘은 집단괴롭힘의 참여 역할 집단들의 역동에 의해 지속된다.
- 집단괴롭힘 가해자와 피해자는 인지적, 정서적, 사회적 부적응을 보이며 부모와의 관계와 친구관계가 부정적일 가능성이 크다. 방관자는 집단괴롭힘 역할 집단 중 대다수의 집단임과 동시에 역할의 변화 가능성이 큰 집단이다. 이들은 대부분 무관심과 불안한 심리 상태에서 집단괴롭힘을 방관하는 태도를 취하고 있다.

2. 집단괴롭힘의 실태

- 청소년 집단괴롭힘의 발생빈도는 증가하고 저연령화되고 있다. 성별에 따라서 집단괴롭힘 행동의 양상이 달리 나타나고 있으며 사이버 집단괴롭힘의 현상도 발생하고 있다.
- 집단괴롭힘의 문제를 해결하기 위해서는 피해와 가해 당사자에 대한 개입에만 주의를 기울이기보다는 집단의 다수를 차지하며 역할의 변화 가능성이 큰 간접적인 긍정적, 부정적 개입자 혹은 방관자를 중심으로 개입할 필요가 있다.

3. 집단괴롭힘의 관련 요인

- 집단괴롭힘 가해 및 피해 경험과 관련된 정서적 특성은 공격성, 우울 및 불안, 외로움, 자아존중감이고, 인지적 특성은 스트레스와 스트레스 대처방식, 행동적 특성은 폭력에의 노출, 가해 및 피해 경험 등이다. 이러한 정서적, 인지적, 행동적 요인들은 집단괴롭힘 가해 혹은 피해 행동을 유발하는 요인임과 동시에 결과로 나타난 요인이다.
- 폭력적인 가정, 비행친구로부터의 또래압력, 폭력적 매체와 지역사회의 유해환경 등은 집단괴롭힘 가해 및 피해 경험과 관련된 환경적 요인들이다.

4. 집단괴롭힘에 대한 대처 방안

- 집단괴롭힘의 발생은 심리적, 인지적, 행동적 부적응 문제 등의 개인적 요인 및 가정, 또래, 학교, 지역사회 등의 환경적 요인이 복합적으로 관련되어 있기 때문에 집단괴롭힘의 문제 해결을 위해서는 통합적인 접근이 필요하다.

- 집단괴롭힘의 문제 해결을 위한 상담 및 교육 프로그램은 가해자나 피해자 등 개인에게만 초점을 두기보다는 집단괴롭힘의 다양한 역할 집단이 참여하는 집단과정임을 인식하여 집단역동의 관점에서 접근될 필요가 있다.
- 「학교폭력예방 및 대책에 관한 법률」에서는 학교폭력을 예방하고 학교폭력이 발생했을 때의 대처방안에 대한 사항을 명시하고 있는데 가해학생에 대한 조치사항으로 1. 피해학생에 대한 서면사과, 2. 피해학생 및 신고 · 고발 학생에 대한 접촉, 협박 및 보복행위의 금지, 3. 학교에서의 봉사, 4. 사회봉사, 5. 학내외 전문가에 의한 특별 교육이수 또는 심리치료, 6. 출석정지, 7. 학급교체, 8. 전학, 9. 퇴학처분을 포함한다.

참고문헌

강창경(2017). 또래상담자를 활용한 사이버불링 개입방안. 청소년문화포럼, 52, 8-35.

교육부(2017). 2017년 1차 학교폭력 실태조사 결과. 교육부보도자료 2017, 7, 11.

구본용(1997). 청소년의 집단따돌림의 원인과 지도방안. 청소년대화의 광장.

권순재(2017). '모텔 감금후 때려' 충남 아산서도 여중생 집단 폭행. 경향신문, 2017, 9, 6.

김동욱 · 유재민 · 김청송(2017). 청소년의 지배성, 사회성, 공감 및 이타성이 집단괴롭힘의 방관성에 미치는 영향. 청소년학연구, 24(7), 333-352.

김선미(2005). 어머니의 양육행동 및 남녀 아동의 자아존중감과 또래괴롭힘 간의 관계. 이화여자대학교 대학원 석사학위논문.

김예성(2000). 초등학생의 또래괴롭힘에 영향을 미치는 요인. 서울대학교 대학원 박사학위논문.

김예성 · 박현선(2007). 초등학교 또래괴롭힘 피해 아동의 학교적응유연성에 관한 연구. 한국아동복지학, 23(2), 65-97.

김재철 · 최지영(2011). 부모 학대가 공격성에 미치는 영향: 자존감, 학교폭력 피해경험의 매개효과. 아동교육, 20(1), 19-23.

김지은 · 박혜준(2016). 또래괴롭힘 상황에서 주변또래의 잠재적 참여유형에 따른 사회인지적 특성 비교. *Korean Journal of Child Studies, 37*(4), 69-81.

김창배(2017). 울산 중학생 자살사건, 결국 학교폭력 결론. 한국일보, 2017, 9, 12.

김현주(2003). 집단따돌림에서의 동조집단 유형화 연구. 청소년복지연구, 5(2), 103-118.

김혜림 · 탁상훈(2012. 1. 5). 가해 학생 "1명 한 달간 때려도 선생님은 못 본 척". 조선일보.

김혜원(2011a). 청소년들의 집단따돌림과 집단괴롭힘 피해 경험에 따른 심리적 부적응 및 학교부적응. 청소년학연구, 18(5), 321-356.

김혜원(2011b). 집단따돌림과 집단괴롭힘에 따른 남녀 청소년들의 심리적 건강, 학교인식 및 학교적응에 대한 구조분석. 청소년복지연구, 13(2), 173-198.

김혜원 · 이해경(2000). 학생들의 집단괴롭힘 관련경험에 대한 예언변인들의 탐색: 초, 중, 고등학생간 비교를 중심으로. 교육심리연구, 15(1), 183-210.

김희화(2014). 청소년 초기의 또래 수용과 또래 괴롭힘 가해 간의 관계에서 부정정서의 매개효과. 청소년학연구, 21(7), 171-192.

도기봉(2009). 지역사회 환경적 요인이 학교폭력에 미치는 영향: 공격성을 중심으로. 한국지역사회복지학, 29, 83-103.

문진명(2000). 시설청소년과 일반청소년의 또래 피해 지각에 따른 또래 따돌림 귀인 및 소외감. 서울대학교 대학원 석사학위논문.

박보경 · 한세영 · 최미경 · 도현심(2004). 또래괴롭힘 집단에 따른 아동의 인성특성, 부모에 대한 애책 및 부모의 부부갈등. 한국가정관리학회지, 22(1), 45-54.

박성희(2015). 청소년 가해자의 생애사 재구성을 통한 학교폭력 예방 방안. 교육이 이론과 실천, 20(1), 33-57.

박영신 · 김의철(2001). 학교폭력과 인간관계 및 청소년 심리 행동특성: 폭력가해, 폭력피해, 폭력 무경험 집단의 비교를 중심으로. 한국심리학회지: 사회문제, 1(1), 63-89.

백지현(2010). 남녀 청소년의 또래괴롭힘 참여자 역할 유형에 따른 인지적, 정서적, 사회적 특성. 이화여자대학교대학원 석사학위논문.

변귀연(2006). 집단괴롭힘 피해 학생의 역량강화를 위한 집단프로그램 개발과 효과. 한국청소년연구, 17(1), 263-295.

서미정(2008). 방관자의 집단 특성에 따른 또래괴롭힘 참여 역할행동. 아동학회지, 29(5), 79-96.

서미정 · 김경연(2004). 아동의 개인적, 환경적 특성과 또래괴롭힘. 아동학회지, 25(2), 93-108.

신순갑(2012). 학교폭력. 철학과 현실, 93, 24-44.

신지후(2017). 중학생 집단폭생 정부합동 TF구성, 관련법 개정 검토. 한국일보, 2017, 9, 12.

심희옥(2005). 또래괴롭힘과 대인간 행동특성에 관한 횡단 및 단기종단 연구: 참여자 역할을 중심으로. 아동학회지, 26(5), 263-279.

엄명용 · 송민경(2011). 학교내 청소년들의 권력관계 유형과 학교폭력 참여 역할 유형. 한국사회복지학, 63(1), 241-266.

여성가족부(2011). 2011년 청소년유해환경접촉종합실태조사. 여성가족부.

여성가족부(2012). 청소년백서. 여성가족부.

여성가족부(2016). 청소년백서. 여성가족부.

이상균(2005). 청소년 또래폭력 가해경험에 대한 생태체계적 영향요인. 한국아동복지학, 19, 141-170.

양방원 · 홍혜영(2016). 중학생의 사이버 불링피해 경험이 자살생각에 미치는 영향: 스트레스 대처행동의 조절효과를 중심으로. 청소년학연구, 23(9), 351-380.

오병호 · 이상구(2012). 지역사회에서 청소년 학교폭력의 예방 대책에 관한 연구. 21세기 사회복지연구, 9(2), 231-252.

오승환(2007). 청소년의 집단괴롭힘 관련 경험에 영향을 미치는 생태체계적 요인분석. 정신보건과 사회사업, 25, 74-98.

이경님(2001). 아동의 또래괴롭힘과 관련변인간의 인과관계: 아동의 행동문제, 내외통제소재와 어머니의 양육행동을 중심으로. 대한가정학회지, 39(8), 31-52.

이미리(2001). 초기 청소년의 스트레스와 폭력행동과의 관계에 대한 일상생활활동 경험의 중재효과. 아동학회지, 22(4), 167-188.

이미리(2006). 청소년의 우울증에 대한 스트레스와 대처전략의 상호작용 효과, 아동학회지, 27(5), 67-78.

이미리(2012). 초등학생 학교부적응 증상의 일상생활 경험적 특성. 아동학회지, 13(4), 19-34

이미리 · 최윤진(2007). 청소년기 스트레스와 폭력행동의 관계에 대한 대처전략의 조절효과. 청소년상담연구, 15(2), 57-65.

이성식 · 전신현(2011). 집단괴롭힘의 피해와 가해의 관계와 그 성별차이. 피해자학연구, 19(1), 207-227.

이은주(2004). 집단괴롭힘과 자아존중감의 관계에 대한 단기종단적 연구. 청소년학연구, 11(1), 141-165.

이은희 · 공수자, 이정숙(2004). 청소년들의 가정, 학교, 지역의 심리사회적 환경과 학교폭력과의 관계: 분노조절과 비행친구 접촉의 매개효과. 한국심리학회지: 상담 및 심리치료, 16(1), 123-245.

이춘재 · 곽금주(1999). 학교에서의 집단 따돌림: 실태 및 대책. 집문당.

이춘재 · 곽금주(2000). 집단따돌림 경험 유형에 따른 자기개념과 사회적지지. 한국심리

학회지: 발달, 13(1), 65-80.

이미영 · 장은진(2015). 학교폭력 가해자가 경험한 학교폭력 맥락에 관한 질적 연구. 한국심리학회지: 발달, 28(3), 115-140.

이미욱 · 하정희, 최윤영(2015). 또래 괴롭힘에서 주변인 역할 집단에 따른 비합리적 신념, 공격성, 사회불안의 차이. 청소년학연구, 22(9), 137-161.

이창호 · 신나민(2015). 청소년 사이버불링 실태 및 대응방안 연구. 한국청소년정책연구원.

이해경 · 김혜원(2001). 초등학생들의 집단괴롭힘 가해행동과 피해행동에 대한 사회적, 심리적 예측변인들: 학년과 성별을 중심으로. 한국심리학회지: 사회 및 성격, 15(1), 117-138.

이해주 · 이미리 · 모경환(2006). 청소년 문제론. 한국방송통신대학교출판부.

전신현 · 이성식(2010). 청소년의 후대전화를 이용한 사이버 집단괴롭힘 현상의 원인 모색. 청소년학연구, 17(11), 159-181.

전신현 · 이성식(2017). 학교폭력 피해경험이 우울에 미치는 영향에서 자긍심 및 사회지지의 작용과 성별차이. 한국청소년연구, 28(2), 131-155.

정여주 · 김동일(2012). 청소년의 사이버폭력 피해 경험과 정서조절. 상담학연구, 13(2), 645-663.

정여주 · 김윤희(2013). 집단따돌림 극복집단과 지속집단 구분 요인에 대한 구조 분석. 가족과 상담, 3(1), 15-32.

정여주 · 두경희(2014). 청소년 사이버폭력의 원인, 결과, 개입에 대한 연구 동향: 예방상담학적 관점에서, 청소년학연구, 21(8), 373-406.

조성연 · 이미리 · 박은미(2009). 학업중단 청소년. 아동학회지, 30(6), 391-404.

조영미 · 임영식(2015). 집단따돌림 역할자 유형분석 및 학교 영향요인검증. 청소년학연구, 22(9), 111-135.

조윤주 · 정옥분(2009). 청소년의 동조적 또래괴롭힘에 대한 매개된 조절모형검증- 또래동조성의 작용을 중심으로. 인간발달연구, 16(3), 91-111.

조주영 · 오인수(2014). 청소년의 학교폭력 겨험유형과 유형변화 및 정서문제 간의 관계. 한국청소년연구, 25(4), 301-323.

차윤희(2005). 또래괴롭힘 상황에서 학령기 아동의 역할과 사회적 이해. 연세대학교 대학원 석사학위논문.

청소년폭력예방재단(2009). 학교폭력 실태조사 보고서. 청소년폭력예방재단.

청소년폭력예방재단(2010). 2009년도 전국학교폭력실태조사 보고서. 청소년폭력예방재단.

청소년폭력예방재단(2012). 2012년도 전국학교폭력 실태조사 보고서. 청소년폭력예방재단.

최미경(2006). 아동의 또래괴롭힘 및 자아존중감과 외로움간의 관계. 아동학회지, 27(4), 133-145.

최미경 · 도현심(2001). 또래 괴롭힘 피해자의 경험에 관한 심층면접. 한국가정관리학회지, 19(2), 31-47.

최재훈(2012. 1. 6). 대구 중학생 왕따폭력은 빙산의 일각…. 조선일보.

탁상훈 · 김혜림(2012. 1. 6). 초등생부터 무섭다… 조숙해지면서 폭력도 빨리 배워. 조선일보.

하은혜 · 조유진(2007). 또래동조성이 집단괴롭힘 가해행동에 미치는 영향에 대한 개인내적 중재요인 - 남. 여 초등학생을 대상으로. 인간발달연구, 14(4), 49-64.

학교폭력예방 및 대책에 관한 법률(2012. 1. 26 개정, 2012. 7. 27 시행)

한아림(2012). 또래괴롭힘에 대한 규준적 신념과 또래동조성에 또래괴롭힘 가해 행동에 미치는 영향. 성균관대학교 대학원 석사학위논문.

황은영 · 도현심 · 신정희(2008). 또래괴롭힘 집단의 유형에 따른 부부갈등, 어머니의 양육행동 및 아동의 친구관계의 질. 한국가정관리학회지, 26(5), 419-432.

Crick, N. R., Casas, J. F., & Ku, H. (1999). Relational and physical forms of peer victimization in preschool. *Developmental Psychology, 35,* 376-385.

Lovegrove, P. J., & Cornell, D. G. (2014). Patterns of bullying and victimization associated with other problem behaviors among high school students: a conditional latent class approach. *Journal of Crime and Justice, 37,* 1, 5-22.

Olweus, D. (1978). *Aggression in the schools: Bullies and whipping boys.* Washington, D.C.: Hemisphere.

Olweus, D. (1991). *Bullying at school: What we know and what we can do.* Cambridge, MA: Blackwells.

Olweus, D. (1993). *Bullying at school: What we know and what we can do.* Cambridge, MA: Blackwells.

Salmivalli, C., Lagerspetz, K., Bjorkqvist, K., Osterman, K., & Kaukiainen, A. (1996). Bullying as a group process: Participation roles and their relations to social status within the group. *Aggressive Behavior, 22,* 1-15.

Smith, P. K. (1991). The silent nightmare: Bullying and victimization in school peer groups. *The Psychologist, 4,* 243-248.

Sutton, J., & Smith, P. K. (1999). Bullying as a group process: An adaptation of the participant role approach. *Aggressive Behavior, 25,* 2, 97-111.

Willard, N. (2006). *Cyberbullying and cyberthreats: Responding to the challenge of online social cruelty, threats, and distress*. Eugene, OR: Center for Safe and Responsible Internet Use.

제6장
학교부적응

개관

학교교육은 사회의 시민으로서 필요한 자질을 길러주고 상급 학교 진학을 준비하도록 도와준다는 점에서 청소년의 발달에 매우 중요하다. 그런데 학교교육에 잘 적응하지 못하는 청소년들의 경우에는 이러한 준비과정이 부족하게 되어 미래의 진로 개척에 어려움을 겪게 된다. 뿐만 아니라 학교부적응으로 인하여 학업을 중도에 그만두는 경우에는 자칫 일탈행동에 빠져드는 경우가 많아 청소년 문제의 또 다른 요인을 제공하게 된다.

최근 학교부적응에 대한 여러 대책이 마련된 이후에도 학업을 중단하는 청소년의 숫자는 크게 감소하지 않았으며, 중 · 고등학생들의 상당수는 계속 학교를 떠나고 있다. 또한 계속해서 학교에 적응하지 못하고 학교를 그만두고 싶다는 생각을 가지고 있는 청소년들이 상당수 존재하며, 여기서 파생하는 사회적 비용 또한 매우 크다. 본 장에서는 청소년들의 학교부적응 현상에 대해 고찰해보고, 그 원인과 대책에 대해 살펴보고자 한다.

학습목표

1. 학교부적응의 문제점을 설명할 수 있다.
2. 학교부적응의 복합적인 원인을 설명할 수 있다.
3. 학교부적응에 대한 사회적 대책을 제시할 수 있다.

주요용어

학교부적응, 학업중단, 학교중퇴, 잠재적 중퇴, 자발적 학업중단

1. 학교부적응의 개념과 유형

1) 학교부적응의 개념

우리나라 청소년들은 대부분 학생이라는 신분을 가지고 있으며, 많은 시간을 학교에서 보내고 있다. 학교는 청소년이 사회구성원으로 성장하는 데 필요한 지식과 기능, 가치와 태도를 교육하며 사회화의 기능을 담당한다. 따라서 청소년들이 학교에 얼마나 잘 적응하고, 학교에서 어떤 경험을 하는가는 그 청소년의 삶의 질에 큰 영향을 미친다.

그런데 모든 청소년들이 학교에 잘 적응하는 것은 아니다. 많은 청소년들이 정규 학교 제도에 적응하지 못하는 문제를 안고 있다. 학교에 쉽게 적응하지 못하는 청소년들은 학업에 흥미를 잃고 결국 학교를 떠나기도 한다. 또한 학교부적응으로 인해 중퇴하는 청소년의 상당수가 청소년 비행에 연루된다. 결국, 학교생활에 잘 적응하지 못하는 것은 청소년의 성장과 발달에 부정적인 영향을 미치고 정상적인 학창시절을 보내지 못하는 원인이 된다. 따라서 학교부적응 문제는 청소년의 개인적 문제일 뿐만 아니라 가족, 학교, 나아가 사회 문제로 다룰 필요가 있다.

학교부적응(school maladjustment)은 학교 내 다양한 환경에 적응하지 못하여 발생하는 부조화 현상을 일컫는 말이다(이병환 · 강대구, 2014; 한상철, 2011). 학교부적응 문제는 청소년 개인의 심리적 차원, 학교 내부적 차원, 학교를 둘러싼 사회적 차원에서 살펴볼 수 있다. 첫째, 학교부적응은 학생이 가지고 있는 감정이나 욕구 등 개인의 심리적 요소가 학교의 제도나 규범과 조화를 이루지 못하는 상태라고 할 수 있다. 둘째, 학교부적응은 학교 수업에 잘 참여하지 못하거나 교사 · 친구들과의 관계에서 문제가 나타나는 등 학교 내부의 활동에 어려움을 겪는 상태로 볼 수 있다. 셋째, 학교부적응은 학교의 서열화 및 계층화, 경직된 학교 문화 등 학교를 둘러싼 사회구조적 요인에 대해 청소년들이 보이는 방어적 태도나 행동이라고 볼 수 있다(이자형, 2017).

학교부적응 문제는 학교 내에서의 적응 장애일 뿐만 아니라 학교 밖에서의 다양한 심리적 장애와 행동적 장애를 가져온다는 점에서 문제의 심각성이 높다. 학교 내 적응 장애로 인하여 학습장애, 학업중단 및 정서장애가 발생하며, 이와 함께 학교 밖에서도 대인관계 장애와 사회적응 장애를 일으키는 주요 요인이 된다. 특히 학교부적응은 학업에 대한 흥미 상실과 무단결석을 유발하며, 학교중퇴로 이어지는 비율이 높아 사회적 관심이 고조되고 있다(한상철, 2011).

이 장에서는 학교부적응의 개념과 문제점, 그리고 이에 대한 사회적 대책에 대해 살펴보고자 한다. 학교부적응과 유사한 개념으로 '학교중퇴'라는 용어가 있는데, 이는 '중도탈락'과 동의어로 사용되며, 학교부적응 등 다양한 사유로 졸업 이전에 학교를 그만두는 경우를 말한다. 그런데 중도탈락(drop out)이라는 용어가 당사자의 주체적인 의사가 고려되지 않고 부정적 의미를 부각시킨다는 비판에 따라 최근에는 보다 가치중립적인 용어인 '학업중단'이라는 용어가 사용되고 있다. 우리나라는 학교중퇴 의도를 가지고 있는 '잠재적 중퇴자'가 많은 편이다. 한국청소년정책연구원(2018)이 초등학교 4학년부터 고등학교 3학년까지 전국적으로 9,047명을 대상으로 실시한 조사에 따르면 전체의 28.8% 학생이 자퇴 충동을 느낀 적이 있다고 답하였다. 학교급별로 살펴보면 상급학교로 갈수록 학업에 대한 스트레스로 인해 자퇴충동의 비율이 높아 초등학교 17.9%, 중학교 26.0%, 고등학교 39.6%로 나타났다. 특히 고등학교의 경우 10명 중 4명 정도가 자퇴충동을 느꼈다는 사실은 매우 주목할 만한 수치이다(한국청소년정책연구원, 2018: 410).

2) 학교부적응의 유형

학교부적응은 청소년을 둘러싼 다양한 학교 환경에서 나타난다. 학교까지의 거리나, 학교의 낡은 시설과 같은 학교의 물리적 환경이 학교부적응을 유발할 수 있지만 청소년에게 더욱 심각한 영향을 추는 것은 학교에서의 학습에 대한 부적응, 또래나 교사와의 관계에 대한 부적응과 같은 것들이다. 청소년의 학교부적응은 다양한 형태로 나타나지만, 크게 학업관련 부적응, 교우관계 등으로 인한 대인관계 부적응, 그리고 정서장애로 인한 심리적 부적응으로 나누어 볼 수 있다(한상철, 2011: 48-55).

첫째, 학업관련 부적응은 기초 학습능력의 부족, 부적절한 학습전략, 누적된 학습결손, 주의력 결핍, 학습동기 및 의욕 상실 등이 원인이 되어 학업을 계속 수행하기가 어려울 정도의 상태가 되는 것을 말한다. 이러한 부적응 상태는 심각한 학습부진, 무단결석, 수업태도 불량, 잦은 지각 등의 행동으로 표출된다. 학업 부적응의 가장 큰 원인은 학습에 대한 흥미 상실이며, 이는 누적된 학습결손을 가져와 결국 학업을 포기하게 만든다.

둘째, 대인관계 부적응은 교우관계, 이성 관계, 부모와의 관계, 교사와의 관계 등에서 발생하는데, 가장 대표적인 것은 교우관계 측면에서의 부적응이다. 대인관계 부적응은 사람 만나기를 기피하고 의사표현을 정확하게 못하며 두려움과 불안감을 표출하게 한다. 이는 대인불안, 대인기피증 같은 정서장애 또는 품행 장애가 원인이 된다. 품행장애는 허풍과 과장, 심한 욕설이나 타인 험담 등을 하는 것이다. 이러한 대인관계 부적응을 겪고 있는 청소년들은 대부분 친구나 교사와 적절한 관계를 형성하기 어려우며 이로 인해 학교에 적응하기가 어려워진다.

셋째, 심리적 부적응은 대부분의 학교부적응 현상을 초래하는 요인이다. 대표적으로 입시 스트레스와 시험 불안으로 나타나는데 부모의 과다한 기대, 형제 · 친구들 간의 지나친 경쟁심 등이 원인이다. 입시와 관련한 학업 스트레스는 청소년의 정신 건강을 약화시키며(김빛나 · 박주희, 2013), 입시를 둘러싼 경쟁적 학습 환경은 청소년의 자아정체감과 학교 내 의미 있는 타인과의 관계 형성에 부정적인 영향을 미쳐 청소년이 학교에 적응하는 것을 더욱 어렵게 만들 수 있다(정용교 · 백승대, 2011). 뿐만 아니라 입시 또는 시험으로 인한 스트레스를 외부로 적절히 발산시키거나 해소시키지 못할 경우에 시험불안 뿐만 아니라 사회적 일탈행동으로 나타낼 가능성이 높다.

이와 같은 학교부적응 현상은 결국 청소년이 학교를 떠나게 만드는 이유가 된다. 모로우(Morrow, 1986)는 학교중퇴자의 유형을 다섯 가지로 구분하였다. 첫째, 학교에서 바람직하지 않은 개인으로 간주되어 학교가 밀어내려고 하는 학생들(pushouts), 둘째, 학교나 학생들과 전혀 유대감이 없어서 관계를 형성하려고 하지 않는 학생들(the disaffiliated), 셋째, 학교의 정규 교과과정을 따라갈 능력이 안 되는 학생들(educational mortalities), 넷째, 학교 교육과정을 이수할 능력과 태도를 갖추었으나 학교교육의 가치를 느끼지 못하고 부적응을 초래하는 학생들(capable dropouts), 다섯째, 일시 학교를 떠났으나 결국 다시 돌아오는 학생들(stopouts) 등으로 구분하였다. 이 중 다시 학교로 돌아가는 경우를 제외하면, 대부분의 중퇴는 학업관련 부적응, 교우관계 등의 문제로 인한 대인관계 부적응, 그리고 정서장애로 인한 심리적 부적응으로 인한 것이라고 볼 수 있다.

여성가족부 · 한국청소년정책연구원(2018)이 실시한 '2018 학교 밖 청소년 실태조사'에서 학교 밖 청소년 2,522명을 대상으로 조사한 결과에 따르면 [그림 6-1]에 나타난 바와 같이 실제 학교를 그만둔 주요 이유로 학교 다니는 게 의미가 없어서(39.4%), 공부하기 싫어서(23.8%), 다른 곳에서 원하

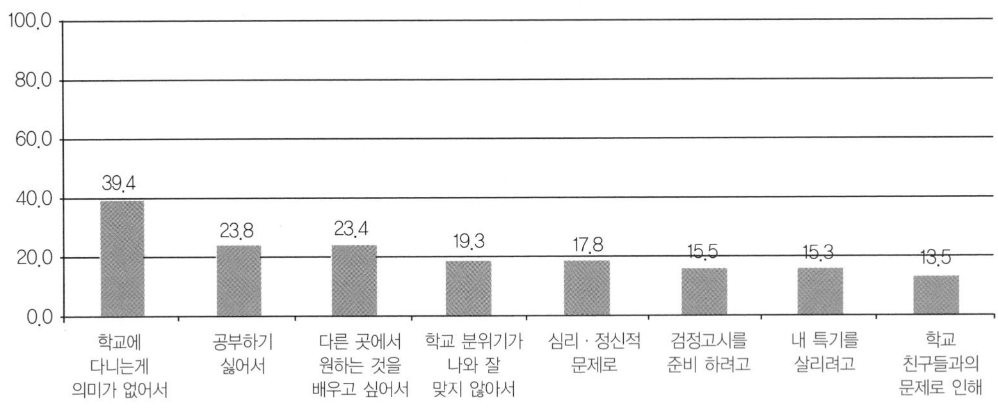

[그림 6-1] 학교중퇴의 이유(복수응답)

출처: 여성가족부 · 한국청소년정책연구원(2018), p. 35.

는 것을 배우고 싶어서(23.4%), 학교 분위기가 나와 잘 맞지 않아서(19.3), 심리 · 정신적 문제로(17.8%), 검정고시를 준비하려고(15.5%), 내 특기를 살리려고(15.3%), 학교 친구들과의 문제로 인해(13.5%), 선생님과의 갈등(10.4%) 등의 부적응 문제를 들었다(p.34).

2. 학교부적응의 실태와 문제점

1) 학교부적응의 실태

학교부적응의 실태를 파악하기 위한 지표는 다양하지만 대표적으로 학업중단율을 통해 확인할 수 있다. 학업중단의 개념은 학교급에 따라 다르다. 의무교육인 초등학교와 중학교의 경우에는 유예(질병, 장기결석, 미인정 유학)와 면제(질병, 해외출국)가 해당되며, 고등학교 교육에서는 자퇴(질병, 가사, 부적응, 해외출국 및 기타), 퇴학(품행), 제적 등의 사유로 중도에 학업을 중단한 학생들을 말한다.

교육부 · 한국교육개발원(2019)의 자료에 따르면, 우리나라 초등학교 학업중단율은 1980학년도부터 2018학년도까지 1% 미만이었으며, 2000학년도부터는 0.5% 수준의 학업중단율을 보였다. 중학교의 경우, 1980년부터 1% 수준의 학업중단율을 유지하다가 2010학년도 이후로는 감소하는 경향을 보이며 2018학년도에는 0.7%의 학업중단율을 보였다. [그림 6-2]에 나타난 바와 같이, 고등학교 학업중단율은 1985학년도에 3%로 나타났고, 이후 전반적으로 감소하는 경향을 보이다가 2015학년도부터는 다시 증가하여 2018학년도에는 1.6%의 학업중단률이 나타났다(p. 58).

2018학년도 우리나라 학업중단자는 총 52,539명으로 전체 재적학생 수(5,584,249명)의 0.94%를 차지하고 있다. 학업중단율을 학년별로 나누어 살펴보면, [그림 6-3]에 나타난 바와 같이 2018학년도에 초등학교의 학업중단율은 1학년이 1.0%로 가장 높았으며, 6학년이 0.4%로 가장 낮았다. 중학

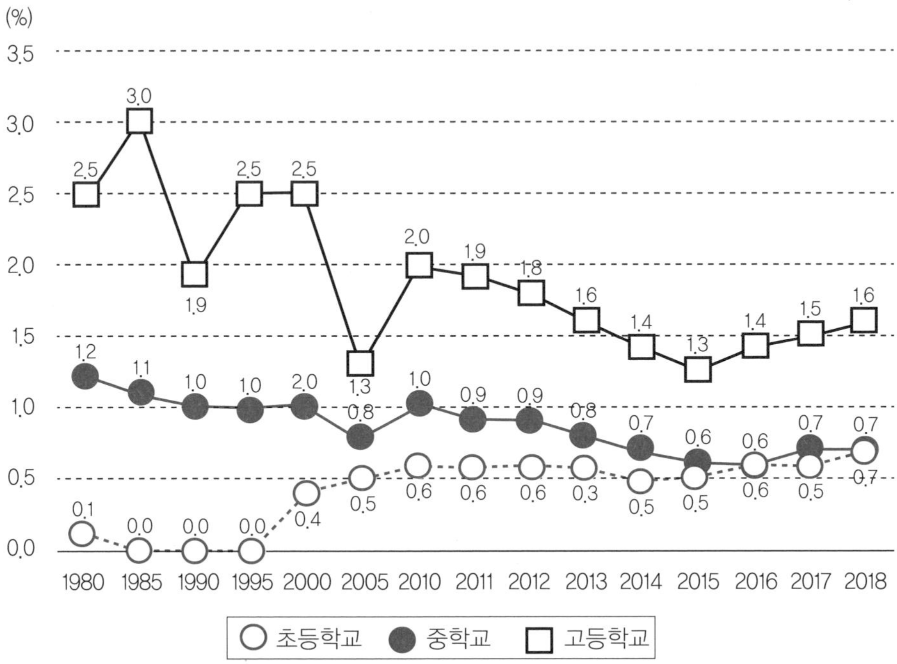

[그림 6-2] 학교급별 학업중단율(1980~2018학년도)

출처: 교육부 · 한국교육개발원(2019), p. 58.

교의 경우 1학년의 학업중단율이 0.8%, 2학년은 0.8%, 3학년이 0.6%로 나타났다. 고등학교의 학업중단율은 1학년이 2.9%, 2학년은 1.8%, 3학년은 0.4%로 나타났다. 학업중단율을 학년별로 나누어 살펴보면 각 학교급별로 1학년의 학업중단율이 가장 높음을 확인할 수 있다(교육부 · 한국교육개발원, 2019: 58).

경제협력개발기구(OECD) 자료에 따르면 2017학년도 OECD 국가들의 고등학생 평균 졸업률은 86%이다. 캐나다 91%, 독일 81%, 영국 87%, 미국 85%, 한국 95%로 나타나 서구 선진국들에 비해 우리나라 고등학생들의 중도 탈락률은 상대적으로 낮은 편이다(OECD, 2019: 191). 우리나라 학업중단 학생의 비율이 주요 서구 국가들보다 낮긴 하지만, 이는 학업 중단 이후 마땅한 대안을 찾을 수 없어 학교에 계속 남아 있는 잠재적 학업중단자들이 광범위하게 형성되어 있음을 감안하면 낙관할 수 없는 상황이다. 국내

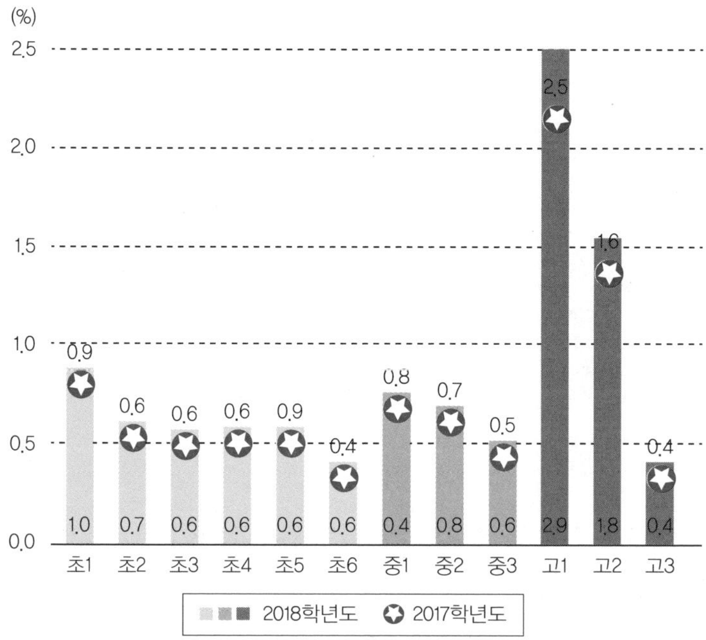

[그림 6-3] 학년별 학업중단율(2017, 2018학년도)

출처: 교육부 · 한국교육개발원(2019), p. 58.

연구들은 일관되게 중퇴의도를 가진 청소년들의 비중이 외국에 비해 훨씬 높다고 지적한다. 이 연구들은 중퇴의도에 영향을 미치는 요인으로 학교 교칙의 엄격성, 시험 스트레스, 능력과 적성의 무시 등을 들고 있다(조아미, 2002; 박창남 · 도종수, 2003).

우리나라 청소년들의 학업중단을 사유별로 살펴보면, 먼저 초등학교의 경우 전체 학업중단자 17,797명 중에서 해외출국(면제)으로 인한 학업중단이 10,155명(57.06%)으로 가장 많으며, 그 다음으로는 미인정 유학(유예)으로 인한 학업중단이 3,963명(22.27%)으로 나타났다. 중학교의 경우는 〈표 6-1〉에 나타난 바와 같이 전체 학업중단자 9,764명 중에서 미인정 유학(유예)으로 인한 학업중단이 3,063명(31.37%)으로 가장 많았고, 해외출국(면제)으로 인한 학업중단은 2,027명(20.76%)으로 나타났다.

고등학교의 경우 〈표 6-2〉에 나타난 바와 같이 총 24,978명의 학업중

〈표 6-1〉 초 · 중학교 학업중단 사유별 현황(2018학년도) (단위: 명, %)

	합계	유예					면제			
		소계	질병	장기 결석	미인정 유학	기타	소계	질병	해외 출국	기타
초등학교	17,797	7,102	117	5	3,963	3,017	10,695	14	10,155	526
	(100.00)	(39.91)	(0.66)	(0.03)	(22.27)	(16.95)	(60.09)	(0.08)	(57.06)	(2.96)
중학교	9,764	7,437	376	37	3,063	3,961	2,327	9	2,027	291
	(100.00)	(76.17)	(3.85)	(0.38)	(31.37)	(40.57)	(23.83)	(0.09)	(20.76)	(2.98)

출처: 교육부(2019)

단자들이 있는데 이들이 제시한 사유는 자퇴 24,101명(96.49%), 퇴학 721명(2.89%)으로 나타났다. 자퇴의 주요 항목으로는 학교부적응 6,968명(27.90%), 해외출국 3,567명(14.28%), 그리고 조기진학, 종교, 방송 등의 기타 사유 12,128명(48.55%)으로 나타났다. 이 중 학교부적응 사유는 학업관련 3,181명(12.74%), 대인관계 374명(1.5%), 학교규칙 310명(1.24%), 기타 학교부적응 3,103명(12.42%)이며, 퇴학 사유는 학칙위반 573명(2.29%), 학교폭력 148명(0.59%)이다.

한편, 2018학년도 고등학교 학업중단의 계열별 현황을 살펴보면, 일반고 14,677명(1.34%), 특수목적고 915명(1.37%), 특성화고 8,052명(3.19%), 자율고 1,334명(1.08%)로 나타났다(교육부, 2019). 즉 실업계 고등학교의 중도탈락율이 일반계 고등학교에 비해 상대적으로 높게 나타나고 있음을 알 수 있다.

실업계 고등학교의 학업중단율이 일반계 고등학교에 비해 지속적으로 높게 나타나는 것은 실업계 고등학생들의 개인적 문제라기보다는 실업계 고등학교가 우리사회에서 갖는 사회적 위상과 관련이 깊다. 실업계 고등학교는 특별한 직업교육이나 전문적인 기술 양성을 목적으로 하고 있지만, 학생들 다수가 졸업 후 취업보다는 대학 진학을 희망하고 있기 때문에(김미옥 · 조아미, 2017), 학교에 대한 만족도가 낮다. 즉 향후 진로에 대한 갈등,

〈표 6-2〉 고등학교 학업중단 사유별 현황(2018)　　(단위: 명, %)

합계	자퇴										퇴학			제적	유예	면제
	자퇴 소계	질병	가사	부적응					해외 출국	기타 기타	품행					
				소계	학업 관련	대인 관계	학교 규칙	기타			소계	학교 폭력	학칙 위반			
24,978	24,101	1,176	262	6,968	3,181	374	310	3,103	3,567	12,128	721	148	573	67	78	11
(100.00)	(96.49)	(4.71)	(1.05)	(27.90)	(12.74)	(1.50)	(1.24)	(12.42)	(14.28)	(48.55)	(2.89)	(0.59)	(2.29)	(0.27)	(0.31)	(0.04)

출처: 교육부(2019)

전공과 적성의 불일치성 등으로 인한 심적 갈등이 실업계 고등학생들로 하여금 잠재적 학업중단자가 되게 하는 주요 요인이다. 또한 실업계 고등학생들은 부모의 사회경제적 지위가 인문계 고등학생들 부모보다 낮게 나타나는데 이러한 가족적 요인도 실업계 고등학생들의 학업중단이 상대적으로 높은 이유이다(한국청소년개발원, 2005).

청소년의 학업중단은 학생 개인의 문제이기도 하지만 가정이나 학교, 그리고 사회적인 문제가 복합적으로 얽혀있다. 학교중퇴의 요인을 시대적으로 살펴보면 이러한 특성이 분명히 드러난다. 1970년 이전까지 우리나라 청소년들의 학교중퇴는 주로 가정의 경제적 빈곤에서 발생했다면, 1990년대 중반까지는 비행이나 학교생활 부적응, 학습 부진이 주원인이었다. 최근 많은 학업중단 청소년들이 학교교육에 대한 불신과 부적응에 대처하여 학교 밖에서 해결책을 찾으려고 조기 유학이나 대안학교 등 다양한 교육적 대안을 모색하고 있다(박래영, 2005). 따라서 청소년의 학업중단은 개인적인 문제로 국한시켜서는 안 되며, 사회적인 문제로 인식하고 종합적인 대처 방안을 마련하는 것이 필요하다.

2) 학교부적응의 문제

학교부적응은 개인의 교육적, 직업적 발전을 저해하고 정서적, 신체적, 경제적 문제를 초래한다. 또한 학교를 졸업한 이후에 사회에 적응하며 사회 구성원으로서의 역할을 수행하는 데에 지장을 줄 수 있다. 이뿐만 아니라 학교부적응이 학교중퇴로 이어질 경우에는 사회 전체에도 부정적인 영향을 미친다. 학교중퇴는 높은 실업률, 건강의 문제, 복지비용의 증가, 정신건강 저해, 그리고 범죄와 비행의 증가에 직접적인 관련이 있다. 개인적으로는 교육적 성장의 기회가 축소되며 학교중퇴자라는 사회적 낙인은 심리적인 부담을 안겨준다. 또한 많은 학교중퇴자들이 저임금의 일자리를 갖게 되며, 비행이나 범죄에 연루될 가능성도 상대적으로 높다. 사회 전체적으로는 청소년들의 잠재력을 실현하지 못함으로써 사회적 자원의 낭비와 국가인력의 손실을 유발한다.

(1) 개인적 차원의 문제

학교부적응이 학교중퇴로 이어질 경우 발생하는 문제를 크게 개인적 차원과 사회적 차원으로 나누어 생각해 볼 수 있다. 먼저 학교중퇴의 문제를 개인적인 차원에서 살펴보면 다음과 같은 문제점을 지적할 수 있다.

첫째, 학교를 떠난 청소년은 심리적, 정서적 문제를 갖게 될 가능성이 높다. 학업중단은 여러 가지 심리적 문제를 유발하여 정신건강에 악영향을 초래한다. 먼저, 중도탈락으로 인한 학교나 사회로부터의 낙인과 기회 상실은 자존감과 자긍심의 저하를 초래하게 된다. 또한 학교중퇴는 교사나 학교 친구들과 같이 자신의 문제를 상담하고 지지해줄 수 있는 사람들의 숫자가 감소함으로써 문제 해결에 지장을 초래한다. 그리고 학교중퇴 후 직업을 갖거나 가족과 결별하고 새로운 생활을 시작하게 될 경우 그러한 상황을 통제할 수 있는 인격적 성숙도가 형성되어 있지 않아 많은 어려움에 직면하게 된다. 학업중단자들이 가장 흔하게 겪게 되는 심리적 문제로는 반항심과 공격성, 사회적 거부에서 오는 자존감 상실, 우울증 등을 들 수 있다.

둘째, 학교중퇴 청소년들은 장기적으로 경제적인 곤란에 직면할 가능성이 높다. 먼저 직업을 구하는데 어려움을 겪는다. 학교를 졸업한 청소년보다 중퇴자들의 실업률이 월등히 높다는 사실이 이를 입증해준다. 또한 대졸자, 고졸자, 중졸자 간의 임금 격차는 시간이 갈수록 벌어지고 있다. 노동시장에서 근로자의 학력수준은 고용 및 임금결정의 중요한 기준이다. 즉 학력수준이 높아질수록 고용 가능성과 임금 수준이 높아진다(신경수 · 최창렬, 2007). 미국의 경우에도 고등학교 중퇴자를 대상으로 정부가 지원하는 기술교육 프로그램을 이수하는 사람들이 결국 고등학교 졸업자의 임금수준에 도달하지 못한다는 연구 결과가 있다(Goldschmidt & Wang, 1999). 따라서 학교중퇴 청소년들은 실업과 저임금의 위험에 쉽게 노출된다. 또한 대다수 중퇴청소년은 부모의 취업동의서를 받지 못하고 미성년자의 신분으로 취업을 하게 된다. 이 과정에서 불법계약이 이루어지고 제대로 임금을 받지 못하여 부당한 대우와 노동착취를 당하기 쉽다.

(2) 사회적 차원의 문제

다음으로 사회적인 차원에서의 학교중퇴 문제는 다음과 같다.

첫째, 중퇴청소년들은 각종 비행에 연루될 가능성이 높다. 일반적으로 중퇴청소년들은 PC방, 노래방, 당구장 등에서 많은 시간을 보낸다. 이들은 숙박업소, 음식점, 주유소 등에서 아르바이트를 통해 번 돈으로 충동적인 소비를 즐기기도 한다. 또한 학교라는 통제요인이 사라짐으로 인해서 음주, 흡연, 절도나 폭력, 성일탈 등의 비행에 빠지기 쉽다. 이 과정에서 일부 중퇴청소년들은 흡연, 음주에 더욱 탐닉하고 약물 중독 문제를 일으키기도 한다. 이러한 음주, 흡연, 약물 중독은 중도탈락으로 인한 패배감을 회피하기 위한 수단으로 사용되며 무너진 자존감과 우울감을 해소하는 방편으로 이용되고 있다.

둘째, 장기적으로 볼 때, 국가인력의 손실과 막대한 사회적 비용의 증가를 가져온다. 국가와 사회의 발전을 위해서는 숙련된 전문기술 인력을 필요로 한다. 그러나 학교를 중퇴한 학생들은 전문기능에 대한 교육기회로부터 멀어지게 되고, 인적 자원의 양성과 활용에 있어서 국가적인 손실을 초래하게 된다. 또한 청소년 범죄의 증가로 인한 각종 보호 및 교정의 비용, 중퇴 예방 및 직업 훈련 프로그램을 위한 막대한 비용, 학교중퇴자들은 단순노동이나 저임금, 심지어의 실업의 상황에 놓이게 되어 국가의 사회보장제도에 의존하게 되므로 국가적으로 많은 비용 등 다양한 사회적 비용을 발생시킨다. 이와 같은 국가 인력의 손실과 사회적 비용의 증가는 국가 경쟁력을 높일 수 있는 기회를 놓칠 수 있다는 점에서 문제가 된다.

학업중단 청소년들이 공통적으로 겪게 되는 문제 상황과 이를 해결하기 위한 사회적 요구, 그리고 이를 위한 지원 사항을 정리하면 다음 〈표 6-3〉과 같다(오승근, 2009).

〈표 6-3〉 학업중단 청소년들의 문제 상황과 사회적인 요구

문제 상황	사회적 요구
개인적 고민과 심리적 갈등 정체성 혼란	• 개인 또는 집단 상담을 통해 자신의 심리상태 점검, 개별적인 도움 제공 필요
가정 불화 및 부모와의 불편한 관계	• 가족 연계 활동 프로그램 • 부모-자녀 상담 지원
또래관계 형성의 어려움 사회적 고립감	• 친구관계 및 사회성 향상 프로그램 • 기성세대와의 연계 및 지지
진로 적성 미결정 직업 탐색의 기회 부족	• 적성 및 진로 탐색 프로그램 • 취업 기관 인턴십 제공
경제적 자립 및 적합한 일자리 부족	• 아르바이트 및 창업 정보 • 경제적 지원과 컨설팅
학업 지속에 대한 아쉬움	• 학업지속 가능 기관에 대한 정보 • 학비 지원 및 기초학력 향상
삶의 질 향상 서비스 결핍 여유 시간 활용 장소 부족	• 여가취미 활동 프로그램 및 활동 공간 활동 공간 및 숙식 해결을 위한 쉼터

출처: 오승근(2009), p. 5.

3. 학교부적응의 원인

학교부적응에는 다양한 요인들이 영향을 미친다. 학교부적응은 가족, 학교, 사회, 그리고 학생 개인의 요인들이 복합적으로 작용하며 장기간 누적의 결과로 발생한다. 따라서 본 절에서는 학교부적응의 원인을 크게 개인 요인, 가족 요인, 학교 요인, 그리고 사회 요인으로 나누어 살펴보고자 한다.

1) 개인 요인

학교부적응에 영향을 미치는 개인 요인으로는 개인의 성격적 · 심리적 특성이나 생활 습관, 학업 성취도와 입시 스트레스 등을 들 수 있다.

첫째, 자아존중감, 우울, 공격성 같은 심리적 특성이 중요한 영향을 미친다. 자아존중감이 높은 학생들은 자신을 유능하고 중요하며 가치 있는 사람이라고 인식하고 타인을 인정하고 수용함으로써 학교생활에 잘 적응하게 된다. 이에 반해 자아존중감이 낮은 학생들은 자기부정, 자기경멸 등 불안한 심리상태를 가지게 되어 학교생활에 일탈적인 형태로 대응하는 등 부적응적 행동을 나타낼 가능성이 높다. 국내 연구들도 낮은 자아존중감은 학교부적응과 높은 상관관계가 있음을 밝히고 있다(오영경 · 이형실, 2010; 이경상, 2011; 이병환 · 강대구, 2014; 이지현, 2015). 또한 학생들이 경험하는 우울 정도가 높을수록 전반적인 문제행동의 정도가 높아진다(현명선 · 김경희 · 김선아, 2004).

둘째, 청소년의 생활습관 중에서 휴대전화나 인터넷 사용이 많을수록 학교부적응 정도가 높게 나타난다. 우리나라 청소년의 스마트폰 사용시간이 많을수록 학교생활의 적응도는 낮아지며(이자형, 2017), 인터넷의 중독적 사용도 학교 적응에 부적응을 초래하는 것으로 나타났다(이희정, 2010). 셋째, 학업 성취도가 낮거나(이지현, 2015), 학업 스트레스가 높아질수록(이경상, 2011) 학교부적응은 높아지는 것으로 나타났다.

2) 가족 요인

학교부적응에 영향을 미치는 가족 요인은 가족의 형태나 사회경제적 지위 등의 구조적 환경과 부모의 양육태도와 같은 심리적 환경이 있다.

첫째, 가족형태에 있어서 결손가정의 학생들은 친부모가정 학생들에 비해 문제행동의 빈도가 높으며 상대적으로 부모와의 애착 정도가 낮게 나타나는데, 부모애착이 낮을수록 학교부적응은 높아진다. 또한 부모의 소득이 높을수록, 즉 가족의 사회경제적 지위가 높을수록 학교부적응은 낮아진다(이경상, 2011; 현명선 · 김경희 · 김선아, 2004).

둘째, 가족 요인 중에서 부모의 양육태도가 조성하는 심리적 환경은 청소년 자녀의 학교부적응에 매우 중요하다. 부모의 자녀에 대한 온정적이고 수용적인 양육태도는 자녀가 학교생활에 잘 적응하도록 이끈다. 반면, 부모의 강압적이고 학대적인 양육행동은 아동의 인지적, 심리적, 사회적 능력을 손상시켜 학교생활의 적응을 어렵게 만든다. 또한 부모와의 상호작용, 부모의 자녀에 대한 관심과 지원도 중요하다. 부모-자녀 간의 의사소통이 잘 이루어지지 않으면 부모의 자녀에 대한 관심과 지원이 제대로 이루어지지 않아 자녀의 학교생활 부적응 수준은 증가한다(이자형, 2017; 이지현, 2015).

3) 학교 요인

학교는 가정과 더불어 인간의 인격 형성에 큰 영향을 미치는 중요한 사회화 기관이다. 학교부적응에 영향을 미치는 다양한 요인들은 결국 학업중단이라는 결과로 나타난다. 따라서 학교 요인을 규명하는 것은 학업중단의 원인과 대책을 논의하는 데에도 매우 중요하다.

청소년들이 학교에 적응하지 못하고 중도탈락하게 되는 학교 요인을 학생 개인 차원의 문제와 학교 제도나 환경 차원의 문제로 구분할 수 있다.

첫째, 학생 개인 차원의 문제는 낮은 학업성취도, 낮은 학교 애착, 학습 무능력 등 학업능력과 관련된 요인, 학생과 교사와의 부정적 관계 형성, 학교 내 교우들과의 부정적 관계 형성 등 학생이 학교의 의미있는 타인과 맺는 관계에 관한 요인 등이 있다(이병환 · 강대구, 2014).

둘째, 학교 환경 차원의 문제에는 교칙에 엄격한 학교 분위기, 학교의 경쟁지향적 학교 운영, 입시 위주의 교육 등이 있다(박창남, 2010; 이자형, 2017). 특히 우리나라의 학교는 대학입시 위주의 풍토에서 벗어나지 못하고 있어 학생들은 좋은 대학에 진학하기 위해 성적을 올려야 한다는 압박감에 시달리고 있다. 성적부진 학생들은 자신의 적성과 흥미를 계발하기보다는 부모의 기대에 못 미치는 것에 대한 자책감으로 괴로워하고 있다. 대부분의 학생들이 학업에 대한 부담감과 학교에 대한 부정적인 생각을 갖고 생활하고 있어서 상당수의 잠재적 학업 중단자가 존재하는 셈이다. 과거에는 주로 가족의 경제적 빈곤으로 인하여 청소년들이 교육 받기를 희망함에도 불구하고 어쩔 수 없이 학교를 그만두는 경우가 많았으나, 최근에는 학교가 갖는 구조적인 측면으로 인한 자발적 중퇴가 증가하고 있다.

4) 사회 요인

한국사회는 단기간에 빠른 성장을 이루어냈지만 동시에 여러 가지 사회문제, 특히 많은 청소년 문제를 함께 만들어냈다. 따라서 청소년의 학교부적응 문제를 이해함에 있어서도 사회적, 경제적 환경이 가정과 학교에 영향을 미치고 이것이 청소년 개인의 심리적 요소들에 영향을 미치는 과정을 파악해야 한다(금명자, 2008). 가족이나 학교 외에도 다음과 같은 외부의 많은 사회적 요인들이 학교부적응을 유발한다.

첫째, 사회 전반적인 소비 · 향락 문화와 만연한 유해업소의 해악을 들 수 있다. K-POP 등 우리의 문화산업이 급격하게 발전하고 있는 것은 긍정적 현상이지만 이로 인한 과도한 소비적 문화가 청소년에게는 부정적인 영향을 미칠 수 있다. 무엇보다도 대중스타에 대한 우상화, 팬덤 활동의 지나친 몰입은 학생으로서 해야 할 학업보다 더 많은 에너지를 쓰게 하여 학교생활에 부적응을 초래할 수 있다(조안나 · 이은경 · 장미경, 2016). 학교생활에 흥미를 잃고 교사와 학교, 또래와의 관계에서 애착관계를 형성하지 못한 청소년들은 사회에 만연한 향락문화와 접하게 되면 일시적인 해방감과 즐거움을 누리게 된다. 이 과정에서 가출을 감행하기도 하며 이러한 가출이 장기화될 경우 학교중퇴로 이어지게 된다(경기대학교 사회과학연구소, 2001).

둘째, 청소년기에는 또래집단의 영향을 많이 받는다. 또래와의 관계 형성이 순조롭지 못하고 스트레스를 유발하면 이것이 학교부적응의 원인이 될 수 있다. 또한 비행 친구와의 접촉 수준이 높아질수록 문제행동을 일으킬 가능성도 높아진다(오영경 · 이형실, 2010). 가족이나 학교와의 유대관계가 부족한 청소년들이 함께 시간을 보내고 어울릴 수 있는 사람은 주변의 또래이기 때문에 친구들의 영향을 쉽게 받는다. 이렇게 비행 친구들과 어울리면서 함께 불량한 행동이나 비행에 가담하게 되어 중도탈락에 이르기도 한다(유성경 · 이소래, 1998).

셋째, 청소년들의 지역사회에 대한 소속감이나 애착이 줄어들게 되면 학업중단율이 높아지게 된다. 과거에는 지역사회가 청소년들에게 관심을 갖고 그들의 일탈을 감시하고 통제하는 역할을 했다. 그러나 현대사회에서는 사람들이 지역사회에 갖는 애착심이 점차 사라져 가고 있다. 이에 따라 청소년들의 일탈이나 비행은 적절하게 통제하고 지도할 수 있는 사회의 영향력이 감소하여 학업중단을 예방하는 영향력이 감소하게 된 것도 하나의 요인이다.

이상에서 학교부적응와 관련된 여러 가지 요인들을 논의하였다. 이들을 정리해 보면 다음 [그림 6-4]와 같다.

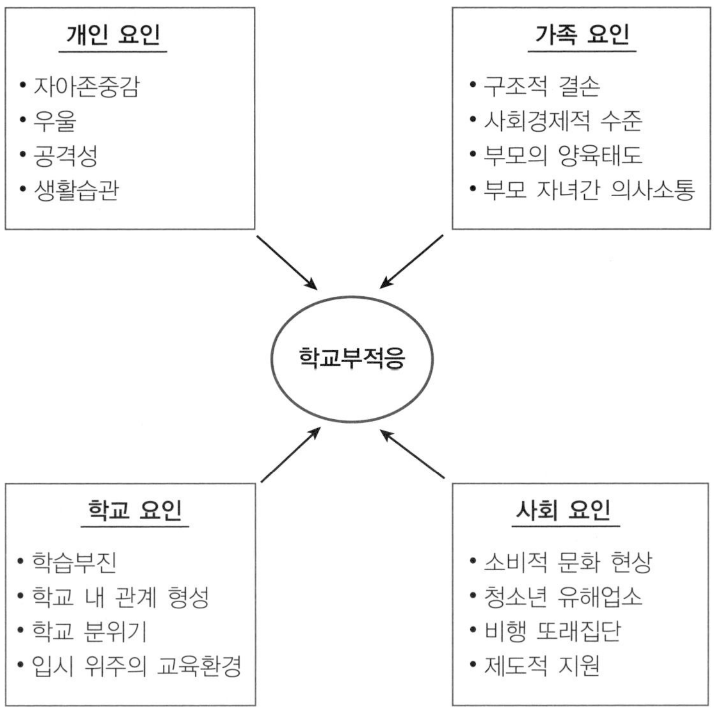

[그림 6-4] 학교부적응 요인

4. 대책 및 지도방안

위에서 살펴본 바와 같이 학교부적응은 개인적인 요인뿐만 아니라 가족, 학교 그리고 사회적 요인에 의해 발생하기 때문에 이에 대한 해결책도 다양한 측면에서 마련되어야 한다. 학교부적응은 개인적 차원에서 빈곤과 비행을 유발하며, 사회적 차원에서는 복지 및 교정 비용의 증가를 가져오는데, 특히 학교중퇴로 이어질 경우 문제는 더 심각해질 수 있다. 따라서 학교부적응은 개인적 문제임과 동시에 사회 전체적으로 관심을 가져야 할 중대한 문제이다.

최근 학교 밖에서 새로운 교육적 대안을 모색하는 청소년들이 늘어가고 있는 것이 사실이다. 그러나 학교에서 방황하고 있는 학교부적응 학생, 결국 학교를 떠나는 학교중퇴 청소년들이 처한 상황은 청소년들이 스스로 해결하기에는 어렵다. 그래서 이들이 학교에 잘 적응할 수 있도록 돕고, 다시 학교로 돌아갈 수 있게 하거나 다른 지원프로그램이 제공되지 않는다면 청소년 문제가 더욱 심각해 질 수 있다. 따라서 학교부적응 청소년들이 자신의 삶을 개척하고 잠재력을 실현할 수 있도록 사회적인 차원에서 적극적인 방안이 마련되어야 한다. 여기서는 학교부적응과 관련한 정책을 크게 예방을 위한 정책과 사후 지원 대책으로 나누어 살펴보고자 한다.

1) 학교부적응 예방정책

학교부적응이 다양한 요인에 의해 발생하기 때문에 각 요인에 맞추어 대책을 수립하는 것이 타당하다. 여기서는 개인, 가족, 학교, 사회적 차원에서 적절한 예방책을 논의하고자 한다.

첫째, 개인적 차원에서 학교부적응을 일으키는 가장 중요한 요소는 학습부진이며, 이로 인한 자아존중감의 저하는 학교중퇴와 직결된다. 따라서 가정이나 학교에서는 청소년들이 기초 학업능력을 향상시키고 학업에 대한 흥미를 잃지 않도록 지원을 아끼지 말아야 한다. 또한 친구 및 교사와의 긍정적 관계 형성의 실패도 학교부적응의 원인이 될 수 있다. 따라서 청소년이 어떤 관계를 맺고 있는지 지속적으로 관찰하여 문제점을 조기에 발견할 수 있도록 부모와 교사, 상담전문가의 적극적인 배려가 필요하며, 학교부적응의 원인에 따른 '맞춤형 학교적응 프로그램' 운영이 필요하다.

둘째, 가족의 경제적인 빈곤으로 인해 학교에 잘 적응하지 못하고 학교를 중퇴하는 청소년들을 위해 국가적 차원의 지원이 필요하다. 예컨대 저소득층 지역, 학력 수준이 낮은 지역의 기초학력 부진 학생들을 위해 우선적인 지원을 해주는 것이다. 또한 정부에서 소년소녀 가장이나 시설보호아동 등 보호자가 없는 저소득층 아동을 대상으로 후원자와 결연하는 사업을 실시하거나, 부모의 질병, 가출, 학대 등으로 단기 보호가 필요한 아동에 대해서 일시적 보호·양육을 위탁하는 사업을 실시하는 것도 좋은 예이다.

이러한 지원을 통해 청소년들이 안심하고 학교에 다닐 수 있도록 도와주어야 한다.

셋째, 학교가 지니고 있는 문제를 해결하는 것이 필요하다. 학교에서 학생의 적성과 능력에 맞는 다양한 교육이 제공되지 못하고 획일적, 입시위주의 권위주의적 교육이 주를 이루고 있는 것이 학교부적응의 주요한 원인이다. 따라서 학교 내에서 학생의 요구와 흥미, 진로와 적성에 맞는 교육과정을 구성하는 것이 필요하다. 또한 민주적인 학교 운영, 교사들 간의 협력적 상호작용, 학교 상담과 대안교실 운영 등 단위 학교 차원에서 실시할 수 있는 체계적인 개입과 정책 집행의 노력도 수반되어야 한다.

넷째, 학생의 위기 징후를 조기에 발견하여 학교부적응을 예방하는 진단 및 개입 프로그램의 시행이 필요하다. 우선 부모와 교사가 가정이나 학교에서의 생활을 면밀히 관찰하고 지속적인 상담을 통해 학생의 적응에 어려움이 없는지 확인하는 것이 필요하다. 이를 통해 지속적인 학업부적응 현상을 보이는 등 위기 청소년들은 잠재적 학업중퇴자라는 점에서 이들을 지원하기 위한 개입 프로그램을 마련해야 한다. 예를 들어 학업중단 숙려제는 학교부적응으로 인해 학교생활에 어려움을 겪는 학생에게 학교중퇴를 예방하기 위한 맞춤형 프로그램을 제공하고 있다. 교육부에 따르면 2015학년도에 학업중단 숙려제에 참여한 학생 43,854명 중 37,935명(86.5%)의 학생들이 학업을 지속하는 성과를 거두었다(교육부, 2016). 또한 청소년들이 학교를 그만두기 까지 다양한 전조행동을 보일 수 있는데, 전조행동에 대한 정보를 미리 수집하고 중퇴를 예방하기 위한 적극적인 지원을 제공해야 한다. 청소년들은 중퇴를 감행하기 전, 가정과 학교, 사회에서 감지할 수 있는 다음과 같은 전조행동을 나타낸다(경기도 교육청, 2001).

〈표 6-4〉 학교중퇴의 전조행동

가) 가정에서의 전조행동

① 부모에게 반항하고, 불순한 언어를 사용한다.
② 귀가 시간에 늦어진다.
③ 야간 외출이 잦아진다.
④ 방에서 나오려 하지 않고 외부와의 대화를 단절한다.
⑤ 매사에 신경질적 반응을 보인다.
⑥ 식사시간과 식사량이 불규칙적이다.
⑦ 부모에게 자주 거짓말을 한다.
⑧ 이유 없이 동생을 구타한다.

나) 학교에서의 전조행동

① 복장이 변하고, 돈 씀씀이가 커진다.
② 학우들 앞에서 자신을 과시한다.
③ 친구가 많아지고, 전화와 방문이 잦아진다.
④ 학습 의욕이 저하되고, 성적이 떨어진다.
⑤ 지각, 조퇴 등이 잦아지고 간혹 시험 때도 결석을 한다.
⑥ 교사에게 반항하고, 교사를 비난한다.
⑦ 단체 활동에서 벗어나려고 하고, 공동시간을 회피한다.
⑧ 때때로 스스로 자퇴하기를 원한다.

다) 사회에서의 전조행동

① 으스대고 과시적이며, 태도가 대담해진다.
② 낯모르는 친구들과 많이 사귄다.
③ 성냥이나 담배 부스러기 등이 주머니에서 나온다.
④ 이성의 편지나 사진, 도색잡지 등을 갖고 다닌다.
⑤ 흉기나 불필요한 물건을 소지하고 다닌다.
⑥ 거울 앞에서 알몸을 보이거나 근육을 자랑한다.
⑦ 언어의 표현이 조리에 맞지 않고 난폭해진다.
⑧ 유흥가 등 불량지역에 자주 드나든다.

출처: 경기도교육청(2001).

2) 사후지원 및 보호정책

학교부적응 예방을 위한 조치를 취했음에도 여러 가지 이유로 학업중단 및 학교중퇴 현상이 발생할 수 있다. 이러한 청소년들을 위해서는 다양한 사후 지원 및 보호 정책이 필요하다. 이미 학교를 그만둔 청소년들을 위해서 다음과 같은 대책이 마련되어야 한다.

첫째, 중도탈락 후에 학교로 복귀할 의사가 있는 청소년의 경우에는 복교를 위한 지원이 체계적으로 이루어져야 한다. 교육부 자료에 따르면 2012학년도에 학업중단자 68,188명 중에서 27,693명(40.61%)이 학교에 복귀하였다(교육부, 2013). 현재는 학생들이 학교를 중퇴하게 되면 다시 복학하기가 상당히 어려운 실정이다. 하지만 다시 학교에 돌아오기를 희망하는 학생에게는 기회를 주어야 한다. 이들에게 복교를 위한 상담을 제공하고 복교 후의 재적응에 필요한 태도와 기능을 습득하도록 적극적으로 지원해 주어야 한다. 아무런 준비 없이 복교하게 되면 학습 부적응, 친구 및 교사와의 갈등 등이 다시 발생하여 학교부적응이 심화되는 경우가 많다. 지방자치단체와 교육청이 연계하여 일정 기간 동안 복교를 위한 적응 프로그램을 제공하는 것이 필요하다. 이를 위해 학교의 전문 상담사를 활용하거나 지역사회 청소년상담 전문기관이 그러한 역할을 수행하도록 연계시켜 줄 수 있다(경기도 교육청, 2001). 또한 학업 복귀 시 발생할 수 있는 경제적 애로를 해소할 수 있도록 복지 서비스 관련 기관에 연계하여 지원이 이루어져야 한다(교육부 · 여성가족부, 2013). 예를 들어, '학교 밖 청소년지원센터 꿈드림'에서는 전국 206개 지역의 운영기관을 통해 청소년 맞춤형 서비스를 제공하여 성공적인 학업복귀나 사회진입을 할 수 있는 프로그램을 운영하고 있다.

둘째, 다양한 대안학교의 설립과 학력인정이 필요하다. 현재의 학교 체제는 명문대학에 보내려는 입시위주 교육으로 다수의 학생들을 소외시키고 있다. 따라서 학교부적응자 및 자발적 학업중단 청소년들을 위한 다양한 대안적 학교가 필요하다. 직업능력 계발에 강조를 두는 학교, 자연친화

〈표 6-5〉 학교 밖 청소년지원센터 꿈드림 대상 및 제공 프로그램

<table>
<tr><td colspan="2">대상</td><td>초 · 중학교 3개월 이상 결석, 취학의무를 유예한 청소년
고등학교 제적 · 퇴학 처분을 받거나 자퇴한 청소년
고등학교 미진학 청소년
학업중단 숙려 대상 등 잠재적 학교 밖 청소년 포함</td></tr>
<tr><td rowspan="6">제공
프로그램</td><td>상담지원</td><td>청소년 심리, 진로, 가족관계, 친구관계 등</td></tr>
<tr><td>교육지원</td><td>학업동기 강화 및 학업능력 증진 프로그램 진행
검정고시를 통한 학력취득 지원
대학 입시 지원
학업중단 숙려상담, 취학관리 전담기구 사례관리
복교지원</td></tr>
<tr><td>직업체험 및
직업교육훈련 지원</td><td>직업탐색 · 체험 프로그램 제공
직업역량강화 프로그램 제공
취업훈련 연계지원</td></tr>
<tr><td>자립지원</td><td>자기계발 프로그램 지원
청소년 근로권익 보호
경제적으로 어려운 학교 밖 청소년 지원
기초 소양교육 제공</td></tr>
<tr><td>건강검진</td><td>10대 특성에 맞춘 건강검진 서비스 제공
건강생활 관리 지원
체력관리 지원</td></tr>
<tr><td>기타서비스</td><td>지역특성화 프로그램 등</td></tr>
</table>

출처: 꿈드림(http://www.kdream.or.kr)

적인 삶을 영위하는 기술을 가르치는 학교, 비행문화의 차단과 재기의 기회를 주는 대안학교 등이 있을 수 있다. 이러한 다양한 목적의 대안학교가 설립된다면 기존의 학교체제를 떠나는 학생들에게 좋은 대안을 제공할 수 있으며, 현재 대다수 학생들에게 부과되는 학교에서의 실패감을 많이 줄일 수 있다. 동시에 이러한 대안학교에서의 배움과 경험도 정규 학력으로 인정해주어야 한다. 그렇지 않는다면 대안적 교육을 추구하는 청소년들의 꿈을 실현해 나갈 수가 없다.

셋째, 학교중퇴자를 위한 직업 훈련과 취업 준비가 체계적으로 이루어져

야 한다. 중퇴청소년들은 검정고시를 준비하는 청소년을 제외하고는 대부분 아르바이트를 하고 있다. 청소년들이 취업을 하기 위해서는 부모의 동의서가 필요한데 상당수가 부모의 동의 없이 불법으로 고용되어 있어서 임금을 제대로 받지 못하고 열악한 환경에 놓여있는 경우가 많다. 실제 학업을 중단한 학교 밖 청소년을 대상으로 조사한 결과에 따르면, 51.9%의 청소년이 학교를 그만둔 후 아르바이트를 한 적이 있었고, 이중 49.5%가 근로계약서조차 작성하지 않은 것으로 나타났다(여성가족부 · 한국청소년정책연구원, 2018). 그러므로 이들이 합법적으로 직업훈련을 받고 정상적인 임금을 받으면서 일을 할 수 있도록 제도적으로 지원해주어야 한다. 중도탈락 청소년들의 취업에 있어서 문제가 되는 것은 합법적인 노동 기회가 부족하고 사회가 요구하는 만큼의 기술과 능력을 갖추고 있지 못하다는 점이다. 따라서 그들에게 합법적인 노동의 기회와 함께 직업 훈련의 기회를 마련해 주는 것이 필요하다.

넷째, 학업중단 청소년에 대한 사회적 인식의 전환이 필요하다. 아무리 학업중단자에 대한 예방프로그램이나 사후 대책이 잘 마련되어 있다고 하더라도 이들에 대한 사회적 인식의 변화가 없다면 소기의 목적을 달성할 수 없다. 일반적으로 학교중퇴자에 대해서는 패배자라는 인식이 강하지만, 정규학교를 이탈한다는 것이 곧 교육의 중단을 의미하는 것은 아니다. 정규학교를 졸업하지 않거나 대안학교에 다녀도 사회의 일원으로서 충분히 살아갈 수 있다는 인식으로 전환하는 것이 필요하다. 학교중퇴 청소년들에 대한 비형식 교육과 대안 교육에 대한 사회적 인정이 필요하며, 궁극적으로는 학벌중심 사회에서 능력중심 사회로의 전환이 이루어져야 한다.

최근 우리사회는 급격한 다문화적 변화를 겪고 있다. 국제결혼가정, 외국인노동자가정이 증가하면서, 우리사회의 인종적, 문화적 다양성이 급증하고 있다. 새롭게 증가하고 있는 '다문화가족' 청소년들은 언어발달지체, 학업부진, 집단따돌림과 같은 어려움을 겪고 있으며, 결과적으로 학교부적응과 학업중단으로 이어지고 있다. 이들이 교육소외계층으로 고착되지 않도록 국가적인 지원시스템이 구축될 필요가 있다(조성연 · 이미리 · 박은미,

2009). 이들 다문화가족의 청소년들이 학교체제에 잘 정착하고 사회 구성원으로서 성장할 수 있도록 돕는 것은 한국사회의 통합과 발전을 위해 매우 긴요한 일이다.

학습 정리

1. 학교부적응의 개념

- 학교부적응이란 학생들이 학교 내 환경에 적응하지 못하여 발생하는 다양한 현상을 말한다. 학교부적응은 학교에 대한 흥미를 잃게 하고, 무단결석이나 학교중퇴의 형태로 이어질 수 있다.

2. 학교부적응의 실태와 문제점

- 학교부적응은 학교중퇴의 주요한 요인이다. 우리나라 청소년의 학업중단율은 약 1% 수준이며, 초 · 중학교에 비해 고등학교에서 학업중단율이 높게 나타난다.
- 학교부적응은 정서적, 신체적, 경제적 문제를 불러 일으켜 청소년이 사회 구성원으로 성장하는 데 지장을 줄 수 있다. 이뿐만 아니라 학교부적응이 학교중퇴로 이어질 경우에는 사회 전체에도 부정적인 영향을 미친다.

3. 학교부적응의 원인

- 학교부적응의 원인에는 개인 요인, 가족 요인, 학교 요인, 사회 요인 등 다양한 요인이 존재한다. 따라서 학교부적응에 대한 대책은 다양한 차원에서 입체적으로 마련되어야 한다.

4. 대책 및 지도방안

- 청소년들의 학교부적응을 예방하기 위해서는 문제점을 조기에 발견하여 지원이 이루어질 수 있도록 개인, 가족, 학교, 사회적 차원을 고려한 프로그램의 시행이 필요하다.
- 결국 학교를 중퇴한 청소년들에게는 다시 복귀할 수 있는 길을 열어주는 제도적 장치가 필요하다. 학교 복귀 지원, 다양한 대안학교의 설립과 학력 인정, 전문적인 직업 훈련과 더불어 사회적 인식 개선이 수반되어야 한다.

참고문헌

경기대학교 사회과학연구소(2001). 경기도 지역 중퇴생 선도·보호방안 프로그램 개발 연구. 경기도청.

경기도 교육청(2001). 경기도 실업계 고교 학생 중도탈락 예방을 위한 진로지도 및 상담활동 활성화 방안. 경기도 교육청.

교육부(2013). 2012학년도 초중고 학업중단 현황 조사결과 발표. 2013. 9. 4. 보도자료.

교육부(2016). 위기학생의 학교적응을 돕는 학업중단 숙려제 공통 운영기준 마련. 2016. 12. 14. 보도자료.

교육부·여성가족부(2013). 학업중단 예방 및 학교 밖 청소년 지원 방안. 교육부·여성가족부.

교육부·한국교육개발원(2019). 2019 교육통계 분석자료집: 유·초·중등교육통계편. 교육부.

교육부(2019). 교육통계연보. 교육부.

금명자(2008). 우리나라 학업중단청소년에 대한 이해. 한국심리학회지: 사회문제, 14(1), 299-317.

김미옥·조아미(2017). 잠재계층분석(LCA)을 이용한 청소년의 직업선택요인 유형과 특성. 한국 아동·청소년 패널 학술대회 자료집(362-382). 한국청소년정책연구원.

김빛나·박주희(2013). 청소년의 학업 스트레스가 우울증상에 미치는 영향과 반응양식의 조절효과. 한국아동학회, 34(3), 113-128.

박래영(2005). 학업중단의 원인, 실태, 정책의 변화양상과 향후과제. 청소년복지연구, 7(2), 5-21.

박창남(2010). 학교의 구조와 조직의 특성이 학교의 부적응수준에 미치는 영향. 미래청소년학회지, 7(3), 165-184.

박창남·도종수(2003). 청소년 학교중퇴의도의 원인에 관한 연구. 청소년학연구, 10(3), 207-238.

신경수·최창렬(2007). 학력별 임금격차와 성별 생산성격차 분석. 생산성논집, 21(3), 97-121.

여성가족부·한국청소년정책연구원(2018). 2018 학교 밖 청소년 실태조사. 여성가족부.

오승근(2009). 학업중단 청소년을 위한 국가 정책의 비판적 고찰: 보건복지가족부의 정책을 중심으로. 미래청소년학회지, 6(4), 1-21.

오영경·이형실(2010). 청소년의 행동문제에 영향을 미치는 요인. 한국가정과교육학회지, 22(4), 51-64.

유성경 · 이소래(1998). 잠재적 중도탈락 학생에 대한 개입체제 개발 연구. 청소년 대화의 광장.

이경상(2011). 청소년 학교부적응의 종단적 변화의 영향요인. **청소년학연구**, 18(12), 131-155.

이병환 · 강대구(2014). 중고등학교 학생들의 학교부적응 행동 요인 분석. **교육문화연구**, 20(3), 125-148.

이자형(2017). 중학생의 학교부적응에 영향을 미치는 개인 및 학교 특성 분석: 부산 지역 중학교를 중심으로. **교육행정학연구**, 35(5), 245-274.

이지현(2015). 학교부적응에 영향을 미치는 학생 개인 및 학교수준 요인: 위계적 선형 모형분석. **청소년학연구**, 22(7), 151-177.

이희정(2010). 청소년의 인터넷 중독이 학교적응에 미치는 영향: 우울, 충동성의 매개효과를 중심으로. **청소년문화포럼**, 23, 143-171.

정용교 · 백승대(2011). 경쟁교육의 실태와 문제점 및 대안: 현장 사회과교육을 중심으로. **사회과교육연구**, 18(2), 91-106.

조성연 · 이미리 · 박은미(2009). 학업중단 청소년. **아동학회지**, 30(6), 391-403.

조아미(2002). 청소년의 학교중퇴 의도 결정요인. **청소년학연구**, 9(2), 1-22.

조안나 · 이은경 · 장미경(2016). 중학생의 팬덤활동과 학교생활적응의 관계에서 공동체의식의 매개효과. **인문학논총**, 40, 201-226.

한국청소년개발원(2005). **청소년 문제론**. 교육과학사.

한국청소년정책연구원(2018). 아동 · 청소년 권리에 관한 국제협약 이행 연구 - 한국아동 · 청소년 인권실태 2018 총괄보고서. 한국청소년정책연구원.

한상철(2011). 학교부적응과 중도탈락: 현황 및 대처방안. **청소년행동연구**, 16, 39-65.

현명선 · 김경희 · 김선아(2004). 청소년의 문제행동에 영향을 미치는 관련요인에 관한 연구: 서울지역의 중학생을 중심으로. *Journal of Korean Academy of Nursing, 34*(2), 252-260.

Goldschmidt, P., & Wang, J. (1999). When can schools affect dropout behavior? A longitudinal multilevel analysis. *American Educational Research Journal, 36*(4), 715-738.

Morrow, G. (1986). Standardizing practices in the analysis of school dropouts. *Teachers College Record, 87*(3), 342-355.

OECD(2019). Education at a Glance 2019: OECD Indicators. Paris: OECD Publishing. https://doi.org/10.1787/f8d7880d-en.

제7장

인터넷 중독

개관

인터넷에 중독된 청소년들은 심리적, 정서적, 행동적 부적응을 보이며 건강한 일상생활을 하기 어렵다. 인터넷 중독의 유형은 게임 중독, 음란물 중독, 그리고 채팅 중독으로 분류할 수 있으며 각 유형은 모두 인터넷 중독이라는 점에서 공통적인 증상들을 보이나 동시에 유형별 특징적인 증상을 보인다. 개인의 충동성, 공격성, 우울감, 낮은 자아존중감, 자기도피 성향과 같은 심리적 특성과 부모나 친구관계 갈등, 학교와 지역사회의 폭력성이나 유해성 등은 청소년 인터넷 중독 증상의 유발 및 지속과 관련이 있다. 청소년 인터넷 중독의 문제를 해결하기 위해서 이러한 심리적, 환경적 요인에 초점을 맞춘 개인 및 집단상담, 부모교육, 가족상담 등을 통합한 절충적인 프로그램이 필요하다.

학습목표

1. 청소년 인터넷 중독의 증상 및 유형을 설명할 수 있다.
2. 청소년 인터넷 중독 증상의 유발 및 지속과 관련된 요인을 심리적 요인과 환경적 요인으로 분류하여 설명할 수 있다.
3. 청소년 인터넷 중독 해결을 위한 대처방안을 개인적, 가정적, 사회적 차원에서 제시할 수 있다.

주요용어

청소년 인터넷 중독, 게임 중독, 음란물 중독, 채팅 중독

1. 인터넷 중독의 개념

인터넷 중독은 사이버 중독(cyber addiction), 컴퓨터 중독(computer addiction), 온라인 중독(online addiction), 넷 중독(net addiction), 인터넷 증후군(internet syndrome), 인터넷 중독 장애(internet addiction disorder: IAD), 웨바홀리즘(webaholism) 등으로 불린다(이해주 · 이미리 · 모경환, 2006, p.140). 인터넷 중독이란 인터넷을 지나치게 많이 사용하여 인터넷 사용에 대한 자기조절 능력이 약해지는 현상으로서, 현실생활에서의 인간관계가 가상공간에서의 표면적인 관계로 대치되거나 인터넷 사용을 금지할 경우 심리적 혼돈으로 인해 무기력, 금단 증상, 주변 사람들과의 갈등을 경험하는 중독 현상을 말한다(이석범 외, 2001; 한국인터넷진흥원, 2012).

인터넷에 중독된 사람들은 목적없이 인터넷을 사용하면서 인터넷 사용에 대한 조절능력을 상실하고 내성에 의해 지속적으로 사용 시간이 증가하며 금단 증상, 강박적 집착 또는 의존 등의 문제적 징후가 나타나 신체적, 사회적, 직업적, 심리적 문제를 현실적으로 일으키는데도 불구하고 문제로 인식하지 못하고 지속적, 강박적, 의존적으로 인터넷을 사용하게 된다(이현아, 2004, p. 4). 그들은 인터넷에 대해 강한 친밀감을 갖고 있어서 마음이 복잡하거나 허전할 때 자기도 모르게 인터넷에 접속하여 시간을 보내며 마음의 위안을 얻는 현실 도피적인 인터넷 의존성을 보이고, 인터넷을 하는 시간이 점점 길어지는 내성 현상을 보인다(이명수 외, 2001; 임창우 · 정구철, 2016).

이로 인해 심하게는 현실과 가상현실을 잘 구분하지 못하고 인터넷을 하지 않고 있으면 초조하고 불안하여 마치 알코올 중독자가 술이 떨어졌을 때 보이는 금단 증상과 유사한 증상을 보인다. 인터넷 중독은 알코올 등의 약물 중독과 같은 신체적인 증상을 야기하지는 않지만 약물, 도박 등의 중독성 질환에서 보이는 사회적, 심리적인 문제인 자기조절의 문제, 탐닉, 금단 증상, 사회적 고립 등의 문제를 보이게 되며 모든 행동이 인터넷 사용을 극대화하기 위한 방향으로 재조직되는 현상을 보인다. 이와 같이 인터넷 중독은 일상생활의 적응을 어렵게 하는 여러 가지 심리적, 정서적, 행동적 문제를 보이는 개인적 차원의 문제이지만, 갈수록 그 정도가 심각해져서 인터넷 중독이 사이버 범죄의 발생뿐 아니라 가정파괴, 강도, 살인 등의 문제를 일으키는 사회적인 문제이기도 하다(최재훈, 2011.12.28; 한국정보화진흥원, 2011).

인터넷 중독이란 용어를 처음 사용한 사람은 미국의 정신과 의사인 골드버그(Goldberg)다. 그에 의하면 인터넷 중독의 대표적인 증상은 우울감과 같은 부정적인 정서를 자주 느끼고, 주변 사람들과 갈등을 겪으며 인터넷 사용을 끊으면 불안감이나 초조감을 느끼고 일상생활에 지장이 유발되거나 고통을 느끼는 금단 증상을 경험하고, 인터넷을 하지 않는 상태를 견디지 못해서 다시 하게 되는 일을 반복적으로 경험하는 것이다. 골드버그는 병적 도박의 진단 기준을 이용해서 인터넷 중독 진단 기준을 고안했다. 〈표 7-1〉에 골드버그의 인터넷 중독 진단 기준을 제시하였다. 인터넷 중독의 증상은 내성, 금단, 인터넷 사용에 대한 자기조절 능력 상실, 일상생활의 지장 등을 포함한다. 〈표 7-1〉에 제시된 7가지 항목 중에서 세 가지 이상의 항목에 해당되면 인터넷 중독증으로 진단한다.

〈표 7-1〉 골드버그의 인터넷 중독 진단 기준

1. 내성
1) 인터넷을 하면 할수록 만족을 얻기 위해 요구되는 시간이 점차 늘어나는 경우
2) 인터넷을 이전과 동일한 시간만큼 하는 데도 불구하고 효과가 저하되는 경우

2. 금단
1) 인터넷 사용을 장기간 중지 혹은 감소한 경우 다음 5가지 항목 중 2가지 항목 이상이 발생할 때 그리고 이러한 증상이 발생하여 사회적 혹은 직업적 그 밖의 중요한 부분에서 고통이나 지장이 생길 때
- 정신운동성 초조
- 불안
- 인터넷 사용에 대한 생각과 관련된 강박적 사고

• 인터넷 사용과 관련된 환상 혹은 꿈
• 수의적 혹은 불수의적으로 자판 두드리는 행위와 유사한 행동

2) 금단 증상을 완화, 회피하기 위해 인터넷 혹은 유사한 통신망을 사용하는 행동을 하는 경우

3. 생각했던 것보다 더 자주, 길게 인터넷을 사용하는 경우

4. 인터넷 사용을 줄이거나 조절하려는 욕구가 지속적으로 있었거나 혹은 그 시도에 성공하지 못하는 경우

5. 상당량의 시간을 인터넷 사용과 관련된 행동에 소비하는 경우

6. 중요한 사회, 직업, 혹은 여가활동이 인터넷 사용을 위해 포기되거나 감소되는 경우

7. 인터넷 사용에 의해 유발되거나 악화되고 지속적이거나 반복적인 신체적, 사회적, 직업적, 심리적 문제를 갖고 있음에도 불구하고 인터넷 사용을 계속하는 경우

2. 인터넷 중독의 유형

인터넷 중독은 크게 게임 중독, 음란물 중독, 채팅 중독으로 분류할 수 있다(어기준, 2000; 한국정보화진흥원, 2011; Young, 1996). 이 세 가지 유형은 모두 인터넷 중독이라는 점에서 인터넷 중독의 공통적인 증상들을 보이나 동시에 각 유형별로 특징적인 증상을 보인다. 게임 중독은 롤플레이, 시뮬레이션이나 네트워크 등을 이용한 다양한 게임에 중독되어 있는 경우다(성윤숙 · 이소희, 2003). 음란물 중독은 사이버 섹스 중독이라고 말하는데 인터넷의 음란사이트를 통해 음란사진, 동영상, 소설, 만화 등을 습관적으로 보게 되는 증상을 말한다(김민, 2003). 채팅 중독은 채팅, 대화방, 동호회 등의 활동을 현실 도피의 수단으로 이용하는 경우다. 각 유형별 개념을 구체적으로 살펴보기로 하자.

1) 게임 중독

인터넷 중독의 종류 중에서도 청소년들에게 가장 많이 나타나고 일상생활 적응에 심각한 부정적인 영향을 미치므로 각별한 주의가 요구되는 중독 유형은 게임 중독이다(황상민, 2000). 청소년들이 인터넷에 접속해 있을 때 가장 많이 하는 것이 게임이며, 인터넷이 제공하는 다양한 서비스 중에서 게임을 많이 하는 청소년들일수록 인터넷 중독에 빠질 위험성이 크고 인터넷 중독 청소년들 중의 가장 많은 비율을 차지하는 중독 유형이 게임 중독이다(김성수 · 조도근, 2004; 김연주, 2012. 1. 2).

게임 중독의 증상은 게임에 대해 과도하게 집착하고 일상적인 활동이 현저히 줄어들며, 게임을 하지 못하면 초조하고 불안해지는 상태를 말한다. 일상생활에 지장을 주는 걸 알고 있으면서도 게임을 조절하지 못한다. 청소년들이 게임 중독에 빠져드는 직접적인 원인은 게임 자체가 갖고 있는 매력적인 특성과 함께 게임 안에서 자신의 존재를 인정받을 수 있고 현실세계에서 경험할 수 없는 일을 할 수 있는 데 따르는 대리만족, 스트레스로부터의 회피, 성취감 등을 들 수 있다(임창우 · 정구철, 2016; 한국정보화진흥원, 2010).

게임 중독의 개념에 대해서는 여러 학자들이 다양하게 정의하고 있다(성윤숙 · 이소희, 2003; 어기준, 2000; 이경님, 2004). 게임 중독 현상은 컴퓨터 게임을 하는 것이 일상생활의 큰 비중을 차지하고 있고, 게임을 하는 행위가 습관화되어 있는 상태로서 게임을 자제하고 싶어도 자신의 의지로 통제하지 못하는 상태이다. 모든 일상적 행동이 게임을 계속하는데 집중되어 있어서 학교에 지각하거나 결석하는 등 학교생활뿐 아니라 일상생활에 지장을 보인다.

게임을 하지 않을 때는 오로지 게임에 대해서만 생각하는 게임 의존성 혹은 집착을 보인다. 게임에 과도하게 얽매여 수면 부족으로 일상의 리듬이 깨지고, 불규칙한 식사 등으로 인해 건강을 해치고 혼자 고립되어 있으므로 사회적 고립감을 느끼고 가족이나 친구들과의 의사소통에 문제가 발생하고 친밀감이 결여되어 대인관계에서 갈등을 경험하게 된다.

이러한 신체적, 사회적 부적응 문제뿐 아니라 학업에 대한 흥미 상실, 학업 능력 상실 등의 인지적 부적응 문제도 경험하게 된다. 특히 뇌기능이 한창 발달하는 청소년기에 뇌의 전두엽 기능이 다양한 학습자극을 통해 활성화되어야 하는데 인터넷 게임에 중독되어 적절한 학습의 기회를 갖지 못하면 주의력, 수리력, 암기력 등의 학습을 위한 인지 기능이 미숙해질 가능성이 커 학습 능력의 저하로 이어질 수 있다(김철중, 2012.1.19).

뿐만 아니라 게임에 중독된 청소년들은 장시간 게임에 몰입하는 것이 시간 낭비고 건강에도 좋지 않다는 것을 알면서도 게임을 끊지 못할 뿐 아니라, 게임을 하지 못하면 불안, 초조, 우울, 짜증, 불면 등의 증상이 나타나는 금단 현상을 경험하게 된다. 또한 게임을 하면 할수록 더욱 자극적이고 폭력적인 게임을 더 많은 시간 동안 해야만 만족하게 되는 내성을 경험한다. 이로 인해 충동성, 불안정성, 폭력성, 공격성이 증가한다(곽금주, 2004; 김은정, 2005; 이미리, 2006).

이와 같이 게임 중독 현상이 나타내는 의존성, 집착, 일상생활의 장애를 가져오는 신체적, 사회적, 인지적, 정서적 부적응 행동, 금단, 내성 등의 문제는 일반 중독 증상과 유사하다. 그러나 게임 중독만이 가지고 있는 고유의 특성은 현실과 가상 공간을 구분하지 못하는 상태이다. 청소년들 간에 가상 세계에서의 게임이 현실 세계에서의 주먹 싸움으로 이어졌다는 기사가 심심치 않게 나오고 있다. 한 예로 '현피'라는 신조어는 '현실'과 '플레이어 킬(player kill)'이라는 인터넷 게임 용어가 조합된 말로, 게임이나 인터넷에서 알게 된 사람을 현실에서 직접 만나 싸움을 한다는 뜻이다(박진영, 2012.2.6). 인터넷 게임 중독 청소년이 현실과 가상 세계를 혼동하여 비행을 저지르거나 게임을 모방하여 폭력이나 살인과 같은 범죄를 일으킨 사례들이 매스컴을 통해 보고되고 있다(이상준, 2005; 이해경, 2002).

정리하면 게임 중독이란 '게임 때문에 자기 조절능력 상실, 내성에 의한 게임의 지속적 사용, 금단 증상, 게임에 집착 또는 의존하는 징후가 나타나 신체적, 사회적, 심리적 문제를 일으키는 상태'다(한국게임산업개발원,

2004). 게임 중독의 문제는 오랜 시간 과도하게 게임에 집착함으로써 실생활에서 부적응 문제를 유발하게 되는 것뿐 아니라, 게임에서 고수가 되기 위해서 혹은 앞서 말한 대로 게임과 현실세계를 구분하지 못하고 온라인뿐 아니라 오프라인상에서 일탈행동을 하게 되는 것으로 그 심각성이 크다.

(1) 청소년 게임 중독 진단

게임 중독 여부 혹은 정도를 측정하기 위해서 몇 가지 척도들이 개발되어 있다. 진단 척도가 어떤 내용으로 구성되어 있는지 살펴봄으로써 게임 중독의 개념을 더욱 구체적으로 이해할 수 있다. 여기서는 한국정보화진흥원(구, 한국정보문화진흥원)에서 제시하는 청소년용 인터넷 게임 중독 진단 척도를 살펴보기로 하겠다(한국정보문화진흥원, 2006). 이 척도는 기존의 게임 중독 진단 척도들에서 측정하고 있는 내용들을 종합하여 구성하였으며, 신뢰도와 타당도 분석을 통해 우리나라 청소년들의 게임 중독을 측정하기에게 적합한 도구로 평가되었다. 또한 이 척도로 진단된 게임 중독 분류 기준별 행동 특성을 구체적으로 제시하였다. 아울러 만 5~8세 유아 및 초등 저학년 아동용, 만 9~12세 초등 고학년 아동용, 만 13~18세 중·고등학교 청소년용 척도를 따로 제시하여서 게임 중독 여부를 어린 나이부터 측정할 수 있게 되어 있다. 연령별로 나누어진 게임 중독 진단 척도 중에서 청소년용을 〈표 7-2〉에 제시하였다.

〈표 7-2〉에 제시된 청소년용 게임 중독 자가진단식 척도는 총 20문항인데, 만 13~18세에 해당되는 청소년들이 각 문항에 대해서 자신의 상태에 대해 '전혀 그렇지 않다'에서부터 '항상 그렇다' 중 적합하다고 생각되는 항목에 3표함으로써 게임 중독 여부나 정도를 측정하게 되어 있다. 산출될 수 있는 가능한 최고점은 80점이며, 49점 이상일 경우 인터넷 게임에 중독되어 전문적 치료나 상담이 요구되는 '고위험사용자', 38~48점은 인터넷 게임 중독의 잠재성이 있어서 주의를 요하고 예방프로그램의 적용이 요구되는 '잠재적 위험 사용자', 37점 이하는 '일반사용자'의 세 집단으로 분류된다.

〈표 7-2〉 청소년용 인터넷 게임 중독 척도

문항내용	전혀 그렇지 않다 (1)	때때로 그렇다 (2)	자주 그렇다 (3)	항상 그렇다 (4)
1. 게임을 하는 것이 친한 친구들과 어울리는 것보다 더 좋다.				
2. 게임공간에서의 생활이 실제생활보다 더 좋다.				
3. 게임 속의 내가 실제의 나보다 더 좋다.				
4. 게임에서 사귄 친구들이 실제 친구들보다 나를 더 알아준다.				
5. 게임에서 사람을 사귀는 것이 더 편하고 자신 있다.				
6. 밤 늦게까지 게임을 하느라 시간 가는 줄 모른다.				
7. 게임을 하느라 해야 할 일을 못한다.				
8. 갈수록 게임을 하는 시간이 길어진다.				
9. 점점 더 오랜 시간 게임을 해야 만족하게 된다.				
10. 게임을 그만두어야 하는 경우에도 게임을 그만두는 것이 어렵다.				
11. 게임하는 시간을 줄이려고 노력하지만 실패한다.				
12. 게임을 안 하겠다고 마음먹고도 다시 게임을 하게 된다.				
13. 게임 생각 때문에 공부에 집중하기 어렵다.				
14. 게임을 못한다는 것은 견디기 힘든 일이다.				
15. 게임을 하지 않을 때에도 게임 생각을 하게 된다.				
16. 게임으로 인해 생활에 문제가 생기더라도 게임을 해야 한다.				
17. 게임을 하지 못하면 불안하고 초조하다.				
18. 다른 일 때문에 게임을 못하게 될까 봐 걱정된다.				
19. 누가 게임을 못 하게 하면 신경질이 난다.				
20. 게임을 못 하게 되면 화가 난다.				
	총점		/80	

일반사용자	37점 이하	잠재적 위험사용자	38~48점	고위험사용자	49점 이상

출처: 한국정보문화진흥원(2006). p. 123.

중・고등학생 1,320명을 대상으로 한 연구에서 청소년용 인터넷 게임 중독 진단 척도로 분류된 세 집단의 게임 관련 행동 특성과 일반적인 심리적 특성을 다음과 같이 제시하고 있다(한국정보문화진흥원, 2006).

첫째, 고위험사용자는 현실세계보다는 가상의 게임세계에 몰입하여 게임공간과 현실생활을 혼돈하거나 게임으로 인하여 현실세계의 대인관계나 일상생활에서 부적응 문제를 보이며, 부정적 정서를 나타낸다. 하루 2시간 30분 이상 매일 게임을 하는 경우가 많으며, 게임을 하느라 친구와 어울리지 못하는 등 게임행동을 적절하게 조절할 수 없는 상태다. 일반적으로 자기 통제력이 낮아 일시적인 충동이나 즉각적인 만족을 추구하며 인내력과 효율적인 문제해결 능력이 부족한 경향을 보인다. 또한 공격적 성향이 높으며 자신에 대해 부정적으로 생각하는 경향이 강하다(한국정보문화진흥원, 2006, p. 124).

둘째, 잠재적 위험사용자는 고위험사용자에 비해 낮은 수준이나 가상세계에 대해 더 많은 관심을 보이며 게임에 몰입하여 게임과 현실생활을 혼돈하거나 게임으로 인하여 현실세계의 대인관계, 일상생활에서 문제를 나타내기도 한다. 하루 2시간 이상, 주 5~6회 정도 게임을 한다. 공격적 성향을 보이며 자기 통제력이 낮고 충동적이며 자기 위주로 생각하고 말보다는 행동이 앞서는 경향이 있다. 자신에 대해 부정적으로 생각하는 경향을 보인다(한국정보문화진흥원, 2006, p. 124).

셋째, 일반사용자는 게임 습관을 스스로 조절할 수 있으며, 게임과 현실세계에 대한 구분이 명확하고 게임으로 인한 정서적인 변화를 경험하지 않는다. 하루 1시간 30분 이하, 주 1~2회 이하 게임을 하는 등 인터넷 게임 사용을 적절하게 조절할 수 있다. 자신의 욕구를 적절히 조절할 수 있으며 효율적으로 문제를 해결하는 경향을 보인다. 일시적인 충동에 의하거나 즉각적인 만족을 주는 문제행동을 회피하고 인내할 수 있는 능력이 높다. 자신에 대해 긍정적으로 생각하는 경향이 강하다(한국정보문화진흥원, 2006, p. 124).

2) 음란물 중독

인터넷 음란물 중독은 인터넷 공간에서 음란물을 보고 성인 채팅방을 통해 사이버 섹스에 몰입하는 등의 행동을 지속적으로 하는 경우를 말한다(한국정보화진흥원, 2010). 호기심에서 시작된 인터넷 음란물에 대한 접속은 지속될 경우 청소년기의 건강한 성정체성의 발달에 부정적인 영향을 주고, 오프라인상에서 실제 성관계로 진행되거나 성범죄로 진행될 가능성이 없지 않다. 청소년들이 인터넷 음란물 중독에 빠지게 되는 주요 원인으로는 편리하게 새로운 성적인 자극에 대한 욕구를 충족시킬 수 있고, 제재를 받지 않고 성적인 욕구를 자유롭게 표현할 수 있을 뿐 아니라 스트레스를 해소할 수 있기 때문이다(한국정보화진흥원, 2010).

인터넷 음란물 중독은 인터넷 자료들 중에서 노골적이고 음란한 성 관련 내용, 음란한 채팅과 메일에 과다몰입하거나 강박적으로 접속하는 증세를 말한다(김민, 2003). 노골적이고 음란한 성 관련 내용들이란 X등급 이미지, 게임, 동영상, 음란소설, 만화, 음향 등을 포함한다. 인터넷이 갖고 있는 가장 큰 역기능은 음란물의 무분별한 범람과 청소년들이 이에 무방비 상태로 노출되어 있다는 것이다. 이러한 상황에서 청소년들은 성적 충동을 해소하거나 성적 호기심 때문에 음란물 중독에 빠지게 된다(김민, 2003). 최근에는 모바일 휴대전화를 통해서도 성적인 문자 메시지와 음란 동영상을 전송하기도 하고, 휴대전화를 이용해 인터넷에서 다운 받은 음란물을 친구들과 주고받으며 자기와 타인의 음란한 모습을 휴대전화로 촬영하고 인터넷에 유포하는 행동을 하기도 한다(이성식, 2010).

청소년의 인터넷 음란물 중독의 심각한 문제점들을 살펴보면 다음과 같다.

첫째, 음란물에 중독이 되면 충동적으로 모방하고 싶은 욕구가 생기게 되고 이로 인해 일탈적인 성행동을 할 가능성이 커지게 된다(이소희 · 성윤숙, 2001). 음란물 중에서도 폭력적인 음란물에 중독될 경우 성폭력 가해행동을 할 가능성이 증가한다(이성식, 2004). 뿐만 아니라 인터넷이 가지고 있는 대표적인 속성인 비대면성과 익명성으로 인해 다른 사람의 눈치를 보지 않고 자기가 하고 싶은 대로 충동적인 행동을 할 가능성이 크므로, 인터넷상에서 폭력적 음란 메시지를 보내거나 타인의 사적인 사진이나 동영상을 유포하는 등 성폭력 가해행동을 할 가능성이 크다(남정림, 2005).

둘째, 인터넷 음란물 중독이 현실과 사이버상에서의 성비행과 연결될 가능성이 있을 뿐 아니라 청소년들의 일상생활과 학교생활에 큰 지장을 준다. 청소년들이 스트레스를 해소하기 위한 대안적 활동이 없는 상황에서 인터넷 음란물을 보고 상대와 음란한 채팅을 하는 것이 유일한 성적 욕구의 해소방법으로 작용하게 되어 다른 일에 대한 집중력이 떨어지고 결과적으로 일상생활과 학교생활이 어렵게 된다(남영옥, 2004).

셋째, 건강한 심리적 발달에 부정적 영향을 준다. 인터넷 음란물들은 성적 충동을 조절할 능력을 갖추기 이전의 청소년들에게 심리적 충격을 줄 수 있는데, 중독이 심할 경우 음란물 장면을 자주 연상하거나 과도하게 자위행위에 집착하여 죄책감과 신경쇠약 증세를 보일 수 있다(남영옥, 2004). 나아가 청소년기에 발달시켜야 할 가장 중요한 심리적 특성인 자아존중감 발달에 부정적 영향을 미친다(이정윤 · 이명화, 2004).

넷째, 성에 대해 문란하고 왜곡된 정보를 주는 음란물은 청소년의 건전한 성의식 발달을 저해한다. 음란물에 자주 접촉하는 청소년들은 그렇지 않은 청소년들에 비해 왜곡된 성의식을 갖기 쉽고, 왜곡된 성의식은 잘못된 성행동으로 표현될 가능성이 크다(백혜정 · 김은정, 2008).

3) 채팅 중독

채팅 중독은 인터넷의 소셜 네트워크에 접속하면서 하루를 시작하고 모니터를 통해서 다른 사람과 소통하지만, 현실에서는 사회 활동이 감소되고 고립감과 외로움을 경험하는 상태를 말한다(한국정보화진흥원, 2010). 이와 같은 채팅 중독으로 인한 현실에서의 고립감과 외로움은 다시 사이버상에서의 소통으로 빠져드는 악순환을 이루면서 채팅 중독에서 빠져나오기 어렵게 된다.

채팅 중독에 빠져드는 주요 원인은 인터넷상에서 얻을 수 있는 심리적인 지지와 대인 관계 욕구의 충족, 그리고 기분전환 효과 때문이다. 대체로 자존감이 낮거나 자신이 무능력하다는 느낌을 많이 갖고 있는 사람들이 인터넷상에서 이상적인 자아를 형성하여 이러한 느낌에 대한 보상을 얻고자 채팅 중독에 빠질 수 있다(한국정보화진흥원, 2010). 채팅에 중독된 청소년들은 현실의 대인관계에서 습득해야 할 사회적 능력과 문제해결능력에 문제가 있을 수 있다(김병석 · 정은희, 2004).

3. 인터넷 중독의 실태

청소년의 인터넷 중독률은 매해 증가하고 있다(미래과학부 · 한국정보화진흥원, 2016). 여성가족부(2016)에서 10세~19세 청소년을 대상으로 한 조사에 의하면 인터넷 중독 비율이 2014년에는 전체 청소년들의 6.8%가 인터넷에 중독되어 있었으며, 2015년 7.5%, 2016년 7.9%로 매해 꾸준히 증가하였다.

게임 중독 실태 조사결과를 종합해보면 우리나라 청소년의 게임 중독률은 10% 내외라고 볼 수 있다. 전국 초, 중, 고등학생 9,000 여명을 대상으로 게임 중독 실태를 조사한 연구에 의하면(이기봉 · 설수영 · 원형중 · 설민신, 2009) 게임 중독의 위험이 있는 잠재적 위험군과 고위험군의 비율은 중학생 10%, 고등학생 9%, 초등학생 7% 순이었다. 한국정보화진흥원(2013)의 조사에 의하면 우리나라 청소년의 12%가 게임 중독이었다(한국정보화진흥원, 2013).

우리나라 청소년의 게임 중독 실태를 한국청소년정책연구원에서 전국 단위로 조사한 연구에 의하면, 게임 중독 청소년들의 비율뿐 아니라 이들의 게임 시간, 장소와 생활습관에 대한 실태를 알 수 있다(이기봉 · 설수영 · 원형중 · 설민신, 2009). 이 연구에서는 전국 초 · 중 · 고등학생 9,180명을 대상으로 청소년의 게임 사용 관련 설문조사를 실시하였는데, 조사대상 청소년들 중에서 게임 중독의 위험이 있는 잠재적 위험군과 고위험군의 수는 9.0%였고, 중학생 9.8%, 고등학생 9.3%, 초등학생 7.4% 순으로 많았다.

청소년들의 게임 시간에 대한 조사결과를 살펴보면 조사대상 청소년들의 11.9%가 평일에, 그리고 29.9%가 일요일이나 공휴일에 하루 평균 2시간 이상 게임을 하였다. 이렇게 게임을 지속하는 시간이 길수록 게임 중독 수준이 높았다. 게임을 하는 장소도 게임 중독 청소년들의 경우는 일반 청소년과 좀 달랐는데, 조사대상 청소년들 중 85.6%가 집에서 게임을 하는 반면, 게임 중독 수준이 높은 청소년들은 PC방에서 주로 하였다. 또한 게임 중독 수준이 높은 청소년들은 그렇지 않은 청소년에 비해 여가활동을 가족과 함께 보내는 비율이 낮았고, 여가활동을 친구나 가족보다는 혼자 보내기를 희망했다.

다음은 음란물 중독 실태이다. 청소년들의 인터넷 음란물 중독 실태를 알기 위해 인터넷 음란물에 접하거나 중독된 청소년들의 특성은 어떠한지 그리고 그 비율은 어느 정도 되는지 살펴보기로 하자. 음란물에 자주 접하거나 중독 행동을 보이는 청소년들은 성의식과 대인관계가 부정적이었는데(이정윤 · 이명화, 2003) 성기 중심적인 인식으로 성을 이해하고 비도덕적인 성의식을 가지고 있으며 친구관계에서 소외감을 느끼고 학교생활에서 규칙을 지키지 않는 특성을 보였다.청소년들의 인터넷 음란물 중독 실태를 알기 위해 인터넷 음란물에 접하거나 중독된 청소년들은 어느 정도 되는지 그들의 특성은 어떠한지 살펴보기로 하자.

전국 중 · 고등학생 16000여명을 대상으로 실시한 조사에 의하면(여성가족부, 2010), 인터넷 상의 음란물을 최초로 접하게 되는 때는 중학교 시기가 가장 높았다. 1/3 이상이 초등학교 시기부터 인터넷 게임을 통해서 음란물을 접한 경험이 있으며 남학생의 반 이상, 여학생의 1/5 정도가 인터넷 상의 음란물을 한 달에 한두 번 이상 접하고 있다. 음란물에 자주 접촉할수록 중독에 빠질 가능성이 있으므로 음란물 접촉 빈도를 눈여겨 보아야 할 것이다. 중학생을 대상으로 인터넷 음란물 중독 비율을 조사한 연구에 의하면(남영옥, 2005), 남학생의 11%, 여학생의 2%가 경미한 정도에서 중증 정도까지 중독되었다. 이른 시기에 많은 수의 청소년 들이 음란물을 접하고 있다는 점은 다른 연구들에서도 보고되고 있다(김혜자 · 심미정, 2014). 또한 여학생에 비해서 남학생의 음란물 중독 비율이 높은 결과는 다른 연구들에서도 확인되고 있다(이정민 · 김미리혜 · 김정호, 2011; 이정윤 · 이명화, 2003).

4. 인터넷 중독 관련 요인

인터넷 중독은 인터넷이 갖고 있는 매력적인 요인과 개인의 인구학적, 심리적, 환경적 요인이 상호작용하여 발생한다(김동일 · 김동민 · 고영삼 · 엄나래, 2008; 이은경 · 장미경 · 전인식, 2015; 한국정보문화진흥원, 2008). 인터넷이 가지고 있는 매력적 요인은 접근용이성, 통제감, 흥미감으로 요약된다(한국정보문화진흥원, 2008).

첫째, 인터넷 세상에서는 시간적 · 공간적 제한을 받지 않고 24시간 언제든 원하는 콘텐츠에 접속하여 즉각적으로 만족을 추구할 수 있다. 바로 접근용이성이다.

둘째, 마음대로 할 수 없는 현실세계와 다르게 인터넷 상에서는 원하는 경험을 할 수 있고, 영향력을 행사할 수 있을 뿐 아니라 원하는 정보를 손쉽게 얻을 수 있어서 다른 사람에게 의지하지 않고서도 많은 일을 해결할 수 있다. 이러한 경험을 통해 현실세계에서는 갖기 쉽지않은 통제감을 느낀다.

셋째, 인터넷은 항상 새롭고 빠르게 변화하고 유희적인 경험을 제공하는 공간이다. 즉 흥미감이라는 특성을 말한다. 이와 같이 현실세계에서 좀처럼 갖기 어려운 특성인 접근용이성, 통제감, 흥미감을 인터넷이란 공간이 제공하기 때문에 이용자들은 인터넷에 빠질 가능성이 크다.

그런데 인터넷이 갖고 있는 이러한 매력적인 특성이 인터넷 중독을 유발하는 절대적인 요인은 될 수 없다. 왜냐하면 인터넷을 사용하는 사람이 모두 인터넷 중독자가 되는 것은 아니기 때문이다. 일반적으로 인터넷 환경은 모든 사람들에게 비슷한 정도의 사용 기회를 부여하는데, 만일 어떤 사람들이 유독 중독 수준의 사용 양상을 보인다면 이들 고유의 개인적, 환경적 특성이 인터넷 중독을 이끄는 주요한 변수가 될 것이다(한국정보문화진흥원, 2008, p. 9). 인터넷 중독의 원인을 알기 위해서 인터넷 중독자들의 개인적, 환경적 특성을 파악하거나 일반 사용자와 인터넷 중독자의 차이를 비교한 연구들이 많이 진행되었다. 인터넷 중독과 관련된 개인적인 특성으로는 성별이나 연령과 같은 인구학적 특성과 충동성이나 자기조절력, 공격성, 자아존중감, 자기도피 성향과 우울감 등의 심리적 특성이 있다. 환경적인 특성으로는 가족이나 친구 등 중요한 사람들의 사회적 지지나 인터넷 사용에 대한 태도가 있다. 이러한 내용들을 구체적으로 살펴보기로 하겠다.

1) 인터넷 중독 관련 개인적 특성

(1) 성별과 연령

청소년 인터넷 중독과 관련된 대표적인 개인적 요인은 성별과 연령이다. 청소년의 인터넷 중독자 비율은 남자가 여자보다 높다(김은정, 2005; 김혜원, 2002; 이경님, 2004; 이기봉 외, 2009; 전호석 · 장승옥, 2014). 청소년 인터넷 중독자의 많은 수가 게임 중독인데, 게임은 주로 남성 취향적인 특성이 많아 여자 청소년보다는 남자 청소년들이 더 과도하게 몰두하기 때문이다(김은정, 2005). 연령차도 보이는데 주로 중학생이 초등학생이나 고등학생보다 게임 중독 비율이 높다(김은정, 2005).

(2) 충동성과 자기조절력

충동성이란 생각 없이 행동하고 성급하게 결정하며, 더 큰 만족을 위해서 욕구를 지연시키는 능력이 부족한 특성을 말한다. 자기조절력은 일상생활에서 자신 또는 타인에게 피해를 주지 않도록 스스로를 조절하는 능력을 말한다(이해주 · 이미리 · 모경환, 2006, p. 143). 충동성이 높거나 자기조절력이 낮은 사람들은 현실에서 더 큰 만족을 추구하기 위해 참고 기다리기보다는 사이버 공간에서 즉각적인 만족을 추구하게 된다.

인터넷에 중독된 청소년들은 그렇지 않은 청소년들에 비해 충동적이며 자기조절력이 떨어진다는 연구결과들이 많이 보고되고 있다(남영옥, 2005; 류진아 · 김광웅, 2004; 이은경 · 장미경 · 전인식, 2015). 충동성이 높으면 생각이나 욕구를 조절하기 어렵고 구체적인 계획을 세우기 어렵다. 이러한 특성이 강한 사람은 즉각적인 욕구 충족을 위해서 인터넷 게임이나 채팅에 몰입하게 될 가능성이 크며, 인터넷 사용으로 어려움이 생겨도 절제가 힘들어지고 결국은 중독에 빠질 수 있다.

(3) 공격성

공격성은 인터넷 중독의 결과이자 원인이다. 장기간에 걸쳐 폭력적인 인터넷 게임을 많이 한 청소년들은 실생활에서도 공격성이나 공격적 행동이 증가하고, 이러한 욕구를 해결하기 위해서 게임을 더 많이 하게 된다(권재환 · 이은희, 2005; 김은정, 2005). 폭력적 게임을 장시간 반복하게 되면 공격성과 관련된 사고 구조가 학습되고 강화되어 실생활에서 갈등 상황에 접하게 되면 공격적인 행동을 할 가능성이 커진다. 이러한 공격성을 마음껏 표출할 수 있는 공간이 인터넷 게임이다. 게임 속의 인물을 자신과 동일시하고 그 인물을 통해 공격적 행동을 할 수 있다. 게임이 갖고 있는 이러한 특성은 청소년들을 게임에 중독되게 하는 매력있는 유인 요인이다.

(4) 자아존중감

게임 중독 초, 중, 고등학생들을 대상으로 실시한 연구결과들에 의하면 인터넷 중독 특히 게임 중독 청소년들은 자아존중감이 낮았다(박승민 · 김은하 · 강민철, 2013; 강희양 · 손정락, 2010; 이기봉 외, 2009). 자아존중감이 낮은 사람들에게 사이버 공간은 현실과 다른 자신을 개발하고 이를 통해 자아존중감을 회복할 수 있기 때문에 매우 매력적인 공간이다(이수진 · 박중규 · 홍세희, 2005). 사이버 공간에서는 현실에서의 나와는 다른 나로서 행동할 수 있고, 이러한 행동으로 인한 성취 경험을 통해 자아존중감을 회복하고자 하는 보상심리가 작용하여 인터넷에 지나치게 몰입하게 되고 이러한 지나친 몰입은 중독으로 연결될 가능성이 크다(이형초 · 안창일, 2002).

(5) 자기도피

인터넷을 사용하고 있는 동안은 자신의 문제를 잊고 일시적으로 안정을 찾을 수 있으나, 이러한 회피적인 대처 행동 때문에 현실에서는 해결되지 않은 자신의 문제가 여전히 존재하고 이를 회피하고자 다시 인터넷에 몰입하게 되는 악순환을 경험할 수 있다. 1,200여 명의 중학생을 대상으로 청소년의 자기도피 성향이 인터넷 중독의 유발 및 지속과 관계가 있는지 분석한 연구에 의하면(권정혜, 2005) 자기도피성향이 인터넷 중독의 유발뿐 아니라 지속과 가장 밀접하게 관련되어 있었다. 자기도피는 자살이나 중독 등 자기파괴적인 행동이 나타나는 일련의 과정으로 설명될 수 있다. 청소년들은 자신의 기대와 현실 간의 괴리가 커서 우울감을 느낄 때 이로부터 벗어나기 위해 혹은 잠시 잊기 위해 자기파괴적인 행동을 하는 경우가 많기 때문에, 약물 중독이나 게임 중독 혹은 자살과 같은 자기파괴적인 행동을 5단계로 설명한 자기도피 행동으로 설명할 수 있다(신민섭, 1992).

1단계는 기대와 현실 간의 괴리를 느끼는 단계이다. 자신의 기대 수준에 비해 현실이 이에 따르지 못할 때 기대와 현실 간의 괴리감을 느끼게 된다. 2단계는 그 이유를 자기 탓으로 돌려서 자기를 비난하는 단계이다. 3단계는 모든 관심이 자기 자신으로 맞춰져 자신에 대한 고통스런 지각이 극대화되는 단계이다. 4단계는 이로 인해 부정적인 감정이 생겨나는 단계이다. 5단계는 이러한 고통스런 감정이나 생각을 없애줄 강력한 수단을 갈구하게 되고, 그 과정에서 내적 억제력이 약화되고 정신 기능이 협소화되면서 극단적이고 파괴적인 행동을 하게 된다.

(6) 우울감

우울감이 인터넷 중독의 중요한 원인이 된다는 연구결과들이 보고되고 있다(고영삼 · 엄나래, 2007; 서인균 · 이연실, 2017; 정민, 2015). 인터넷 중독 청소년들의 우울증 수준이 그렇지 않은 청소년들에 비해서 높았다. 이는 우울감이 심한 청소년들이 인터넷에 중독될 가능성이 큼을 시사하는 것이기도 하다. 청소년기의 우울증은 성인기 우울증과는 다르게 슬프거나 우울한 기분보다는 변덕스러운 행동과 과민한 기분을 보이고, 두통이나 복통과 같은 신체적 증상을 호소하는 경우가 많으며, 사회적 활동에 위축된 행동을 보인다(황순길 외, 2010). 이렇게 사회적 활동에 위축감을 느끼게 되면 대인관계에 대한 불안감을 갖게 된다.

대인관계에서 사회적 지지를 받지 못하는 청소년이 사이버 공간에서 만난 사람들에게 사회적 지지를 얻을 때 그들에게 친밀감을 느끼게 되어 인터넷상의 대인관계에 빠져들게 된다. 이렇게 현실의 대인관계에서 불안감이나 우울감을 느끼는 사람은 스스로 고립되거나 다른 사람과 관계맺기를 피하게 되는데, 이러한 도피의 수단으로 인터넷을 이용하는 경우 중독 현상을 보일 수 있다. 인터넷상에서 갖는 타인과의 관계에는 불안감이 적고, 특히 익명성을 이용해서 자신을 드러내고 지지를 받을 수 있기 때문에 인터넷에 중독될 가능성이 크다(한국정보문화진흥원, 2008, p. 10).

또한 인터넷 사용시간이 증가할수록 우울감이 증가한다고 볼 수도 있다. 인터넷을 지나치게 오래 사용한 결과로 실생활에서의 대인관계가 위축되고, 이로 인해 사회적으로 고립됨으로써 우울감이 증가할 수 있다(Young & Rodgers, 1997). 즉, 현실에서 우울한 사용자가 인터넷을 과다 사용하게 되는 것인지, 아니면 인터넷을 과다 사용한 결과로 우울한 상황에 놓이게 되는 것인지, 그 방향성은 아직까지 확실하지 않지만 우울감과 인터넷 중독의 관련성은 매우 의미있다 (김동일 외, 2008).

인터넷 중독에 빠지기 쉬운 위험성을 갖고 있는 청소년들의 특성을 〈표 7-3〉에 제시하였다(김현수 · 이은재 · 임연정, 2002). 8가지 특성은 인터넷 중독 관련 심리적 특성을 요약한 것이다.

〈표 7-3〉 인터넷 중독 위험성이 있는 청소년의 특성

1. 학업 부진으로 학업에 대한 흥미를 잃음
2. 친구를 사귀지 못하고 사회성이 적음
3. 스트레스가 많고 부모에 대한 부담감을 많이 갖고 있음
4. 외로움을 잘 느끼고 자기 표현을 잘 하지 못함
5. 주의력 결핍, 과잉행동장애의 병력이 있거나 충동적임
6. 가족을 비롯한 주변환경으로 인해 우울감을 느낌
7. 경쟁적이고 승부욕이 지나치게 강함
8. 지능은 우수하지만 감성적인 발달이 지연

출처: 김현수, 이은재, 임연정(2002). p.30.

2) 인터넷 중독 관련 환경적 특성

(1) 부모의 영향

부모가 부정적인 양육태도를 가지거나 갈등이 많은 가족관계 속에서 자라는 청소년들의 경우 그렇지 않은 청소년들에 비해서 인터넷 중독 가능성이 높다(김재엽 · 뭉크나릉 · 최선아, 2017; 류진아 · 김광웅, 2004; 이기봉 외, 2009; 장미경 · 이은경, 2007). 선행연구 결과들에 의하면 인터넷에 중독된 청소년들의 경우 부모의 태도가 거부적이거나 통제적이고 가족의 응집력이나 적응력이 낮고 부모와의 의사소통이 원활하지 않았다. 뿐만아니라 부모와의 대화에 있어서 정서적인 교감이 부족하고, 부모의 여가시간 부족으로 가족이 함께 하는 활동이 거의 없어 부모와 의사소통의 기회가 적어 원만한 가족관계를 형성하지 못하고 있었다. 이러한 이유에 대해서 부모와의 부정적인 관계가 청소년들에게 스트레스가 되고 스트레스를 해소하기 위해서 인터넷상에서 도피처를 만들기 때문이라고 연구자들은 해석하고 있다. 가상공간의 게임 속에서 자신의 욕구를 마음껏 표현함으로써 만족감을 느끼고 정서적인 지지를 얻기도 함으로써 쉽게 게임에 몰입하게 된다(장미경 · 이은경, 2007).

이러한 일반적인 양육태도뿐 아니라 청소년의 인터넷 사용에 대한 부모

의 태도도 청소년 인터넷 중독 여부와 관련이 있다(권재환 · 이은희, 2005; 류진아 · 김광웅, 2004; 조한익 · 이경호, 2009). 선행연구들에 의하면 부모가 청소년의 인터넷 사용에 대해 부정적인 태도를 갖고 있거나 지나치게 간섭할 때 자녀의 인터넷 사용 습관에 대해 역효과를 가져와서 자녀의 인터넷 중독 수준이 높아진다고 한다. 그러나 부모의 부정적인 태도나 지나친 간섭이 자녀가 인터넷에 중독되는 원인이 되기도 하지만 자녀가 지나치게 인터넷에 몰입하기 때문에 부모의 통제와 감독이 수준이 높아지는지는 원인이 될 수도 있다. 부모가 자녀 인터넷 사용에 대해서 방치하거나 방임하는 태도 역시 자녀의 무절제한 사용으로 인한 피해를 초래할 수 있는데, 집에서 가족 구성원들의 통제를 받지 않고 혼자서 컴퓨터를 독점하는 청소년들이 인터넷 중독의 위험성이 높았다(이은경 · 장미경 · 전인식, 2015; 류진아 · 김광웅, 2004; 장미경 · 이은경, 2007). 따라서 청소년의 인터넷 사용에 대한 부모의 개입은 허용과 통제 간의 균형이 중요하다.

(2) 친구의 영향

청소년기는 부모로부터 독립하고자 하는 욕구가 강해지고 친구와 또래관계의 영향을 많이 받는 시기이다. 친구의 수나 친구관계의 질이 인터넷 중독과 관련이 있다(김혜원, 2001; 박성길 · 김창대, 2003; 이숙 · 남윤주, 2004; 이혜경, 2002). 친구의 수가 적을수록 친구관계에 대한 만족도가 낮을수록 인터넷 중독 수준이 높았다. 이러한 현상에 대해서 현실생활의 친구관계에서 불편함을 느끼고 고립감이나 외로움을 느끼는 청소년들이 인터넷 공간에서 보장되는 익명성과 다른 사람으로 행동할 수 있는 다중정체성으로 인해 실생활에서 억압된 감정과 자신의 감추어진 면을 표현하는 것이 가능하기 때문에 인터넷상의 대인관계나 혹은 게임에 몰입하게 된다고 전문가들은 해석하고 있다.

또한 인터넷 사용에 대한 또래 문화의 영향이 인터넷 과다 사용을 부추길 수도 있다. 청소년을 대상으로 한 사이버 상담 사례에 대한 분석을 통해서 인터넷 과다 사용을 불러일으키는 위험요소를 분석한 연구에 의하면,

친구들과의 대화에서 인터넷 게임 등에 관한 주제를 주로 다루게 되며, 친구들이 요구하는 경우 싫어도 어쩔 수 없이 게임을 배우게 된 것이 인터넷 중독의 원인이 되었다고 보고한 사례들이 있었다. 즉, 친구들이 인터넷 게임을 사용하도록 분위기를 조장하는 압력요인이 되었다(박성길 · 김창대, 2003; 이은경 · 장미경 · 전인식, 2015).

청소년기는 친구와 또래를 준거집단으로 하여 자아정체감을 발달시키고자 하는 시기이기 때문에 친구로부터 얻는 지지나 이해가 중요하여 친구에 대한 동조성이 증가한다. 이러한 맥락에서 청소년기 게임 중독 여부도 친구들의 게임에 대한 가치 부여나 몰입에 의해 영향을 받는다고 설명할 수 있다. 즉, PC방을 자주 드나들거나 인터넷 게임을 함께 하는 친구가 많은 경우 인터넷 중독에 빠져들 위험성이 있다.

(3) 학교와 지역사회 환경의 영향

학교적응 수준이나 학교 환경에 대한 지각이 인터넷 중독과 의미 있는 관계가 있다. 선행연구에 의하면 학교폭력의 가해와 피해 경험을 모두 가진 집단의 청소년들이 피해와 가해 경험 중 하나를 가지고 있거나 학교폭력 경험이 없는 집단의 청소년들에 비해서 인터넷 중독 수준이 높았으며(장윤지, 2006), 학교를 재미없고 야단맞는 곳으로만 인지하는 청소년들은 그렇지 않은 청소년들에 비해서 인터넷 중독 수준이 높았다(황재원, 2011).

지역사회 환경도 청소년들의 인터넷 중독 수준과 의미 있는 관계를 보인다는 연구결과가 있다(배성만, 2015; 손선옥, 2016; 황재원, 2011). 지역사회에 문화시설이 많고 유흥가나 윤락가 등의 청소년 유해환경이 적으며, 이웃 간에 협력적인 분위기가 활성화된 지역에서 자란 청소년들의 인터넷 중독 수준이 그렇지 않은 청소년들에 비해 더 낮았다. 또한 봉사활동을 비롯한 지역사회 참여활동을 통해 청소년들의 인터넷 중독률을 낮추는 효과가 있었다. 이러한 결과들은 청소년의 인터넷 중독의 원인은 개인이나 가족에 국한된 문제가 아니라, 학교와 지역사회 차원에서 해결에 대한 관심을 가져야 할 필요가 있음을 시사한다.

5. 인터넷 중독에 대한 대처 방안

인터넷 중독과 관련된 심리적, 환경적 특성에 대한 정보를 바탕으로 여러 가지 대처 방안이 제시되고 있다. 앞에서 살펴본 바와 같이 청소년 인터넷 중독의 원인은 청소년 개인의 문제에 국한된 것이 아니라 가족과 친구, 학교, 그리고 사회 환경과 관련된 문제라는 인식을 바탕으로 청소년의 인터넷 중독을 예방하고 치료하기 위한 방안이 제시되고 있다.

류진아와 김광웅(2004)은 청소년의 인터넷 중독과 관련된 개인적, 환경적 요인을 열거하면서 다음과 같은 대처 방안을 제시하고 있다. 첫째, 청소년에게 가상과 현실을 구분하는 것에 초점을 둔 인터넷 중독에 대한 교육과 지도가 필요하다. 둘째, 부모가 청소년들을 수용적이면서 자율적으로 대하고 청소년들이 올바르게 인터넷을 이용할 수 있게 현실적으로 지도할 수 있도록 하는 부모교육이 필요하다. 셋째, 청소년의 심리적 외로움과 대인관계 문제에 관심을 가지고 인터넷 중독 청소년에 대한 심리적 상담을 지원해야 한다. 넷째, 학교에 적응하지 못하는 청소년들의 진로와 생활지도에 관심을 가져야 한다. 다섯째, 지역사회에서는 청소년들의 PC방 이용을 제한하고 정부에서는 정책적으로 청소년에게 유해한 인터넷 환경을 규제해야 한다. 이상의 대처방안들을 보면 개인, 가족, 지역사회, 국가의 범위를 모두 포함하고 있다.

개인이나 기관 혹은 정책적 차원에서 제시되거나 실행되고 있는 청소년 인터넷 중독 대처방안들의 몇 가지 사례를 살펴보기로 하자.

첫째, 인터넷 중독과 관련된 개인의 심리적 특성에 초점을 맞춘 개인 상담 혹은 집단 상담 프로그램이 개발되고 효과가 검증되고 있다(권희경 · 권정혜, 2002; 배성만, 2015; 손선옥, 2016; 이은경 외, 2015; 황순길 · 이형초 · 조규필 · 오혜영 · 두진영 · 이윤희, 2010). 인터넷 중독과 관련된 심리적 특성은 앞에서 살펴본 바와 같이 충동성, 자기조절력, 우울감, 자아존중감 등이다. 인터넷 중독을 치료하기 위한 청소년 대상 프로그램들은 주로 충동성이나 우울감을 치료하고 자기조절력이나 자아존중감을 발달시키는 데 초점을 두고 있다. 인터넷 중독에 대한 심리적 교육, 인터넷 사용 시간이나 자신의 심리상태를 기록하는 자기 감찰, 인터넷을 사용하는 자신의 행동을 통제하는 방법, 인터넷 사용 시간을 줄이는 시간 관리 기술, 인터넷 대신 다른 생산적인 활동을 하도록 돕는 등의 활동을 주 내용으로 하는 인터넷 사용조절 프로그램을 예로 들 수 있다.

둘째, 부모교육의 필요성이 제기되고 있다. 청소년들의 인터넷 과다사용 문제 뿐 아니라 인터넷 중독 문제의 해결을 위해서 부모교육을 실시한 결과 효과가 있었다는 연구결과들이 보고되고 있다(이기봉 외, 2009; 이은경 외, 2015; 정경자 · 김정희 · 김동원, 2009; 황순길 · 이형초 · 조규필 · 오혜영 · 두진영 · 이윤희, 2010). 부모의 부정적인 양육태도나 부모와의 의사소통 부족 혹은 부모와의 관계에서 경험되는 갈등 등이 청소년의 인터넷 중독과 관련이 있었다. 뿐만 아니라 청소년의 컴퓨터 사용 습관에 대한 무관심 혹은 방임적 태도가 청소년의 인터넷 중독 발생과 관련이 있었다. 그러므로 긍정적인 부모 자녀 관계나 가족 관계를 발달시키기 위한 부모교육이 필요하다. 청소년정책연구원에서 청소년의 게임 중독을 예방하기 위한 부모교육에서 다루어야 할 내용들로 인터넷 게임의 종류, 자녀들이 게임에 중독되는 원인, 자녀와 원활하게 의사소통하는 방법, 부모 자녀 관계를 돈독히 할 수 있는 전략 등이 강조되고 있다.

셋째, 의사소통 능력의 향상과 사존감의 항상을 통해 가족 구싱원 간의 관계에 긍정적인 변화를 유도하여 청소년의 인터넷 중독 문제를 해결하고자 하는 가족상담 프로그램이 개발되고 효과가 검증되고 있다. 인터넷 중독 청소년들을 대상으로 가족의 역기능과 문제를 이해하고 통찰할 수 있도록 도움으로써 가족관계를 재형성하는 데 중점을 둔 가족상담 프로그램을 통해 인터넷 중독의 치료에 효과를 본 연구들이 보고되고 있다(박경애 외, 2007).

넷째, 인터넷 중독과 관련된 개인적, 심리적 성향에 초점을 맞춘 개인 및 집단상담, 부모교육, 가족상담 등을 통합한 절충적인 프로그램의 필요성이 제기되고 있으며 효과가 검증되고 있다. 대표적인 예로 한국청소년상담복지개발원에서는 2007년부터 인터넷 중독 고위험군 청소년을 대상으로 '인터넷 RESCUE 스쿨'이라는 기숙형 치료학교 프로그램을 운영하고 있다. 이 프로그램은 개인상담, 집단상담, 부모교육, 가족상담 그리고 대안 활동이나 수련활동, 야영 등을 포함한 내용으로 구성되어 있으며 11박 12일간 진행된다. 이 프로그램에 참여한 청소년과 부모를 대상으로 효과를 검증한 연구에 의하면 청소년의 인터넷 사용에 대한 생각, 부모와의 의사소통, 자기조절능력에 있어서 긍정적인 변화가 있었고 프로그램에 참여한 청소년들의 80%가 인터넷 사용시간이 감소하는 효과를 보았다(황순길 외, 2010).

청소년상담복지개발원의 RESCUE 스쿨을 다른 관련 기관과 연계하여 인터넷 중독 청소년을 찾아내고 치료하고 사후관리까지 하는 통합적인 지원 서비스가 제공되고 있다. 여성가족부에서는 교육부, 지자체, 정신건강증진센터, 건강가정지원센터, 그리고 청소년 단체와 학부모 단체 등 다양한 기관과의 협력을 통해서 청소년 인터넷 중독의 예방과 해결을 위한 상담 및 치료 서비스를 제공하고 있다. 인터넷 중독을 진단하여 지역사회의 상담시설이나 병원을 연계해주고 치료비도 일정액 지원해주는 서비스, 여성가족부, 청소년상담복지개발원, 청소년상담복지센터, 국립청소년인터넷드림마을 주관으로 11박12일 기숙형 인터넷치유캠프와 가족치유캠프 제공 서비스 등을 제공하고 치유프로그램 종료 후에도 참가 청소년들을 대상으로 청소년동반자(youth companion)를 통해 치유효과가 지속되도록 사후관리 서비스를 제공하고 있다(여성가족부, 2016).

다섯째, 정책적 차원에서도 청소년의 인터넷 중독을 예방하거나 치료하기 위해 많은 일들이 진행되고 있다. 한 예로 청소년의 인터넷 게임 중독을 예방하기 위해 마련된 청소년인터넷게임건전이용제도 일명 셧다운(shutdown)제도가 실시되고 있다. 셧다운제도는 2011년 5월 19일 「청소년보호법」 개정안에 따라서 2011년 11월 20일부터 시행된 제도로 16세 미만의 청소년에게 오전 0시부터 오전 6시까지 심야 6시간 동안 인터넷 게임 제공을 제한하는 제도이다. 인터넷 게임을 서비스하는 업체는 이 시간대에 청소년의 게임 이용을 강제로 원천 차단해야 하며, 인터넷을 이용하는 PC 온라인게임과 CD를 통해 접속하는 PC 패키지게임에 우선 적용되고 있다.

학습 정리

1. 인터넷 중독의 개념

- 골드버그의 인터넷 중독 진단 기준에 의하면 인터넷 중독의 증상은 내성, 금단, 인터넷 사용에 대한 자기조절 능력 상실, 일상생활의 지장 등을 포함한다.
- 인터넷 중독은 목적 없이 인터넷을 사용하면서 인터넷 사용에 대한 조절능력을 상실하고 내성에 의해 지속적으로 사용이 증가하며 금단 증상, 강박적 집착 또는 의존 등의 문제적 징후가 나타나 신체적, 사회적, 직업적, 심리적 문제를 현실적으로 일으키는데도 불구하고 문제로 인식하지 못하고 지속적, 강박적, 의존적으로 사용하게 되는 것이다.

2. 인터넷 중독의 유형

- 인터넷 중독은 크게 게임 중독, 음란물 중독, 그리고 채팅 중독으로 분류할 수 있다.
- 인터넷 중독의 종류 중에서도 청소년들에게 가장 많이 나타나고 일상생활 적응에 심각한 부정적인 영향을 미치므로 각별한 주의가 요구되는 중독 유형은 게임 중독이다.
- 인터넷 음란물 중독은 인터넷 공간에서 음린물을 보고 성인 채팅방을 통해 사이버 섹스에 몰입하는 등의 행동을 지속적으로 하는 경우이다.
- 채팅 중독은 인터넷의 소셜 네트워크에 접속하면서 하루를 시작하고 모니터를 통해서 다른 사람과 소통하지만 현실에서는 사회 활동이 감소되고 고립감과 외로움을 경험하는 상태를 말한다.

3. 인터넷 중독 실태

- 인터넷을 과다 사용하는 청소년들은 인터넷을 통해 주로 게임을 많이 하고 그로 인해 학교생활 부적응, 성적 저하, 독서시간의 감소, 정서적 혹은 대인관계의 문제 등을 보인다. 청소년의 인터넷 중독자 비율은 남자가 여자보다 높다.

• 전국 중 · 고등학생 16,572명과 비행, 가출, 학교부적응의 문제를 보이는 위기청소년 1,972명을 대상으로 실시한 조사에 의하면 중 · 고등학생 중 남자의 56%, 여자의 18%, 위기청소년 중 남자의 62%, 여자의 36%가 온라인상의 음란물을 경험하고 있다(여성가족부, 2010).

4. 인터넷 중독 관련 요인

• 인터넷의 특성인 접근용이성, 통제감, 흥미감은 청소년의 인터넷 중독을 유발하는 요인이다.
• 인터넷 중독을 유발하거나 지속시키는 청소년의 심리적인 특성은 충동성, 자기조절력의 부족, 공격성, 낮은 자아존중감, 자기도피 성향, 우울감 등을 포함하고 환경적인 특성은 가족이나 친구 등 중요한 사람들의 사회적 지지 부족, 학교와 지역사회의 부정적인 특성을 포함한다.

5. 인터넷 중독에 대한 대처 방안

• 청소년 인터넷 중독은 청소년 개인의 문제에 국한된 것이 아니라 가족과 친구, 학교, 그리고 사회 환경과 관련된 문제라는 인식을 바탕으로 이를 예방하고 치료하기 위한 방안이 제시되어야 한다.
• 청소년의 충동성과 우울감의 치료 및 자기조절력과 자아존중감 향상을 통한 인터넷 중독 치료 프로그램들이 개발되어 실시되고 있다.
• 청소년 인터넷 중독은 부모의 부정적인 양육태도나 부모와의 의사소통 부족 혹은 부모와의 관계에서 경험되는 갈등과 관련이 있기 때문에 긍정적인 부모 자녀 관계나 가족 관계를 발달시키기 위한 부모교육 프로그램이 시행되고 있다.
• 인터넷 중독 문제를 해결하기 위한 셧다운제도, 여성가족부의 통합적 상담 및 사후관리 지원 서비스가 시행되고 있다.

참고문헌

강희양 · 손정락(2010). 청소년의 인터넷 중독과 게임 중독에 대한 자존감 향상 인지행동치료 효과. 한국심리학회지: 건강, 15(1), 143-159.

고영삼 · 엄나래(2007). 청소년 인터넷중독 특성 분석-KADO 내담자를 중심으로-. 한국정보문화진흥원.

곽금주(2004). 컴퓨터 게임과 아동 청소년 발달과의 관련성 연구개관. 한국심리학회지: 사회문제, 10, 특집호, 147-175.

권재환 · 이은희(2005). 판별분석을 이용한 게임 중독 청소년들의 심리적 사회환경적 특성 예측. 한국심리학회지: 건강, 10(1), 95-112.

권희경 · 권정혜(2002). 인터넷 사용조절 프로그램의 개발 및 효과검증을 위한 연구. 한국심리학회지: 임상, 21(3), 503-514.

김동일 · 김동민 · 고영삼 · 엄나래(2008). 청소년 인터넷 중독 자가진단척도 고도화. 한국정보문화진흥원.

김민(2003). 청소년들의 인터넷 중독과 사이버섹스 중독 실태 연구. 청소년복지연구, 5(1), 53-84.

김병석 · 정은희(2004). 인터넷 채팅중독 청소년의 공격성, 사회적 지지 지각, 인지적 대인문제 해결능력간의 관계. 청소년상담연구, 12(1), 91-99.

김성수 · 조도근(2004). 청소년의 인터넷 서비스 유형별 사용 정도와 인터넷 중독하위 요인간의 관계. 한국청소년연구, 15(2), 355-384.

김연주(2012. 1. 2). 부모는 일터로 성적은 바닥으로 게임 속으로 도망가는 아이들. 조선일보.

김은정(2005). 폭력적 컴퓨터 게임과 공격적 비행, 인터넷 비행 및 인터넷 게임 중독과의 관계: 청소년을 중심으로. 한국심리학회지: 임상, 24(2), 359-377.

김재엽 · 뭉크나릉 · 최선아(2017). 부부폭력 노출경험이 청소년의 음란물 이용에 미치는 영향: 우울/불안의 매개 효과. 청소년복지연구, 19(3), 211-230.

김철중(2012. 1. 19). 인터넷에 빠지면 뇌 전두엽 발달장애…. 조선일보.

김현수 · 이은재 · 임연정(2002). 청소년들의 인터넷 피해 예방을 위한 상담가용 지침서. 인터넷 피해 청소년지원센터.

김혜원(2001). 청소년 인터넷 중독현상: 인터넷 중독의 현황 파악과 관련 변인 분석. 청소년학연구, 8(2), 91-117.

김혜자 · 심미정(2014). 청소년의 인터넷 음란물 접촉에 따른 성의식과 이성교제태도. *Journal of Digital Convergence, 12*(5), 367-376.

남영옥(2004). 청소년의 사이버섹스 중독과 성비행의 심리사회적 변인. 청소년학연구, 11(1), 167-192.

남영옥(2005). 중학생의 인터넷 중독, 게임 중독, 음란물 중독의 심리사회적 특성 비교. 청소년학연구, 12(3), 363-388.

남정림(2005). 인터넷 게시판상의 성폭력의 특성과 합리화 메카니즘. 한국여성학,

21(3), 39-66.

류진아 · 김광웅(2004). 청소년의 인터넷 중독에 영향을 미치는 생태체계 변인. 청소년상담연구, 12(1), 65-80.

미래과학부 한국정보화진흥원(2016). 2016 인터넷 과의존 실태조사. 미래과학부 한국정보화진흥원.

박경애 · 이화자 · 김옥희 · 김희수 · 고영삼 · 이은실(2007). 인터넷중독 가족상담 프로그램개발 연구. 한국정보문화진흥원.

박성길 · 김창대(2003). 청소년 인터넷 과다 사용의 위험요소 분석. 청소년상담연구, 11(1), 84-95.

박승민 · 김은하 · 강민철(2013). 청소년의 인터넷 중독 수준 변화에 대한 잠재계층 분석과 잠재계층 분류에 대한 영향요인 탐색. 상담학연구, 14(5), 2987-3002.

박진영(2012. 2. 6). 게임 또 다른 마약(6): 게임 속에서 현실로 뛰쳐나온 '현피'. 조선일보.

배성만(2015). 성별에 따른 청소년 인터넷 게임 중독의 관련 요인. 청소년학연구, 22(8), 385-405.

백혜정 · 김은정(2008). 청소년 성의식 및 행동 실태와 대처방안 연구. 한국청소년정책연구원.

서인균 · 이연실(2017). 청소년기 스마트폰 중독이 자살생각에 미치는 영향: 사회적 지지의 조절효과. 미래청소년학회지, 14(3), 69-89.

성윤숙 · 이소희(2003). 게임방 청소년의 사이버 일탈 과정에 관한 문화기술적 연구. 아동학회지, 24(3), 109-134.

손선옥(2016). 학업스트레스가 컴퓨터 게임 과몰입에 이르는 경로: 사회참여와 부모자녀관계의 매개효과와 성별 차이. 청소년학연구, 23(11), 217-243.

신민섭(1992). 자살기제에 대한 실증적 연구: 자기도피 척도의 타당화. 연세대학교 대학원 박사학위 논문.

어기준(2000). 청소년의 컴퓨터 중독 유형과 제반 문제점. 제19회 특수상담사례 연구발표회. 한국청소년상담원.

여성가족부(2010). 2010년도 청소년 유해환경 접촉 실태조사. 여성가족부.

여성가족부(2016). 청소년백서. 여성가족부.

이경님(2004). 개인적 변인과 환경적 변인이 아동의 게임 중독 경향에 미치는 영향. 대한가정학회지, 42(4), 99-118.

이기봉 · 설수영 · 원형중 · 설민신(2009). 청소년의 게임 중독 예방을 위한 가족단위 여가프로그램 활성화 방안. 한국청소년정책연구원.

이명수 · 오은영 · 조선미 · 홍만제 · 문재석(2001). 청소년 인터넷 중독증과 우울, 사회적 불안, 또래관계 문제와의 연관성 조사. 신경정신의학, 40(4), 616-626.

이미리(2006). 청소년들의 인터넷 사용 문제와 대처. 한국정보문화진흥원 제1차 인터넷 중독 해소를 위한 포럼: 인터넷 중독 현황과 대상별 특성. 26-35.

이상준(2005). 고등학생의 인터넷 관련 중독과 정신 건강과의 관계. 정신보건과 사회사업, 20, 154-181.

이석범 · 이경규, 백기청, 김현우, 신수경(2001). 중 고교 학생들의 인터넷 중독과 불안, 우울, 자기 효능감의 연관성. 신경정신의학, 40(6), 1174-1184.

이성식(2010). 청소년의 휴대전화를 이용한 성비행 원인 탐색. 한국청소년연구, 21(2), 153-175.

이소희 · 성윤숙(2001). 인터넷 음란 정보와 청소년이 사이버 일탈. 청소년복지연구, 3(1), 111-124.

이수진 · 박중규 · 홍세희(2005). 청소년의 인터넷중독 장기추적조사 연구-2차년도. 한국정보문화진흥원.

이수진 · 신현주 · 이지혜(2014). 중고등학생의 학업자신감, 자기조절학습전략, 학업성취도와 인터넷 중독성향의 구조적 관계. 청소년학연구, 21(2), 349-374.

이숙 · 남윤주(2004). 청소년 친구관계와 인터넷 사용에 따른 인터넷 중독. 대한가정학회지, 42(3), 1-16.

이은경 · 장미경 · 전인식(2015). 게임과몰입상담사의 FGI를 통해 본 청소년 게임행동 유형별 특징. 청소년학연구, 22(2), 269-295.

이정윤 · 이명화(2004). 음란물을 자주 접촉하는 청소년의 성 및 심리사회적 특성. 청소년상담연구, 11(1), 32-41.

이정민 · 김미리혜 · 김정호(2011). 청소년들의 인터넷 중독과 부정적 정서, 상위인지, 상위 기분간의 관계; 고등학생의 성차, 사회과학연구, 17, 77-97.

이해경(2002). 인터넷 상에서 청소년들의 폭력게임 중독을 예측하는 사회심리적 변인들. 한국심리학회지: 발달, 14(1), 56-79.

이해주 · 이미리 · 모경환(2006). 청소년 문제론. 서울: 한국방송통신대학교출판부.

이현아(2004). 대학생의 인터넷 중독 유형에 따른 특성과 인터넷 중독의 영향. 대한가정학회지, 42(3), 32-41.

이형초 · 안창일(2002). 인터넷 게임 중독의 인지 행동 치료 프로그램 개발 및 효과 검증. 한국심리학회지: 건강, 7(3), 463-486.

임창우 · 정구철(2016). 청소년 스마트폰 게임 중독 예방프로그램 개발 및 효과검증. 한국심리학회지: 중독, 1(1), 67-84.

장미경 · 이은경(2007). 초등학생의 인터넷 사용 욕구와 부모 관련 변인이 게임 중독에 미치는 영향. 한국심리학회지: 상담 및 심리치료, 19(4), 1125-1138.

전호석 · 장승옥(2014). 스트레스와 우울이 대학생 스마트폰 중독에 미치는 영향: 성별 조절효과를 중심으로. 청소년학연구, 21(8), 103-129.

정경자 · 김정희 · 김동원(2009). 부모역할훈련 프로그램이 중학생 인터넷 사용조절 집단상담의 성과에 미치는 효과. 인문학논총, 14(1), 255-275.

정민(2015). 중학생의 스마트폰 중독에 영향을 미치는 변인간의 구조적 관계: 생태체계적 관점을 중심으로. 한국청소년연구, 26(3), 103-131.

조한익 · 이경호(2009). 지각된 부부양육태도와 인터넷 사용동기가 인터넷 과다사용과의 관계. 청소년학연구, 16(5), 23-43.

최재훈(2011. 12. 28). 자살학생, 290일간 845차례 게임 접속. 조선일보.

한국게임산업개발원(2004). 게임환경 변화에 따른 게임몰입(중독)의 추세와 의미, KGDI 연구보고서 04-001.

한국인터넷진흥원(2012). 2012년 인터넷이용실태조사. 한국인터넷진흥원.

한국정보문화진흥원(2006). 유 · 아동 및 청소년의 인터넷 게임 중독 척도 개발 연구. 한국정보문화진흥원.

한국정보문화진흥원(2008). 인터넷 중독의 특성 분석 연구: 인터넷 중독 고위험군의 심리적 특성을 중심으로. 한국정보문화진흥원.

한국정보화진흥원(2010). 인터넷 중독의 예방과 해소를 위한 법제정비방향. 한국정보화진흥원.

한국정보화진흥원(2011). 한국정보화진흥원 2011 국가정보화백서. 한국정보화진흥원.

한국정보화진흥원(2013). 2013년 청소년 인터넷 중독 실태조사. 한국정보화진흥원.

황상민(2000). 인터넷 문화와 청소년 발달: 사고와 행동 양식의 변화를 중심으로. 인터넷 문화: 청소년 참여와 사이버 일탈. 한국청소년개발원 주최 세미나 발표논문집, 3-15.

황순길 · 이형초 · 조규필 · 오혜영 · 두진영 · 이윤희(2010). 인터넷중독 기숙형치료학교 프로그램 개발 연구. 한국청소년상담원.

황재원(2011). 학령기 아동경험과 부모 및 주변환경이 향후 청소년기 인터넷 중독에 미치는 영향. 상담학연구, 12(5), 1489-1508.

Young, K. S. (1996). Psychology of computer use: XL. Addictive use of the internet: a case that breaks the stereotype. *Psychological Reports, 79*, 899-902.

Young, K. S., & Rodgers, R. (1997). The relationship between depression and internet addiction. *Cyber Psychology and Behavior, 1*(1), 25-28.

제8장

성일탈

개관

청소년기는 성행동의 발달을 위한 중요한 시기로 건강한 성행동 발달을 위한 개인적, 환경적 요인이 갖추어지지 않을 때 성일탈의 문제가 발생할 가능성이 크다. 성일탈이란 우리 사회가 가지고 있는 성에 대한 규범, 규칙, 및 규제를 위반하는 모든 의도적 행위이다. 청소년 성일탈의 범위는 넓으며 다양한 형태를 띠고 있는데 성폭력, 성매매, 미혼모 문제 등이 심각하다. 청소년 성폭력, 성매매, 미혼모 문제의 발생은 청소년 개인에 국한된 요인에 의한 것이 아니라 가정적 요인, 사회적 요인들과의 복합적인 결과로 발생하므로 실태와 원인의 파악뿐 아니라 대처방안의 모색은 개인적, 가정적, 사회적 차원에서 이루어져야 한다.

학습목표

1. 청소년 성폭력, 성매매, 미혼모 문제의 개념을 말할 수 있다.
2. 청소년 성폭력, 성매매, 미혼모 문제의 원인을 개인적 요인과 환경적 요인으로 분류하여 설명할 수 있다.
3. 청소년 성폭력, 성매매, 미혼모 문제에 대한 대처방안을 개인적, 가정적, 사회적 차원에서 제시할 수 있다.

주요용어

청소년 성일탈, 성폭력, 성매매, 인터넷 성매매, 탈성매매, 미혼모

1. 성일탈의 개념

성일탈이란 우리 사회가 가지고 있는 성에 대한 규범, 규칙 및 규제를 위반하는 모든 의식적 행위이다(이해주 · 이미리 · 모경환, 2006, p. 213). 청소년기 성일탈의 대표적인 문제로 성폭력, 성매매, 미혼모 문제 등을 들 수 있다.

1) 청소년 성폭력의 개념과 특징

성폭력은 개인의 성적 결정권을 침해하는 행위로 타인의 의사에 반하여 성적 행위를 하거나 성적 행위를 하도록 강요하는 행위로서, 키스나 애무에서부터 강간 미수와 강간까지 포함하는 신체적 행위뿐 아니라 상대방에게 성폭력에 대한 불안감을 주는 언어적, 정신적 행위를 포함하는 광범위한 개념이다. 이를테면 강간이나 강제추행뿐 아니라 언어적 성희롱, 음란성 메시지, 몰래카메라 등 상대방의 의사에 반하여 행해지는 모든 신체적, 정신적 폭력을 말한다(김재엽 · 김희진 · 장대연 · 이현, 2017; 조은경 외, 2010, p. 7). 성폭력을 규정짓는 가장 중요한 요인은 행위의 강제성이다. 따라서 성폭력인지 아닌지 구분하기 위해서는 당하는 사람의 입장에서 성적인 행위가 강제로 이루어졌는지 아닌지를 따져보아야 한다. 대검찰청의 분류에 의하면 공공밀집 장소에서 불특정 다수에 대한 추행과 스마트폰 등 카메라를 이용한 촬영 행위가 성폭력에 추가적으로 포함된다(대검찰청, 2016).

청소년 성폭력은 앞에서 말한 강제적인 성적 행위가 청소년에 의해 또는 청소년을 대상으로 이루어지는 행위를 말한다(김재엽 · 김희진 · 장대연 · 이현, 2017; 김재엽 · 이서원, 1998). 청소년 성폭력의 문제는 성인 성폭력의 문제에 비해 그 심각성이 더 큰데 그 이유는 다음과 같다. 첫째, 대부분의 성폭력 범죄자가 재범을 저지르는 경우가 많으므로 청소년기에 성폭력 가해를 한 경험은 성인기까지 지속될 가능성이 있다(이수정 · 장현석, 2004). 둘째, 아동 청소년기에 습득된 성에 대한 왜곡된 가치관은 성인기까지 지속될 가능성이 크다(이수정 · 장현석, 2004). 셋째, 한참 예민한 청소년기에 성폭력의 피해자가 된 경우 성인에 비해 신체적, 정신적 회복이 쉽지 않다(김정희, 1992).

특히 다른 폭력에 비해 성폭력의 피해는 피해의 정도가 광범위하고 오래 간다. 일차적으로 성폭력은 신체에 가해지는 폭력이지만 그 피해는 신체뿐 아니라 정서, 태도, 인지, 행동 등 전인적인 영역에 미친다(이해주 · 이미리 · 모경환, 2006, p. 215). 따라서 성폭력의 피해자들은 육체적인 고통뿐 아니라 자책감, 수치심, 소외감, 불안, 절망감, 대인기피증, 복수심, 자살충동과 시도 등 일상생활을 해나가기 어려울 정도의 정신적, 행동적 후유증을 경험한다(박용순, 2000).

넷째, 해마다 성폭력 가해자 중에서 청소년이 차지하는 비율이 증가하고 있으며 연령대도 낮아지고 있다(백혜정 · 김은정, 2008). 그러므로 특히 성폭력 가해행동의 경우 그리고 남자의 행동일 경우에 더욱 그러한데, 청소년의 성폭력 행동을 성적 발달의 한 과정으로 취급하거나 범죄의 의도가 없이 우발적으로 일어난 행동이라고 넘겨버릴 것이 아니라, 성폭력 가해 행동이 만성화되기 전에 조기 개입하는 전문적 노력이 요구된다.

2) 청소년 성매매의 개념과 특징

성매매는 성을 통해 경제적 이익을 추구하는 행위로서 「성매매 알선 등 행위의 처벌에 관한 법률」에 의하면 '불특정인을 상대로 금품, 그 밖의 재산상의 이익을 수수, 약속하고 성교행위나 구강, 항문 등 신체의 일부 또는 도구를 이용한 유사 성교행위를 하거나 그 상대방이 되는 것을 말한다'라고 규정되어 있다. 청소년 성매매는 성매매 행위의 당사자가 청소년이 되는 경우를 말하는데, 이 때의 청소년은 「청소년의 성보호에 관한 법률」에 의해 '19세 미만'자이다(이춘화, 2005, p. 5). 즉, 청소년이 성인으로부터 돈이나 물품 등을 받고 성관계를 갖는 행위로 청소년들 사이에서는 원조교제나 조건만남이란 말로 표현된다. 달리 말하면 주로 여자 청소년이 성인 남성과 성적으로 교제하여 금품을 수수하게 되는 사적 매매춘이다.

청소년 성매매는 다음과 같은 특징을 보인다(김혜원, 2011; 남미애 · 홍봉선, 2009; 남정림, 2004; 보건복지가족부, 2008; 성윤숙 · 박병식, 2009; 여성가족부, 2010). 첫째, 과거에는 생계비 마련과 같은 경제적인 이유 때문에 성매매가 이루어졌으나, 최근의 성매매는 성에 대한 호기심이나 욕구충족을 위해서 혹은 물건을 사기 위한 용돈 벌이나 유흥비 마련을 위해 이루어지는 경우가 많다.

둘째, 청소년들의 가출은 성매매로 이어질 위험성이 큰데 가출 청소년들이 잠자리와 식사를 제공받기 위해 성매매를 하게 되는 경우가 많다. 가출 청소년들이 가정이나 사회로부터 적절한 보호와 지원을 받지 못해서 방치될 경우, 성매매를 비롯한 일탈이나 범죄 행동을 할 가능성이 커진다.

셋째, 청소년 성매매는 중간에서 성매매를 연결해주는 사람이 없이 주로 인터넷이나 휴대폰을 통하여 청소년이 직접 성매매 상대자와 접촉함으로써 거래가 성사되는 사적인 형태를 보인다. 이러한 형태로 이루어지는 성매매를 과거의 업소형 성매매와 구분하여 '인터넷 성매매'라고 부르는데, 과거의 성매매에서는 볼 수 없는 새로운 특징들을 보인다. 이를테면 사이버 공간의 익명성과 비억제성, 쌍방향성, 시공의 초월성, 즉흥성과 신속성에 힘입어 현실에서 보다 다양한 집단을 대상으로 사적이고 은밀한 방법으로 확산되어 이에 대한 정확한 실태 파악이나 대책 마련이 어려워지고 있다.

넷째, 이와 같이 청소년 성매매는 업소를 매개로 하여 이루어지는 것이 아니고, 청소년과 성매매 대상 간에 사적이고 직접적인 접촉을 통해 이루어지기 때문에 청소년의 목적이 달성되면 스스로 일시적 혹은 장기적으로 중단할 수 있다. 이러한 특징은 청소년 성매매 행위를 파악하는 데 어려움을 주기 때문에 앞서 말한대로 대책 마련이 어려울 뿐 아니라 범죄확정이 어려워 문제의 해결을 더 어렵게 하고 있다.

다섯째, 성매매 대상 청소년의 연령이 80년대나 90년대에 비해 낮아지고 있다. 과거에는 성매매 여성 중 20대가 가장 많았으나 2000년대로 오면서 16세 이하의 비율이 증가하고 있다(김혜원, 2011; 여성가족부, 2016; 육혜련, 2017). 이러한 현상은 성매매 청소년들은 성매매로 인한 피해에 더욱 취약함을 시사하고 있다. 청소년 성매매가 청소년이 필요로 하는 용돈이나 잠자리 혹은 식사를 제공받기 위해 본인이 원해서 이루어졌다 하더라도, 성매매 경험은 청소년에게 신체적, 정신적 손상을 주게 되고 심리적 부적응을 초래하게 된다.

청소년기 성매매 경험을 통해서 성병, 임신, 낙태 등으로 건강이 상하게 되고 성매매 과정에서 성매수자로부터 받은 모멸감, 사회로부터의 소외감, 사람에 대한 불신감 등으로 인해 정신적 건강에 해를 입을 수 있다(육혜련, 2017; 이춘화, 2005; 조성연 · 이용교 · 방은령, 2000; 한상철, 2009). 임신과 낙태를 가볍게 생각하게 되어 생명의 존엄성에 대한 의식을 갖기 어렵게 된다. 또한 자신의 성을 돈벌이의 수단으로 여기는 물질만능주의, 왜곡된 성의식을 키우게 되어 사회적 문제를 불러일으킬 수도 있다(조성연 · 이용교 · 방은령, 2000).

더구나 성매매를 하는 청소년들은 성매매에 진입하기 이전부터 가난, 가정폭력, 성폭력 등 위험에 처해 있는 경우가 많아 성매매 경험과 이들의 처지가 악순환하여 신체적, 정신적 손상이 더 깊어질 가능성이 크다. 특히 청소년 성매매는 상습화될 가능성이 큰데, 한 번 성매매를 한 청소년은 금전적 이익에 대한 욕구와 인생에 대한 자포자기 등으로 인해 성매매로부터 벗어나기 어렵다(이춘화, 2005).

3) 청소년 미혼모 문제의 개념과 특징

미혼모란 혼인하지 않은 상태에서 임신을 하거나 출산을 한 여성을 말하는데, 미혼 여성이 임신을 하거나 출산을 하게 되면 많은 위험요인들이 따르게 된다(박현미 · 최한나, 2016; 성정현 · 김지혜 · 신원우, 2011). 특히 미혼모가 청소년일 때는 위험요인이 더욱 커지게 된다. 신체적, 성적 성숙은 청소년기의 주요 발달과업이지만 이 시기에 준비되지 않은 임신을 하게 될 경우 청소년기에 완수해야 할 발달적 과제를 건강하게 완수하는 데 노력을 기울이기 어렵다. 청소년 미혼모 문제와 관련된 위험요인들에 대해 구체적으로 살펴보면 다음과 같다. 첫째, 청소년 미혼모들은 성장이 완성되지 않은 상태에서의 임신과 출산으로 인해 건강이 상하게 된다. 많은 청소년들이 충분히 성장하기도 전에 임신을 하게 됨으로써 태아나 산모의 건강에 위험을 초래할 가능성이 크다. 실제로 10대 임신의 경우 임신중독, 사산, 자연유산 등의 비율이 일반 임신에 비해 높다(이행숙, 2002). 또한 청소년들은 자신이 임신을 했다는 것을 뒤늦게 아는 경우가 많기 때문에 제대로 식사를 하지 않거나 약물 섭취, 음주나 흡연 등의 부주의로 건강을 상하게 된다.

둘째, 이와 같이 부정적인 상황에서 출산한 청소년 미혼모의 아기들은 저체중아, 정신지체, 선천성 기형이 되거나 첫 해에 죽을 가능성이 높아 20대 미혼모의 아기에 비해 2~3배가 된다(문진숙, 2002). 10대 미혼모가 아기를 양육하게 될 경우, 아기에 대한 방임과 학대의 가능성이 있다는 연구결과와 10대 미혼모에게서 태어난 자녀 역시 자라서 미혼모가 될 가능성이 높다는 연구결과도 보고되고 있다(Donnelly & Voydanoff, 1991; Levering, 1983).

셋째, 청소년 미혼모는 자신과 아이의 미래에 대한 걱정, 출산에 대한 두려움, 미혼부와의 갈등 등 많은 스트레스를 겪는데 이러한 상황에서 가족이나 친구들로부터 소외되어 있는 경우가 많기 때문에 이들이 겪는 스트레스의 정도는 심각하다(김만지, 2000).

넷째, 10대 청소년들이 임신을 하게 될 경우 학업을 중단하게 되고 진로가 불분명해지게 되어 경제적 빈곤으로 연결되는 빈곤의 악순환 고리에서 빠져나오기 힘들게 된다. 더구나 청소년기의 임신은 가출, 성매매 등의 비행과 관련이 있으며 재임신으로 이어질 가능성이 있어 심각성이 더 크다고 볼 수 있다(김만지, 2004; 모경환 · 이미리 · 이봉민, 2018; 이해주 · 이미리 · 모경환, 2006). 그래서 청소년 미혼모들은 교육적, 직업적 적응이 쉽지 않고 미래에 고위험 여성이 될 가능성이 크다(김만지, 2004).

다섯째, 청소년 미혼모의 문제는 미혼모 개인의 문제가 아니라 미혼부의 문제이고 미혼모 부모의 문제이기도 하다(이주현 · 유계숙, 2012; 이현주 · 엄명용, 2013). 청소년 미혼모의 경우 미혼부가 청소년일 경우가 적지 않다. 미혼부 역시 미혼모와 마찬가지로 준비되지 않은 상태에서 어린 나이에 아기의 아버지가 됨으로써 자신의 미래에 대한 계획을 중단하게 될 수 있고, 심리적 · 경제적 부담을 안게 된다. 청소년 미혼모의 부모 역시 어린 자녀가 임신을 한 것에 대해 충격을 받고 손자에 대한 양육책임, 의료비용, 생활비 등을 떠맡게 되는 경우가 많다. 그러나 이렇게 미혼모의 부모가 자녀의 출산, 손자녀의 부양 등에 대한 책임을 수행할 수 있는 경우가 흔하지 않다.

앞에서도 말했지만 청소년 미혼모는 도움을 줄 수 있는 가족으로부터 소외되어 있는 경우가 많기 때문에 사회문제로 다루어져야 하는 상황이다. 이와 같이 미혼모 문제가 미혼모 개인뿐 아니라 그 자녀, 나아가 사회에 미치는 부정적인 영향을 고려해볼 때 사회는 청소년 미혼모에 의해 발생되는 의료적, 경제적, 복지적, 법률적 문제들에 대한 부담을 나눔으로써 더 큰 문제의 발생을 막아야 할 것이다. 미혼모의 수용, 출산에 대한 도움, 미혼모들이 출산 후 학업과 직업으로 복귀할 수 있도록 지원하는 교육문제, 부모로서의 역할을 잘 수행할 수 있도록 지원하는 부모교육문제, 입양을 비롯하여 태어난 아기의 양육과 관련된 지원문제 등 사회복지적인 관점에서 풀어야 할 많은 과제들이 있다.

2. 성일탈의 실태

1) 청소년 성폭력의 실태

성폭력의 피해자들은 수치심과 두려움 때문에 자신의 피해 사실을 알리지 않아 성폭력 가해와 피해의 실태가 제대로 파악되지 않는 실정이다. 그럼에도 청소년 성폭력 실태에 대한 조사는 꾸준히 진행되고 있다. 청소년 성폭력 범죄율은 빠른 속도로 증가하고 있는데 대검찰청 자료에 의하면 청소년 성폭력 범죄 검거 수가 2007년 979건, 2012년 1686건, 2015년 2207건으로 증가하였다(여성가족부, 2016). 청소년 성폭력 실태에 대한 몇 가지 주요 특성을 살펴보자.

첫째, 청소년 성폭력의 가해자들 중 남자 청소년들이 많고 피해자들은 주로 중학생 연령 이하에 해당하는 여아나 여자 청소년들이다. 여성가족부에서 「아동청소년 성보호에 관한 법률」이 시행된 2000년부터 2009년에 이르기까지 10년간 아동과 청소년 대상 성범죄 중에서 강간, 강제추행, 성매수 알선 및 강요범죄로 확정판결을 받은 성범죄자 9000여명의 자료를 분석하여 성범죄의 발생추세와 동향을 분석하였는데(김지선 · 박미랑 · 윤정숙, 2010), 지난 10년간 아동 청소년 대상 성범죄로 유죄판결이 확정된 성범죄자의 97%가 남자였고, 연령분포를 보면 20대 이하가 31%로 가장 높은 비율을 차지했다. 한편, 피해자 실태를 살펴보면 성폭력 범죄 피해자의 97%가 여자였는데, 7세~12세가 36%로 가장 많았고 16세 이상이 32%, 13세~15세 24%, 6세 이하 8%로 피해자 10명 중 4명 정도가 13세 이하이다.

둘째, 청소년 성폭력 가해자의 비율이 증가하고 있으며 가해자의 연령도 낮아지고 있다. 청소년 성범죄와 관련하여 청소년의 성폭력은 성인에 비해 집단으로 가해지는 비율이 높으며 성추행이나 성희롱에 비해 신체적, 정신적 측면에서 피해가 더 큰 강간의 비율도 성인보다 더 높다(대검찰청, 2016; 백혜정 · 김은정, 2008, p. 4). 또한 경찰청에서 제출한 국정감사 자료에 따르면, 성폭력 가해자 중 소년범의 비율이 해마다 크게 증가하여 2005년에는 9.7%, 2006년에는 11.4%, 2007년 6월말 현재는 전체 성폭력범의 12.7%로 소년범의 비중이 급증하였으며, 성폭력 소년범의 연령대도 2004년 평균 17.1세에서, 2005년 16.8세, 2006년 16.6세, 그리고 2007년 6월말 현재 16.5세까지 낮아졌다(백혜정 · 김은정, 2008, p. 4).

셋째, 그렇다 하더라도 다른 연령대에 비해 청소년은 성폭력 가해자보다 피해자가 될 가능성이 훨씬 더 높다. 한국형사정책연구원에서 1997년에서 2006년까지 10년간의 성폭력 범죄의 발생과 처리에 대한 공식통계자료와 검찰청에서 보관 중인 수사재판기록자료 1000여건에 대한 분석과 성폭력 범죄로 보호관찰을 받거나 교도소에 수용 중인 600여명에 대한 설문조사를 통해 청소년 성폭력에 대한 실태를 보고하였다(전영실 외, 2007). 이 보고서에 의하면 성폭력 가해자는 20대, 30대가 가장 많고 다음이 40대, 10대순이었다. 그러나 성폭력 피해자는 16~20세가 가장 많고 20대, 30대순이었다. 이는 10대의 경우 성폭력 가해자 보다는 피해자일 가능성이 높음을 보여주는 자료이다.

넷째, 성폭력 가해 행동이 발생하는 특정 맥락이 존재한다. 앞서 소개한 한국형사정책연구원의 조사자료에 의하면(전영실 외, 2007) 청소년 성폭력 범죄 중 70%는 주로 야외나 가해자의 집 혹은 숙박업소에서 발생하며, 44%가 성폭력 범죄를 저지르기 전에 놀이나 음주 등의 유인 수단을 사용하였다. 성인 성폭력 범죄자들에 비해 청소년 성폭력 범죄자들은 단독범 비율이 상대적으로 낮고 공범수가 성인에 비해 훨씬 높은데 평균 3명이었다. 청소년 성폭력의 대상자는 주로 같은 연령대인데 조사대상 청소년 성폭력 범죄의 83%가 아동이나 같은 또래의 청소년을 성폭력의 대상으로 선택하였다.

다섯째, 비행이나 가출 등 위기에 처해 있는 청소년은 성폭력 피해와 가해자가 될 가능성이 크다. 여성가족부(2010)에서 전국 중·고등학교 학생 16000여명과 위기청소년 1900여명을 대상으로 실시한 청소년 유해환경 접촉 실태 조사에 의하면, 청소년의 성폭력 가해와 피해경험에 있어서 일반청소년과 위기 청소년이 많은 차이를 보이고 있다. 이 조사에서 일반청소년은 전국 중학교, 고등학교에 다니고 있는 학생을 말하며, 위기청소년은 비행, 가출, 학교부적응의 문제가 있어서 소년원에 수용 중이거나 쉼터의 보호를 받고 있거나 혹은 보호관찰을 받고 있는 청소년을 말한다. 조사대상 청소년 중 일반청소년은 남자의 0.4%, 여자의 3.0%가 성폭력 피해경험이 있었고 위기청소년은 남자의 1%, 여자의 12%가 성폭력 피해경험이 있었다. 한편 성폭력 가해경험은 일반청소년 중 남자는 0.4% 여자는 0.2%가 성폭력 가해경험이 있다고 하였으며, 위기청소년 중 남자는 4.0%, 여자는 3.3%가 가해경험이 있다고 보고하였다. 성폭력의 내용도 일반청소년과 위기청소년 간에 차이를 보였는데, 일반청소년의 성폭력 피해와 가해 형태는 주로 성추행이었고 위기청소년은 강간이었다.

2) 청소년 성매매의 실태

청소년 성매매의 실태를 알기 위해 성매매 경험이 있는 청소년들은 어느 정도 되는지, 성매매를 하는 청소년들은 누구인지, 그리고 성매매를 통해 청소년들이 어떤 부정적인 경험을 하는지를 살펴보기로 하자. 청소년 성매매 발생은 2004년 「성매매특별법」 시행 이후 감소추세에 있다. 청소년 성매매범죄 검거 수를 살펴보면 2005년 1,139건, 2006년에 744건, 2007년에 839건, 2008년에 850건, 2009년에 815건, 2012년 1048건, 2015년 710건으로 약간의 증감이 있으나 비교적 감소추세에 있다(여성가족부, 2016). 그러나 여전히 많은 수의 청소년들이 성매매 범죄에 대한 유혹을 받고 있다.

여성가족부(2010)에서 전국 중 · 고등학생 16,500여명과 비행, 가출, 학교부적응의 문제가 있어서 소년원에 수용 중이거나 쉼터의 보호를 받고 있거나 혹은 보호관찰을 받고 있는 위기청소년 1,900여명을 대상으로 실시한 조사에 의하면 중 · 고등학생 중 0.4%, 위기청소년 중 4.8%가 성매매를 경험하였고 성매매를 하지는 않았더라도 중 · 고등학생의 2.2%, 위기청소년의 11.2%가 성매매 제안을 경험하였다. 이 조사자료에 의하면 비행이나 가출 등으로 위기에 처해 있는 청소년들은 그렇지 않은 청소년들에 비해 성매매 경험을 할 가능성이 10배 이상 높음을 알 수 있다. 또한 이 조사에서 중고등학생 중 성매매 경험자의 5배가 넘는 수인 2.2%가 성매매 제안을 받았다고 하였다. 이러한 결과는 청소년 성매매 경험자의 수는 확인된 수보다 훨씬 많을 수 있음을 시사한다.

다음은 성매매를 하는 청소년들이 누구인지 그리고 성매매를 중심으로 어떠한 부정적인 경험을 하게 되는지 살펴보기로 하자. 「청소년의 성보호에 관한 법률」에 의해 적발되어 법적 의무교육인 40시간 성매매 청소년 교육수강제에 참여하고 있는 성매매 청소년 110명을 대상으로 이들의 인구학적 특성과 성매매 전후 가정 및 지역사회에서 경험한 사회적 피해경험을 조사한 연구에 의하면(남미애 · 홍봉선, 2009), 이들 성매매 청소년의 27%가 17세 미만이고 48%는 성매매를 하기 전에 학생이었다. 이들 가정의 월가계소득은 150만 원이 48%로 저소득층인 경우가 많았으며, 63%가 한부모가정 혹은 부모가 있지 않은 가정에서 자라고 있었다. 아버지의 직업은 생산직이 가장 많았고 다음이 기술직, 그 다음은 직업이 없는 경우가 많았다. 조사대상 성매매 청소년들의 40% 이상이 총 성매매 횟수가 6회 이상이었고 성매매 접촉 경로의 1순위가 채팅이었다. 주된 성매매 대상자는 20대에서 30대였다. 성매매를 하게 된 이유들의 1순위는 생활비와 잠잘 곳을 마련하기 위한 기본적인 생활유지였으며, 다음은 목돈을 마련하거나 갖고 싶은 것을 사기 위해서였다. 성매매의 이유는 다른 연구들에서도 유사한 결과들을 보고하고 있다(김혜경 · 구차순, 2017).

성매매를 하게 되면서 성매매 당시 대가를 지불받지 못하거나 성매매 상대로부터 폭언, 폭행, 강요 등을 경험하는데, 조사대상 성매매 청소년의 33%가 성매매 시 1회 이상 성폭력을 경험했다고 응답하였다. 성매매 경험을 통한 또 다른 부정적인 결과는 성병, 임신중절 수술 등의 경험으로 건강을 상하게 되는데, 이러한 가능성은 성매매 횟수가 늘어날수록 커져서 성매매 횟수가 1~2회인 청소년들보다 3회 이상의 경우 이러한 건강상의 문제를 경험할 가능성이 더 높았다. 더구나 성매매 횟수가 늘어나면 성매매 제의를 더 많이 받게 되고, 상대 남자와 지속적으로 만나게 되는 경우가 발생하여 결과적으로 성매매가 장기화되는 경향을 보이고 있었다.

앞에서 말한 바와 같이 청소년 성매매는 주로 인터넷을 통해 이루어진다. 따라서 청소년 성매매를 이해하기 위해서는 인터넷 성매매의 특성을 구체적으로 살펴볼 필요가 있다. 사이버 공간에서의 교류는 익명성과 비억제성, 쌍방향성, 시공의 초월성, 즉흥성과 신속성을 갖기 때문에 현실세계에서의 만남보다 더욱 개방적이고 실험적이며 자유로울 수 있다. 현실에서 만남이 어려운 연령층도 채팅을 통해 과감한 자기표현이 가능하고 대담한 성적 대화를 할 수 있게 됨으로써 성적인 거래도 하게 된다.

청소년보호위원회에서 실시한 청소년 성매매에 대한 전문모니터링 결과보고서들을 분석하여 인터넷 성매매에 대한 특성을 보고한 연구에 의하면, 인터넷 성매매 실태의 특성을 성매매 유형의 다양화, 성매매 제안 공간의 확대, 화상채팅을 통한 성매매 증대, 남자 청소년과 성인 여성 성매매의 확산, 성에 대한 놀이개념 부각으로 다음과 같이 요약하고 있다(남정림, 2004). 첫째, 성매매 유형의 다양화란 시공을 초월해서 다양한 유형의 성적 거래가 진행되고 있음을 말한다. 서로 조건을 제시한 후 조건이 맞으면 일회적으로 성적 거래를 하는 유형이 대부분이기는 하나, 일회성이 아닌 장기적인 계약연애를 하는 경우도 있다.

둘째, 성매매 제안 공간의 확대란 전통적인 성매매 장소를 찾아가는 형식의 성매매가 아님을 말한다. 인터넷 성매매는 보다 광범위한 일상적 공간에서 본인의 의사와 무관하게 제안을 받는다. 게임 중간에 일반 채팅을 하는 중간에도 성매매를 암시하는 메시지를 반복적으로 받게 되어, 처음에는 성매매 의사가 없는 청소년들도 쉽게 돈을 벌 수 있을 것처럼 보이는 반복적인 제안에 넘어갈 수 있다.

셋째, 화상채팅을 통한 성매매가 시도되고 있다. 인터넷을 통해 만나는 사람에 대한 불확실성과 불안감을 줄이기 위해서 화상채팅을 하기도 한다. 그러나 이용자들이 화상을 통해 청소년들에게 신체 노출을 요구함으로써 촬영한 뒤 악용하기도 하는 사례가 발생한다.

넷째, 청소년 성매매라 하면 주로 여자 청소년이 성인 남자를 대상으로 하는 경우가 대부분이었으나, 남자 청소년과 성인 여성을 대상으로 한 성매매 포털 사이트 게시판이나 커뮤니티가 있고 전문 알선 사이트에 가입하지 않은 남자 청소년들도 개인적으로 용돈을 줄 수 있는 성인 여성과의 조건 만남을 구하는 글들이 게시되고 있다. 이는 남자 청소년들에게도 성매매가 쉽게 돈을 벌 수 있는 부업으로 인식되고 있음을 시사한다. 이제는 인터넷 공간이 여자 청소년뿐 아니라 남자 청소년들에게도 성매매 알선 현장으로 쉽게 이용되고 있다.

다섯째, 인터넷에서 성매매를 조장하거나 청소년을 대상으로 묘사되는 성은 놀이의 개념으로 부각되고 있다. 책임감이나 부담 없이 만나 성적 쾌락을 추구하고 즐길 수 있음을 강조한다. 즐기는 성, 쾌락을 추구하는 성, 자유로운 성, 개방적인 성이 강조되고 자유의사에 의해 이루어지는 성행위는 모르는 사람과 금전을 받고 하는 성행위라도 합리화시킨다. 이러한 내용들은 성매매의 부정적인 측면을 은폐하고 원하면 언제라도 성매매 행위를 그만 둘 수 있다는 착각을 불러일으킨다.

3) 청소년 미혼모 문제의 실태

청소년 미혼모의 실태를 정확하게 파악하기는 어려우나 간접적인 자료들을 통해서 몇가지 특징적인 면을 파악할 수 있다. 우리나라 전체 출생아수에 대한 15세~19세 산모의 출생아수의 비율은 2011년 이후 2016년 현재까지 0.4~0.6%를 차지하고 있다(통계청, 2017). 시설에 입소해 있는 미혼모 중 10대가 차지하는 비율이 급증하고 있는데(김만지, 2004; 정해숙 · 최윤정 · 최자은, 2014; 홍봉선 · 남미애, 2011), 정부의 조사에 의하면 10대 미혼모의 평균 연령이 16.7세, 최초 성관계 시기는 15세, 재임신율은 27%이다(교육과학기술부, 2010). 입양아동을 통해 파악된 미혼모의 규모는 1995년 3,205명, 2000년 4,046명이었다가 2005년 3,562명으로 다소 감소하였다(김유경 · 조애저 · 노충래, 2006; 이명순 · 박주현, 2008에서 재인용). 미혼모 시설에 입소하여 복지혜택을 받은 미혼모 중에서 아이의 양육을 선택하는 비율은 1998년 7%에서 2001년 11%로 증가하였으며, 이 중에서 10대의 미혼모는 1998년 23%에서 2001년에는 41%에 이르고 있다(김유경 외, 2006). 이렇게 아이를 입양 보내지 않고 직접 양육하고자 하는 양육 미혼모가 증가하고 있다는 것은 미혼모의 증가의 한 원인이 되고 있다.

90년대로 들어서면서 미혼모의 연령이 낮아지고 있다. 1984년에 전체 미혼모 중에서 10대 미혼모의 비율은 25%이었는데 1996년에는 50%로 두 배 증가하였다(보건복지부, 2001; 함영희, 1996; 송현애 외, 2002에서 재인용). 미혼모의 연령은 낮아지고 있으며 양육을 희망하는 수가 늘어가고 있는 상황에서 많은 수의 미혼모가 학교를 중퇴하고 있다(교육과학기술부, 2010; 김만지, 2004; 박현미 · 최한나, 2016; 윤미현 · 이재연, 2002; 정해숙 · 최윤정 · 최자은, 2014). 그러나 이들의 대부분이 학업을 계속하고자 하는 의지가 강했는데 그 이유는 최소한 고등학교는 졸업해야 사회에서 무시당하지 않고, 더 나은 미래를 위해서 그리고 실패한 인생으로 끝나고 싶지 않기 때문이라고 했다(교육과학기술부, 2010; 김만지, 2004).

청소년 미혼모가 미혼부와 자신의 부모와의 관계는 어떠한지에 대한 조사에 의하면(박혜경 · 고문희, 2017; 윤미현 · 이재연, 2002) 절반 이상의 미혼모들이 아기의 아버지에게 임신 사실을 알리지 않는다. 그 이유는 이미 헤어진 뒤거나 알아도 아무 도움을 주지 못할 것이라고 생각하거나 더 이상 관계를 지속하고 싶지 않아서라고 하였다. 자신의 임신에 대해 알리고 도움을 청하는 사람은 친구가 가장 많아 가족이나 친척보다는 친구를 더 중요한 사회적 지지원으로 생각하고 있다. 아기의 아버지나 가족을 자신을 도와줄 지지자로 생각하고 있지 않았다. 그러나 임신사실을 가족이 알게 된 후의 반응은 냉대나 무관심보다는 정신적 · 물질적 도움을 준 경우가 많았고, 가족들의 아기에 대한 조치는 입양을 권유하는 경우가 가장 많았다.

3. 성일탈 관련 요인

1) 청소년 성폭력 관련 요인

청소년 성폭력의 원인은 개인적 요인과 환경적 요인으로 나누어 살펴볼 수 있다. 먼저, 개인적 요인으로는 어린 시절 부모와의 관계에서 비롯되는 애착결핍이나 정서표현의 어려움과 관련된 성격 특성을 들 수 있고, 환경적 요인으로는 음주, 성매매, 폭력피해 경험, 음란물 접촉 경험 등이 있다. 각 요인들을 구체적으로 살펴보기로 하자.

첫째, 유아기의 애착결핍이다(박현숙 · 정선영, 2011; Marshall, Hudson, & Hodkinson, 1993; 이수정 · 장현석, 2004에서 재인용). 청소년기 성폭력 행동을 애착이론의 관점에서 설명하는 것인데, 유아기의 애착결핍으로 인해 이후 대인관계에서 정서적으로 고독감을 느끼고 그로 인해 사회적으로 고립됨으로써 친밀한 인간관계를 맺는 데 필요한 대인관계 기술을 발달시키지 못하고, 타인에 대해 비정상적인 성적 행위로 관계를 맺으려 하는 경향을 보이게 된다고 본다. 이수정과 장현석(2004)은 성폭력범으로 보호처분을 받은 청소년 집단과 성폭력이 아닌 비행으로 보호처분을 받은 청소년 집단의 애착과 공격성향을 비교하였는데, 성폭력을 한 청소년 집단이 다른 비행 청소년 집단에 비해 어머니에 대한 애착이 보다 결핍되어 있었으며 공격성 수준이 더 낮았다. 이러한 연구결과는 애착 결핍을 성폭력의 원인으로 설명하는 관점을 지지한다.

둘째, 첫 번째에서 말한 내용과 관련이 있는데 어려서 부모와의 관계에서 정서표현을 할 수 있게 사회화가 되지 않은 경우 자라서 정서를 표현하는 데 어려움을 겪을 수 있다. 타인와의 관계에서 정서적으로 위축되어 있고 사신감이 부족하고 자존감을 발달시키기 어렵다. 타인과 친밀한 관계를 맺기 어려워 고독감을 많이 느끼게 된다. 특히 분노를 적절하게 표현하기 어려워 공격적인 성향을 보이는데, 이러한 성격 특성이 청소년기 성폭력 가해 행동과 관련이 있다(신현숙 · 이해경 · 이경성, 2006; 전영실 외, 2007). 이와 관련하여 아동기에 가정에서 부모로부터 받은 신체적, 성적 학대 경험이 청소년기 성폭력 행동과 관련이 있다는 연구결과들도 보고되고 있다(전영실 외, 2007).

셋째, 이렇게 청소년들이 부모와의 관계에서 얻지 못한 욕구 만족과 위로를 또래관계를 통해 얻고자 하며 비행적인 성향의 또래들과 결속관계를 맺을 가능성이 크다. 특히 청소년기는 또래집단의 압력에 동조하는 경향이 크므로 또래의 성폭력 행동, 부정적인 성의식의 영향을 쉽게 받아 성폭력을 하게 된다.

넷째, 음주, 흡연, 가출 등의 위험행동이다. 음주를 하면 성적 충동을 절제하는 힘이 약해진다는 생각과 실제로 음주를 한 상태가 성적으로 공격적인 행동을 할 가능성을 증가시킨다(전영실 외, 2007). 즉, 알코올의 약리적인 효과뿐 아니라 알코올에 대한 이러한 생각이 성폭력 행동을 할 가능성을 증가시킨다는 말이다. 성폭력을 포함하여 성행동 경험이 있는 청소년 집단과 경험이 없는 집단의 특성을 비교한 연구에 의하면 성행동 경험 집단의 청소년들이 그렇지 않은 청소년들에 비해 음주, 흡연, 가출 경험이 더 많았다(한인영 · 박인선 · 백연옥, 2001). 이는 성폭력 행동은 다른 일탈행동 들과 동시에 발생하는 행동일 가능성이 큼을 의미한다.

다섯째, 음란물에 대한 접촉이다. 음란물을 자주 접촉하는 청소년을 대상으로 한 연구들에 의하면 이들은 음란물을 자주 접촉하지 않는 청소년들에 비해 자위행위, 성관계, 성폭력 등의 행동을 보이고 성에 대해 개방적인 태도를 갖는다고 한다(이정윤 · 이명화, 2003). 그러나 음란물에 대한 접촉이 성폭력에 미치는 영향은 다음과 같은 조건에서 나타난다고 보고한 연구결과도 있는데, 그 내용은 음란물 중에서도 특히 폭력적인 음란물에 접촉할 경우에 그 가능성이 증가하고 모든 청소년이 아니라 특히 충동적이거나 남성지배적인 성의식을 갖고 있는 남자 청소년의 경우에 성폭력 행동이 나타날 가능성이 증가한다는 것이다(이성식, 2004).

여섯째, 성에 대한 이중적인 메시지와 남성지배중심의 성의식을 주입하는 사회문화적 환경의 영향이다(김혜원, 2011; 김혜자 · 심미정, 2014; 손병덕, 2014; 주지혁 · 김형일, 2013; 최해연 · 곽윤영 · 김은영 · 배주미, 2011). 성금기적인 윤리관을 강조하지만 현실적으로는 향락적인 성문화의 범람, 음란물의 만연 등 성개방 풍조를 조장하는 사회의 이중적 환경에 청소년들이 무방비 상태로 노출되어 있다. 이러한 환경 속의 청소년들은 성에 대한 관심을 폭력적이고 왜곡된 성에 대한 정보를 주는 음란물을 통하여 충족시키고 있다. 내적인 신체 변화에는 민감하지만 외적 환경에 대한 비판적 수용능력이 부족하고, 충동을 자제하기 어려운 청소년들이 성에 대한 이중적인 메시지를 주는 사회문화적 환경에서 올바른 성의식과 성행동을 발달시키기 어려운 처지에 있다. 이로 인해 잘못 형성된 성의식은 잘못된 성행동으로 나타날 수 있다.

남성지배중심의 성의식이란 성은 남성이 주도해야 하고, 성폭력은 남성성을 반영한 정상적인 성행위라는 생각을 말한다. 성이 상품화된 사회에서 여성을 성적 대상화함으로써 상대방과의 인격적 관계나 합의가 전제되지 않고 이루어지는 성행위를 성폭력으로 인식하지 않는 사회분위기는 남자 청소년들에게 잘못된 성의식을 조장하고, 이로 인해 성폭력과 같은 잘못된 성행동을 유발시킨다(김정희, 1992).

2) 청소년 성매매 관련 요인

성매매 청소년을 대상으로 한 조사에 의하면 이들은 가정이나 학교에서 지원과 보호를 받지 못하고 빈곤, 차별, 폭력 등의 갖가지 위험에 처해 있는 경우가 많다. 가정에서 방임되거나 성적인 학대를 받은 경우가 많았으며, 특히 학교를 다니지 않는 청소년들이 학교에 다니는 청소년들에 비해 가정에서 방임과 성적 학대 등의 어려움을 더 많이 겪고 있었다(이해경 · 이경성 · 신현숙, 2004; 남미애 · 홍봉선, 2009). 이렇게 가정이나 학교에서 제공되어야 할 기초적인 지지체계의 결손은 청소년들이 성매매로 유입되는 주요 요인이다. 더구나 기본적인 사회적 지지를 받지 못한 청소년들은 성매매를 통해 알게 된 사람들이나 또래들과 그들만의 단절된 지지체계를 형성하게 되며, 이러한 지지체계를 잃는 데 대한 두려움을 갖기도 한다. 따라서 청소년기 기본적인 사회적 지지체계의 상실은 청소년들의 성매매 유입뿐 아니라 성매매 지속에 영향을 주는 요인이 된다(최해연 외, 2011). 이러한 청소년 성매매 관련 요인들을 구체적으로 살펴보면 다음과 같다.

첫째, 가정의 구조적, 심리적 결손으로 인한 가출이다. 아버지의 술주정과 외도, 어머니의 무절제한 생활태도 등으로 인한 방임과 학대는 청소년들의 가출로 이어지게 된다. 가출 청소년들은, 특히 여자의 경우에 더욱 그러한데, 성매매의 위험에 빠지기 쉽다. 부모의 이혼 혹은 가출에 의한 유기나 폭력을 견디지 못해 가출한 청소년들이 사회로부터 적절한 보호나 지원을 받지 못하고 떠돌면서 숙식을 해결하기 위해 선택하는 방법이 성매매일 가능성이 크다.

청소년들이 합법적으로 돈을 벌 수 있는 일이 제한되어 있으므로 가출이 장기화될수록 청소년들이 쉽게 돈을 벌 수 있는 일을 찾게 되고, 자연스럽게 성매매를 하게 된다. 더구나 성매매가 과거와 달리 정부의 제재를 받게 되는 업소를 중심으로 이루어지는 것이 아니라, 인터넷 채팅을 통해서 개인적으로 은밀하게 이루어지는 추세이므로 청소년들이 성매매의 대상을 찾기가 더욱 쉬워졌다(성윤숙 · 방병식, 2009).

둘째, 상습적인 음주나 약물 복용과 같은 청소년기 일탈행동이 성매매와 관련이 있다(김상범 · 남영옥, 2017; 이춘화 · 조아미, 2004). 상습적인 음주를 하게 되는 경우 무절제한 성경험을 하기 쉬운데, 특히 성폭력을 당한 경우에 순결을 잃었다는 생각에 자포자기해서 성매매 유혹을 받게 되면 이를 쉽게 결정하게 된다. 특히 약물 중독은 성매매와의 관련성이 큰데, 약물에 중독되어 이를 구입하기 위해 성매매를 하기도 하고 성매매를 하면서 약물을 알게 되어 중독되기도 하여 이러한 과정이 지속적으로 반복되기도 한다. 또한 음주, 약물, 성경험 등의 일탈행동으로 인해 주위 사람들에게 품행이 바르지 못한 사람으로 낙인이 찍히게 되고 이러한 사회적 낙인으로 인해 부정적인 자아상을 형성하게 된다. 이는 다시 성매매의 유혹을 뿌리치기 힘든 상황을 만들게 된다(이해경 · 이경성 · 신현숙, 2004).

셋째, 성폭력 피해 경험이다. 성폭력 피해자들은 죄책감, 무력감, 상실감, 우울, 외상후 스트레스 장애 등 정신적 후유증을 보인다. 특히 앞에서도 말했지만 성폭력 피해로 인한 자존감의 상실은 자포자기하는 심정으로 성매매에 쉽게 빠져들게 하는 요인이다(이해경 · 이경성 · 신현숙, 2004; 정규석 · 조정자 · 유순화, 2003).

넷째, 학교부적응과의 관련성이다. 선행연구들에 의하면 성매매 청소년들은 일반 청소년들에 비해 학업 성취도가 낮고 학교생활에 대한 몰입 수준이 낮으며, 교사들의 지지를 적게 받는 등의 학교부적응 문제를 더 많이 보인다고 하였다(이해경 · 이경성 · 신현숙, 2004; 정해숙 · 최윤정 · 최자은, 2014). 학교부적응은 학업중단으로 이어지고 학업중단으로 인해 진로와 직업의 선택에 제한을 받게 되므로 미래에 대한 목표 의식이 약해진다(이춘화 · 조아미, 2004).

다섯째, 친구의 영향이다. 성매매 경험이 있는 친구를 사귈 경우에 성매매의 유혹에 쉽게 넘어간다. 친구의 부추김이나 소개, 성매매에 대한 친구집단의 허용적 문화가 청소년 성매매의 주요 요인이다(정규석 · 조정자 · 유순화, 2003; 조성연 · 이용교 · 방은령, 2000). 뿐만 아니라 청소년 성매매와 가출 경험은 친구들로부터의 집단따돌림 경험과도 관련이 있다(이춘화 · 조아미, 2004; 이해경 · 이경성 · 신현숙, 2004).

여섯째, 우리 사회의 지지체계와 관심의 부족은 청소년 성매매를 부추기는 요인이 되고 있다(김혜원, 2011; 서정애, 2009; 정혜원, 2014). 가정과 학교에서 밀려난 청소년들은 거리로 내몰리게 되고, 이러한 과정에서 일탈을 하게 되는데 특히 여자 청소년들은 쉽게 성산업에 유입된다. 더구나 성을 상품화하는 우리 사회의 성개방 풍조와 물질만능주의 문화는 성매매 청소년을 성인으로부터 보호받지 못한 피해자로 보기보다는 자율적으로 행동한 범죄자로 보고, 청소년에게 많은 책임을 부과함으로써 청소년 성매매의 문제를 학대나 착취의 문제로 받아들이지 않는 경향이다.

일곱째, 청소년들의 무절제한 성의식이다. 성매매 동기를 조사한 자료에 의하면 60년대에서 90년대에 이르기까지 성매매 여성들의 성매매 동기는 가족의 생계수단과 관련된 것이었으나, 2000년대에 오면서 성매매 청소년들의 성매매 동기는 용돈이나 유흥비 마련을 위하거나 성에 대한 호기심이 주요 이유이다(김혜원, 2011). 성에 대한 허용성이나 가치의 둔감화가 청소년들이 성매매를 하게 되는 직접적 원인이 될 수 있다.

3) 청소년 미혼모 문제 관련 요인

청소년 미혼모 문제는 청소년 개인에 국한된 개인적 요인에 의한 것이 아니라 가정적 요인, 사회적 요인들과의 복합적인 결과로 발생한다. 청소년 미혼모 문제와 관련된 개인적 요인들은 학업 성취 수준, 성격 특성, 부족한 성지식, 가출을 비롯한 일탈행동 경험 등 다양한 요인들이 보고되고 있다. 각 요인들을 구체적으로 살펴보면 다음과 같다.

첫째, 학교부적응이다. 임신 경험이 있는 10대 여학생들은 그렇지 않은 여학생들에 비해 학업에 집중하기 어렵고, 결국은 학업중단을 하게 될 가능성이 크다(이행숙, 2002).

둘째, 가출이다. 가출한 청소년들이 숙식을 해결하기 위해 성매매를 할 가능성이 크고 이로 인해 예기치 않은 임신을 할 가능성이 있다.

셋째, 비행 경험이다. 비행을 많이 하는 청소년들이 성과 관련된 비행을 하기 쉽고 이로 인해 준비되지 않은 임신을 할 가능성이 크다(김상범 · 남영옥, 2017; 이행숙, 2002).

넷째, 성폭력 피해 경험이다. 청소년기에 성폭력을 당하면 여러 가지 부정적인 심리 특성을 보이게 된다. 이를테면 불안, 자존감 저하, 자기 파괴적인 행동, 성관계에 대한 허용적인 생각을 갖게 된다. 이로 인해 문란한 성행동이나 성매매를 할 가능성이 커지게 되고, 그 결과 준비되지 않은 임신을 할 가능성이 커진다(이종화, 2005). 다섯째, 피임을 비롯한 성지식의 부족이다. 십대 미혼모의 대부분이 피임에 대한 구체적인 방법을 몰라 피임을 하지 않았다고 보고하고 있으며, 임신 사실을 몰라 인공중절 수술을 할 기회를 놓쳐서 아이를 낳았다고 하였다(이행숙, 2002).

여섯째, 자아정체감의 미발달이다. 자아정체감이란 안정되고 통합된 자아에 대한 인식이다. 이러한 자아에 대한 통합된 인식이 발달되지 않은 경우 자신감을 잃게 되고, 자신을 무가치한 존재로 여기고 열등감이 생겨 부정적인 행동을 할 수 있다. 특히 자아정체감이 발달되지 못한 경우 동년배들의 요구와 행동에 동조하기 쉬운데, 성관계에 대한 동조를 요구하는 상대방에 쉽게 따르게 되어 원치 않는 임신을 하게 될 가능성이 있다(김상범 · 남영옥, 2017; 이종화, 2005). 일곱째, 낮은 자아존중감이다. 자아존중감이 낮으면 자신의 가치가 낮다고 생각하여 자신을 돌보지 않는다. 자아존중감이 낮을수록 자신에 대한 통제력이 떨어지고 자신에 대한 통제 부족이 청소년기의 성관계 경험과 관련 있다(이종화, 2005).

청소년 미혼모 문제와 관련된 가정적 요인들로는 가족의 사회 경제적 수준, 부정적인 부모 자녀 관계 등 가정과 관련된 부정적 요인들을 들 수 있다. 미혼모 문제와 관련된 가정적 요인들을 구체적으로 살펴보면 다음과 같다.

첫째, 가정의 빈곤이다. 청소년 미혼모 가정은 저소득층일 경우가 많다(서정애, 2009; 송현애 외, 2002; 이종화, 2005; 이행숙, 2002; 정해숙 · 최윤정 · 최자은, 2014). 저소득층 가정의 전형적인 형태인데 주로 어머니가 가정 생계의 책임자이다. 최근에는 중류층 이상 가정 출신의 미혼모가 차지하는 비율도 높아져서 더 이상 청소년 미혼모의 문제는 저소득층 가정의 문제가 아니라는 인식도 높아지고 있지만 여전히 저소득층 가정 출신이 많다(윤미현 · 이재연, 2002). 저소득층 가정에서 10대 자녀의 위치는 보호받아야 할 존재가 아니라 스스로 독립해서 살아야 하는 존재로 간주된다(서정애, 2009). 따라서 가정의 빈곤은 청소년기 소녀의 문화적 욕구뿐 아니라 진학에 대한 요구를 충족시켜주기 어렵다. 이로 인해 소녀들은 자아정체감이나 자아존중감을 발달시키기 어렵고 이성의 성적 요구에 쉽게 응할 수 있다. 또한 빈곤 가정에서 가장 먼저 취해지는 조치는 딸들에 대한 진학포기와 취업에 대한 요구인데, 여기서 벗어나기 위해 소녀들은 집을 나오는 경우가 흔하며 이러한 경우에 앞에서 말한대로 숙식을 해결하기 위해서나 생활비를 벌기 위해 성매매를 비롯한 위험에 놓일 가능성이 있다.

둘째, 가정의 불안정성이다(서정애, 2009; 송현애 외, 2002; 이종화, 2005; 정해숙 · 최윤정 · 최자은, 2014). 청소년 미혼모는 가족 구성원 간에 갈등이 많은 결손가정이나 해체가정 출신이 많다. 부모와의 갈등 수준이 높고 부모가 계시더라도 함께 살지 않는 경우가 많다. 일정한 가족형태가 지속되는 것이 아니라 계속적으로 변형되는 과정에 있는 매우 유동적인 가족형태가 많은데 예를 들면 아버지와 살다가, 어머니와 살고, 또 할머니와 살게 되는 등 결손가정이 아니더라도 일정한 가족형태가 지속되지 않는 편이다.

이러한 가정에서 부모의 양육태도는 자녀의 생활에 무관심하거나 또는 지나치게 통제적이기도 하고 일관성이 없다(김은경 · 엄애선, 2010; 김재엽 외, 2017; 박현숙 · 정선영, 2011; 조춘범, 2012; 최해연 · 곽윤영 · 김은영 · 배주미, 2011). 또한 자녀의 생활에 대한 무관심은 자녀의 경제적 지원을 최소화하는 것으로 연결된다. 뿐만 아니라 가족폭력, 주로 아버지의 폭력 때문에 청소년 자녀가 가정에 머물 수 없게 하는 요인이 되기도 한다. 이와 같이 청소년 미혼모의 가정은 안정감, 친밀감, 또는 돌봄을 제공하는 공간이 아니라 부모의 폭력으로부터 피신해야 하는 공간, 아무도 없는 텅 빈 공간, 같이 있어도 소통이 이루어지지 않는 공간일 가능성이 크다.

미혼모 문제와 관련된 사회적 요인들로는 혼전 성관계나 임신을 허용하는 가치를 가진 또래 집단, 무분별한 성적 자극을 제공하는 대중매체, 남녀간 성적 접촉의 기회가 많은 쾌락추구적인 사회분위기, 학교의 체계적인 성교육 부실 등을 들 수 있다. 각 요인들을 구체적으로 살펴보면 다음과 같다. 첫째, 혼전 성관계나 임신을 허용하는 또래 집단의 영향이 미혼모 문제를 발생시킬 수 있다(김상범 · 남영옥, 2017; 박현숙 · 정선영, 2011). 청소년기는 부모의 영향력이 감소하고 또래 집단의 영향력이 증가하는 시기이다. 청소년기에는 또래 친구들에 대한 동조성 경향이 커지는데, 특히 또래 집단의 일탈적인 행동에 대한 동조성이 청소년 비행과 밀접한 관련성이 있다. 10대 청소년들의 성의식이나 성행동 그리고 혼전임신은 자신이 원하는 것이라기보다는 또래 집단의 영향에 의한 것일 가능성이 큰데, 친구들의 성적 개방성이 클수록 10대 청소년의 임신가능성이 높다는 연구결과도 보고되고 있다(박현숙 · 정선영, 2011; 이종화, 2005).

둘째, 음란물을 쏟아내는 대중매체가 미혼모 문제 발생에 영향을 준다(김은실 · 김귀정 · 김봉한, 2011; 김재엽 · 곽주연, 2017; 박현숙 · 정선영, 2011; 이정윤 · 이명화, 2003) 대중매체들에서 무분별한 성적 자극을 증대시키고, 이로 인해 성개방 풍조가 조성된 사회 환경에 청소년들은 무방비 상태로 노출되어 있다. 그 결과 청소년들의 성관계나 임신가능성이 높아지고 있다.

셋째, 사회에 만연해 있는 왜곡된 성 정보와 남녀간의 성적 접촉 기회의 증가로 인해 청소년들이 올바른 성의식과 성행동을 형성하는 데 어려움이 있다(김혜자 · 심미정, 2014; 박용한, 2014; 이성식, 2004; 주지혁 · 김형일, 2013). 이러한 사회분위기 속에서 일부 청소년들은 성적으로 일탈행동을 보이게 되는데, 성매매를 비롯해서 혼전 임신과 낙태 등의 문제를 발생시키고 있다.

넷째, 입시위주의 교육으로 성적 위계에 의해 학생들을 판단하는 학교분위기이다. 선행연구에 의하면 학교와의 관계가 좋지 않을수록 어린 나이에 임신할 위험성이 커진다고 하였다(김만지, 2004; 서정애, 2009; 정해숙 · 최윤정 · 최자은, 2014). 10대 미혼모를 대상으로 한 면접조사에 의하면 조사대상 미혼모들이 억압적인 학교규율, 체벌, 성적으로만 사람을 평가하는 불합리한 분위기 등으로 학교졸업장이 현재의 답답한 학교생활을 견딜 만큼의 보상을 해줄 수 없다는 진술을 하고 있다(서정애, 2009). 학교에 대한 부정적인 태도를 가진 청소년들은 자신에 대한 정체감을 갖기 위한 대안으로 조숙한 성행동을 하는 경향이 있다고 하였다(김만지, 2004).

다섯째, 성 산업에 대한 십대 청소년들의 고용 진출이 용이한 산업구조이다. 여자 청소년들이 서비스 산업 분야에 저임금으로 아르바이트를 할 수 있는 기회가 많다. 특히 성 산업의 경우는 법적으로 십대 청소년들이 접근을 할 수 없도록 되어있으나, 나이를 속이거나 남의 주민등록증을 빌리는 등의 방법으로 접근이 용이하다(김혜원, 2011; 서정애, 2009; 이종화, 2005; 이해경 · 이경성 · 신현숙, 2004; 정혜원, 2014). 특히 가출 청소년의 경우 생계비를 벌 수 있는 쉬운 방법 중의 하나가 성 산업 분야에서 아르바이트를 하는 것이다. 이러한 산업구조는 여자 청소년들을 혼전 임신의 문제에 취약하게 한다.

4. 성일탈 대처 방안

1) 청소년 성폭력에 대한 대처 방안

청소년 성폭력의 예방과 대처 방안을 성폭력 가해자와 피해자를 중심으로 살펴보겠다. 첫째, 청소년 성폭력 가해자들에게 정책적으로 전문적인 치료 프로그램을 실시하여 치료와 재활이 이루어지도록 해야 한다. 청소년 성폭력 범죄의 경우 재범률이 높기 때문에 보호관찰제나 보호감호제 등의 형벌만으로는 재범을 막기 어렵다. 치료 프로그램의 내용으로는 성폭력 행동에 대한 교정, 책임 있는 성의식 확립을 위한 교육, 가족 관계의 기능 강화, 비행 또래 집단과의 관계를 끊기 위한 대안적 놀이문화의 개발, 음주, 흡연, 가출 등의 문제행동에 대한 교정을 포함한다(박용순, 2000; 손병덕, 2014; 송원용, 2007). 이를 위해서는 성폭력 청소년에 대한 정확한 진단을 내리고 치료할 수 있는 전문 인력의 양성이 시급하다(이수정 · 장현석, 2004).

둘째, 청소년 성폭력 피해자들을 위한 대처 방안으로는 정책적으로 피해자 보호를 위한 총체적인 지원 서비스를 제공해야 한다(박용순, 2000; 손병덕, 2014). 성폭력 피해자들이 대처할 수 있는 법적, 행정적인 절차를 알게 하고 성폭력에 대한 지식과 대처방법에 대한 교육과 홍보, 전문가의 도움을 받을 수 있는 상담기관과의 연결 서비스가 필요하다. 성폭력을 당할 경우에 자신에 대한 보호를 할 수 있는 안전 수칙이나 자기방어 기술을 교육하는 프로그램, 법적인 절차를 위한 증거수집과 사건에 대한 검사를 위한 법적 지원, 피해자에게 의료적인 지원을 하고 피해 후유증을 치료할 수 있는 상담과 의료적 지원 서비스가 제공되어야 한다. 또한 성폭력으로 인해 임신을 하게 된 경우 낙태, 분만, 그리고 아이의 양육절차에 대해 도움을 주는 보호시설이 필요하다.

셋째, 성폭력 예방을 위해서 우리 사회의 건전한 성문화 확립, 청소년들을 위한 구체적인 성교육 제공을 위한 정책적 노력과 범국민적 운동이 필요하다(김혜원, 2011; 이미정 외, 2009). 이를 위해서 가정에서는 부모와 청소년 자녀간의 긍정적 관계 확립, 학교에서는 청소년들의 올바른 성의식과 성행동 발달을 위한 구체적이고 지속적인 성교육을 실시해야 한다. 특히 성폭력 범죄 예방적 차원에서 데이트 성폭력에 대한 위험성을 알리고 피임 정보의 제공 그리고 성구매 방지를 위한 교육을 실시해야 한다(이미정 외, 2009). 사회에서는 청소년 성폭력을 조장하는 음란 영상물, 광고, 언론보도와 인터넷 음란물에 대한 청소년들의 접촉을 막기 위한 집중적인 노력을 해야 한다. 청소년들의 성인용 사이트 접속 차단, 음란성 매체 내용물에 대한 제재 등을 위한 기술적, 제도적 방안이 모색되어야 하고 관련 규준들이 지켜지는지에 대한 감시 감독이 강화되어야 한다(김혜원, 2011). 또한 언론 매체를 통해 성폭력에 대한 지식, 법률적 문제 등을 올바르게 홍보하는 노력 등이 요구된다.

(1) 성폭력 관련 법률

성폭력은 처벌을 받아야 하는 범죄 행위이다. 「아동청소년 성보호에 관한 법률」, 「특정 범죄자에 대한 위치추적 전자장치 부착 등에 관한 법률」, 「성폭력 범죄의 처벌 등에 관한 특례법」 등이 제정되어 청소년 성폭력 범죄를 근질하고자 하는 다양한 노력이 진행되고 있다. 여기서는 어떤 내용의 성폭력 행동이 어떻게 법적 처벌을 받게 되는지 성폭력에 관련한 법률과 그 내용을 살펴보기로 하자.

「아동청소년 성보호에 관한 법률」에서는 성폭력 범죄자의 인터넷 신상 공개 등록, 성폭력 범죄자의 등록 정보의 고지, 성폭력 범죄자의 취업 제한에 대한 조항이 다음과 같이 제시되어 있다.

「아동청소년 성보호에 관한 법률」 35조에서 38조에 의하면 아동 청소년 대상 성범죄자의 신상정보 등록기간은 20년이며, 인터넷 공개 명령대상은 13세 미만 대상 성폭력 범죄자에서 19세 미만 성폭력 범죄자가 포함된다. 법원은 공개 대상자에 대해 등록 기간 중 정보통신망을 이용하여 공개명령을 선고하며 등록정보는 성명, 나이, 주소 및 실제 거주지, 신체정보, 사진,

성범죄 요지를 말한다. 또한 38조 3항에 의하면 여성가족부에서 위임한 고지대상자가 거주하는 읍, 면사무소의 장 또는 동 주민자치센터의 장은 고지정보를 관할 구역에 거주하는 아동 청소년의 친권자 또는 법정대리인이 있는 가구에 우편으로 송부하여야 한다. 44조에 의하면 아동청소년 대상 및 성인 대상 성범죄자는 형집행이 종료된 날로부터 10년간 유치원, 학교, 학원, 개인과외교습, 청소년 시설 등의 시설 또는 기관을 운영하거나 아동청소년 관련 교육기관 등에 취업할 수 없다.

「특정 범죄자에 대한 위치추적 전자장치 부착 등에 관한 법률」의 5조와 9조에 의하면, 성폭력 범죄를 2회 이상 범한 사람이나 16세 미만의 사람에 대해 성폭력 범죄를 저지른자 등에 대해 전자발찌 부착명령을 검사가 법원에 청구할 수 있다.

〈표 8-1〉에서는 강간, 강제추행, 공공장소에서의 추행, 전화나 메일로 음란 메시지를 보내는 경우, 카메라로 타인의 신체를 찍는 경우와 같은 성폭력 행위에 대해 「아동청소년 성보호에 관한 법률」과 「성폭력 범죄의 처벌 등에 관한 특례법」에 의한 처벌 내용을 제시하였다. 강간의 경우는 최소 3년 이상이나 최대 10년 이상의 유기징역에 처하게 되어 있으며, 강제추행은 최소 1년 이상이나 최대 5년 이상의 유기징역이나 벌금형에 처하게 되어 있다. 공공장소에서의 추행, 통신매체를 통해 음란메시지를 보내는 행위, 카메라로 타인의 신체를 허락 없이 찍는 경우에도 성폭력 행위이며, 최소 1년 이하나 최대 7년 이하의 징역형이나 벌금형에 처하도록 되어 있다.

2) 청소년 성매매에 대한 대처 방안

청소년들이 성매매에 진입하기 전에 혹은 청소년들의 성매매가 장기화되기 전에 예방 및 조기 개입이 필요하다. 또한 성매매 청소년들이 성매매로부터 벗어나 자활의 과정을 통해서 건강한 사회구성원으로 통합될 수 있게 지원해야 한다. 청소년들의 성매매 진입과 장기화를 차단하고 성매매로

〈표 8-1〉 성폭력 관련 법률

성폭력 내용	관련법	처벌 내용
강간	• 아동 청소년의 성보호에 관한 법률 (제7조) • 성폭력 범죄의 처벌 등에 관한 특례법 (제7조)	13세 미만의 사람에 대한 강간은 10년 이상, 19세 미만의 아동 청소년에 대한 강간은 5년 이상의 유기징 역, 폭행 협박으로 성기삽입, 성기 항문에 신체의 일부나 도구를 넣는 행위를 한 사람은 13세 미만 여자에 대해 징역 7년 이상의 유기 징역, 19세 미만의 아동 청소년에 대하여는 3년 이상의 유기징역에 처함
강제추행	• 아동 청소년의 성보호에 관한 법률 (제7조) • 성폭력 범죄의 처벌 등에 관한 특례법 (제7조)	13세 미만의 사람에 대해 강제추행을 한 사람은 5년 이상의 유기징역 또는 3천만 원 이상 5천만 원 이하, 19세 미만의 아동 청소년에 대해 강제추행을 한 사람은 1년 이상의 유기징역 또는 500만 원 이상 2천만 원 이하의 벌금에 처함. 위계 또는 위력으로써 19세 미만의 아동 청소년을 간음하거나 추행한 자 및 준강간, 준강제추행. 미수범 또한 위의 예에 따라 처벌함
공공장소에서의 추행	• 성폭력 범죄의 처벌 등에 관한 특례법 (제11조)	대중교통수단, 공연, 집회 장소, 그 밖에 공중 밀집장소에서 사람을 추행한 사람은 1년 이하의 징역 또는 300만 원 이하의 벌금에 처함
전화나 메일로 계속해서 음란메시지를 보내는 경우	• 성폭력 범죄의 처벌 등에 관한 특례법 (제12조)	자기 또는 다른 사람의 성적 욕망을 유발하거나 만족시킬 목적으로 전화, 우편, 컴퓨터, 그 밖의 통신 매체를 통하여 성적 수치심이나 혐오감을 일으키는 말, 음향, 글, 그림, 영상 또는 물건을 상대방에게 도달하게 한 사람은 2년 이하의 징역 또는 500만 원 이하의 벌금에 처함
카메라로 타인의 신체를 찍는 경우	• 성폭력 범죄의 처벌 등에 관한 특례법 (제13조)	카메라 및 기계장치를 이용하여 타인의 신체를 그 의사에 반하여 촬영하거나 그 촬영물을 반포, 판매, 임대 또는 전시 상영한 자는 5년 이하의 징역 또는 1천만 원 이하의 벌금에 처함. 또한 영리를 목적으로 위 촬영물을 유포한 경우 7년 이하의 징역 또는 3천만 원 이하의 벌금에 처할 수 있음

주: 조은경 외(2010)의 pp. 31-34의 내용을 재인용하여 정리한 내용임.

부터 완전히 벗어나게 하기 위해서 어떤 노력을 해야 할지에 대해 살펴보기로 하자.

첫째, 가출이 청소년 성매매와 관련된 주요 요인이므로 가출을 단순한 문제행동으로만 볼 것이 아니라 성매매를 포함한 성일탈 행동으로 이어질 가능성을 염두에 두어야 한다. 가출 청소년들에 대한 개입과 중재를 위해서는 쉼터와 보호기관의 운영, 안전한 귀가조치의 유도, 반복되는 가출 예방을 위한 지원프로그램이 제공되어야 한다(김혜원, 2011).

가출 청소년들을 위한 정책적 지원내용들을 살펴보면 주요 지원 체계로 청소년 통합지원 체계가 있다. 여성가족부에서는 '지역사회 청소년통합지원체계(CYS-Net)'를 운영하여 지방자치단체를 중심으로 기관 및 시설과 통합적이고 연계적으로 협력하여 가출, 학업중단, 인터넷 중독 등 위기에 처해 있는 청소년을 조기에 발견하여 보호하고 상담, 교육적 지원을 통해 자립을 도와주는 맞춤형 서비스를 제공하고 있다. 특히 CYS-Net에서 제공하는 서비스 중에서는 가출 청소년들을 위해 청소년 전화 1388의 운영을 통해 긴급구조와 일시구조가 이루어지고 있다. 그러나 성매매 청소년들이 어떤 구속이나 제한 없이 잠자리를 제공받을 수 있는 시스템의 구축의 필요성이 제기되고 있다(이자림, 2008).

둘째, 성매매 청소년들은 가정폭력, 학업중단을 비롯한 일상생활에서의 사회적 위험들에 복합적으로 노출되어 있을 가능성이 크기 때문에 성매매로 인한 피해뿐 아니라 성매매로 유입되기 전부터 경험한 피해들에 대한 통합적 지원이 필요하다. 성매매 청소년을 대상으로 한 조사연구에 의하면 성매매로 인해 성병, 임신, 낙태 등으로 인해 건강이 좋지 않고 심리적으로도 죄의식, 자포자기, 무력감을 경험하고 있다. 또한 진학이나 진로에 대해 구체적인 계획이나 의욕이 없다(이춘화 · 조아미, 2004).

그러므로 성매매 청소년을 대상으로 가정폭력을 비롯한 사회적 폭력 피해의 상처를 치료하고 일상생활에 복귀할 수 있도록 자존감과 의지의 회복을 도와주는 심리치료, 성병 그리고 반복된 임신과 낙태로 인한 질병 치료, 사회적 위험에 노출되었을 때 대처법과 도움을 요청하는 방법에 대한 교육, 진학과 취업 지원 등이 함께 병행되어 제공되는 지원이 필요하다. 이를 위해서는 학교, 지역사회기관과 주민, 소년사법체계, 청소년 관련기관, 사회복지기관, 중앙 및 지방정부 간의 네트워크 구축을 통해 유기적이고 체계적인 협력이 이루어져야 한다(남미애 · 홍봉선, 2009). 특히 이러한 지원기관들에서 성매매 청소년을 발견하는 즉시 즉각적이고 체계적인 조처가 가능하도록 행동 매뉴얼을 만들고, 각 기관이 성매매 청소년에게 지원해야 할 서비스를 구조화하는 작업이 필요하다(이자림, 2008).

셋째, 성매매 청소년이 성매매에서 벗어나고 자활할 수 있도록 도와주는 프로그램의 개발이 필요하다. 이러한 프로그램 개발에 대한 연구들에 의하면 성매매 경험으로 인해 상실된 자신과 타인에 대한 신뢰, 그리고 자아존중감을 회복하고 나아가 학업이나 진로탐색 등 자활에의 의지를 높일 수 있는 멘토링 프로그램이 탈성매매 청소년들의 자아존중감과 직업탐색행동을 향상시키는 데 효과가 있다(이정희, 2009 최해연 · 곽윤영 · 김은영 · 배주미, 2011).

성매매 청소년을 대상으로 상담과 교육 프로그램을 실시하고 있는 대표적인 기관으로 위기청소년교육센터가 있다. 위기청소년교육센터는 여성가족부에서 운영하는 기관으로 '아동청소년성보호에 관한 법률'에 근거하여 성매매 경험 청소년을 대상으로 치료 및 재활교육을 통해서 성내배 새유입을 방지하고 성매매 피해 상처를 회복하여 건강하게 학업과 사회에 복귀하도록 지원하는데 복적을 누고 운영되고 있다. 성매매 청소년을 대상으로 운영되고 있는 위기청소년교육센터는 일반청소년을 위해 전국적으로 서울, 경기, 강원, 인천, 대전, 광주, 대구, 부산, 전북 등 9개가 운영되고 있고 지적장애가 있는 성매매 청소년을 위한 1개 지역 위기청소년교육센터가 있다. 넷째, 성을 상품화하는 성매매에 대한 잘못된 의식을 가지고 있는 성인 남성과 여성을 대상으로 성의식과 가치관을 바로 세우는 성인교육이 필요하다(남정림, 2004). 청소년의 성매매는 청소년 개인만의 문제가 아니라 우리 사회의 문제이며, 책임은 성인들에게 있다고 봐야 한다. 청소년의 성을 사고자 하는 성인 수요자가 존재하는 한 성을 팔고자 하는 청소년 또한 사라지지 않는다(김혜원, 2011). 그러므로 성인을 대상으로 성매매 예방교육과 평생 성교육을 실시해야 하며 이러한 교육은 지역사회단체, 여성단체, 청소년단체, 종교단체 등을 중심으로 실행할 수 있을 것이다.

(1) 탈성매매 과정

성매매 청소년들이 성매매에서 벗어나고자 하는 생각을 하기 시작해서 행동으로 옮기고, 건전한 일상생활로 복귀하기까지의 일련의 과정을 구체적으로 설명하는 탈성매매 과정에 대한 모델을 제시한 연구를 소개하고자 한다(최해연 · 곽윤영 · 김은영 · 배주미, 2011). 이 모델에서는 성매매에서 벗어나는 과정과 이 과정에 개입되어 있는 다양한 요인들이 어떻게 서로 연결되어 있는지를 구체적으로 보여주기 때문에 성매매 문제에 대한 대처 방안을 더욱 잘 이해할 수 있다. 이 연구는 18세에서 20세까지의 성매매 여자청소년 11명을 대상으로 면접을 통해 우리나라 여자 청소년의 탈성매매 과정을 설명하는 모델을 제시하였다. 조사 대상 성매매 청소년들은 15세에서 19세에 성매매를 시작했으며, 모두 부모의 이혼을 경험했고 대부분 가출 후 성매매를 시작했다. 이 연구에서 제시한 성매매 여자 청소년들의 탈성매매 과정 모델을 [그림 8-1]에 제시하였다.

[그림 8-1]에 의하면 성매매 청소년들이 성매매에서 벗어나는 과정은 1단계: 원인적 조건(성매매 생활에 대한 회의), 2단계: 맥락적 조건(결정적 사건), 3단계: 중심현상(성매매 결과 인식과 탈성매매 결심), 4단계: 작용/상호작용(자기통제와 회복), 5단계: 결과(생활의 변화)의 총 5단계로 전개된다. 각 단계의 연계과정을 살펴보기로 하자.

먼저, 1단계인 원인적 조건 단계는 성매매 청소년들이 성매매 결과의 심각성을 인식하고 탈성매매를 결심하기 이전에 성매매로 인한 신체적, 심리적 손상으로 성매매 생활에 대한 회의를 느끼고 있으나 무력감으로 인해 성매매에서 벗어나려는 시도를 하지 못하고 있는 단계이다. 2단계인 맥락적 조건 단계는 1단계에서 성매매에 대한 회의를 느끼면서도 반복된 성매매 생활을 하고 있는 과정에서 경찰에 검거되거나, 갈취 폭력 등 성매매에

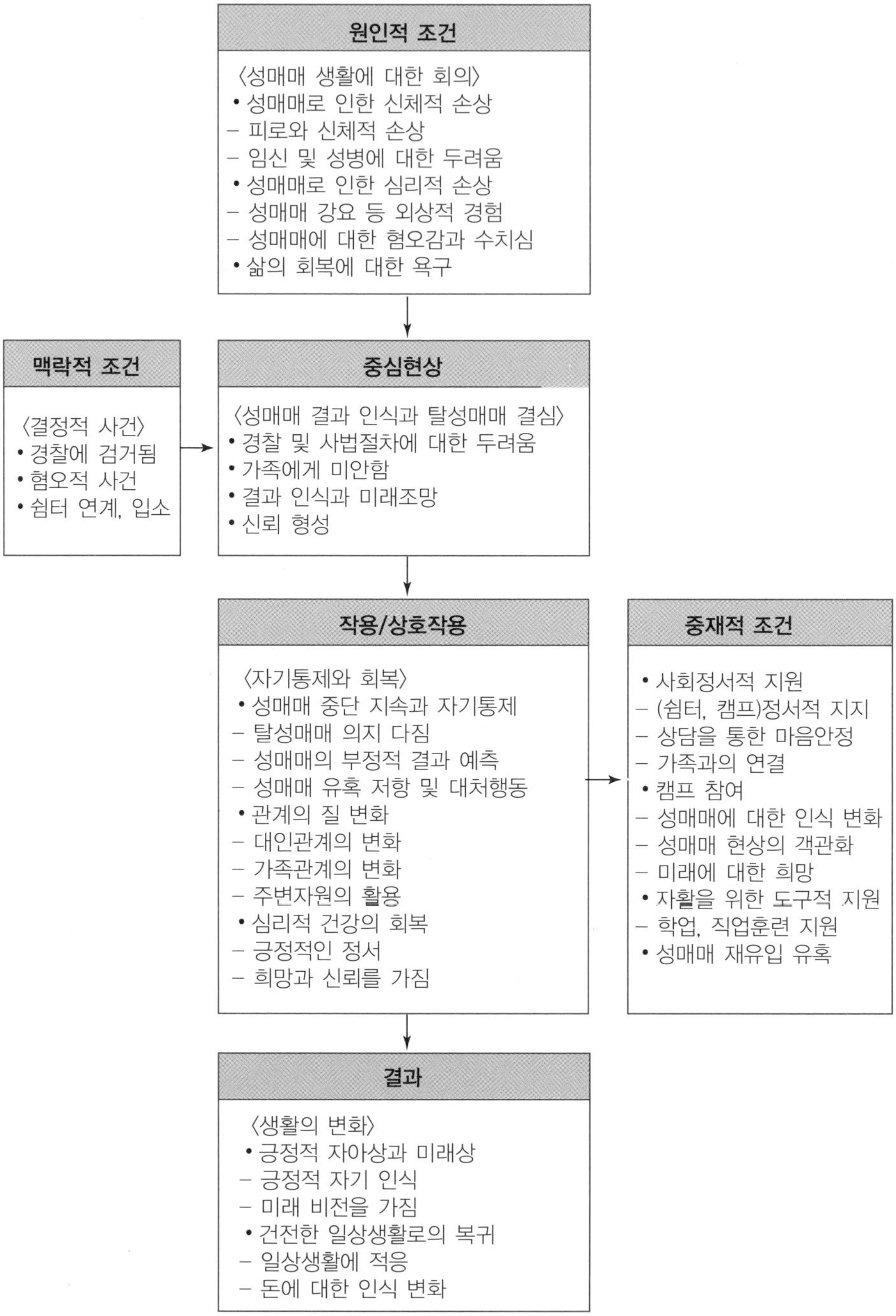

[그림 8-1] 성매매 청소년의 탈성매매 과정

주: 최해연, 곽윤영, 김은영, 배주미(2011). p. 193의 그림.

염증을 느끼는 사건들을 경험하거나 혹은 쉼터나 위기청소년 교육센터 실무자들의 사회적 서비스 구조망을 통해 발견되는 등의 결정적 사건을 접하게 되는 단계이다.

3단계인 중심현상 단계는 비로소 탈성매매를 결심하게 되는 단계로서 이러한 결심으로부터 비로소 진정한 의미의 탈성매매가 시작되는 단계이다. 이 단계에서 탈성매매를 결심한 청소년들이 새로운 환경에 놓이게 되면 성매매의 결과를 보다 현실적이고 객관적인 관점에서 인식하게 되는데, 처벌받는 범죄자로서의 성매매에 대한 인식, 가족들에 대한 미안함을 갖게 되고 자신에게 진실한 관심과 도움을 주는 성인에 대한 신뢰감을 형성하게 된다.

4단계인 작용/상호작용 단계는 성매매 생활에서 벗어나고 재유입에 대한 유혹을 견뎌내는 자기통제와 회복의 단계이다. 특히 이 단계에서 사회의 지원이 매우 중요하다. 앞에서 제시한 의료적 지원뿐 아니라 상담을 통해 마음의 안정을 회복하고 가족과의 연계를 도와주는 사회 정서적 지원, 성매매에 대한 인식과 가치관의 변화를 위한 교육적 지원, 일상생활의 안정과 학업에의 복귀나 직업을 갖게 도와줌으로써 자활을 가능하게 하는 교육적 지원을 통해 성매매의 재유입에 대한 유혹을 뿌리치고 탈성매매를 완성하도록 하는 일이 중요하다.

5단계인 결과 단계는 유혹과 극복의 단계를 지나면서 자기통제 능력을 발전시켜 최종적으로 생활의 변화를 이루는 단계이다. 이 단계에서 청소년들은 자신에 대해 긍정적인 인식을 하게 되고 미래에 대한 희망을 갖게 된다. 건전한 일상생활로 복귀하고 돈에 대한 인식의 변화로 절제된 소비생활에 익숙하게 된다.

3) 청소년 미혼모 문제에 대한 대처 방안

청소년 미혼모 문제를 효과적으로 해결하기 위해서는 미혼모 문제를 미혼모 개인의 책임으로만 볼 것이 아니라 가정, 사회, 국가 차원의 책임을 인식하고 적극적인 대처 방안을 모색해야 한다. 무엇보다 미혼모들이 필요로 하는 지원을 제공하는 것인데 임신과 분만 과정에서 필요로 하는 의료적 도움, 분만 후 산모와 아이가 머무를 수 있는 시설의 제공, 아이의 양육에 대한 경제적, 법적 지원, 그리고 청소년 미혼모들이 분만 후 정상적인 생활을 할 수 있도록 도와주는 학교교육이나 직업교육 프로그램, 예기치 않은 임신으로 인한 불안감이나 스트레스를 이겨내고 반복적인 혼전 임신이 일어나지 않도록 도와주는 상담 지원이 기본적으로 제공되어야 한다.

현재 미혼모를 위해 사회와 국가 차원에서 제공되는 서비스는 미혼모 보호시설, 아기를 양육하는 미혼 양육모를 위한 모자보호시설, 미혼모를 위한 보건소 중심의 모자보호사업 등으로 미혼모를 위한 복지 차원의 정책은 시설보호위주의 치료적이고 구호적인 차원을 크게 벗어나고 있지 못하다(송현애 외, 2002; 홍봉선 · 남미애, 2011). 그러나 이러한 차원으로는 청소년 미혼모 문제를 해결하기 어렵다. 청소년 미혼모들이 필요로 하는 지원이 무엇인지를 조사한 연구 결과들을 살펴봄으로써 대처방안을 모색해 볼 수 있을 것이다.

미혼모 보호시설에서 청소년 미혼모들에게 교육프로그램을 제공하고 재임신 방지를 위한 여러 가지 지원을 해야 하는데, 선행 연구결과들을 토대로 그 내용을 구체적으로 살펴보면 다음과 같다(송현애 외, 2002; 홍봉선 · 남미애, 2011).

첫째, 남녀 청소년을 대상으로 미혼모 발생을 예방하고 재임신 방지를 위해 구체적인 피임법을 알려주는 성교육 프로그램이 필요하다. 성의식이 어느 정도 형성된 청소년기에는 더 이상 금욕만을 강조하는 성교육에서 벗어나 피임에 대한 구체적인 지식, 생명의 존엄성, 성병에 대한 경고 등을 함께 가르치는 실질적인 성교육이 실시되어야 한다.

둘째, 미혼모들은 자아존중감이 약하고 자기 방어 능력이 떨어지므로 허락되지 않은 임신을 했다는 죄책감에서 벗어나 자신을 사랑하고 자아존중감을 향상시킬 수 있는 상담 프로그램과 자조집단의 운영이 필요하다. 같은 경험을 한 미혼모들이 스스로 집단을 형성하여 서로에게 도움을 주고 격려함으로써 사회적 적응력을 높일 수 있다. 자조집단은 미혼모로서의 어려움, 아이에 대한 입양을 결정하고 나서 겪는 심리적 고통, 혹은 아이를 양육하면서 겪는 어려움, 경제적 어려움, 주위의 시선, 미혼부에 대한 배신감, 학업복귀에 대한 어려움을 얘기하고 도움을 받고 서로를 지원하는 사회적 네트워크가 될 수 있다.

셋째, 미혼모들이 출산 후 심리적 불안이나 아이 입양 후 정신적 고통을 극복하고 정서적 안정을 얻기 위해서는 가족과의 원만한 관계가 큰 자원이 되므로 미혼모 당사자는 물론이고 미혼모의 부모, 그리고 미혼부를 대상으로 한 지속적이고 전문적인 상담 프로그램도 필요하다. 미혼모들이 겪게 되는 가장 큰 문제는 심리적 문제인데, 미혼모를 일탈자이고 성적으로 문란한 여성으로 낙인찍는 사회적 분위기가 큰 원인이 되고 있다. 따라서 이러한 상담 프로그램에서는 미혼모와 미혼부들의 사후 책임감과 적응력을 향상 시킬 수 있는 사회적 네트워크를 구축할 수 있도록 도움을 줄 수 있어야 한다.

넷째, 미혼모들이 보호시설에서 아이를 분만한 후 일정 시기가 지나면 퇴소를 해야 하는데 귀가 여건이 마련되지 않은 미혼모들에 대한 서비스 체계의 마련이 필요하다. 이와 함께 미혼모들이 분만 후 새로운 삶을 계획하고 자립할 수 있도록 진학과 취업에 대한 구체적이고 다양한 정보를 제공하여 진로를 탐색할 수 있도록 직업교육과 진로지도가 제공되어야 한다.

학습 정리

1. 청소년 성일탈의 개념

- 성폭력은 개인의 성적 결정권을 침해하는 행위로 타인의 의사에 반하여 성적 행위를 하거나 성적 행위를 하도록 강요하는 행위로 상대방에게 불안감을 주는 언어적, 정신적 행위를 포함한다. 청소년 성폭력은 이러한 강제적인 성적 행위가 청소년에 의해 또는 청소년을 대상으로 이루어지는 행위를 말한다

- 성매매는 성을 통해 경제적 이익을 추구하는 행위로서 불특정인을 상대로 금품이나 재산상의 이익을 수수, 약속하고 성교행위나 유사 성교행위를 하는 것을 말한다. 청소년 성매매는 성매매 행위의 당사자가 청소년이 되는 경우이다.
- 미혼모란 혼인하지 않은 상태에서 임신이나 출산을 하여 비합법적인 아동을 출산시킨 여성을 말하는데, 미혼모가 청소년일 때는 미혼모가 갖게 되는 위험요인이 더욱 커지게 된다. 왜냐하면 신체적, 성적 성숙은 청소년기의 주요 발달과업이나 이 시기에 준비되지 않은 임신을 하게 될 경우 청소년기에 완수해야 할 발달적 과제를 건강하게 완수하는 데 노력을 기울이기 어렵기 때문이다.

2. 청소년 성일탈의 실태

- 청소년 성폭력 가해자의 비율이 증가하고 연령이 낮아지고 있다. 청소년 성폭력은 성인에 비해 집단으로 가해지는 비율이 높다. 성추행이나 성희롱에 비해 신체적, 정신적 측면에서 피해가 더 큰 강간의 비율이 성인보다 청소년 성폭력 가해자에서 더 높다.
- 성매매 청소년의 연령이 낮아졌고 청소년 성매매를 위한 만남의 방법으로 주로 인터넷을 사용하고 있다. 과거와 달리 청소년 성매매는 사적인 형태를 띄고 있으며 가출과 관련성이 크다.
- 청소년 미혼모의 수가 증가하고 연령이 낮아지고 있다.

3. 청소년 성일탈의 관련 요인

- 청소년 성폭력의 원인은 개인적 요인과 환경적 요인으로 나누어 살펴볼 수 있다. 개인적 요인으로는 어린 시절 부모와의 애착결핍이나 정서표현의 어려움과 관련된 성격 특성을 들 수 있고, 환경적 요인으로는 음주, 성매매, 폭력피해 경험, 음란물 접촉 경험 등이 있다.
- 성매매 청소년들은 가정이나 학교에서 지원과 보호를 받지 못하고 빈곤, 차별, 폭력 등의 갖가지 위험에 처해 있는 경우, 가정에서 방임되거나 성적인 학대를 받는 경우가 많다. 청소년기에 기본적인 사회적 지지체계의 상실은 청소년들의 성매매 유입뿐 아니라 성매매 지속에 영향을 주는 요인이다.
- 청소년 미혼모 문제와 관련된 개인적 요인은 낮은 성취도 수준, 부정적인 성격 특성, 부족한 성지식, 가출을 비롯한 일탈행동 경험 등이 있고 가정적 요인은 낮은 사회경제적 수준, 부정적인 부모 자녀 관계가 있다. 미혼모 문제와 관련된 사회적 요인은 혼전 성관계나 임신을 허용하는 가치관을 가진 또래집단,

무분별한 성적 자극을 제공하는 대중매체, 남녀간 성적 접촉의 기회가 많은 쾌락추구적인 사회분위기, 학교의 체계적인 성교육 부실 등이 있다.

4. 청소년 성일탈의 대처방안

- 청소년 성폭력 가해자들에게 전문적인 치료 프로그램을 실시하여 치료와 재활이 이루어지도록 해야 하며, 청소년 성폭력 피해자들에게는 피해자 보호를 위한 총체적인 지원 서비스를 제공해야 한다.
- 청소년들이 성매매에 진입하기 전에 혹은 청소년들의 성매매가 장기화되기 전에 예방 및 조기 개입이 필요하다. 성매매 청소년들이 성매매로부터 벗어나 자활의 과정을 통해서 건강한 사회구성원으로 통합될 수 있게 지원해야 한다.
- 청소년 미혼모들이 임신과 분만 과정에서 필요로 하는 의료적 도움, 분만 후 산모와 아이가 머무를 수 있는 시설의 제공, 아이의 양육에 대한 경제적, 법적 지원, 그리고 청소년 미혼모들이 분만 후 정상적인 생활을 할 수 있도록 도와주는 학교교육이나 직업교육 프로그램, 예기치 않은 임신으로 인한 불안감이나 스트레스를 이겨내고 반복적인 혼전 임신이 일어나지 않도록 도와주는 상담 지원이 필요하다.

참고문헌

교육과학기술부(2010). **학생 미혼모 실태조사**. 교육과학기술부.

김만지(2004). 미혼모의 임신 연령과 관련 요인에 관한 연구:개인, 또래, 학교요인을 중심으로. **한국청소년연구**, 15(2), 5-25.

김상범 · 남영옥(2017). 청소년의 성비행과 자극추구성향, 또래동조성, 비행친구접촉의 경로분석. **미래청소년학회지**, 14(1), 51-73.

김유경 · 조애저 · 노충래(2006). 미혼모의 출산 양육환경 개선을 위한 사회적 지원방안. 한국보건사회연구원.

김은경 · 엄애선(2010). 가정폭력 목격이 자녀의 데이트 성폭력에 영향을 미치는 과정에서 성역할태도의 매개효과. **한국심리학회지: 여성**, 15(4), 759-777.

김은실 · 김귀정 · 김봉한(2011). 고등학생들의 사이비 음란물 접촉과 성범죄와의 관계성 분석. **한국콘텐츠학회논문지**, 11(6), 8-17.

김재엽 · 이서원(1998). 청소년 성폭력 예방과 대책을 위한 성폭력 특별법의 개정방향. 한국청소년연구, 27(1), 1-16.

김재엽 · 곽주연(2017). 청소년의 스마트폰 중독과 인터넷 유해매체 노출이 성폭력 가해행동에 미치는 영향. 한국청소년연구, 28(4), 255-283.

김재엽 · 김희진 · 장대연 · 이현(2017). 가정폭력 노출이 청소년의 성폭력가해에 미치는 영향: 유해매체 접촉의 매개효과와 성별차이를 중심으로. 청소년복지연구, 19(2), 111-136.

김정희(1992). 청소년과 성폭력: 원인과 대책을 중심으로. 한국청소년연구, 10(2), 169-181.

김준호 · 김은경(1995). 여자 청소년의 비행실태에 관한 연구. 한국형사정책연구원.

김지선 · 박미랑 · 윤정숙(2010). 아동 청소년대상 성범죄의 발생추세와 동향분석(2000-2009년). 여성가족부.

김혜경 · 구차순(2017). 성매매 피해 여성의 탈성매매경험에 관한 연구. 한국콘텐츠학회논문지, 17(9), 406-417.

김혜원(2011). 청소년 성매매의 현황 및 특징에 대한 분석: 2000년대 이전과 이후의 비교를 중심으로. 청소년학연구, 18(4), 310-127.

김혜자 · 심미정(2014). 청소년의 인터넷 음란물 접촉에 따른 성의식과 이성교제태도. *Journal of Digital Convergence, 12*(5), 367-376.

남미애 · 홍봉선(2009). 성매매청소년 교육수강제에 참여하는 청소년의 현황 및 사회적 피해경험에 관한 연구. 청소년학연구, 16(2), 63-94.

대검찰청(2016). 2016 범죄분석. 대검찰청.

남정림(2004). 인터넷 청소년 성매매의 특성과 행위자 전략에 관한 성문화적 분석. 청소년학연구, 11(2), 301-320.

모경환 · 이미리 · 이봉민(2018). 청소년 문제. 한국방송통신대학교출판문화원.

문진숙(2002). 우리나라 청소년 미혼모의 실태분석. 동아대학교 석사학위논문.

박용순(2000). 청소년 성폭력 예방을 위한 사회복지적 접근: 가해자와 피해자를 중심으로. 청소년학연구, 7(2), 137-159.

박용한(2014). 폭력적 미디어물에의 노출이 공격성 및 공격행동에 미치는 영향에 대한 고찰. 교육연구논총, 35(1), 125-146.

박현미 · 최한나(2016). 청소년미혼모가 지각하는 학업복귀의 장애요인. 청소년학연구, 23(4), 1-24.

박현숙 · 정선영(2011). 청소년의 위험 성행동 경로분석. 정신간호학회지, 20(1), 49-60.

박혜경 · 고문희(2017). 시설거주 청소년 미혼모의 엄마 되어가는 과정의 경험. 대한질적연구학회지(2), 1-22.

백혜정 · 김은정(2008). 청소년 성의식 및 행동 실태와 대처방안 연구. 한국청소년정책연구원.

보건복지부(2001). 보건복지백서. 보건복지부.

보건복지가족부(2008). 2008년 제2차 청소년 대상 성범죄의 발생추세와 동향분석: 2000년부터 2007년간 성범죄추세. 보건복지가족부.

성윤숙 · 박병식(2009). 여성 청소년의 인터넷성매매 실태와 대응방안 연구. 청소년정책연구원.

성정현 · 김지혜 · 신원우(2011). 청소년 미혼모의 대안교육기관 경험에 관한 연구. 한국가족복지학, 33, 223-258.

손병덕(2014). 청소년 성범죄 실태와 개입 프로그램 분석. 청소년학연구, 21(4), 339-357.

송원용(2007). 성폭력 범죄로 보호관찰중인 청소년에 대한 인지행동치료의 효과. 연세대학교 박사학위청구논문.

송현애 · 전길양 · 천혜정 · 배선희 · 송말희(2002). 미혼모 보호시설 종사자들을 통해 본 10대 미혼모의 교육요구도와 시설 운영에 관한 연구. 대한가정학회지, 40(9), 63-78.

신현숙 · 이해경 · 이경성(2006). 성폭력 가해 및 피해 경험에 따른 비행 청소년의 MMPI-A 프로파일 비교. 청소년학연구, 13(4), 197-223.

여성가족부(2010). 2010년도 청소년 유해환경 접촉 실태조사. 여성가족부.

여성가족부(2016). 청소년백서. 여성가족부.

육혜련(2017). 가출청소년의 성매매피해 경험에 대한 연구. 청소년복지연구, 19(1), 109-136.

윤미현 · 이재연(2002). 한국 10대 미혼모의 특성에 관한 연구. 아동학회지, 23(3), 149-169.

이명순 · 박주현(2008). 입양을 결정한 10대 미혼모 경험에 관한 사례연구. 한국가족복지학, 13(3), 187-205.

이미정 · 변화순 · 김은정(2009). 청소년 섹슈얼리티와 친밀한 관계에서의 성폭력 연구. 한국여성정책연구원.

이성식(2004). 청소년 인터넷 음란물 접촉이 성폭력에 미치는 영향에서의 조건적 효과. 청소년학연구, 11(2), 22-45.

이수정 · 장현석(2004). 청소년 성폭력의 심리적 원인으로서 애착결핍. 한국청소년연구, 15(2), 415-442.

이자림(2008). 성매매피해 경험 청소년의 생애사 분석. 청소년복지연구, 10(1), 69-92.

이종화(2005). 10대 여학생의 임신경험관련 요인에 관한 예측모형. 한국청소년연구,

16(1), 345-382.

이주현 · 유계숙(2012). 청소년의 성관련 태도 및 부모됨의 동기가 청소년 미혼부모지원정책에 대한 지지도에 미치는 영향. 청소년복지연구, 14(1), 63-91.

이춘화 · 조아미(2004). 청소년 성매매의 상습화 예방 및 치료프로그램 개발연구. 한국청소년개발원.

이해경 · 이경성 · 신현숙(2004). 청소년의 성매매 경험 유무를 변별하는 사회심리적 특성 연구. 청소년학연구, 11(1), 297-315.

이해주 · 이미리 · 모경환(2006). 청소년 문제론. 한국방송통신대학교출판부.

이행숙(2002). 청소년 미혼모 정책에 관한 연구. 인하대학교 박사학위논문.

이현주 · 엄명용(2013). 미혼 양육모 삶이 경험에 관한 질적 종단 연구. 한국가족복지학, 40(6), 157-187.

전영실 · 강은영 · 박형민 · 김혜정 · 황태정 · 정유희(2007). 성폭력 범죄의 유형과 재범억제방안. 한국형사정책연구원.

정규석 · 조정자 · 유순화(2003). 청소년 성매매에 관한 다체계 모델 검증. 청소년학연구, 10(3), 239-259.

정해숙 · 최윤정 · 최자은(2014). 학생 미혼모 학습권 보장 방안. 한국여성정책연구원.

정혜원(2014). 가출 청소녀의 성매매에 유입되는 과정: 생태체계적 접근을 중심으로. 한국범죄학, 8(2), 205-242.

조성연 · 이용교 · 방은령(2000). 청소년의 원조교제에 대한 탐색적 연구. 청소년복지연구, 2(2), 99-116.

조은경 · 심용출 · 이현승 · 안준범 · 이종은 · 강선희(2010). 청소년성폭력, 지피지기면 백전백승. 한국청소년상담원.

조춘범(2012). 청소년의 부모가 폭력목격경험이 성폭력가해에 미치는 영향: 인터넷 음란물 접촉정도의 매개효과를 중심으로. 청소년문화포럼, 32, 단일호, 145-172.

주지혁 · 김형일(2013). 청소년의 성정향성, 인터넷 음란물 노출 및 노출 후 행태 사이의 관계에 관한 탐색적 연구: PLS 구조모형 분석을 중심으로. *The Journal of Digital Policy & Management, 11*(6), 11-21.

최해연 · 곽윤영 · 김은영 · 배주미(2011). 청소년 탈성매매 과정 연구: 근거이론을 중심으로. 청소년상담연구, 19(1), 183-202.

통계청(2017). 2016년 출생통계. 사회통계국 인구동향과 보도자료 2017. 8. 30.

한상철(2009). 청소년 성행동에 영향을 주는 위험요인 및 보호요인의 분석. 미래청소년학회지, 6(4), 185-210.

한인영 · 박인선 · 백연옥(2001). 청소년의 성행동 위험요인에 관한 연구. 소아 청소년 정신의학, 12(1), 138-148.

함영희(1996). 미혼모의 실태, 한국 미혼모 복지의 현황과 발전 방향. 서울부녀복지연합회.

홍봉선 · 남미애(2011). 청소년양육미혼모의 자녀양육과 자립을 위한 지역사회 지원체계 구축방안. 청소년학연구, 18(9), 19-52.

Donnelly, B., & Voydanoff, P. (1991). Factors associated with releasing for adoption among adolescent mothers. *Family Relations, 40*, 404-410.

Levering, C. S. (1983). Adolescent pregnancy programs collection: An Introduction. *Childhood Education, January/February*, 182-185.

Marshall, W. L., Hudson, S. H., & Hodkinson, S. (1993). The importance of attachment bonds in the development of juvenile sex offending. In H. E. Barbaree,

제9장

약물 오남용

개관

청소년의 약물 사용은 대개 호기심에서 시작한다. 그러나 사용 빈도와 용량이 많아지면 건강을 해치게 되며 정상적인 일상생활을 할 수 없는 상태에 이른다. 약물은 중독되면 사용을 중지하기 어려운 약물 의존 상태를 초래하고 여러 가지 금단 증상을 보이게 된다. 청소년들이 가장 많이 접하는 약물에는 술이나 담배와 같은 지위 비행성 물질이 있고, 본드나 신나같은 흡입 제제도 구입이 용이하기 때문에 사용 빈도가 높다.

청소년이 약물을 접하게 되는 원인에는 개인적 요인과 가정환경, 그리고 또래 집단과의 교류 등이 있지만 흡연이나 음주에 관대한 성인들의 문화나 예방 교육의 부재와 같은 사회적 요인도 함께 작용한다. 청소년의 약물 사용과 다른 비행과의 인과 관계는 정확하게 입증하기 어렵지만 약물이 초래하는 신체적 · 정신적 상태가 반사회적 행위를 야기할 가능성이 높다는 점은 분명하다.

청소년 약물 중독에 대한 대처 방안은 주로 예방을 위한 제도와 프로그램에 집중되어 있다. 그러나 중독 청소년이라 할지라도 적절한 치료와 재활을 통해 충분히 문제를 극복할 수 있다. 이를 위해서는 가정과 학교, 지역사회와 정부가 약물로부터 청소년을 보호하기 위한 체계적인 지원 체계를 구축해야 한다.

학습목표

1. 약물의 유형과 효능을 설명할 수 있다.
2. 청소년이 약물을 사용하는 원인을 다양한 요인으로 구분할 수 있다.
3. 약물과 청소년 비행과의 관계를 설명할 수 있다.
4. 약물 중독 예방과 치료를 위한 대안을 제시할 수 있다.

주요용어

유해 약물, 마약, 흡입제, 향정신성 의약품, 오용, 남용, 중독, 의존, 내성, 금단 현상, 예방 전략, 치료 및 재활

1. 유해 약물의 규정

청소년의 약물 오남용은 그 자체만으로도 건강에 악영향을 미칠 뿐만 아니라 다른 심각한 비행으로 이어질 우려가 높다는 점에서 중요한 청소년 문제로 다루어진다.

1) 유해 약물의 의미

약물은 기본적으로 정신적·신체적 질병을 치료하기 위한 목적으로 제조한 것이기 때문에 유익한 물질로 볼 수 있다. 그러나 약물이 유익하기 위해서는 치료 목적에 맞는 질병에 용법에 맞도록 투약해야 한다. 만약 그렇지 않을 경우에는 약물이 오히려 건강을 해칠 수 있다. 청소년 문제에서 이야기하는 약물 오남용은 이처럼 올바른 치료의 목적이 아닌 다른 목적으로 약물이 사용되는 경우를 말하며 경우에 따라 청소년의 건강에 악영향을 미치거나 다른 비행과 높은 상관관계를 갖기 때문에 중요하게 다루어지는 것이다.

그렇다면 도대체 유해 약물이란 어떤 것을 의미하는가. 여기에는 명시적으로 그 유해성을 단정할 수 있는 마약류나 성인에게는 허용되지만 청소년에게는 허용되지 않는 술이나 담배 같은 종류, 그리고 용법에 맞게 사용될 경우에는 유익하지만 오남용할 경우 정신 착란 등의 건강 이상을 초래할 수 있는 의약품 등이 있다.

우리나라는 법규를 통해 약물을 구분하고 관리 및 치료 등과 관련한 제도를 시행하고 있다. 아래 표는 현행 법규가 규정하고 있는 약물이다.

〈표 9-1〉 약물에 대한 현행 법규

<table>
<tr><th>관련 법령</th><th colspan="2">약물 규정</th></tr>
<tr><td rowspan="12">「마약류 관리에 관한 법률」</td><td colspan="2">〈마약〉</td></tr>
<tr><td>양귀비</td><td>아편</td></tr>
<tr><td>코카</td><td>양귀비, 아편, 코카 잎 추출물</td></tr>
<tr><td colspan="2">기타 법령에서 규정한 물질</td></tr>
<tr><td colspan="2">〈대마〉</td></tr>
<tr><td colspan="2">대마초와 그 수지(樹脂) 및 대마초 또는 그 수지를 원료로 하여 제조된 모든 제품을 말한다. 다만, 대마초의 종자(種子) · 뿌리 및 성숙한 대마초의 줄기와 그 제품은 제외한다.</td></tr>
<tr><td colspan="2">〈향정신성의약품〉</td></tr>
<tr><td colspan="2">가. 오용하거나 남용할 우려가 심하고 의료용으로 쓰이지 아니하며 안전성이 결여되어 있는 것으로서 이를 오용하거나 남용할 경우 심한 신체적 또는 정신적 의존성을 일으키는 약물 또는 이를 함유하는 물질</td></tr>
<tr><td colspan="2">나. 오용하거나 남용할 우려가 심하고 매우 제한된 의료용으로만 쓰이는 것으로서 이를 오용하거나 남용할 경우 심한 신체적 또는 정신적 의존성을 일으키는 약물 또는 이를 함유하는 물질</td></tr>
<tr><td colspan="2">다. 가목과 나목에 규정된 것보다 오용하거나 남용할 우려가 상대적으로 적고 의료용으로 쓰이는 것으로서 이를 오용하거나 남용할 경우 그리 심하지 아니한 신체적 의존성을 일으키거나 심한 정신적 의존성을 일으키는 약물 또는 이를 함유하는 물질</td></tr>
<tr><td colspan="2">라. 다목에 규정된 것보다 오용하거나 남용할 우려가 상대적으로 적고 의료용으로 쓰이는 것으로서 이를 오용하거나 남용할 경우 다목에 규정된 것보다 신체적 또는 정신적 의존성을 일으킬 우려가 적은 약물 또는 이를 함유하는 물질</td></tr>
<tr><td colspan="2">마. 가목부터 라목까지에 열거된 것을 함유하는 혼합물질 또는 혼합제제. 다만, 다른 약물 또는 물질과 혼합되어 가목부터 라목까지에 열거된 것으로 다시 제조하거나 제제할 수 없고, 그것에 의하여 신체적 또는 정신적 의존성을 일으키지 아니하는 것으로서 총리령으로 정하는 것은 제외한다.</td></tr>
</table>

청소년보호법	"청소년유해약물"이란 청소년에게 유해한 것으로 인정되는 다음 약물을 말한다. 1)「주세법」에 따른 주류 2)「담배사업법」에 따른 담배 3)「마약류 관리에 관한 법률」에 따른 마약류 4)「유해화학물질 관리법」에 따른 환각물질 5) 그 밖에 중추신경에 작용하여 습관성, 중독성, 내성 등을 유발하여 인체에 유해하게 작용할 수 있는 약물 등 청소년의 사용을 제한하지 아니하면 청소년의 심신을 심각하게 손상시킬 우려가 있는 약물로서 대통령령으로 정하는 기준에 따라 관계 기관의 의견을 들어 제36조에 따른 청소년보호위원회(이하 "청소년보호위원회"라 한다)가 결정하고 여성가족부장관이 고시한 것

2) 약물의 독성과 신체 증상

「청소년보호법」에서는 술과 담배, 마약과 환각물질 외에도 별도 규정을 통해 유해 약물을 규정할 수 있도록 하고 있다. 이러한 규정을 둔 이유는 일반 의약품이라 할지라도 오남용할 경우 얼마든지 유해 약물이 될 수 있기 때문이다. 이훈규와 이경재(1996)는 각종 약물들의 독성을 아래 표와 같이 정리하였다.

〈표 9-2〉 각종 약물의 독성

구분	신체 증상	독성
마약	중추신경억제로 인한 행복감과 도취감, 신체조종력 상실, 동공축소, 눈물, 콧물, 오한, 발한, 식욕감퇴, 졸림, 멍청함, 체중감소	정신적 의존, 신체적 의존, 금단증상, 감염, 농양, 파상풍, 간염, 호흡마비, 사망(과량사용시)
환각제	불안 초조, 도취감, 감정억제, 동공확대, 착각, 망상, 환각, 지각강화, 지각왜곡, 구토, 예측불허의 행동, 공황, 공포, 정신병적 반응	정신적 의존, 정신 이상 및 영구정신이상, 제재가 어려운 위험한 행동, 자살, 상해

흥분제 (각성제)	동공확대, 식욕상실, 흥분, 손떨림, 구강 건조, 호흡곤란, 과로, 피로, 불면증, 망상, 적개심, 공격적 행동, 환각, 공황증, 편집증	고혈압, 심장마비, 뇌손상, 영양장애, 극도의 피로, 폐렴, 강한 정신적 · 신체적 의존, 부주의한 행위, 혼수, 사망(과량사용시)
억제제 (진정제, 수면제)	동공축소, 취한 행동, 말더듬, 사고산만, 억제, 졸림, 멍청함, 무의식, 혼수, 호흡마비	정신적 의존, 신체적 의존, 오판, 금단증상, 신장장애, 뇌손상, 간장장애, 과량사용시 사망(술과 함께 복용시 상승작용)
신경안정제 (항불안약)	중추신경 억제와 유사한 평온, 즐거움과 안정감, 발한, 감정억제, 정신적 침체, 배뇨장애, 노여움, 긴장, 불안, 정신적 흥분, 언어장애	정신적 의존, 신체적 의존, 술 · 마약 · 수면제와 겸용시 상승 효과, 시각장애, 현기증, 졸림, 금단증상
흡입제 (본드, 가스)	술과 유사함, 동공축소, 혼수, 언어장애, 현기증, 도취감, 시각과 청각 왜곡, 콧물, 침, 근조절 장애, 분노, 흥분, 졸림, 무의식	정신적 의존, 판단장애에서 오는 위험, 공격적 행동, 반사회적 행동, 간장장애, 골수장애, 영구적 뇌손상, 식욕감퇴, 체중저하, 사망
술	위통, 위염, 구토, 이뇨, 불안, 긴장, 공포, 호전성	신체적 의존, 정신적 의존, 조정력 상실, 감상적, 공격적 상태로 인한 위험, 수면제와 혼영하면 상승효과, 간경화, 췌장염, 반사회적 행동, 뇌손상, 각종 장기 손상

출처: 이훈규 · 이경재(1996). 한국형사정책연구원, pp. 32-33

2. 약물 사용의 단계별 특성

위 표에서 확인할 수 있듯이 약물은 특정 신체 병리 현상을 억제하거나 호전시키는데 효과가 있으나 오용 또는 과용할 때에는 치명적인 부작용을 초래할 수 있다. 특히 약물 사용의 심각성에 따라 오용, 남용, 중독 등으로 나눌 수 있는데 그 의미는 다음과 같다(임선영 · 김선우 · 박준희, 2010: 153-155, 이해주 · 이미리 · 모경환, 2006: 123).

약물 오용(misuse)은 의사의 처방에 따르지 않고 임의로 사용하거나 처방된 약물을 지시대로 사용하지 않는 경우를 의미한다. 예컨대 정해진 용량이 있음에도 불구하고 과도한 양을 투약하는 경우를 들 수 있다.

약물 남용(abuse)은 의학적 용도와 관계없이 관련 법규나 사회적 상식을 벗어나 쾌락 추구 등의 목적으로 약물을 지속적으로 빈번하게 사용하는 경우를 말한다. 여기에는 처벌 대상이 되는 마약류를 사용하는 경우도 포함되고, 일반 의약품이라도 치료의 목적이 아닌 환각 등의 목적으로 사용하는 경우를 들 수 있다.

약물 중독(addiction)은 어떤 약물에 대한 집착 현상으로 해로운 결과가 있을 것을 인지하면서도 강박적으로 사용하는 심리적 · 육체적 의존 상태를 의미한다. 대개 이 상태에서는 약물에 대한 내성이 생겨서 약물을 계속 사용하지 않으면 금단 현상이 나타난다.

약물 의존(dependency)은 주로 중독 상태에서 나타나는 현상으로 약물을 지속적으로 사용하여 본인과 타인에게 피해를 주는 결과를 야기하며 본인의 의지에 따라 약물 사용을 중단하거나 조절하기 어려운 상태이다. 경우에 따라 약물을 얻기 위해 반사회적인 행동을 저지르기도 한다.

약물에 대한 내성(tolerance)은 동일한 효과를 얻기 위한 약물 사용 횟수나 용량이 늘어나는 것을 말한다. 인체는 어떤 자극으로부터 스스로를 보호하기 위해 저항능력이 생겨나는데 이러한 자기 조절 능력 때문에 이전 수준과 동일한 효과를 얻기 위해서는 더 강한 자극을 필요로 한다. 여기에는 신체적 내성뿐만 아니라 약물 사용에 따른 안정감과 같은 정신적 내성도 포함된다.

약물에 대한 금단 현상(withdrawal symptoms)은 약물 사용을 중단했을 때 나타나는 신체적 반응으로 약물을 사용 기간과 용량에 따라 강도가 다르게 나타난다. 대개 불안감, 두려움, 주의력 장애, 호전성 등과 같은 부정적 증세를 수반하기 때문에 다시 약물을 찾는 악순환을 반복하게 된다.

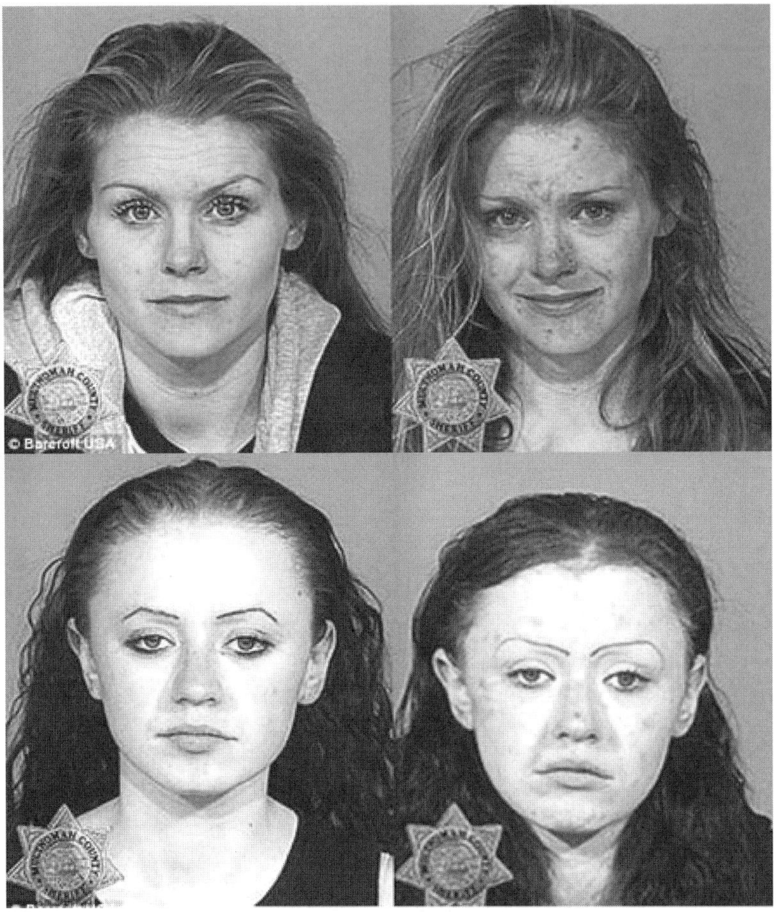

[그림 9-1] 마약 중독자의 모습 변화

출처: 대한민국청소년의회 홈페이지 (https://youthassembly.or.kr/bbs/board.php?bo_table=B54&wr_id=20194&page=180)

3. 청소년 약물 오남용의 원인

1) 약물 오남용의 다양한 원인

인간이 약물에 의존하게 되는 원인은 성인과 청소년이 크게 다르지 않다. 다만 약물에 의존할 수밖에 없는 주위 환경에서 성인과 청소년의 차이가 있을 뿐이다. 예컨대 약물에 의존하는 성인의 주위 환경에 빈곤한 경제력, 가족과의 갈등, 직장 생활에서의 어려움 등이 있다면, 유사한 맥락에서 청소년에게는 가난한 가정환경, 부모님과의 갈등, 학교에서의 좌절 등이 있을 수 있다.

가장 흔한 예로 성인의 경우 대개 사회생활에서 자주 접하는 동료들과 보다 친밀한 관계를 유지하기 위한 목적으로 술과 담배를 접하게 된다. 청소년의 경우에도 비슷한 고민이나 좌절을 경험하고 있는 또래들끼리 서로의 동질감을 느끼기 위해 술과 담배를 접하는 경우가 많다. 이처럼 인간이 약물에 의존하는 데에는 무언가 결핍된 것으로부터 해방되고자 하는 욕구가 있다.

청소년이 약물을 사용하는 원인에는 유전적 요인부터 사회적 요인까지 다양한 설명이 가능하다. 유전적 요인은 다수의 종단 연구에서 확인되었는데 부모가 알코올 중독자인 경우 자녀도 알코올 중독자가 되는 비율이 높은 것으로 관찰되었고, 어린 시기 약물에 대한 태도나 성향이 성인이 된 이후의 약물 남용 정도를 예측할 수 있는 변인으로 확인되었다.

가족 요인의 경우 열악한 가정환경이 약물 남용과 통계적 관련이 있는 것으로 나타났다. 열악한 가정환경에는 경제적 빈곤뿐만 아니라 불우한 유년기, 가혹한 부모의 훈육 태도, 부모의 무관심 등이 모두 포함되었다.

또래 집단의 행동 성향 역시 약물 남용에 아주 큰 영향을 미치는 것으로 나타났다. 청소년들은 보통 먼저 약물을 경험한 또래들로부터 약물 사용 방법을 배우는 경우가 많았으며 그 집단 내에서 소속감이나 사회적 지지를 받는 것으로 나타났다.

사회환경 요인의 경우 빈곤 지역이나 열악한 도심 지역처럼 지역 사회 공동체가 해체된 공간에서 약물 남용 빈도가 높은 것으로 나타났다.

그 외에도 전반적으로 비행이 만연한 환경에서 사는 청소년의 경우 약물 오남용은 다양한 비행 중 하나에 불과한 경우가 많았다. 이런 청소년은 대개 생애 주기 전반에 걸쳐 비행이 반복되는데 청소년기에 학교에서 중도탈락하고 비행 집단에 가담하는 경우가 많았다(Siegel & Welsh, 2011: 261-263).

2) 음주와 흡연의 원인

국내에서도 청소년의 약물 사용에 관한 연구들이 많이 수행되었다. 이경상 등(2012)은 가장 흔하게 사용하는 약물인 담배와 술에 대하여 청소년들의 음주 · 흡연의 원인을 개인적 측면 · 가정적 측면 · 학교와 또래집단 등의 측면에서 분석하였다.

개인적 측면에서 청소년이 흡연과 음주를 하는 이유는 단순한 호기심이 가장 많았고, 신체 및 심리적 성숙기에 나타나는 일종의 일탈 욕구의 표현 등으로 조사되었다.

가정적 측면에서는 부모님의 음주나 흡연을 자주 봄으로써 학습되는 경우가 많았고, 가정의 허용적인 분위기도 청소년의 음주, 흡연에 영향을 미치는 것으로 나타났다.

학교 측면에서는 학업 스트레스나 과도한 경쟁, 억압적이고 규제 지향적인 학교 풍토, 스포츠 등 건전한 대안활동의 부재 등으로 인하여 음주나 흡연을 하는 것으로 나타났고, 특히 친구의 권유나 또래집단에 대한 소속감과 동질감을 형성하기 위한 목적인 경우도 많았다.

끝으로 법과 제도적 측면에서 청소년을 대상으로 한 음주, 흡연 예방을 위한 정책 부재와 판매자에 대한 미약한 처벌, 허용적인 사회 분위기 등을 지적하였다(이경상 · 김지연 · 최수미 · 이순래, 2012: 30-45).

3) 약물 오남용의 동기별 유형

최은영(2009)은 청소년의 약물 사용 동기를 일곱 가지로 구분하여 제시하였다. 대개 청소년들은 다음 여섯 가지 동기 중 한두 가지의 목적으로 약물을 사용하게 되며, 이용 횟수가 늘어남에 따라 중독성이 심해진다.

첫째, 모험 추구형이다. 평소 부모의 보호 때문에 정상적인 모험을 경험해보지 못한 청소년은 약물 사용을 통해 자신의 모험 욕구를 충족하려고 한다.

둘째, 평화 추구형이다. 청소년기의 특성상 정서적으로 많은 갈등을 경험하는데 현실적으로 그것을 해결할 수 없을 때, 약물을 통해 평안을 느끼려고 한다.

셋째, 교우관계 추구형이다. 내성적 성격 등의 원인으로 다른 친구들에 비해 교우관계를 원만하게 형성하지 못하는 청소년의 경우 친구를 사귈 때 긴장을 완화하기 위한 목적으로 약물에 의존하거나, 또는 약물을 사용하는 집단에 속하게 됨으로써 약물을 사용하는 경우가 있다.

넷째, 힘 추구형이다. 타인보다 우월한 지위를 과시하기 위하여 대부분의 친구들은 경험하지 못한 특수한 행위를 추구하는 경향이 있다. 약물의 경우 청소년들에게 성인과 같은 힘을 지닌 존재로 착각하게 하는 힘이 있기 때문에 약물을 사용하는 경우가 있다.

다섯째, 성적 동반자 추구형이다. 청소년기는 성적 충동이 증가하는 반면, 성인들로부터 강한 통제를 받는다. 이로 인해 청소년들은 성적 행위에 대해 큰 불안을 경험하며 그것을 극복하기 위해 약물에 의존하기도 한다.

여섯째, 초월적 경험 추구형이다. 현실의 복잡한 문제로부터 벗어날 방법이나 능력이 없을 때, 약물을 통해 그것을 초월한 기분을 느끼고자 하는 경우가 있다. 이러한 동기로 약물을 사용하는 청소년들은 대개 지속적으로 약물을 사용하는 경우 많다(최은영, 2009: 62-63; 한국마약퇴치운동본부 · 식품의약품안정청, 2009에서 인용).

청소년이 약물을 사용하는 원인에 대해서는 다양한 주장들이 있지만 대개 다른 청소년 문제와 마찬가지로 개인적 요인으로부터 사회환경적 요인들에 이르기까지 복합적인 원인들이 작용하는 경우가 많다.

4. 청소년의 약물 오남용 실태

1) 유형별 실태

(1) 술과 담배

청소년이 사용하는 약물에는 술이나 담배처럼 비교적 가벼운 것에서부터 마약과 같이 심각한 것에 이르기까지 다양한 종류가 있다.

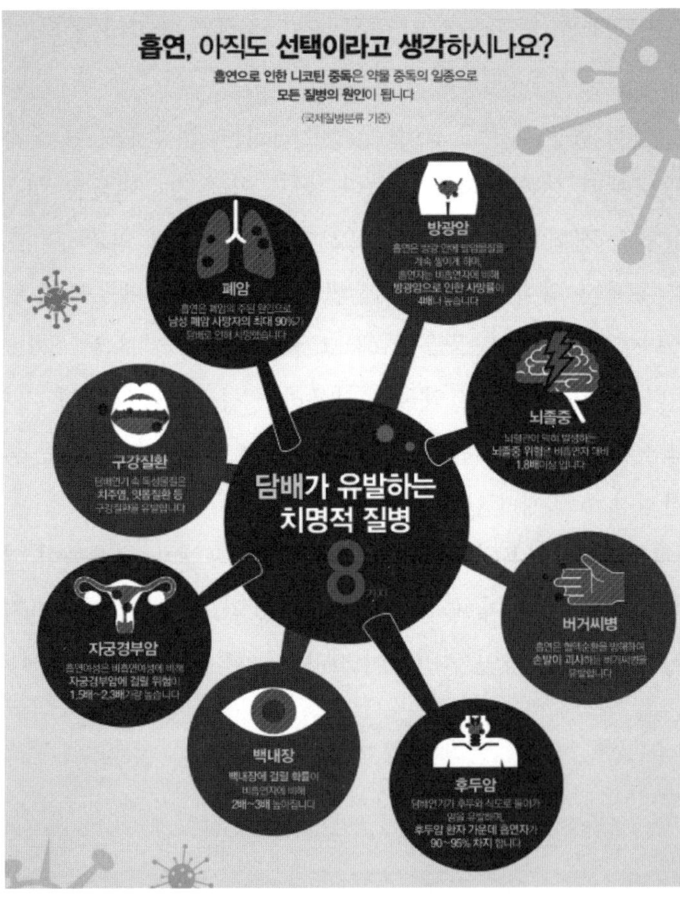

[그림 9-2] 담배가 유발하는 질병

출처: 한국금연운동협의회 홈페이지(http://www.kash.or.kr/)

2016년 기준으로 청소년의 흡연율은 6.3%로 나타났고 최근 3년간 점차 감소하는 경향을 보였다. 중학교 1학년부터 고등학교 3학년까지로 한정하여 남학생과 여학생을 비교하면 남학생의 경우 전체 흡연율이 14%(2014년)에서 9.6%(2016년)으로 4.4%p 감소하였고, 여학생의 경우 4%에서 2.7%로 1.3%p 감소하였다. 그러나 학령이 높아질수록 흡연율이 높아지는 점과 특히 고등학교 3학년 남학생의 경우 5명 중 1명꼴로 흡연하고 있다는 점은 여전히 흡연 문제가 심각하다는 사실을 보여준다. 아래 표는 교육부 · 보건복지부 · 실병관리본부가 우리나라 청소년을 대상으로 한 조사 결과이다.

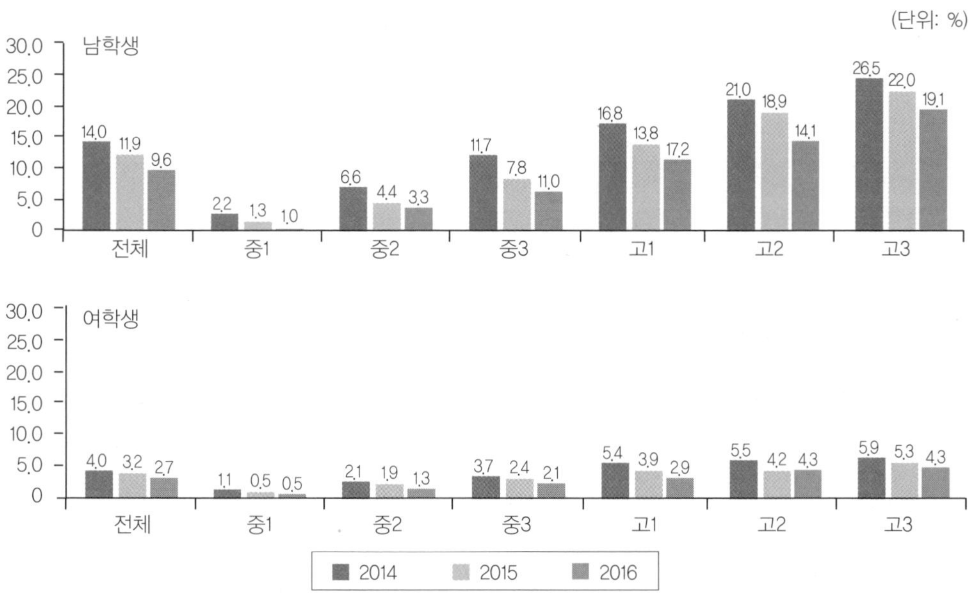

[그림 9-3] 학년별 현재 흡연율

출처: 교육부 · 보건복지부 · 질병관리본부(2016). 청소년건강행태온라인조사통계

흡연과 관련한 각종 질병의 발병률은 흡연 기간과 흡연량과 밀접한 관계를 갖는데 청소년기에 흡연을 시작할 경우 성인이 된 이후에 시작한 경우에 비해 훨씬 높은 발병률을 보인다. 특히 흡연의 경우 본인이 직접 흡연하는 경우 못지않게 간접흡연의 폐해도 크기 때문에 체계적인 금연 교육과

예방 교육이 요구된다.

음주는 청소년기에 시작할 경우 성인이 되어서 시작한 것보다 알코올 남용으로 발전할 가능성이 5배 이상 높은 것으로 보고되고 있다. 그런데 조사에 따르면 청소년들이 주류를 구매할 때 나이를 묻지 않는 경우가 많아서 집 근처 가게나 편의점에서 어렵지 않게 구입할 수 있었으며 술을 마신 장소도 집이나 친구 집이 가장 많은 것으로 나타나 사회 전반적으로 청소년 음주에 대한 보호 체계가 미약한 것으로 밝혀졌다.

2016년 기준으로 음주율은 남학생 17.2%, 여학생 12.5%로 나타났고, 고학년일수록 음주율이 높은 것으로 나타났다. 최근 3년 통계를 보면 남학생의 경우 고학년에서 감소하는 추세를 보이는 데 비해 여학생의 경우 뚜렷한 변화 추이 없이 비슷한 수준을 나타내는 것으로 조사되었다.

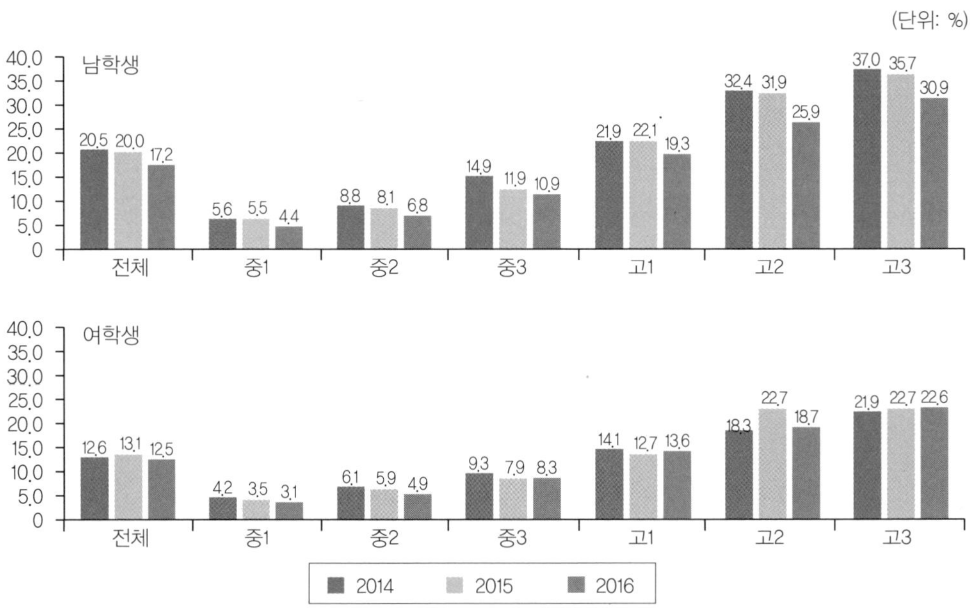

[그림 9-4] 학년별 현재 음주율

출처: 교육부 · 보건복지부 · 질병관리본부(2016). 청소년건강행태온라인조사통계

음주 청소년 대부분은 음주와 관련하여 다양한 문제들을 경험한 것으로

보고되었는데 만취나 질병 같은 신체적 문제, 학교부적응과 같은 사회적 문제, 음주 운전이나 폭행과 같은 법적 문제에 이르기까지 다양한 문제행동을 일으키는 것으로 나타났다(최은진 · 서미경 · 박순우 · 이영미 · 박수진, 2007: 6).

음주의 신체적 폐해

- **구강 및 식도 질환**
- **위장 장애**: 위염, 위궤양 발생(필수 아미노산, 지방산, 미타민 및 미네랄 억제)
- **간질환**: 복부통증, 만성피로, 식욕부진, 황달, 알코올성 지방간, 알코올성 간염, 간경화증, 간암
- **심혈관계 질환**: 심근경색증, 고혈압, 부정맥, 뇌동맥 경화증, 뇌출혈, 뇌경색
- **중추신경계 질환**: 뇌세포 파괴 촉진, 기억 손실, 인지능력의 둔화, 사고 및 판단 능력 저하, 치매
- **근골격계**: 심근, 골격근, 평활근의 약화와 마비, 근경련 및 통증 유발, 칼슘 흡수 저하(칼슘농도 저하)
- **내분비계**: 여러 호르몬의 생합성, 분비 및 산호전달과정에 이상 초래(인슐린 분비 비정상화)
- **남성**: 성기능 감퇴, 고환의 크기축소, 기능쇠퇴, 정자생산의 감소
- **여성**: 월경중지, 불규칙한 배란 및 자연유산의 가능성 증가, 유방암(에스트로겐 상승)
- **면역**: 백혈구 양 저하, 항체의 생성량 감소(외부의 세균, 바이러스 감염될 확률 상승)

[그림 9-5] 음주의 위험성

출처: (사)청소년흡연음주예방협회 홈페이지(http://www.ynsa.or.kr/)

(2) 마약 및 향정신성 의약품

① 사용 실태

대검찰청이 발표한 지난 10년간(2007~2016)의 마약류 사범 현황은 소폭 증감을 반복하는 추세이다. 그런데 최근 들어 전체 마약류 사범이 증가하고 있고, 청소년 마약 사범도 최근 들어 전체 사범의 1% 이상을 차지하는 수준으로 증가하였다는 점은 우려할만하다.

〈표 9-3〉 연도별 마약류 사범 현황 (단위: 명, %)

구분 연도	전체 마약류 사범	청소년 마약류 사범
2007	10,649(100.0)	19(0.2)
2008	9,898(100.0)	23(0.2)
2009	11,875(100.0)	82(0.7)
2010	9,732(100.0)	35(0.4)
2011	9,174(100.0)	41(0.5)
2012	9,255(100.0)	38(0.4)
2013	9,764(100.0)	58(0.6)
2014	9,742(100.0)	102(1.0)
2015	11,916(100.0)	128(1.1)
2016	14,214(100.0)	121(0.9)

출처: 대검찰청(2008~2017). 마약류범죄백서: 여성가족부(2017)에서 인용.

청소년 마약류사범 단속 인원 중 마약 사범은 극소수에 불과하고 향정신성 의약품과 대마 사범이 대부분이다. 그러나 이는 대검찰청의 조사 결과로 범죄 행위가 확인되어 사법 조치를 받은 경우만 해당되기 때문에 실제 인원은 더 많을 것으로 예상된다.

〈표 9-4〉 청소년 마약범죄의 종류별 현황 (단위: 명, %)

연도＼구분	전체	청소년 마약류			
		마약	향정신성 의약품	대마	합계
2007	10,649	-	13[68.4]	6[31.6]	19[100.0]
2008	9,898	-	16[69.6]	7[30.4]	23[100.0]
2009	11,875	2[2.4]	55[67.1]	25[30.5]	82[100.0]
2010	9,732	-	16[45.7]	19[53.3]	35[100.0]
2011	9,174	-	34[82.9]	71[7.1]	41[100.0]
2012	9,255	-	26[68.4]	12[31.6]	38[100.0]
2013	9,764	2[3.4]	39[67.2]	17[29.3]	58[100.0]
2014	9,742	0[0.0]	48[47.1]	54[52.9]	102[100.0]
2015	1,1916	0[0.0]	78[60.9]	50[39.1]	128[100.0]
2016	14,214	2[0.2]	91[75.2]	28[24.6]	121[100.0]

출처: 대검찰청(2008~2017). 마약류범죄백서: 여성가족부(2017)에서 인용.

② 마약 및 향정신성 의약품의 특성

마약은 제조, 유통, 소지가 불법일 뿐만 아니라 밀거래 가격도 높기 때문에 청소년이 접하기 어려운 약물이다. 대신 상대적으로 구하기 쉬운 흡입제나 향정신성 의약품의 경우 관리와 단속이 쉽지 않은 실정이다. 특히 의약적 용도로 사용되는 약물의 경우 오남용에 따른 부작용을 심각하게 인지하지 않고 사용하다가 중독되는 경우가 많다.

본드, 신나, 부탄가스와 같은 흡입제는 흡입 후 5분 이내에 효과가 나타나며 쾌감이나 나른함과 같은 증상이 수 시간 동안 지속된다. 흡입제를 마신 경우 공격성이 증가하고 환각 등의 증세가 발생할 수 있으며 손발을 떨고 몸의 균형을 조절하기가 어렵다. 경우에 따라 약물에 취한 시간 동안 일어난 일을 기억하지 못하는 일시적 기억상실을 초래할 수도 있다.

흡입제를 과다 복용할 경우 중추 신경 전반에 악영향을 미치는데 호흡이 억제되어 호흡수가 급격히 떨어질 수 있다. 이외에도 기관지 경련이나 심장 부정맥, 뇌 조직 손상 등을 가져올 수 있는데 이후 지속적인 기억력 상실이나 치매 등의 질환으로 이어지기도 한다.

신경안정제나 수면제의 경우 뇌의 활성을 안정화시키는 약물이다. 그리고 사용 후에는 불안감이 감소하고, 긴장이 완화되며 졸리는 기분을 느낄 수 있다. 따라서 이러한 약물을 사용하는 이유는 극도의 쾌감을 얻기 위한 것보다는 안정감과 편안함을 느끼기 위함이며, 잦은 정신적 스트레스를 느끼는 사람의 경우 반복적인 투약을 하는 경우가 많다.

만약 신경안정제나 수면제를 과다 투여할 경우에는 손발의 움직임에 부조화가 일어나고 판단력이 떨어지며 뇌 세포에 대한 통제 기능이 저하되면서 쉽게 흥분하거나 감정 조절이 되지 않는 증상이 나타날 수 있다(조근호, 2009: 111-115; 한국마약퇴치운동본부, 2009에서 인용).

2) 약물과 비행의 관계

(1) 약물 남용의 단계

약물 중독자도 처음에는 대체로 호기심에서 시작하는 경우가 많다. 홍기갑과 차병희(1999)는 약물 남용의 단계를 진행 경과에 따라 4단계로 구분하여 제시하였다.

첫 번째 단계는 배우는 단계이다. 이 단계에서 사람들은 약물을 처음 접하고 그 긍정적인 효과를 즐기게 된다. 중독 단계가 아니므로 건강의 이상이 나타나지 않으며 기회가 된다면 계속 사용하고 싶은 욕구를 느낀다.

두 번째 단계는 찾는 단계이다. 이 단계에서는 특정한 사회적 상황에서 약물을 찾게 된다. 예컨대 사교적인 분위기가 요구되는 상황에서 약물을 사용하는 것이다. 그러나 이 단계까지는 약물이 필요한 상황과 그렇지 않은 상황을 구분할 수 있고, 사용 시간이나 투여량에 대한 자기 조절 능력이 유지된다.

세 번째 단계는 해로운 의존 단계이다. 이 단계는 어떤 목적 달성을 위한 수단으로 약물을 이용하는 것이 아니라 약물 자체가 주는 기분 추구를 목적으로 한다. 이 단계에서는 간헐적으로 약물에 대한 조절 능력의 상실이 나타나며 의존이 심화됨에 따라 스스로 분노와 저항을 느끼기도 한다. 주변 사람들이 문제 상황을 인지하기 시작하며 대인 관계의 문제가 시작된다.

마지막 단계는 치명적인 단계로 약물을 사용하지 않을 경우 심한 불안과 우울 같은 금단 증상이 나타나며 결국에는 약물의 노예 상태로 전락하게 된다(홍기갑 · 차병희, 1999: 130-131).

(2) 약물 남용과 범죄와의 관계

약물 남용과 범죄와의 관계는 크게 두 가지 방식으로 설명된다. 첫 번째 설명은 약물 구입 자금을 마련하기 위해 범죄를 저지른다는 것이고, 두 번째 설명은 약물에 취한 상태에서 범죄를 저지른다는 것이다. 그런데 전자의 경우 마약과 같은 고가의 약물에 해당하는 경우가 많기 때문에 청소년의 약물 중독과 관련한 비행으로 보기는 어렵다. 후자의 경우, 즉 약물 남용 후 범법행위와 관련해서는 비행청소년을 대상으로 한 최영신의 연구(2003)를 참조할 수 있다.

연구에 따르면 약물 남용 상태에서 가장 많이 저지르는 범죄는 폭력이었다. 술의 경우 응답자의 43.6%가 음주상태에서 폭력을 휘두른 경험이 있다고 응답하였고, 본드의 경우 20.3%, 니스 · 신나는 21.6%, 부탄가스는 10.8%로 나타났다. 폭력 범죄 다음으로 높은 빈도를 나타내는 것은 소매치기와 같은 재산 범죄였다.

그러나 이 결과는 제한된 사례 수의 비행청소년을 대상으로 이루어진 연구이고 실제 약물과의 관련성을 입증하기 어렵다는 점에서 일반화할 수는 없다. 다만, 비행청소년과의 면담 결과 약물 남용은 다른 유형의 범법행위의 직접적인 원인으로 보기는 어려우나 일단 범죄 성향이 있는 청소년에게 범죄에 대한 두려움을 감소시켜 범죄 성향을 지속하고 강화하는데 영향을 미친다고 해석할 수는 있다(최영신, 2003: 119-125).

그러나 일반적으로 약물 중독과 범죄 사이에는 상관관계가 있다. 즉, 약물 중독이 범죄를 일으킨다는 인과 관계를 입증하기는 어려우나 일반적으로 폭력 범죄, 재산 범죄, 풍속범죄(강간, 도박 등)에 마약류 투약 범죄가 병행하는 경우가 많다(이찬엽, 2006: 73). 즉, 약물 중독자는 자신의 행위가 어떤 의미를 가지며, 무슨 결과를 초래할지에 대한 정상적인 판단을 하기 어려우므로 반사회적인 행위를 할 가능성이 커진다는 것이다.

5. 청소년 약물 오남용 문제의 대처 방안

청소년 약물 오남용 문제는 예방적 차원의 대처 방안과 치료적 차원의 대처 방안으로 나누어 접근할 수 있다. 선행 연구 결과 약물 중독은 다수의 청소년이 경험하는 비행으로 보기는 어렵다. 그러나 음주나 흡연과 같이 다수의 청소년들에게 노출된 위험이며 조기에 대처하지 않으면 심각한 결과를 초래할 수 있다는 점에서 무엇보다 예방 노력이 요구되는 사안이라 할 수 있다.

1) 예방적 차원의 대처 방안

청소년이 가장 흔하게 접하는 약물인 술과 담배, 흡입제 등은 쉽게 구할 수 있다는 점에서 예방 차원의 노력이 필요하다. 술과 담배의 경우 19세 미만 청소년에게는 판매할 수 없도록 하는 제도가 시행되고 있지만, 가정에서 쉽게 구할 수 있다는 점에서 한계가 있다.

그리고 본드나 신나 등은 흡입을 위한 목적으로 구매하는 것인지 판매자가 알 수 없기 때문에 무턱대고 청소년에게 판매를 금지하기도 어려운 실정이다. 따라서 가정에서부터 청소년들이 이러한 약물을 사용하지 않도록 어른들의 각별한 주의가 요구된다.

약물을 사용하는 청소년에게서는 보통 다음과 같은 징후들이 발견된다.

첫째, 기분의 잦은 변화가 나타나며 쉽게 화를 낸다. 경우에 따라 일시적으로 어느 순간의 일을 기억하지 못하는 경우도 있다.

둘째, 학교에서 일어난 일들을 부모에게 말하지 않는다. 약물을 사용하는 청소년은 주위 어른들이 그 사실을 모르도록 하기 위해서 거짓말을 자주 하거나 자신의 행적에 대하여 말을 하지 않는 경향이 있다.

셋째, 학교 성적이 떨어진다. 약물 사용은 학업 동기를 방해하기도 하지만 특정 약물의 향정신성 특성이 학습을 방해하기 때문이다.

넷째, 건강상의 문제가 나타난다. 특히 호흡기 질환이 나타나는 경우가 많으며 급격하게 체중이 변화하기도 한다.

다섯 째, 집안 물건의 분실이 자주 일어난다. 대표적으로 집에 있던 술이나 담배가 없어지는 경우가 많고 약물을 구입하기 위해 용돈을 자주 요구하거나 친구에게 돈을 빌리는 일이 잦아진다(홍기갑 · 차병희, 1999: 131-134). 이와 같은 징후들이 발견되면 주변 어른들은 청소년의 약물 사용을 의심해볼 필요가 있다.

(1) 약물 남용 예방 전략

① 공급 감소 전략

정책적으로 약물 남용을 예방하는 기본 전략은 공급 감소 전략과 수요 감소 전략의 병행이다. 공급 감소 전략은 약물을 구하기 어려우면 사람들이 약물을 덜 사용하게 될 것이라는 간단한 논리에 근거한다. 이러한 방법은 법과 제도의 정비를 통해 비교적 쉽게 적용할 수 있다. 즉, 약물의 생산, 제조, 거래, 판매 등과 관련하여 위법성의 기준을 강화하면 극소수의 중독자를 제외하고는 불법 행위를 감행하면서까지 약물을 구하려 하지 않을 것이다.

② 수요 감소 전략

수요 감소 전략은 약물 사용자들의 욕구를 억제 내지 감소하게 하여 약물 문제에 대처하는 전략이다. 이러한 문제는 규제와 처벌 위주의 공급 감소 정책의 한계에 기인한 바가 크다.

이러한 현실은 약물 문제에 대해 엄격한 사법 체계를 운영하더라도 여전히 음성적인 약물 거래는 계속되고 있다는 사실에 비추어보면 알 수 있다. 즉, 수요가 있는 곳에는 어떻게든 공급이 있기 마련이므로 수요 자체를 줄이는 것이 가장 근본적인 대책이라는 것이다. 따라서 수요 감소 전략은 대개 일반인과 약물 사용자들에 대한 예방 및 치료 교육에 초점을 맞춘다(이훈규 · 이경재, 1996: 74-76).

③ 약물 남용 예방 접근법

그 동안 청소년의 약물 남용을 예방하기 위해 다양한 방안들이 개발되었다. 그런데 각각의 대안들이 기본적으로 취하고 있는 접근법에는 차이가 있다. 김주일(2006)은 청소년의 약물 예방 방안이 내포하고 있는 5가지 접근법을 다음과 같이 제시하였다.

첫째, 공포야기 접근 방안이다. 이 접근법은 약물 남용이 초래할 수 있는 극단적 상황을 보여줌으로써 청소년들에게 약물에 대한 공포심을 갖게 하는 것이다. 이러한 방법은 범죄 예방 이론에서 범죄에 따른 처벌의 가혹함을 주지시킴으로써 범죄를 예방할 수 있다는 고전적 접근법에 해당한다. 담뱃갑에 흡연으로 피폐해진 폐 사진을 붙인다든지, 마약 중독으로 흉측해진 환자의 모습을 보여주는 것 등이 공포야기 접근 방안에 해당한다.

둘째, 계몽 방안이다. 이 접근법은 약물 남용이 무지에서 비롯되는 것이라고 본다. 즉, 청소년들이 약물 남용의 위험을 충분히 알고 있다면 그런 행동을 하지 않을 것이라고 보는 관점이다. 대중매체를 통한 캠페인과 홍보, 학교에서 실시되는 약물 남용 예방교육 등이 이러한 방안의 사례이며 가장 널리 이루어지는 예방 방안이다.

셋째, 능력 증진 방안이다. 이 방안은 약물에 대한 정보 전달이 오히려 호기심을 부추길 수도 있다는 역효과에 주목하고, 약물에 의존할 필요가 없도록 청소년의 개인적 성향이나 사회생활 기술을 향상시킴으로써 약물 남용을 예방할 수 있다는 관점이다.

넷째, 전반적인 건강 증진 방안이다. 이 방안은 청소년들에게 자신의 건강에 대한 책임 의식을 일깨우고 건강한 생활을 위한 지식과 능력을 강화시키고자 한다. 약물 남용 예방은 전반적인 건강 증진의 한 영역으로 다루어진다.

다섯 째, 기능적 대체 방안이다. 이 방안은 약물을 통해 추구하고자 하는 욕구를 다른 건전한 행위를 통해 충족할 수 있도록 하는 접근법이다. 안전이 확보된 모험 활동이나 체험 교육 등이 대표적인 실천 사례이다(김주일, 2006: 49-52).

(2) 학교에서의 예방 교육

대다수의 청소년을 대상으로 검증된 프로그램에 따라 체계적으로 약물 예방 교육을 실시할 수 있는 곳은 학교이다. 그러나 현실적으로 학교에서 약물 예방 교육을 체계적으로 실시하는 경우는 거의 찾아보기 힘들다. 문형란(2006)은 학교가 청소년의 약물 남용 예방을 위해 다음과 같은 활동을 수행해야 한다고 주장하였다.

첫째, 저학년 시기부터 약물 남용 예방 교육을 실시해야 한다. 약물 남용 예방 교육은 이미 술이나 담배를 접하기 시작한 청소년기에 시작해서는 예방 효과를 거두기 어렵다. 따라서 조기 교육을 통해 최초 경험 시기를 최대한 늦추는 노력을 기울여야 한다.

둘째, 약물 예방 교육에 대한 제도화 및 활성화가 시급하다. 그러나 현재와 같이 전담 교사나 체계적인 교육 내용이 확보되지 않은 상태에서는 충분한 교육이 이루어지기 어렵다.

셋째, 약물 오남용과 관련하여 학생들의 생활지도가 강화되어야 한다. 대다수의 학교는 음주나 흡연 학생들에게 적발 시 훈계나 학칙에 따른 봉사명령을 내리는 수준에 그치고 있는데 가정과 지역사회와 연계한 생활지도 프로그램을 만들어 운영할 필요가 있다.

넷째, 또래 집단의 자율적 예방 노력을 강화하고 지원해야 한다. 조사에 따르면 다수의 청소년들이 또래집단을 통해 약물을 처음 접하는 경우가 많으며 그 공동체 속에서 사회적 지지를 얻는 것으로 나타났다. 따라서 청소년 공동체 스스로에게 책임 의식을 부여하고 자율적인 예방 노력을 기울일 수 있도록 관심과 지지를 보여줄 필요가 있다(문형란, 2006; 임유식, 2009: 183-185: 한국마약퇴치운동본부 2009에서 인용).

학교에서 이루어지는 약물 남용 예방 교육은 보건 교사에 의해 정규 수업, 특별 활동 등을 통해 이루어지기도 하고 전문 강사를 초빙하여 특강의 형태로 이루어지기도 한다. 때로는 지역사회 기관에서 제공하는 프로그램을 학생들이 직접 찾아가 이수하는 경우도 있다.

그런데 그 동안 실시해 온 청소년 대상 약물 남용 예방 교육은 일회성의 성격이 강해 교육 이수에 따른 효과에는 큰 관심을 갖지 못했던 것이 사실이다. 어떤 교육이 대상자 특성을 고려하지 않고 유사한 프로그램을 반복적으로 제공한다면 교육 효과는 물론이거니와 예산과 시간도 낭비하는 결과를 초래할 수 있다.

뿐만 아니라 교육 내용도 주로 약물에 대한 지식을 전달하는데 치중하고 있어, 청소년의 거절 기술이나 자아존중감, 의사소통 능력 향상과 같은 구체적인 위기 상황에서의 대처 능력을 함양하는 데는 한계를 가진다. 다양한 교육 방법을 활용하면서 실제 상황에서의 대처 능력을 기르는데 집중하는 개선된 프로그램 개발이 요구된다.

아울러 청소년 비행은 유형을 불문하고 가정 요인이 중요한 영향을 미치는 만큼 청소년뿐만 아니라 부모에 대한 교육 프로그램도 적용되어야 한다. 자녀가 약물의 위험으로부터 벗어날 수 있도록 가정에서부터 이루어질 수 있는 조치나 위기 상황을 겪고 있는 자녀와 대화할 수 있는 기술 등을 교육함으로써 예방 교육의 효과를 높일 수 있다(신윤정 · 최은진, 2004: 231-233).

(3) 민간 및 지역사회의 대처 방안

학교에서의 약물 남용 예방 교육은 학교를 다니지 않은 청소년이나, 또는 보다 전문적인 대처가 요구되는 청소년들에게는 큰 도움이 되지 않는다. 이러한 경우 지역사회의 관련 기관들이 부족한 예방 활동 영역을 채워

줄 수 있다. 이미 외국에서는 약물 중독과 관련하여 민간단체들이 중요한 역할을 수행하고 있으며, 우리나라에서도 한국마약퇴치운동본부와 같은 기관들이 이러한 역할을 수행하고 있다.

정부에서는 인적 · 물적 여건에서 어려움을 겪고 있는 민간단체의 활동을 지원하고 필요한 경우 유관 기관과의 연계 체계를 구축하는 등의 지원을 통해 지역 사회 차원의 예방 성과를 극대화할 수 있다. 한국마약퇴치운동본부의 조사(2009)에 따르면 청소년의 대다수가 정부의 행정력뿐만 아니라 민간단체의 활동에도 지원을 강화해야 한다는데 찬성하는 것으로 나타났다. 특히 약물 남용의 사회적 위험성과 개인적 심각성을 체감하는 집단일수록 민간단체 활동의 지원 강화에 공감도가 높은 것으로 나타났으며, 관련 활동에 자원 봉사자로 참여할 의사 또한 높은 것으로 조사되었다(한국마약퇴치운동본부, 2009: 179-181).

[그림 9-6] 지역사회의 약물 오남용 예방 교육

출처: '포천시, 약물 오남용 예방교육 실시. 포천매일(2018.6.5 기사)

2) 약물 중독 청소년의 치료 방안

청소년의 약물 중독은 성인에 비해 다양하고 복합적인 양상으로 나타난다. 김성이 등(1995)에 따르면 청소년은 특정 약물에 대한 선호가 형성되기까지 사용할 수 있는 모든 약물을 시험적으로 경험하는 경향이 있다. 그리고 성인은 직장 문제나 부부 문제 등 외부적 갈등 요인 때문에 약물에 의존하는 경우가 많지만 청소년은 내부적 감정 요인 때문에 약물을 사용하는 비율이 상대적으로 높다. 또한 성인에 비해 사회적으로 자신의 욕구를 해소할 수 있는 방법이 제한적이기 때문에 청소년의 약물 중독은 그 속도가 빠른 경향이 있다(김성이 외, 1995; 김진숙 · 최은영, 1997: 28-31에서 재인용).

이러한 특성 때문에 청소년의 약물 사용은 조기에 예방하는 것이 최선이다. 만약 청소년이 약물을 사용하게 된 경우라 하더라도 적절한 치료를 통해 빨리 약물의 유혹으로부터 벗어나도록 하는 것이 중요하다.

약물 중독자에 대한 치료는 청소년과 성인이 크게 다르지 않다. 의학적으로 약물에 대한 해독 치료로부터 의사, 약물 전문 상담가, 심리학자 등으로 구성된 체계적인 입원 치료 프로그램이 운영된다. 그런데 약물 중독의 경우 의학적 치료뿐만 아니라 재활을 위한 프로그램이 수반된다는 특징을 갖는다. 우리나라에서는 병원이나 치료감호소, 사회복지시설 등에서 운영하는 재활 치료 프로그램이 있는데 대부분 외국에서 효과가 검증된 프로그램들을 도입하여 운영하고 있다.

신윤정과 최은진(2004)은 국내외의 치료 재활 프로그램들을 종합하여 청소년 약물 중독 치료를 위한 프로그램 모형을 제시하였다.

〈표 9-5〉 약물 중독 치료재활 프로그램 모형

프로그램	프로그램 목표 및 중점 내용
부모 및 가족 프로그램	- 부모의 역할 인식 - 자녀와의 의사소통 기능 향상
개별 상담	- 개별적인 약물 중독 사례 관리 - 약물 남용에 관한 상담
인지행동 치료	- 단계적 행동 변화 및 행동기술 습득 - 자아존중감, 거절 기술 훈련

직업교육 및 진로지도	- 특수교육 및 대안 교육과정의 개발 - 직업훈련 연계 - 학교 중도탈락자에 대한 진로 마련
다른 질병 치료	- 약물 중독에 부수하는 다른 질병 치료 - 정신 질환 치료
작업 치료	- 명상, 음악치료, 미술치료, 운동치료 등 - 약물을 대신할 수 있는 취미활동의 개발
자조 모임	- 청소년의 경우 자발적 치료 동기가 낮음 - 회복에 대한 동기 유발 및 재발 방지 - 또래의 지지 증대
쉼터 연계	- 지속적인 관찰과 보호 - 지역사회의 지지기반 확충

출처: 신윤정 · 최은진(2004), p. 254

위 표에서 확인할 수 있는 바와 같이 약물 중독은 의학적 치료만으로 끝나지 않으며 의료진에 의해서 완전히 해결될 수 있는 것도 아니다. 중독의 인지 단계로부터 치료와 재활, 정상적인 생활로의 복귀에 이르기까지 가족과 전문가의 지속적인 도움은 물론 체계적인 프로그램의 적용이 수반되어야만 한다.

특히 청소년의 약물 사용은 단순한 호기심에서 출발하는 경우가 많기 때문에 중독 단계로 이행되기까지 보호해주지 못한 사회도 일정 부분 책임이 있다. 정부 차원에서 약물 남용 청소년을 조기에 발견할 수 있는 행정 조치가 필요하고, 공중 보건 시설이나 사설 의원에서도 약물 남용 및 중독을 진단할 수 있는 체제가 확립되어야 한다. 그리고 치료가 필요한 청소년으로 진단된 경우 지역 사회의 의료시설이나 관련 단체가 정보를 공유하고 적절한 치료와 재활을 위한 프로그램이 운영되어야 한다. 이처럼 청소년이 사회로부터 지속적인 보호를 받을 수 있는 체계가 확립되어야만 약물 중독 청소년도 빨리 문제를 극복하고 건강한 성인으로 성장할 수 있을 것이다.

학습 정리

1. 유해 약물의 규정

- 청소년 유해 약물에는 주류와 담배, 마약류와 환각물질 그리고 여성가족부장관이 고시하는 청소년의 심신을 손상시킬 우려가 있는 약물이 있다.
- 약물을 의사의 처방이나 지시에 따르지 않고 사용하는 것을 오용(misuse)이라 하고 의학적 용도와 관계없이 쾌락 추구 등의 목적으로 약물을 사용하는 것을 남용(abuse)이라 한다. 나아가 약물을 취함으로써 해로운 결과가 있을 것을 알면서도 강박적으로 약물에 의존하는 상태를 중독(addiction)이라 한다.

2. 청소년 약물 오남용의 원인

- 청소년이 약물을 사용하는 원인에는 유전적 요인에서부터 가정적 요인, 또래 집단 요인, 그리고 사회 환경적 요인 등이 있다.
- 청소년이 약물을 사용하는 동기에는 모험 추구, 평화 추구, 교우관계 추구, 힘 추구, 성적 동반자 추구, 초월적 경험 추구 등이 있다.

3. 청소년의 약물 오남용 실태

- 청소년이 가장 많이 접하는 약물인 술과 담배는 자신의 건강에 직접적으로 미치는 해악뿐만 아니라 학교부적응이나 폭력 비행 등을 유발할 수 있다.
- 본드나 신나 등의 흡입제와 향정신성 의약품은 판매를 통제하기 어렵기 때문에 청소년들이 비교적 쉽게 접하는 약물이다.
- 약물 남용 상태에서 많이 저지르는 비행은 폭력 비행과 재산 비행인 것으로 조사되었다. 약물이 그러한 비행을 직접적으로 유발한다는 인과성을 입증하기는 어려우나 청소년에게 두려움을 감소시켜 비행 성향을 지속하고 강화하는데 영향을 미친다고 해석할 수 있다.

4. 청소년 약물 오남용 문제의 대처 방안

- 약물 남용 예방을 위한 기본적 대처 방안은 약물의 공급을 감소시키거나 약물에 대한 수요를 감소시키는 것이다. 특히 수요를 감소시키기 위해서는 체계적인 예방 교육이 필요하다.
- 약물 중독 청소년이 성공적인 치료와 재활을 하기 위해서는 자신과 가족은 물론 지역 사회 전체가 지속적으로 지원할 수 있는 체제를 마련해야 한다.

참고문헌

교육부 · 보건복지부 · 질병관리본부(2016). 제12차(2016년) 청소년건강행태온라인조사 통계

김주일(2006). "청소년 약물문제의 사회적 관리-청소년 약물 남용예방을 중심으로", 한국학연구, 24, 33-69.

김진숙 · 최은영(1997). 청소년 약물 남용 예방교육 프로그램 개발 연구. 문화체육부 청소년대화의 광장.

신윤정 · 최은진(2004). 청소년의 향정신성 유해약물 중독예방 및 치료 프로그램 연구. 한국청소년개발원, 한국보건사회연구원.

여성가족부(2017). 청소년백서

이경상 · 김지연 · 최수미 · 이순래(2012). 청소년 흡연 · 음주 실태와 정책적 대응방안. 한국청소년정책연구원.

이찬엽(2006). "약물 남용으로 인한 범죄발생치유에 관한 고찰", 아태공법연구, 14, 61-90.

이해주 · 이미리 · 모경환(2006). 청소년 문제론, 한국방송통신대학교 출판부.

이훈규 · 이경재(1996). 청소년의 약물 남용 예방전략. 한국형사정책연구원.

임선영 · 김선우 · 박준희(2010). 청소년 문제와 보호. 도서출판 구상

최영신(2003). 청소년 약물 남용의 행태변화 연구. 한국형사정책연구원.

최은진 · 서미경 · 박순우 · 이영미 · 박수진(2007). 청소년 음주 · 흡연 중장기 정책. 한국보건사회연구원. 국가청소년위원회

한국마약퇴치운동본부(2009). 2009년도 마약류 심각성에 관한 청소년 인식도 조사보고서.

한국마약퇴치운동본부 · 식품의약품안전청(2009). 약물 오 · 남용 예방교육 총론-초 · 중 · 고 강사용 교재.

홍기갑 · 차병희(1999). "청소년 약물 오남용 실태와 지도 방안", 교과교육연구, 1(1), 117-170.

Siegel, L. J., Welsh, B. C.(2011). Juvenile Delinquency the Core(4th ed.), CA: Wadsworth.

제10장

우울증과 자살

개관

10장에서는 청소년기 대표적인 심리적 부적응 문제인 우울증, 그리고 이와 관련된 자살에 대해서 살펴보고자 한다. 청소년기 우울증은 학교생활을 비롯한 일상생활 부적응, 대인관계 문제뿐 아니라 자살의 주요 원인이 되기 때문에 주목해야 할 청소년 문제이다. 자살은 우울증의 극단적인 증상임과 동시에 우울증 이외의 개인적 · 환경적 요인으로부터도 유발될 수 있는 심각한 청소년 문제이다. 청소년기 우울증과 자살행동은 어떠한 특성을 보이는지, 실태는 어떠한지, 어떠한 요인이 관련되어 있는지, 대처 방안은 어떠한지에 대해서 살펴보자.

학습목표

1. 청소년 우울증과 자살의 개념을 말할 수 있다.
2. 청소년 우울증과 자살의 개인적, 환경적 관련 요인을 설명할 수 있다.
3. 청소년 우울증과 자살 문제에 대한 대처 방안을 개인적, 환경적 차원에서 제시할 수 있다.

주요용어

청소년 우울증, 자살생각, 자살시도, 스트레스, 인지치료

1. 청소년 우울증

1) 우울증의 개념과 청소년 우울증의 특성

우울증은 단순히 일시적으로 슬프고 침울한 기분 상태를 말하는 것이 아니라, 우울한 상태가 최소한 2주 이상 지속되고 일상적인 생활을 할 수 없을 만큼의 정시적 고통을 수반하는 정신장애다(이미리, 2006; 한상칠 · 이수연, 2003). 우울증은 우울한 정서 상태뿐 아니라 의욕상실, 주의집중력 감퇴, 식욕의 변화, 체중의 변화, 불면증, 자살 충동 및 자살 시도 등의 복합적인 정신적 신체적 증상을 수반한다(American Psychiatric Association, 1994).

우울증은 주요 우울증(major derpession)과 기분부전장애(dysthymic disorder)로 나눌 수 있는데 주요 우울증은 우울감, 흥미의 저하, 체중감소나 증가 등 5가지 이상의 증상이 2주 이상 지속되어 심각한 정신과적 문제를 일으킬 수 있는 심한 우울증을 말한다(김명식, 2008; 최정윤 · 박경 · 서혜희, 2006). 기분부전장애는 주요 우울증에 비해서 가볍지만 만성적인 슬픔이나 침체감, 만성적인 피로 등이 일상생활에 부정적 영향을 주는 우울증이다(김명식, 2008; 최정윤 · 박경 · 서혜희, 2006).

청소년기 우울증은 앞서 말한 바와 같이 자기비하감, 죄의식, 왜곡된 사고, 극심한 무력증, 피로감, 권태감, 신체증상 및 충동적인 행동을 수반한다(오승환 · 이창한, 2010). 이러한 복합적인 증상 때문에 청소년기 우울증은 여러 가지 부적응 행동들과 관련이 있다. 부적응 행동들이라 하면 학교부적응, 스트레스에 대한 부정적인 대처, 대인관계 문제, 과잉행동증, 폭력성, 불안장애, 공격적 행동, 무분별한 성적 행동, 섭식장애, 약물 남용, 비행, 자살 행동 등을 말한다(강경미, 1994; 강란혜, 2006; 김명식, 2008; 신현균, 2011; 조수철 · 정영 · 홍강의 · 신민섭 · 성영훈, 2011; 한상철 · 이수연, 2003).

우울증은 불안장애, 섭식장애, 주의력결핍 장애, 폭력성 등의 행동장애와 함께 나타나는 경향이 높고 학업과 대인관계 문제를 동반하는 경우가 흔하다(김교헌, 2004). 특히 우울증은 청소년기 건강한 삶에 있어서 필수적인 친구관계 문제와 밀접한 관계가 있다. 우울한 청소년들은 타인과의 친밀한 관계를 형성하기 어렵고 타인과의 상호작용이 즐겁지 않다(김동영 · 박기정 · 김효원, 2015; 김은진 · 이정윤, 2009; 윤현수 · 오경자, 2004). 청소년기의 우울증상은 대인관계에 대한 지나친 의존이나 반대로 지나친 제한을 가져와 사회적으로 고립되는 결과를 가져올 수 있고, 이는 다시 우울증상을 악화시키는 원인으로 작용할 수 있다(김동영 · 박기정 · 김효원, 2015; 하은혜 외, 2004).

또한 우울증이 오래 지속된 경우에 이러한 경향이 더 심각해지는데, 연구결과에 의하면 일시적으로 우울증상을 경험하는 사람에 비해서 만성적으로 우울증을 경험하는 사람들이 대인관계 갈등을 더 많이 경험한다(Burns, Sayers, & Moras, 1994; 김은진 · 이정윤, 2009에서 재인용). 즉, 청소년기 우울증상은 친구관계뿐 아니라 가족관계를 포함한 대인관계에 중요한 영향을 미치는 사회적 기능의 손상을 가져온다. 그래서 사회적 관계를 회피하고 문제를 많이 일으키며, 정상적인 사고를 하지 못하며 자기파괴적이고 공격적인 행동을 통해 비행행동을 일삼는 경우가 많다(이윤정 · 표은영, 정진옥 · 안지연, 2016; 이희연 · 하은혜, 2015).

청소년 우울증이 심각한 문제인 또 다른 이유는 청소년기에 나타나는 여러 가지 부적응 행동과 관련되어 있다는 것뿐만이 아니라 이후 성인기에 나타나는 사회적, 정서적, 행동적 부적응의 문제 유발과 관련이 있다는 것이다. 청소년기에 우울증을 경험한 사람은 그렇지 않은 사람에 비해 성인이 되어서 우울증을 경험할 확률이 높다(이미리, 2016; 임명호 외, 2000).

2) 청소년 우울증 실태

우리나라 청소년들이 정신과를 찾는 가장 큰 이유 중의 하나가 우울증이라고 한다(권석만, 2000). 이렇게 우울증이 청소년기에 가장 흔한 정신적 부적응 문제로 여겨지고 있으나 정확한 유병률은 알기 어렵다. 그 이유는 우울은 슬프고 침울한 기분을 느끼는 것에서부터 심각한 정서적 · 신체적 사회적 증상을 수반하는 주요 우울증에 이르기까지 그 개념이 다양하므로, 어떤 수준의 우울을 대상으로 조사하였느냐에 따라서 유병률의 차이가 크기 때문이다. 또한 우울증 진단 방법뿐 아니라 누구를 대상으로 했느냐에 따라서 유병률의 차이가 크기 때문이다(김교헌, 2004). 그럼에도 우리나라 청소년들의 우울증 실태를 보고하는 전국규모의 조사들이 많이 진행되었다.

2009년도에 교육부에서 중 · 고등학생 10만 2천여명을 대상으로 한 우울증 검사를 실시한 결과에 의하면 40%의 학생이 우울증상을 경험하였다(최인재 · 모상현 · 이선영, 2012). 2013년도에 교육부에서 초등학교 1학년과 4학년, 중학교 1학년, 고등학교 1학년생 총 210만 여,119,962명을 대상으로 정서행동특성검사를 실시한 결과 우울, 불안 등 주요 정서행동문제를 보여 상담이 필요하다고 판단된 '관심군' 학생의 비율이 초등학생은 3%, 중학생은 11%, 고등학생은 9%로 총 15만 2,600여명이었으며 관심군 학생 중에서도 자살생각 등 위험수준이 높아서 우선적인 관리가 필요하다고 조사된 경우는 초등학생이 1%, 중학생이 4%, 고등학생이 3%로 총 46,100여명이었다(교육부, 2013).

우울증의 실태에 있어서 성차를 보이는데, 대체로 남자에 비해서 여자가 우울증에 더 취약한 경향을 보인다(교육부 · 보건복지부, 질병관리본부, 2012; 김명식, 2008; 이윤정 · 표은영 · 정진욱 · 안지연, 2016; 조성진 외, 2001; Kovacs, 1996). 2012년도에 전국적으로 중 1에서 고 3학생 7만 5천여명을 대상으로 우울증을 조사하였는데, 남학생은 중1은 23%, 중2는 25%, 중3은 27%, 고1은 30%, 고2도 30%, 고3은 33%가, 여학생은 중1은 33%, 중2는 35%, 중3은 37%, 고1은 40%, 고2는 39%, 고3은 44%가 우울감을 경험하였다(교육부 · 보건복지부 · 질병관리본부, 2012).

3) 청소년 우울증 관련 요인

청소년 우울증 관련 요인을 개인적 요인과 환경적 요인으로 분류하여 각 요인별로 위험요인과 보호요인 순으로 살펴보고자 한다. 이를 위해 중학생의 우울증과 관련된 요인을 알아보기 위해서 60편의 논문을 메타분석한 연구를 비롯하여(제미영 · 신인수 · 최지은, 2012), 우울증 관련 선행연구들을 참고하였다.

(1) 개인적 요인

청소년기 우울증의 유발이나 지속과 관련된 개인적 위험요인은 다음과 같다. 첫째, 비관적인 사고양식이 우울증과 관련이 있다. 자신의 처지와 환경 그리고 미래에 대해서 지나치게 비관적으로 생각하는 습관, 실패에 대해서는 자신의 탓으로 돌리고 성공에 대해서는 운이나 다른 사람 덕이라고 생각하는 사고양식이 우울증 유발과 관련이 있다(김빛나 · 박주희, 2013; Beck, Rush, Shaw, & Emery, 1979).

둘째, 낮은 자아존중감이 우울증과 관련이 있다. 우울한 청소년은 자신에 대해 비관적이고 부정적인 사고양식을 가지고 있어서 자신에 대해 낮게 평가하고 자아존중감이 낮다(하은혜 외, 2004; Beck et al., 1979). 자아존중감이 낮은 청소년은 우울 수준이 높고 자아존중감이 높은 청소년은 자기 확신과 인내력 그리고 사회적 기술 등의 특성이 높아서 우울 수준이 낮다(이정선 · 이형실, 2012; Rosenberg & Rosenberg, 1978). 따라서 자아존중감은 우울증을 완화하는 보호요인의 역할을 한다.

셋째, 우울한 기분에 반응하는 수동적 사고 습관이 우울증과 관련이 있다. 청소년은 정서적으로 불안정한 시기를 경험하기 때문에 우울한 감정을 느끼기가 쉽다. 이럴 경우 자신의 우울한 기분의 원인이나 결과에 대해 계속 신경을 쓰고 수동적으로 반응하는 경우에 우울증상을 경험할 가능성이 큰 반면, 우울한 기분에서 벗어나기 위해서 생각을 즐거운 쪽으로 돌리는 경우에는 우울증상을 경험할 가능성이 적다(김빛나 · 박주희, 2013).

(2) 환경적 요인

청소년 우울증과 관련된 환경적인 요인은 스트레스, 가족요인, 친구요인으로 분류해서 살펴보기로 한다. 첫째, 스트레스는 우울증의 유발과 관련된 주요 요인이다. 우리나라 청소년이 경험하고 있는 스트레스 중에서 가장 많이 경험하는 스트레스가 학업스트레스이며 학업스트레스는 청소년 우울증과 관련된 주요 스트레스다(김빛나 · 박주희, 2013; 박태우, 2012; 이윤정 · 표은영 · 정진옥 · 안지연, 2016; 이미리, 1995; 임은미 · 정성석, 2009). 우리나라 청소년들은 지나친 입시경쟁 상황에서 복합적인 학업스트레스를 경험하고 있어서 이로 인한 내적, 외적 부적응 증상을 심각하게 경험하고 있다(이미리, 1995, 2006; 임은미 · 정성석, 2009; 최인재 · 모상현 · 이선영, 2012; Lee, 2003).

우리나라 청소년들이 경험하는 학업 스트레스는 대학에 합격해야 한다는 중압감뿐 아니라 다른 스트레스와 밀접하게 연관되어 있다. 이를테면 내가 하고 싶은 것을 다 접어두고 많은 시간을 오로지 시험공부에만 보내야 하는 스트레스, 학우들과의 경쟁에서 오는 긴장감, 부모의 지나친 기대에서 오는 갈등 등 복합적인 스트레스는 청소년들의 정신적 · 신체적 건강에 부정적인 영향을 미치게 된다(이미리, 1995). 입시를 준비하는 청소년들이 경험하는 이러한 심리적 · 신체적 증상을 입시병이라고 하며, 입시병의 증상은 우울증 증상과 일치한다(김종주, 1990).

둘째, 청소년 우울증과 관련된 가족요인은 부정적인 부모 자녀 관계 뿐 아니라 빈곤을 포함한다(김동영 · 박기정 · 김효원, 2015; 김연희 · 김선숙, 2008; 김효진, 2008; 제미영 · 신인수 · 최지은, 2012). 우울 수준이 높은 청소년들은 낮은 청소년에 비해 건강한 심리적 가정환경을 제공받고 있지 못하다(김성일 · 정용철, 2001). 부모의 우울증과 부정적인 양육은 자녀의 우울증을 비롯한 부정적 정서 발달과 관련이 있는데, 부모가 우울증을 경험할 경우 자녀도 우울증을 경험할 가능성이 크다(권호인, 2012; 하영희, 2004). 그 이유는 유전적인 요인뿐 아니라 부모의 우울증으로 인한 부정적인 가족 환경 때문이다. 부모가 우울증을 경험할 경우 부부관계 혹은 부모자녀관계에서 불화를 경험할 수 있고 부정적인 양육을 할 가능성이 크다.

또한 부모가 청소년 자녀에게 지나치게 간섭하거나 통제하고 사생활을 침범할 경우 청소년기 자녀의 자율성 발달을 저해하고 우울을 증가시킨다(김동영 · 박기정 · 김효원, 2015; 김보경 · 민병배, 2006; 김선자 · 조옥귀, 2003). 반대로 부모가 자녀의 행동에 무관심하고 대화가 잘 통하지 않는 경우도 자녀의 우울 수준이 증가한다(하영희, 2004). 이와 같이 부모의 지나친 간섭 혹은 그 반대로 무관심으로 특징지어지는 부모의 부정적인 양육은 청소년에게 자신의 가치를 부정적으로 평가하게 하고, 자존감을 잃게 하여 우울증을 증가시킨다.

또한 가족의 빈곤은 청소년기 자녀의 정서적 부적응을 비롯한 우울증의 유발 및 지속과 관련이 있다(김연희 · 김선숙, 2008; 김효진, 2008; 박현선 · 정익중 · 구인회, 2006). 빈곤으로 인한 부모의 경제적 부담은 양육태도 및 행동에 부정적인 영향을 주게 되고, 이로 인해 자녀의 정서적 부적응을 유발할 수 있다. 그러나 부모 자녀 간 개방적인 의사소통과 상호작용이 활발하고, 부모가 온정적이고 지지적인 양육태도를 보이는 경우, 또한 청소년이 부모에 대해 안정된 애착을 형성하고 있는 경우에 청소년기 우울증을 예방할 수 있다(김은진 · 이정윤, 2009; 제미영 · 신인수 · 최지은, 2012; 하영희, 2004).

셋째, 친구요인이다. 청소년기에 좋은 친구관계를 형성하는 것은 건강한 발달을 위해 매우 중요한 일이다. 부모로부터 심리적 독립을 시도하게 되는 청소년기는 어떤 면에서는 부모보다 친구에게 더욱 심리적으로 의지하게 된다. 그런데 그러한 친구들로부터 따돌림이나 괴롭힘을 당하게 되면 정신적으로 큰 고통을 받게 되며, 심리적 부적응을 경험할 수밖에 없다(권호인, 2012; 김혜원 · 임광규 · 임동원, 2013; 이지언 · 정익중, 2013; 하연희, 2001).

초등학교 5, 6학년 560여 명을 대상으로 한 연구에 의하면(이지언 · 정익중, 2013), 집단따돌림 경험이 우울에 영향을 주었다. 특히 남학생 보다 여학생이 집단따돌림 경험으로 인한 우울증 정도가 더욱 심했다. 이러한 이유에 대해서 연구자는 여학생이 남학생보다 관계에 대해 더 의미를 크게 부여하기 때문에 관계에서 상처를 받게 되면 남학생보다 우울을 더 많이 경험하게 된다고 설명하였다. 또한 집단괴롭힘의 유형이 남학생은 주로 신체적 괴롭힘이지만 여학생은 주로 관계적 따돌림이고, 이 두 가지 유형 중에서 관계적 따돌림이 정상적인 정서조절에 부정적인 영향을 준다고 설명하였다.

그러나 긍정적인 친구관계는 청소년의 우울증 유발 가능성을 낮춘다. 만족스러운 친구관계는 안정감을 주고 정서적 긴장감을 해소시켜줄 뿐 아니라 서로의 고민과 정보를 공유함으로써 스트레스를 잘 해결할 수 있다(김은진 · 이정윤, 2009). 친구와 같이 가족구성원 이외에 신뢰할 만한 사람이 있는 것, 그리고 그들과 안정된 애착을 형성하고 있는 것은 청소년기 우울증을 완화하는 주요 보호요인이 된다.

4) 청소년 우울증의 대처 방안

청소년 우울증에 대한 대처 방안으로 인지치료, 우울증 치료 프로그램의 체계적 접근 방법, 정부부처에서 시행하고 있는 사업에 대해 소개하고자 한다.

첫째, 인지치료는 우울증 환자에게 효과적인 심리치료다(신민섭 · 김상선 · 오경자, 2006; 하은혜 · 오경자 · 송동호 · 강지현, 2004). 인지치료에서는 우울증을 유발하는 원인은 사건이 아니라 사건을 받아들이는 사고방식이라고 본다. 따라서 상담자는 내담자로 하여금 우울증을 유발하는 사고방식을 스스로 알아차리게 하고 수정하게 함으로써 우울증을 치료한다(Beck et al., 1979). 부정적인 사고방식을 변화시켜 긍정적인 대인관계를 가질 수 있도록 사회적 기술을 향상시킴으로써 우울증을 치료 한다.

하은혜 등 3인(2004)의 연구에서는 우울장애가 있는 중학생들을 대상으로 2시간씩 일주일에 2회 총 6회의 집단 인지치료 프로그램을 실시한 결과, 치료 후 청소년의 우울증상이 감소되었고 자기에 대한 개념도 긍정적으로 변화했다. 뿐만 아니라 치료 후 6개월이 지나서도 이러한 효과가 지속되는지 점검한 결과, 우울증상의 감소 수준과 자기 개념이 긍정적으로 유지되고 있었다. 이러한 결과는 인지치료가 우울증을 앓고 있는 우리나라 청소년들에게 예후가 좋음을 보여주는 것이다.

이 연구에서 적용된 집단 인지치료 프로그램의 내용을 살펴보면 총 6회기로 구성되어 있다. 첫 회기의 목표는 인지치료에 참여한 청소년들이 서로 친밀감을 형성하고 자기를 개방하는 기회를 갖는 것이다. 이를 위해서 두 명씩 짝을 지어서 서로 얘기를 나누게 한 후 집단 전체에게 소개하는 방식으로 운영되었다. 2회기는 부정적인 사고를 수정하고 자기효능감을 증진시키는 것을 목표로 하였다. 이를 위해서 우울증을 앓고 있는 청소년들이 반복적으로 좌절을 경험하는 사건들을 생각해내고, 그 사건을 경험할 때 스스로에게 하고 있는 부정적인 말을 찾아서 긍정적으로 바꿔 보는 연습을 하였다.

3회기는 자기를 개방하고 갈등상황에 대한 대처기술을 증진시키는데 목표를 두고 있다. 이를 위해서는 자신을 힘들게 하는 사람과 힘을 주는 사람을 생각해보게 하고, 반복되는 갈등상황에서 그동안 대처해왔던 자신의 방식을 돌아보게 하였다. 이러한 과정을 통해서 갈등에 대처할 수 있는 더 나은 방안을 찾아보게 하였다. 4회기는 감정의 인식과 표현, 그리고 문제해결력 증진에 목표를 두고 있다. 이를 위해서 부정적인 감정을 효과적으로 남에게 전달하는 방법을 찾아 연습하는 시간을 가졌다.

5회기는 사회적 유능감 증진에 목표를 두고 있다. 본받고 싶은 좋은 친구의 특성을 찾아 자기가 갖고 있는 특성과 비교해봄으로써 자기에게 부족한 점과 고쳐야 할 점들을 찾아보는 시간을 가졌다. 6회기는 대인관계의 유형을 이해하는 데 목표를 두었다. 이를 위해 그동안 함께 프로그램에 참여해온 구성원들 각자에게 3가지 종류의 수식어를 선물하는 활동을 진행하였다. 두 가지는 긍정적인 수식어, 한 가지는 그 사람에게 부족하거나 고치면 좋을 점을 적어서 선물하는 활동이었다. 이와 같이 청소년기 우울증을 치료하기 위한 상담적 대처가 효과적이다.

둘째, 우울증 예방 및 치료 프로그램을 실시하는 데 있어서 체계적인 접근이 필요하다(권호인, 2012). 프로그램을 세 단계로 분류하여 적용하는 것인데, 첫째는 전체 청소년을 대상으로 우울증 예방 프로그램을 실시하는 것이다. 주로 학교에서 수업의 형식으로 실시할 수 있다. 둘째는 우울증의 위험요인을 갖고 있는 청소년을 선별하여 집단으로 맞춤형 교육과 상담을 실시하는 형식인데, 이러한 프로그램에서는 선별된 청소년들끼리 서로의 문제를 공유하고 지지하는 또래관계를 형성할 수 있다는 장점이 있다. 셋째는 임상적인 증상을 이미 나타내는 청소년을 대상으로 우울증 치료 프로그램을 실시하는 것이다. 첫째와 두 번째 프로그램보다는 더 소규모의 집단 형식으로 진행되며, 우울증상을 나타내는 청소년들이 가지고 있는 구체적인 위험요인에 맞추어 상담과 치료 프로그램을 조정한다. 이와 같이 청소년 대상 우울증 예방 및 치료 프로그램은 일반 청소년, 우울증 위험요인을 가지고 있는 청소년, 그리고 우울증상을 나타내는 청소년으로 분류하여 체계적으로 실시해야 한다.

셋째, 국가차원에서는 교육부와 보건복지부 산하 기관들에서 정신건강 문제를 경험하는 청소년들을 대상으로 여러 사업들을 실시하고 있다. 교육부의 Wee 프로젝트와 보건복지부의 아동청소년정신건강사업을 대표적으로 들 수 있다.

Wee 프로젝트는 학교 · 교육청 · 지역사회의 긴밀한 협력으로 위기상황에 노출된 학생들에 대한 집중적이고 국가 차원의 안전망을 구축 · 운영하여 학교부적응 학생 해소 및 위기 학생에 대해 심리적 개입을 하는 것을 목적으로 하였다(신의진, 2011). Wee 프로젝트는 Wee 센터, Wee 클래스, Wee 스쿨로 나뉜다. Wee 센터에서는 정신적 부적응 문제의 고위험군 학생을 대상으로 개인상담, 집중프로그램의 실시 등 원스톱 상담서비스 제공, 정신건강과 관련한 심층적인 진단 및 평가 서비스 제공, 교사와 부모를 대상으로 한 교육 및 자문 서비스, Wee 클래스 및 Wee 스쿨, 그리고 지역사회 유관기관, 예를 들면 병 · 의원 등 의료기관, 상담기관 및 진단기관, 청소년수련관 및 수련원, 사회복지기관, 보호기관 등과의 긴밀한 협조체계를 기반으로 위기청소년 지원 서비스의 핵심적 허브 기능을 수행하고 있다. Wee 센터를 이용하려면 학생 또는 부모가 센터를 방문하거나 학교에서 담임선생님 혹은 Wee 클래스 담당자에게 문의하고 또는 전화, 인터넷을 통해서 상담 신청을 하면 우울증을 비롯한 정신적 부적응 문제에 대한 교육, 상담, 의료기관 연계 서비스를 무료로 제공받을 수 있다.

보건복지부에서 시행하는 아동 청소년 정신보건사업은 만 18세 이하 아동 청소년과 관계자를 대상으로 하며, 산하기관인 정신보건센터에서 대상자에 대한 조기발견, 상담, 치료연계와 치료비 지원을 하고 있다. 또한 지역 내 학교나 아동 청소년 관련 시설에서 이러한 정신건강서비스에 대한 요청이 있을 경우 정신건강 프로그램을 제공하고 있다. 뿐만 아니라 스트레스에 대한 대처훈련, 인성개발프로그램, 생명존중, 정신질환의 이해 및 집단따돌림 등과 관련된 예방교육을 청소년, 교사, 부모를 대상으로 실시하고 있다(보건복지부, 2012).

끝으로 우리나라 청소년의 우울증 현황과 관련 요인을 살펴볼 때 인지치료를 비롯한 청소년을 위한 우울증 상담치료에서 고려되어야 할 점들을 두 가지 제시한다면 다음과 같다. 하나는 우리나라 청소년의 우울증과 관련된 대표적인 요인은 학업과 가족관계 영역이기 때문에 우울증 예방 및 치료에 있어서 학업과 가족관계 영역을 주요 요소로 포함할 필요가 있다는 것이다(권호인, 2012). 다른 하나는 우울증의 유병률에 있어서 성차를 보이며, 여사가 남사에 비해서 유병률이 높은 점을 고려하여 특히 여학생을 위한 우울증 상담 프로그램이 필요하다는 것이다.

2. 청소년 자살

1) 자살의 개념과 청소년 자살의 특성

자살은 스스로 죽기 위해서 행하는 자발적인 행동이다(김교헌, 2004; 오승환 · 이창한, 2010). 그러나 자살의 목적은 죽는 것뿐 아니라 절망, 분노의 감정을 표현하는 데 있다. 자살은 자살생각과 자살시도로 분류할 수 있다. 자살생각은 자살하고 싶어하는 생각으로서 죽음에 대한 일반적인 생각으로부터 자살수단에 대한 생각까지도 포함하며, 자살의 연속적인 과정에서 출발점이 되므로 자살행동을 예측하는 주요 지표이다(문대근 · 이진주 · 이종각 · 김정민 · 문수백, 2013; 우채영 · 박아청 · 정현희, 2010; 양방원 · 홍혜영, 2016; 이선희 · 전종설, 2012).

자살시도는 고의적이고 실제적인 자해 등 죽으려는 명백한 의도를 가진 자기 파괴적 행동을 말하는데, 자살하기 위해 다양한 행동을 하지만 사망하지 않은 경우를 말한다(정익중 · 박재연 · 김은영, 2010; 최혜인 외, 2012). 자살시도는 자살의 연속적인 과정에 있어서 자살생각에 비해 실제 사망으로 이어질 위험성이 더 높으며, 자살시도를 한 경험이 있는 청소년들은 다시 시도할 가능성이 높다(김현순 · 김병석, 2008; 오혜영 외, 2011; 최혜인 외, 2012). 뿐만 아니라 이전에 자살을 시도한 적이 있는 경우 자살로 사망할 가능성이 높다(오혜영 외, 2011).

청소년의 자살은 성인과 다른 특성을 갖는다. 성인은 주로 우울증과 같은 정신질환으로 인해 자살시도를 하거나 계획적으로 자살을 실행하는 경우가 많으나, 청소년의 자살은 충동적으로 이루어지며 자신의 고통에 대한 도움을 호소하는 표현이고 모방 자살 사례가 많다. 그 특성을 구체적으로 열거하면 다음과 같다(한국청소년상담원, 2010). 첫째, 심리적 부적응 증상이 없고 평소에 잘 생활하던 청소년도 심한 스트레스를 회피하기 위한 충동적인 반응으로 자살을 택할 수 있다(전홍진 · 배주미 · 우종민, 2013; 오승환 · 이창한, 2010). 청소년기는 발달특성상 충동성이 강해지는데, 강한 스트레스를 경험할 경우에 현실도피적인 수단으로 자살이라는 극단적인 행동을 보이기도 한다.

둘째, 남을 조종하거나 보복하기 위한 수단으로 자살을 택할 수 있다(오승환 · 이창한, 2010). 셋째, 자신의 삶을 정말로 끝내기 위한 것이 아니라 자신의 심리적 고통에 대해 주위에 도움을 요청하는 극단적인 표현 수단으로 자살을 택할 수 있다(오아름, 2017; 이경진 · 조성호, 2004). 넷째, 또래와 동반 자살을 시도한다는 특성이 있다. 평상시 유대관계를 깊게 갖고 있었던 대상뿐 아니라 온라인 커뮤니티나 채팅방을 통해서 한 번도 본적이 없는 또래, 때로는 성인과 함께 자살을 시도하기도 한다(오혜영 외, 2011).

다섯째, 청소년들은 판타지 소설이나 인터넷 게임 등의 영향으로 죽음에 대한 환상을 가진 경우가 많다(강태현 · 유홍식, 2014; 오지희 · 김민정, 2014; 오혜영 외, 2011; 지용호 · 조해인, 2014). 이러한 청소년기 자살행동 특성은 정서적 혼란을 경험하는 과도기적인 발달특성에 대한 반영이다. 그러므로 청소년 자살에 대한 대처와 개입은 성인 자살에 대한 개입과 차별화될 필요가 있다.

2) 청소년 자살 실태

통계청 자료에 의하면 2015년 청소년 자살사망은 10만 명당 7.2명이다(통계청, 2017). 자살은 꾸준히 청소년 사망원인 1위를 차지하고 있다. 청소년 자살 실태는 주로 자살생각이나 자살시도 경험을 중심으로 파악되고 있다. 조사시기와 조사대상에 따라 자살을 생각하거나 시도한 청소년의 비율은 조금씩 차이를 보이나, 적게는 조사대상자의 1/5에서 많게는 반 이상이 자살을 생각한 경험이 있다고 파악되고 있다. 대도시 거주 고등학생 600여명을 대상으로 한 조사에 의하면 49%가 종종 자살 충동을 느끼며 35%가 자살하는 방법을 구체적으로 생각한 적이 있다고 응답했다(전영주 · 이숙현, 2000). 환경보건연구원에서 전국 청소년 7만 4000여명을 대상으로 조사한 결과에 따르면 자살시도 경험자는 4%(3,264명), 자살을 생각해본 경험이 있는 청소년이 19%(1만 3,873명)로 파악되었다(김우섭 · 이지훈, 2012.10.31.).

청소년 자살실태조사결과들에 의하면 자살행동의 비율은 초등학생보다는 중고등학생이, 남학생보다 여학생이 더 높다. 전국 4학년~고등학교 3학년생 8,700여명을 대상으로 한 조사에 의하면(최인재 · 모상현 · 이선영, 2012) 초등학생의 17%, 중학생의 29%, 고등학생의 25%가 자살을 생각해

본 경험이 있다. 남녀차이를 보면 남학생은 전체의 17%, 여학생은 30%가 자살을 생각해 본 경험이 있다고 하여 여학생이 남학생보다 자살생각을 더 많이 하고 있음을 알 수 있다. 또한 중학생이 초등학생에 비해 자살생각을 더 많이 하였다. 같은 조사에 따르면 초등학생의 3%, 중학생의 5%, 고등학생의 3%가 자살을 시도한 경험이 있었으며, 자살을 하고 싶었던 이유는 학업과 진로문제가 37%로 가장 많았고, 다음은 가정불화가 24%, 학교폭력이 8%순이었다.

여학생의 자살행동 비율이 남학생보다 더 높은 결과는 또 다른 전국규모의 조사에서도 보고되었다. 전국 중1에서 고3까지의 학생 62,000여명을 대상으로 하여 정부 차원에서 실시한 조사결과에 의하면(교육부 · 보건복지부 · 질병관리본부, 2017) 남학생은 9%, 여학생은 15%로 여학생의 자살생각률이 더 높다. 자살생각을 구체적인 계획으로 옮긴 경험이 있는 비율은 남, 여 학생 모두 4% 였으며 자살시도율은 남학생 2%, 여학생의 3%였다.

뿐만 아니라 청소년의 자살행동 실태는 학생이 아닌 경우에 더 심각하다. 학교 밖 청소년은 학교에 다니고 있는 청소년에 비해서 자살행동의 위험성이 더 크다. 자살생각과 자살시도율은 학교를 떠나 청소년 쉼터나 소년원에 있는 청소년들에게서는 더 높게 나타나고 있다. 12세~18세 학생 청소년 4,000여 명과 학교 밖 청소년 400여 명을 대상으로 한 연구에 의하면 학생 청소년의 경우 자살생각에 대한 경험은 58%, 자살시도 경험은 9%이었으나 학교 밖 청소년의 경우는 자살생각 경험은 66%, 자살시도 경험은 27%였다(정익중 · 박재연 · 김은영, 2010).

3) 청소년 자살 관련 요인

청소년 자살과 관련된 요인은 자살행동을 유발하고 증가시키는 위험요인과 자살행동을 억제하거나 감소시키는 보호요인으로 분류할 수 있다. 대체로 위험요인에 대해 연구가 집중되고 있어서 보호요인에 비해서 더 많이 알려져 있다. 위험요인과 보호요인을 개인적 요인과 환경적 요인으로 분류하여 살펴보기로 하자.

(1) 개인적 요인

청소년 자살행동과 관련된 주요 개인적 요인은 우울, 자신에 대한 부정적인 생각, 충동성, 그리고 성별을 들 수 있다. 첫째, 우울은 자살시도 경험이나 자살생각을 가지고 있는 사람들에게서 발견되는 가장 일반적인 특징이며 자살충동을 일으키는 가장 강력한 예측 요인이다(성경주 · 김재철, 2016; 오아름, 2017; 오지희 · 김민정, 2014; 정익중 외, 2010). 다시 말해서 자살은 우울증의 증상이기도 하다. 유명 연예인들의 자살 사건을 보도한 기사를 보면 대부분 우울증을 앓고 있었다는 내용을 담고 있다.

중 · 고등학생을 대상으로 한 많은 선행연구들이 우울증과 자살행동의 밀접한 관련성을 보고하였다. 600여 명의 고등학생을 대상으로 한 연구에 의하면 스트레스, 가족관련 요인, 학교적응, 우울증 중에서 우울증이 자살생각에 가장 강력하게 영향을 주는 위험요인이었다(전영주 · 이숙현, 2000). 도시저소득층 초 · 중학생 1,100여 명을 대상으로 한 연구에서도 청소년들의 우울 수준이 높을수록 자살생각을 더 많이 했다(주석진, 2012). 900여 명의 중학생을 대상으로 한 다른 연구에서도 유사한 결과를 보여주고 있는데(문대근 외, 2013) 우울증, 자아존중감, 집단따돌림 경험, 가족의 적응성과 응집성 중에서 자살생각에 가장 큰 영향을 미치는 요인이 우울증이었다.

과거에 경험한 우울이 이후의 자살생각을 불러일으키기도 하는데, 한 연구에 의하면 초등학교 4학년과 6학년에 경험한 우울이 중학교 시기의 자살생각에 영향을 준다고 한다(김선아, 2009). 뿐만 아니라 청소년이 성장하면서 우울적 성향이 증가한다. 그러므로 청소년의 우울증은 조기에 발견해서 대처하는 것이 중요하다.

둘째, 자신에 대한 부정적인 생각과 수동적인 삶의 자세가 자살행동과 관련이 있다(김기헌, 2013). 청소년 자살의 관련 요인을 알아보기 위해서 중 · 고등학생 500명을 대상으로 자살생각을 많이 하는 고위험 집단의 심리적 특성을 분석한 연구에 의하면(이경진 · 조성호, 2004), 자살생각을 많이 하는 청소년은 그렇지 않은 청소년에 비해 우울하고 미래에 대한 희망이 없고 정신건강상태가 좋지 못하고, 수동적인 삶의 자세를 가지고 있으며 자아가 연약하고 자기수용을 잘 하지 못하며 사회적 지지를 적게 받는다고 생각하였다.

이 중에서도 특히 수동적인 삶의 자세와 자기를 제대로 수용하지 못하는 것이 자살생각에 가장 영향을 많이 주는 특성이었다. 그렇다 해도 한두 가지 심리적 특성이 자살생각을 유발하는 것이 아니라 자아가 취약한 청소년들이 심한 스트레스를 받으면 우울을 경험하게 되고, 아무도 자기를 도와주지 않는다는 생각이 들기 때문에 힘든 상황을 벗어나기 위해 적극적으로 문제해결을 위해 노력하는 것이 아니라 회피하고 자살을 생각하게 되는 지경에 이른다(박태우, 2012; 이경진 · 조성호, 2004; 이선희 · 전종설, 2012).

한편, 자신에 대한 긍정적인 생각은 자살행동을 감소시키는 보호요인이다. 구체적으로 자아존중감, 자기효능감, 낙관성, 문제해결능력, 자신감, 자기통제감 등을 들 수 있다(김소영 · 홍세희, 2012; 김순규, 2008; 오혜영 외, 2011; 최인재, 2010). 자아존중감이 높은 청소년들은 낮은 청소년들에 비해 우울을 비롯한 부정적 정서장애를 경험할 가능성이 더 적고, 부정적인 환경적 조건에 처해서도 정서장애나 자살생각을 하게 될 위험성이 적다.

자기통제력도 자아존중감과 마찬가지로 자살행동을 감소시키는 보호요인의 역할을 한다. 자기통제력이란 사회적으로 부적절한 정서적, 행동적 충동 표출을 억제하고 조절하는 능력을 말한다(김소영 · 홍세희, 2012). 그러므로 자기통제력이 높은 사람은 부정적인 사건이나 스트레스로부터 자신을 보호할 수 있다. 초등학교 4학년 2,800여 명을 대상으로 한 이들이 초등학교 4학년에서 중학교 1학년이 되기까지 자살생각의 변화에 영향을 미치는 요인이 무엇인지를 살펴본 연구에 의하면, 자아존중감과 자아통제감이 높을수록 자살생각이 감소하는 경향을 보였다(김소영 · 홍세희, 2012).

셋째, 발달특성상 충동성이 증가하는 청소년기에 충동성은 자살행동과 밀접하게 관련된 요인이다. 청소년기에는 고통스러운 생각과 감정에서 벗어나기 위한 강한 욕구에 대한 대처행동으로 자살행동을 할 수 있다(오아름, 2017; 오지희 · 김민정, 2014; 정익중 외, 2010). 더구나 음주나 약물을 하게 되면 감정조절이 어렵고 이성적인 판단을 할 수 없는 상황에서 부정적인 감정을 극복할 능력이 없어져서 충동적으로 자살을 시도할 가능성이 더 높아진다(한국청소년상담원, 2010).

넷째, 성별도 자살생각과 관련된 의미 있는 개인적 요인이다. 대체로 여자가 남자에 비해서 정신건강 위험도가 높고 자살생각을 더 많이 하는 경향을 보인다(김소영 · 홍세희, 2012). 초등학교 4학년 2,800여 명을 대상으로 한 연구에 의하면 남학생보다 여학생의 자살생각 수준이 높았다(김소영 · 홍세희, 2012). 유사한 결과가 다른 연구에서도 보고되었는데, 중학생 800명을 대상으로 한 연구에 의하면 여학생이 남학생보다 자살생각이나 시도 경험이 더 많았다(남석인 · 최권호 · 민지아, 2011).

그러나 자살 사망자 수는 남자가 더 높다. 2011년 한 해 서울 25개 자치구 평균 자살 사망자 수는 109명이었는데 이중 남자는 75명, 여자는 34명이었다(김준홍, 2013). 2012년 통계청의 사망원인통계에 의하면 전국적으로 10대 자살 사망자는 인구 10만 명당 남자 11명, 여자 9명이었다(통계청, 2012). 이와 같이 여자보다 남자의 자살 사망자 수가 많은 이유는 여자들은 주로 약물 등을 이용해 자살을 시도하는 반면, 남자는 도구를 이용하는 경우가 많기 때문인 것으로 분석되었다(김준홍, 2013).

(2) 환경적 요인

청소년 자살과 관련된 환경적 요인은 스트레스, 가족요인, 친구요인, 대중매체와 인터넷으로 분류할 수 있다.

첫째, 청소년기 스트레스는 자살행동과 관련이 있다. 청소년기는 발달적으로 변화를 많이 경험하는 시기이므로 정서적으로 불안하며 학업스트레스를 비롯한 생활스트레스를 누적적으로 경험하게 되는데, 이러한 스트레스에 대한 대처 능력이나 자원이 부족하기 때문에 스트레스에 대한 미숙한 대처와 현실도피의 한 방법으로 자살행동을 할 위험성이 크다(김소영 · 홍세희, 2012; 박태우, 2012.4.18; 이선희 · 전종설, 2012).

둘째, 가정불화나 가족해체는 청소년 자살에 직접적인 영향을 준다(김기헌, 2013; 김소영 · 홍세희, 2012; 박재산 · 문재우, 2010; 오승환 · 이창한, 2010; 오아름, 2017; 오혜영 외, 2011). 부모 사이의 갈등, 부모로부터 신체적, 성적 학대, 부모와의 대화 부족, 부모로부터 소외감을 경험하는 청소년은 자살 위험성이 높다. 가족구성원 중에서 자살한 사람이 있는 경우, 가족구성원이 우울이나 약물 중독의 문제를 경험하거나 범죄 경력이 있는 청소년들은 일반 청소년들에 비해 자살 위험성이 높다(김소영 · 홍세희, 2012; 오승환 · 이창한, 2010; 오혜영 외, 2011). 이러한 가족의 문제는 청소년들의 자아존중감을 손상시킬 뿐 아니라 좌절감과 증오감을 키워 심각한 무력감에 빠지게 하고 자살행동을 유발시킬 수 있다.

셋째, 가족뿐 아니라 친구도 청소년 자살과 관련된 중요한 요인이다. 청소년들이 자살충동을 느낄 때가 언제인지 조사한 연구들에 의하면 친구에게 따돌림을 당했을 때라고 보고하고 있다(김정수 · 노성덕, 2003; 하연희, 2001). 학교에서 친구들로부터의 집단따돌림 혹은 집단괴롭힘에 의한 청소년 자살률이 급속하게 증가하고 심각한 사회문제로 대두되었다(양방원 · 홍혜영, 2016; 조춘범, 2015; 홍권삼 · 위성욱, 2012). 집단괴롭힘을 당하는 청소년들은 대인관계를 잘 갖지 못하고 친구들로부터 소외되어 정서적으로 불안정하고 무기력해지며, 대인관계에 대한 두려움 때문에 스스로를 고립시키게 되며 우울증상을 경험하게 된다(김재엽 · 이근영, 2010; 문대근 외, 2013). 이러한 상황이 계속되고 주위의 도움을 받지 못하면 심각한 우울증을 앓게 되고, 그 결과로 충동적인 반응을 하게 되어 자살을 시도할 수도 있다.

중 · 고등학생뿐 아니라 초등학생의 경우에도 집단따돌림의 경험이 자살생각과 관련이 있는데 초등학교 5, 6학년 560여 명을 대상으로 한 연구에 의하면(이지언 · 정익중, 2013), 집단따돌림 경험이 초등학생들의 자살생각에 영향을 주었는데, 특히 여학생의 경우에 그러하였다. 남학생에 비해서 여학생은 관계지향적이라 친구들과의 친밀한 관계를 더욱 추구하기 때문에 친구들과의 관계에서 따돌림을 당하는 경험을 했을 때 자살생각과 같은 심리적 장애가 더욱 많이 발생할 수 있다. 중학생 400여 명을 대상으로 한 연구에서도 학교폭력피해경험은 자살생각에 영향을 미치는 중요한 요인이었다(백진숙, 2012).

넷째, 대중매체와 인터넷이다. 유명인이 자살을 하면 모방 자살이 증가한다(김성민, 2013; 김우섭 · 이지훈, 2012; 박진영, 2013; 오지희 · 김민정, 2014; 오혜영 외, 2011; 지용호 · 조해인, 2014; 최혜인 · 전덕인 · 정명훈 · 홍나래 · 김재진 · 송정은 · 육기환 · 홍현주, 2012). 대중매체에서 다양한 형태로 자살을 반복적으로 언급하게 되면 대중은 자살을 익숙하게 받아들이게 된다. 가까운 사람뿐 아니라 대중매체를 통해서 우상화한 연예인의 죽음을 접하게 되면 청소년들의 모방 자살이 유발될 수 있다. 특히 인터넷은 유명인의 자살에 대한 구체적인 정보를 제공할 뿐 아니라, 자살사이트와 카페에 대한 접속을 통해서 자살시도를 위한 구체적인 행동을 할 수 있게 한다(최혜인 외, 2012). 청소년 우울증 환자 중에서 자살을 기도하기 위한 실질적인 행위나 준비 경험이 있는 자살 고위험군과 자살 의도가 없는 자살 저위험군을 대상으로 한 연구에 의하면(최혜인 외, 2012.10.31), 고위험군이 저위험군에 비해 인터넷 사용 시간은 더 적었으나 자살 검색의 빈도가 더 높았다.

최근 들어 자살사이트를 통해 만난 청소년들의 자살시도에 대한 기사가 대중매체를 통해 보도되고 있다(김우섭 · 이지훈, 2012; 오혜영 외, 2011; 조정호, 2012). 현실세계에서 친밀한 가족 혹은 또래관계가 없거나 사회적 지지를 받지 못하는 청소년들은 인터넷에 빠지기 쉬우며 자살사이트에 접속할 가능성이 크다(오혜영 외, 2011). 인터넷 동반자살 시도 경험이 있는 사람들에 대한 연구에 의하면, 이들은 현실세계에서 마음을 털어놓고 위로 받을 사람이 없어서 인터넷 사이트를 찾게 되었다고 하였다(문성원, 2002).

반면에, 자살행동을 억제하고 감소시키는 보호요인은 가족, 친구, 교사와의 친밀한 관계와 사회적 지지다(김순규, 2008; 백진숙, 2012; 오혜영 외, 2011). 특히 가족의 역할은 매우 중요하다. 도시저소득층 초 · 중학생 1,100여 명을 대상으로 한 연구에 의하면 가족, 친구, 학교, 지역사회 요인 중에서 가족요인이 청소년들의 자살생각을 낮추는 가장 의미 있는 요인이었다

(주석진, 2012). 가족은 청소년의 학업스트레스가 자살생각을 불러일으키는 위험성을 줄이는 역할도 하는데, 특히 가족구성원들 간에 응집성이 높을수록 이러한 위험성이 줄어들었다(이서원 · 장용언, 2011).

4) 청소년 자살의 대처 방안

청소년 자살을 예방하고 자살 위기에 처한 청소년을 관리하기 위해서는 다양한 노력이 요구된다. 우선 자살 위험요인을 가지고 있는 청소년을 찾아내는 일에서부터 이들을 위한 다양한 서비스를 제공하는 일들이 필요하다. 다양한 서비스는 교육, 상담, 그리고 치료 서비스를 포함하는 것이다. 이와 관련된 주요 내용들을 살펴보기로 하자.

첫째, 많은 선행연구들을 통해서 밝혀진 바와 같이 우울은 자살생각과 자살충동에 매우 중요한 영향을 미치기 때문에 우울에 대한 적극적인 개입이 필요하다(권호인, 2012). 이를 위해서 학교에서는 정기적인 정신건강 검사를 통해서 청소년들의 우울 수준을 점검하고 정기적인 상담을 통해서 청소년들의 우울증에 대한 예방과 중재에 적극적으로 개입해야 한다.

둘째, 청소년기 삶에 대한 수동적인 자세와 자기에 대한 부정적인 생각이 자살생각과 밀접한 관계가 있기 때문에, 청소년기에 삶에 대한 가치를 알고 적극적인 자세로 임하도록 동기를 부여하고 자신감을 키워주는 개인상담 및 집단상담 프로그램을 활성화 할 필요가 있다(박정선 · 조재숙 · 함선희 · 박지숙 · 권정아, 2016; 이승연 · 신현숙 · 이동형, 2011; 진수민 · 손정락, 2015; 이경진 · 조성호, 2004).

셋째, 청소년 자살을 예방하는 중요한 보호요인인 가족을 강화하기 위해서는 가족치료 프로그램이나 가족중심서비스를 제공할 수 있는 다양한 정책 마련이 요구된다(주석진, 2012). 부모가 청소년기 자녀의 욕구에 민감하게 반응하고 정서적 지지를 주는 긍정적인 양육을 할 수 있도록 가족자원을 강화하는 정책적 지원과 지역사회에서는 학교나 청소년활동 기관 혹은 사회복지기관을 중심으로 부모교육이나 양육지원 서비스를 제공할 필요가 있다.

넷째, 학교, 청소년 단체, 지역사회의 기관이나 시설 차원에서 자살예방 교육을 실시하고 청소년 자살을 예방하기 위해 대중매체와 청소년 단체 및 동아리를 통한 캠페인 활동을 전개하여 도움이 필요한 순간에 도움을 받을 수 있고, 자살에 대한 생각을 털어놓고 도움을 청할 수 있는 분위기를 조성한다(오승환 · 이창한, 2010; 이경진 · 조성호, 2004). 이를 위해 각 기관과 단체에 청소년 자살 문제를 전담할 수 있는 전문상담자를 배치하고 청소년, 교사, 부모를 대상으로 자살예방교육과 훈련을 실시하여 청소년과 가까이 있는 사람들이 도움을 줄 수 있도록 한다.

다섯째, 자살생각을 하고 있는 고위험 집단의 청소년들은 스스로 자신의 문제를 해결하기 위해서 관련 기관이나 전문가를 찾아 나설 힘과 자원이 없기 때문에 이들을 조기에 발견할 수 있는 조기발견 시스템이 필요하다(오승환 · 이창한, 2010). 이를 위해 앞에서 말한 정부, 학교, 청소년 단체, 지역사회의 기관이나 시설들 간의 협력체계를 구축하거나 지역사회 청소년 통합지원체계(CYS-Net)를 적극적으로 활용한다.

여성가족부가 주관하고 있는 청소년 통합지원체계(CYS-Net) 사업은 지역사회 자원을 연계하여 학업중단, 가출, 인터넷 중독 등의 문제를 경험하는 위기청소년에게 즉각적이고 적절한 원스톱(one-stop) 서비스와 맞춤형 서비스를 제공하여 이들의 가정 · 사회로부터의 복귀를 지원하는 것을 목적으로 한다. 이를 위해 전국에 위치해 있는 시 · 도 청소년 상담복시센터와 시 · 군 · 구 청소년 상담복지센터를 중심으로 상담, 위기개입 활동, 자원봉사 활동 등의 기능을 수행하고 있다. 그러므로 이러한 네트워크는 지역사회 차원에서 자살시도의 위험이 있는 학교 안팎의 위기청소년을 찾아내고, 이들을 대상으로 상담이나 교육 서비스를 제공하기에 적합한 자원이다.

보건복지부에서는 자살예방사업을 통해서 청소년들의 자살예방을 위한 노력을 하고 있다. 자살생각을 가지고 있거나 자살시도 학생을 선별하여 보건복지부 산하 정신보건센터에 설치된 자살예방센터에서 사례관리를 한다. 고위험군으로 판별된 경우에는 정신과 전문기관에 의뢰하는 서비스를 제공하고 있다. 또한 학교 상담교사, 보건교사, 담임교사, 부모를 대상으로 자살예방을 위한 교육을 주기적으로 실시하고 있다(보건복지부, 2012).

여섯째, 자살충동을 가진 청소년들이 쉽게 이용가능하고 익명성이 보장되는 사이버상담의 개발과 적용이 필요하다. 한국청소년상담복지개발원에서 실행된 자살위기청소년을 위한 사이버상담 개입 프로그램 개발 연구는 (오혜영 외, 2011) 자살위기 청소년을 위한 사이버상담모형의 좋은 예를 제시하고 있다. 이 연구에서 제시한 자살위기청소년 대상 사이버 상담은 전산시스템, 채팅상담, 위기개입의 3체제로 구성되어 있다.

전산시스템은 내담자가 채팅상담을 하기까지 선행되어야 할 다양한 절차, 예를 들면 회원가입을 위한 인증시스템부터 자신의 상담기록을 확인할 수 있는 마이페이지 기능 등을 포함하는 사례관리 시스템, 쓰기와 읽기를 통한 자가치료용 활동 보조프로그램, 위기개입 절차에 맞는 상담자용 질문과 대응방법을 보조창의 안내대로 상담이 가능하도록 하는 상담자용 위기개입 보조프로그램의 세가지가 포함된다.

채팅상담은 상담자가 사이버 공간에서 상담을 실시하는 것이다. 사이버 공간에서의 상담은 주로 정보나 문제해결방법을 제공하는 방향으로 진행되기 쉬우나, 내담자는 사이버 공간일지라도 정서적인 지지나 공감을 원하기 때문에 내담자의 욕구와 표현에 반응해주고 지원하는 상담이 되도록 노력해야 함을 강조하고 있다. 상담이 종결되었다고 해도 자살충동을 반복적으로 경험할 가능성이 있는 청소년들에게 1주일, 3개월, 6개월, 12개월 간격으로 지속적인 사후관리를 하는 것을 중요시하고 있다(오혜영 외, 2011).

위기개입은 내담자가 호소하는 자살위기의 위험성 수준을 판단하여 집중관리, 지역의 전문 치료기관으로의 연계, 긴급구조까지 수준에 맞는 개입을 하는 것이다(오혜영 외, 2011). 또한 채팅상담 중 자살시도를 막기 위해서 자살도구를 치워버리거나 긴급구조에 대한 설명을 해주거나 내담자에게 필요한 지역자원을 연계하여 사이버상에서는 제공해 줄 수 없는 직접적인 도움을 주는 것, 그리고 위기개입 종결 후에도 내담자가 다시 자살을 하지 않도록 메일, 문자, 전화 등을 통해서 관리하는 것을 포함한다.

일곱째, 청소년 자살행동의 실태에 의하면 학교에 다니는 청소년에 비해서 청소년 쉼터나 소년원에 있는 학교 밖 청소년의 자살행동의 위험성이 훨씬 높았다. 그러므로 이러한 시설에 자살예방교육이 보급되어야 한다. 또한 시설에서 보호받지 못하고 거리를 배회하고 있거나 유해환경에 노출된 청소년들을 대상으로 찾아가는 상담을 실시하여 이들이 자살의 위험에서 벗어나 건강한 청소년으로 생활할 수 있도록 관심을 기울여야 한다(정익중 외, 2010).

학습 정리

1. 청소년 우울증

- 우울증은 우울한 상태가 최소한 2주 이상 지속되고 일상적인 생활을 할 수 없을 만큼의 정서적 고통을 수반하는 정신장애로, 우울한 정서 상태뿐 아니라 의욕상실, 주의집중력 감퇴, 식욕의 변화, 체중의 변화, 불면증, 자살 충동 및 자살 시도 등의 복합적인 정신적 · 신체적 증상을 수반한다.
- 우울은 슬프고 침울한 기분을 느끼는 것에서부터 심각한 정서적 · 신체적 사회적 증상을 수반하는 주요 우울증에 이르기까지 그 개념이 다양하므로, 조사에서 어떤 수준의 우울을 대상으로 하였느냐에 따라서 유병률의 차이가 크다. 남자에 비해서 여자가 우울증에 더 취약한 경향을 보인다.
- 우울증과 관련된 대표적인 개인적 요인은 비관적인 사고양식, 낮은 자아존중감, 우울한 기분에 반응하는 수동적 사고 습관을 들 수 있고 환경적 요인은 스트레스, 부정적인 부모 자녀 관계, 빈곤, 집단따돌림이나 괴롭힘을 들 수 있다.
- 우울증의 예방과 치료를 위한 방안으로는 인지치료, 우울증 치료프로그램의 체계적 접근, 교육부와 보건복지부 산하 기관들에서 정신건강 문제를 경험하는 청소년들을 대상으로 실시하고 있는 Wee 프로젝트와 아동청소년정신건강사업을 들 수 있다.

2. 청소년 자살

- 자살생각은 자살하고 싶어 하는 생각으로서 죽음에 대한 일반적인 생각으로부터 자살 수단에 대한 생각까지 포함한다. 자살시도는 고의적이고 실제적인 자해 등 죽으려는 명백한 의도를 가진 자기 파괴적 행동으로 자살하기 위해 다양한 행동을 하지만 사망하지 않은 경우다. 청소년의 자살은 충동적으로 이루어지며 자신의 고통에 대한 도움을 호소하는 표현이고 모방 자살 사례가 많다.
- 청소년 자살 실태는 자살생각이나 자살시도 경험을 중심으로 파악되고 있다. 조사시기와 조사대상에 따라 자살을 생각하거나 시도한 청소년의 비율은 조금씩 차이를 보이나 적게는 조사대상자의 1/5에서 많게는 반 이상이 자살을 생각한 경험이 있다고 파악되고 있다.
- 청소년 자살행동과 관련된 주요 개인적 요인은 우울, 자신에 대한 부정적인 생각, 충동성, 그리고 성별이다. 환경적 요인은 스트레스, 가족요인, 친구요인, 대중매체와 인터넷을 포함한다.
- 청소년 자살을 예방하고 자살위기에 처한 청소년을 관리하기 위한 방안은 자살의 위험요인을 가지고 있는 청소년을 찾아내는 일에서부터 이들을 위한 교육, 상담, 치료 서비스를 제공하는 것이다.

참고문헌

강경미(1994). 소아기 우울증: 소아기 우울증의 개관과 발달학적 측면. 소아청소년정신의학, 5(1), 3-11.

강란혜(2006). 아동이 지각한 가족관계가 아동의 우울성향에 미치는 영향. 한국가족복지학, 11(1), 39-52.

강태현 · 유홍식(2014). 언론의 자살사건 보도가 청소년에게 미치는 영향: 제3자 효과를 중심으로. 스피치와 커뮤니케이션, 23, 174-208.

교육부(2013). 2013년도 학생 정서행동특성검사 결과: 학교-지역사회 간 연계 협력을 통해 정서적 어려움을 겪는 학생 지원. 보도자료.

교육부 · 보건복지부 · 질병관리본부(2017). 제13차(2017년) 청소년 건강 행태 온라인 조사

통계. 질병관리본부.

교육과학부 · 보건복지부 · 질병관리본부(2012). 제7차(2011년) 청소년 건강 행태 온라인 조사 통계. 질병관리본부.

권석만(2000). 우울증: 침체와 절망의 늪. 이상심리학 시리즈. 서울: 학지사.

권호인(2012). 아동 청소년기 우울증의 예방개입에 대한 고찰. 인지행동치료, 12(1), 21-41.

김교헌(2004). 한국 청소년의 우울과 자살. 한국심리학회지: 사회문제, 10, 특집호, 55-68.

김기헌(2013). 연구보고13-R04 청소년 자살예방 정책연구. 한국청소년정책연구원.

김동영 · 박기정 · 김효원(2015). 한국 청소년의 우울 증상과 부모자녀관계. 소아청소년정신의학, 26(2), 120-128.

김명식(2008). 일 도시의 남녀 중학생 유병률과 우울증이 학교적응에 미치는 영향. 상담학연구, 9(2), 645-658.

김보경 · 민병배(2006). 청소년의 우울과 지각된 부모양육행동, 기질 및 성격의 관계. 한국심리학회지: 임상, 25(1), 221-236.

김빛나 · 박주희(2013). 청소년의 학업 스트레스가 우울증상에 미치는 영향과 반응양식의 조절효과, 아동학회지, 34(3), 113-128.

김선아(2009). 초등학교 시기의 심리사회요인과 중학생 시기의 자살생각간의 관계: 스트레스, 우울감과 사회적 지지를 중심으로. 한국가족복지학, 14(3), 5-27.

김선자 · 조옥귀(2003). 중학생이 지각한 사회적 지지, 자기존중감 및 행동문제와의 관계. 교육이론과 실천, 13(1), 361-385.

김성민(2013. 1. 9). 자살없인 드라마 못 만드나. 조선일보.

김소영 · 홍세희(2012). 초기청소년 자살생각의 변화유형분류와 예측. 한국청소년연구, 23(1), 251-275.

김순규(2008). 청소년 자살에 영향을 미치는 위험요인과 보호요인: 보호요인의 매개효과를 중심으로. 정신보건과 사회사업, 29, 66-93.

김우섭 · 이지훈(2012. 10. 31). 사이트서 모의 · 실행…전문가 "자살 충동 청소년 모이면 동조심리 커져" 경찰, 사이트 단속도 미미…고민 상담해줄 창구 필요. 한국경제. http://www.hankyung.com/news/app/newsview.php?aid=2012103121581

김연희 · 김선숙(2008). 사회자본이 아동 우울에 미치는 영향. 사회복지연구, 36(1), 103-127.

김은진 · 이정윤(2009). 부모와의 애착과 청소년의 또래관계: 우울증상 및 갈등해결전략의 매개효과. 청소년상담연구, 17(2), 55-68.
김정수 · 노성덕(2003). 청소년의 자살충동과 심리사회적 변인과의 관계. 대학생활연구, 21, 153-172.
김재엽 · 이근영(2010). 학교폭력 피해청소년의 자살생각에 대한 연구. 청소년학연구, 17(5), 121-149.
김종주(1990). 입시병. 하나의학사.
김준홍(2013). 서울 교육복지정책 적정성 분석 및 체계화 방안. 한국청소년정책연구원.
김현순 · 김병석(2008). 자살생각과 그 관련변인들 간의 구조적 관계 모형 검증. 한국상담심리학회, 20(2), 325-343.
김효진(2008). 빈곤이 아동에 주는 영향 분석. 보건복지포럼, 5, 33-42.
김혜원 · 임광규 · 임동원(2013). 집단괴롭힘 가해, 피해, 목격 경험이 청소년들의 심리사회적 적응에 미치는 영향. 청소년학연구, 20(5), 77-106.
남석인 · 최권호 · 민지아(2011). 일반긴장이론에 근거한 청소년의 자살성 남녀비교: 서대문구 중학생을 중심으로. 사회복지연구, 42(2), 467-491.
문대근 · 이진주 · 이종각 · 김정민 · 문수백(2013). 청소년의 자살생각 관련변인들간의 인과적 구조분석: 가족응집성, 가족적응성, 자아존중감, 집단따돌림, 그리고 우울을 중심으로. 아동학회지, 34(3), 93-112.
문성원(2002). 인터넷 자살사이트에 의해 매개된 자살: 사례 중심의 탐색적 연구. 한국심리학괴: 상담 및 심리치료, 2, 461-485.
박진영(2013. 1. 9). 유명인 목숨 끊은 2개월간 600명이 그 뒤를 따랐다. 조선일보.
박재산 · 문재우(2010). 우리나라 중고등학생의 자살생각에 영향을 미치는 요인. 보건과 사회과학, 27, 105-131.
박정선 · 조재숙 · 함선희 · 박지숙 · 권정아(2016). 청소년 우울증 측정 및 관리를 위한 스마트폰 어플리케이션 콘텐츠 개발. 한국웰니스학회지, 11(2), 319-329.
박태우(2012. 4. 18). 성적 안오른다. 안동 여중생 투신. 경향신문.
박현선 · 정익중 · 구인회(2006). 빈곤과 아동의 사회정서적 발달 간의 관계. 한국사회복지학, 58(2), 303-330.
백진숙(2012). 청소년의 학교폭력피해경험이 자살생각에 미치는 영향: 사회적 지지와 자원봉사활동의 조절효과를 중심으로. 사회복지실천, 11, 63-93.
보건복지부(2012). 2012 정신보건사업 안내. 보건복지부.
성경주 · 김재철(2016). 대학생의 대상관계와 자살생각 간의 관계에서 자기비난적 우울과 의존적 우울의 매개효과. 청소년학연구, 23(4), 473-499.

신민섭 · 김상선 · 오경자(2006). 아동 청소년 정신장애에 대한 인지행동치료. 인지행동치료, 6(2), 145-161.

신의진(2011). Wee프로젝트 운영 기관의 정신건강서비스 지원 역량 강화를 위한 정책 제안 연구. 한국교육개발원.

신현균(2011). 한국판 아동 역기능적 태도 척도의 요인구조. 한국심리학회지: 임상, 30(2), 587-601.

양방원 · 홍혜영(2016). 중학생의 사이버불링피해 경험이 자살생각에 미치는 영향: 스트레스 대처행동의 조절효과를 중심으로. 청소년학연구, 23(9), 351-380.

오승환 · 이창한(2010). 청소년의 자살충동 결정요인 분석: 개인, 가족, 학교요인 분석을 중심으로. 한국범죄심리연구, 6(2), 147-169.

오아름(2017). 청소년자살예방 사업의 추진실적과 향후과제. 한국건강증진개발원 Weekly Issue, 36호.

오지희 · 김민정(2014). 미디어의 자살보도가 청소년의 자살생각에 미치는 영향: 사회학습이론을 중심으로. 한국엔터테인먼트산업학회논문지, 8(4), 167-177.

오혜영 · 지승희 · 허지은 · 김상수 · 김경민 · 이현숙(2011). 한국청소년상담연구 155: 자살위기청소년을 위한 사이버상담 개입 프로그램 개발. 한국청소년상담원.

우채영 · 박아청 · 정현희(2010). 성별 및 학교 급별에 따른 청소년의 인간관계, 스트레스, 우울과 자살 생각 간의 구조적 관계. 교육심리연구, 24(1), 19-38.

이경진 · 조성호(2004). 청소년 자살 고위험 집단의 심리적 특성. 한국심리학회지: 상담 및 심리치료, 16(4), 667-685.

이미리(2006). 청소년의 우울증에 대한 스트레스와 대처전략의 상호작용 효과. 아동학회지, 27(5), 67-78.

이미리(1995). 고3 청소년의 시험스트레스에 대한 대처전략과 우울증 수준과의 관계: 복합적 스트레스와의 관계를 중심으로. 대한가정학회지, 33(5), 89-98.

이미리(2016). 청소년기 스트레스와 일상활동 심리상태의 우울증에 대한 효과. 미래청소년학회지, 13(4), 47-67.

이서원 · 장용언(2011). 학업스트레스가 청소년의 자살생각에 미치는 영향: 가족응집성의 조절효과. 청소년학연구, 18(11), 111-136.

이선희 · 전종설(2012). 남녀 청소년의 스트레스가 자살생각에 미치는 영향: 자아존중감의 조절효과를 중심으로. 사회과학연구논총, 28, 173-202.

이승연 · 신현숙 · 이동형(2011). 우울 · 불안의 예방과 개입. 서울: 학지사.

이윤정 · 표은영 · 정진옥 · 안지연(2016). 성별에 따른 청소년의 우울증과 자살사고에 미치는 개인적 사회적 환경적 접근에 따른 영향요인 분석. 한국학교보건학회지, 29(3). 189-200.

이정선 · 이형실(2012). 청소년의 우울 관련 요인. 한국가정과교육학회지, 24(4), 77-89.

이지언 · 정익중(2013). 따돌림 피해 경험이 우울과 자살생각에 미치는 영향: 성별차이를 중심으로. 학교사회복지, 24, 219-239.

이희연 · 하은혜(2015). 청소년의 성별과 우울증상 간 관계에서 인지요인의 매개효과. 아시아여성연구, 54(1), 73-110.

임명호 · 조수철 · 백기청 · 이경규 · 김현우 · 홍강의(2000). 입원한 기분장애 소아 청소년의 임상 특성. 소아청소년정신의학, 11(2), 209-220.

임은미 · 정성석(2009). 청소년의 스트레스와 우울의 변화 및 우울에 대한 스트레스의 장기적 영향. 청소년학연구, 16(3), 99-121.

전영주 · 이숙현(2000). 청소년의 자살 구상과 관련 변인분석. 청소년학연구, 7(1), 221-246.

전홍진 · 배주미 · 우종민(2013). 청소년 자살 관련 현황 및 위험요인. 대한의사협회지, 56(2), 93-99.

정익중 · 박재연 · 김은영(2010). 학교청소년과 학교밖 청소년의 자살생각과 자살시도에 영향을 미치는 요인. 정신보건과 사회사업, 34(4), 222-251.

제미영 · 신인수 · 최지은(2012). 중학생 우울관련 변인에 관한 메타분석. 청소년상담연구, 20(2), 361-385.

조성진 · 전홍진 · 김무진 · 김장규 · 김선욱 · 류인균 · 조맹제(2001). 한국 일 도시지역의 청소년 우울증상 유병률과 관련 요인에 관한 연구. 신경정신의학, 40(4), 627-639.

조수철 · 정영 · 홍강의 · 신민섭 · 성영훈(2001). 시험불안과 우울, 특성불안 및 상태불안과의 상호관계에 관한 연구. 소아청소년정신의학, 12(2), 225-236.

조정호(2012, 10, 31). 부산 10대女 3명 동반자살 “사전에 막을수도…” 연합뉴스 http://news.naver.com/main/read.nhn?mode=LSD&mid=sec&sid1=102&oid=001&aid=0005906525

조춘범(2015). 청소년의 사이버불링 피해경험과 자살생각과의 관계 연구: 우울의 매개효과를 중심으로. 청소년복지연구, 17(4), 71-92.

주석진(2012). 도시 저소득층 가정 자녀의 우울이 자살사고에 미치는 영향: 생태학적 보호요인의 조절효과 검증을 중심으로. 한국가족복지학, 36(6), 93-120.

지용호 · 조해인(2014). 한국인의 지난 10년간 자살률 분석, 2003-2012. 보건정보통계학회지, 39(1), 132-142.

진수민 · 손정락(2015). 대인관계 집단치료(IPT-G)가 우울 경향이 있는 청소년의 우울감소, 분노조절 및 자살사고 감소에 미치는 효과. 한국심리학회지: 임상, 34(3), 649-666.

최인재(2010). 청소년기 자녀의 자살생각에 대한 부모자녀관계의 영향: 자아존중감 및 우울의 매개효과를 중심으로. 청소년학연구, 17(9), 105-130.

최인재 · 모상현 · 이선영(2012). 아동 청소년 정신건강 증진을 위한 지원방안 연구 II. 한국청소년정책연구원.

최정윤 · 박경 · 서혜희(2006). 이상심리학. 학지사.

최혜인 · 전덕인 · 정명훈 · 홍나래 · 김재진 · 송정은 · 육기환 · 홍현주(2012). 청소년 우울증에서 자살행동과 인터넷 사용. 대한정신약물학회지, 23, 65-73.

통계청(2012). 사망원인통계(전국편). 통계청.

통계청(2017). 2016 사망원인 통계 보도자료. 통계청.

하연희(2001). 중학생의 자살생각 실태에 관한 연구. 이화여자대학교 석사학위논문.

하영희(2004). 부모-자녀관계와 청소년의 우울 및 문제행동과의 관계. 청소년상담연구, 12(2), 42-52.

하은혜 · 오경자 · 송동호 · 강지현(2004). 우울장애와 불안장애 청소년을 위한 집단 인지행동치료 효과의 예비연구. 한국심리학회지: 임상, 23, 263-279.

한국청소년상담원(2010). 자살위기 청소년을 위한 사이버 상담 매뉴얼. 한국청소년상담원.

한상철 · 이수연(2003). 가출청소년의 우울 및 자살행동에 대한 상담학적 개입전략에 관한 연구. 청소년상담연구, 11(1), 152-165.

홍권삼 · 위성욱(2012. 4. 19). 영주 자살 중학생, 1년 넘게 집단괴롭힘 당했다. 중앙일보.

American Psychiatric Association (1994). *DSM IV: Diagnostic and Statistical Manual of Mental Disorder*. Washington D.C.: Author.

Beck, A. T., Rush, A. J., Shaw, B. F., & Emery, G. (1979). *Cognitive therapy of depression*. New York: Guilford Press.

Burns, D. D., Sayers, S. L., & Moras, K. (1994). Intimate relationships and depression: Is there a casual connection. *Journal of Consulting and Clinical Psychology, 62*(5), 1033-1043.

Kovacs, M. (1996). Presentation and course of major depressive disorder during childhood and later years of the life span. *Journal of the American Academy of Child and Adolescent Psychiatry, 35*(6), 705-714.

Lee, M. (2003). Korean adolescents' "Examination Hell" and their use of free time.

Rosenberg, F. R., & Rosenberg, M. (1978). Self-esteem and delinquency. *Journal of Youth and Adolescence, 7*, 279-291.

제3부

청소년 문제와 청소년 보호

제11장 청소년 문제와 보호 정책

제12장 청소년 보호의 국제적 동향

제11장

청소년 문제와 보호 정책

개관

청소년 문제는 시대와 사회적 상황에 따라 변화하는 성격을 가지고 있다. 따라서 청소년 보호 정책 또한 당시 사회 구성원들의 인식과 필요에 따라 조금씩 변화하기 마련이다. 역사적으로 청소년 보호 정책은 비인권적 노동과 가정의 학대로부터 청소년의 안전을 보장하는 것에서 출발하여, 성인과 같은 인권과 권리를 누릴 수 있도록 하는 방향으로 발전해 왔다. 우리나라의 청소년 보호 정책 역시 법을 통한 규제 중심의 소극적 보호로부터 청소년들이 시민으로서 자율적 권리를 누릴 수 있도록 하는 적극적 보호 정책으로 변화해가고 있다. 이러한 변화의 방향을 통해 향후 청소년 보호 정책이 어떤 방향으로 나아가야 하는지 함께 생각해 보도록 하자.

학습목표

1. 청소년 보호의 의미를 설명할 수 있다.
2. 청소년 보호를 바라보는 역사적 관점이 어떻게 변화해왔는지 설명할 수 있다.
3. 우리나라 청소년 보호 정책의 내용과 특성을 말할 수 있다.
4. 청소년 보호를 위해 가정과 사회가 할 수 있는 일들을 제시할 수 있다.

주요용어

청소년 문제, 청소년 보호, 청소년 보호 정책, 정책 변천

1. 청소년 문제의 성격

청소년 문제에 대한 우리의 인식은 고정되어 있기 보다는 시대와 사회적 상황에 따라 달라지는 경향이 있다. 고전적인 사례로 청소년의 근로 행위를 바라보는 관점의 변화를 들 수 있다. 18세기 유럽의 산업화 사회에서 청소년은 중요한 노동력으로 간주되었다. 비록 성인들에 비해 육체적 능력이 떨어지지만, 그에 반해 저렴한 임금으로 사용할 수 있다는 장점을 갖고 있었다. 그러나 산업화의 진전과 제도의 발달에 따라 사회 전체의 분업화가 이루어지게 되면서 청소년은 노동의 주체로부터 교육의 대상으로 간주되기 시작하였다.

이처럼 청소년은 노동 현장이 아니라 학교에 있는 것이 옳다는 우리의 인식은 시대적으로 변화해 온 것이다. 이러한 역사적 사실에 비추어 볼 때 어린 나이에 학교를 다니지 않고 일을 하는 청소년을 보면서 문제가 있다고 생각하는 것은 현 시대가 청소년에게 기대하는 지위 역할과 부합하지 않기 때문이다.

시대적 변화와 함께 사회문화적 차이도 청소년 문제에 대한 인식에 영향을 미친다. 우리 사회의 경우 청소년의 이성 교제를 바라보는 시각이 서구 사회에 비해서 비교적 엄격한 편이다. 그래서 남녀 청소년이 손을 잡고 다니는 모습을 보면서 "공부는 안하고 벌써 연애를 한다."며 그것을 문제 행동처럼 인식하는 어른들이 많다. 최근 들어 서구와의 다양한 문화 교류를 통해 우리 사회의 문화적 인식도 많이 변했지만, 그럼에도 불구하고 청소년의 이성 교제를 바라보는 성인 세대의 인식은 여전히 보수적인 경우가 많다.

이처럼 청소년 문제는 사회문화적으로 규정되는 가변적인 개념이다. 그렇기 때문에 어떤 행동이 청소년 문제이며 그것을 해결하는 방법은 무엇이다라고 확실하게 답하기 어렵다. 이 말을 자칫 상대주의적 관점에서 받아들여 "어떤 청소년 문제도 청소년 문제가 아니다."라고 한다거나 "문제가 아니기 때문에 해결할 필요가 없다."라고 이해해서는 안 된다. 어느 시대, 어느 사회에서나 바람직하다고 생각하는 행동과 사고방식이 있기 마련이며 그러한 다수의 인식은 법과 규범, 관습 등의 형태로 실제 우리의 일상생활에 규제력을 발휘하기 때문이다.

만약 이러한 사회 규제 장치들을 변화시키기 위해서는 그 전제로서 다수의 인식이 변화해야 하는데 사람들의 인식이 변하는 데는 오랜 시간이 필요하다. 즉, 가변적인 개념으로서 청소년 문제는 사람들의 인식이 변화함에 따라 그 구체적 내용이 변할 수는 있다. 그러나 현재의 관점에서 어떤 형태로든 문제 상황이 존재하고, 그것을 해결하기 위한 노력이 필요한 것이다. 지금 우리 사회가 규정하는 청소년 문제에는 가출이나 집단 괴롭힘, 학업중단, 인터넷 중독 등이 있으며 본 교재의 앞 장에서 자세히 살펴볼 수 있었다.

2. 청소년 보호의 역사적 변화

1) 청소년 보호의 의미

청소년 보호는 다양한 사회적 유형과 의미를 내포하고 있기 때문에 학문적으로 명확하게 개념 정의하기는 어렵지만, 일반적으로 "삶의 세계와 발달 과정에서 청소년들이 만날 수 있는 다양한 위험과 위험 가능성을 방지하고, 그들의 건강한 발달을 지원하는 사회적 노력의 전체"라고 정의할 수 있다(김주일, 2004: 108). 그런데 이러한 개념 정의에서 활용되고 있는 용어 또한 사회적으로 그 의미가 변화하는 것이다. 예컨대 청소년의 건강한 발달에 장애가 될 수 있는 위험 요인은 과거의 청소년과 현재의 청소년에게 서로 다를 수 있다.

과거의 청소년에게 가난과 기아, 질병, 노동 착취 등이 주요 위험 요인이었다면, 현대의 청소년에게는 각종 유해매체와 경쟁위주의 교육환경, 사회적 고립과 자존감의 상실 등이 더 큰 위험 요인이 될 수 있다. 이러한 위험을 방지하고 청소년의 건강한 발달을 지원하는 사회적 노력 또한 과거 사회에서는 경제 발전을 통한 빈곤의 극복에 초점이 맞추어졌다면, 현대 사회에서는 여가 문화의 확대나 다양한 참여 프로그램을 통한 심리적 치유가 중요하게 다루어지고 있다.

그런데 청소년 보호라는 용어는 이미 우리의 생각 속에 청소년을 보호의 대상으로 한정시키고 있다. '성인 보호'라는 말은 어색하지만 '노약자 보호'라는 말은 자연스럽듯 청소년은 아직 미약하고 덜 성숙한 인간이기 때문에 성인과 사회가 능동적으로 그들의 역할을 대신하고 도와주어야 한다는 의미가 강하다. 물론 이러한 의미 파악이 잘못된 것만은 아니다. 다만, 그러한 관점으로만 바라보았을 경우에 오히려 청소년들의 자율적이고 주체적인 발달에 방해가 될 수도 있다는 점이 문제이다. 특히 우리 사회가 청소년의 보호를 위해 취해온 그 동안의 노력들이 주로 법을 제정하여 청소년들의 생활을 규제하는데 초점을 맞추고 있었다는 점은 극복해야 할 과제이다.

청소년을 단순히 규제를 통해 보호한다는 인식의 한계를 극복하기 위해서 새로운 관점의 접근이 필요하다. 즉, 청소년을 보호의 객체로 접근하기보다는 청소년이 스스로 자신들의 기본적 권리를 발달시킬 수 있는 주체로 바라볼 필요가 있다. 우리 헌법은 모든 개인을 존엄성을 가진 인격적 주체로서 자율적으로 삶을 결정하고 형성해 나갈 줄 아는 인간으로 전제하고 있다. 이는 기본권을 제한함으로써 청소년을 보호하려는 단편적 사고로부터 탈피하여 청소년 보호의 진정한 의미를 다시 생각할 수 있게 해주는 근거가 된다(박진애, 2007: 740).

청소년의 기본권에 대한 인식의 변화는 1989년 유엔총회에서 채택되었고 우리나라가 1991년에 가입한 유엔아동권리협약(Convention on the Rights of the Child)에서 찾을 수 있다. 유엔아동권리협약은 아동과 청소년을 단순한 보호의 대상이 아닌 존엄성과 권리를 지닌 인격체로 인정하고 이들의 생존, 발달, 보호에 관한 기본적 권리를 명시하고 있다. 구체적으로 아동과 청소년의 생명권, 의사표시권, 형벌 금지, 학대 금지 등과 관련한 기본권의 보장을 규정하고 있으며 협약가입국은 이를 위해 최대한의 입법 · 행정 · 사법적 조치를 취하도록 의무화하고 있다(박진애, 2007: 739).

2) 청소년 보호에 대한 역사적 관점의 변화

역사적 관점으로 접근했을 때 청소년에 대한 개념 규정은 근대 이후에 이루어진 것으로 본다. 즉, 오늘날 우리가 자연스럽게 받아들이는 청소년에 대한 인식들은 근대 이후 역사적 논쟁을 통해 서서히 형성되고 변화되어 온 것이다. 특히 청소년기가 갖는 사회적 의미를 평가하고, 누가 청소년 보호의 역할을 담당해야 하는가에 대해서는 근대 이후에도 많은 인식의 변화가 있었다(송주미, 2003: 176-184).

중세의 가부장적 전통이 이어져온 18세기까지도 아동과 청소년은 아버지에게 예속된 존재로 여겨졌다. 가정에서 아버지는 자녀의 삶과 관련한 문제를 결정하는데 있어서 전제적 권한을 행사하였다. 당시의 청소년들은 아버지의 결정에 따라 어린 나이에 일을 할 수도 있었고, 심지어 다른 곳에 돈을 받고 팔 수도 있는 존재로 여겨졌다. 당시의 국가는 자유방임주의 이념에 따라 야경국가(夜警國家)로서의 역할을 수행하였는데, 사적인 영역에 간섭하지 않았다. 따라서 사적 영역인 가정의 책임자로서 아버지는 국가의 통제로부터 자유롭게 자녀양육의 권리를 행사하였다.

19세기 들어 청소년에 대한 인식에 많은 변화가 일어났다. 산업 혁명의 과정에서 발생한 아동의 노동 착취, 비인권적 삶, 극심한 빈곤과 질병 등의 문제는 국가의 적극적인 개입을 통해 해결해야 한다는 요구로 이어졌다. 산업 현장에서도 생산성의 향상을 위해서 숙련공에 대한 수요가 높아졌는데, 이러한 당시의 사회적 배경을 바탕으로 학교 교육제도가 급속도로 발전하게 되었다. 청소년들은 공장보다 가정과 학교에서 보호받아야 한다는 인식이 널리 퍼지게 되었는데, 그렇지 못한 환경에 처한 청소년들은 국가가 적극적으로 구제하여 보호하는 역할을 수행하였다.

[그림 11-1] 20세기 초 미국 아동 노동자들의 모습

출처: 한국경제 2006. 6. 11 기사.

20세기에는 복지국가 이념이 서구 사회 전반에 큰 영향을 미쳤다. 국가는 복지의 기초인 가정생활의 안정과 행복을 적극적으로 지원하는 역할을 수행하였다. 19세기의 국가관과 비교해 보면, 국가가 가정의 영역에 개입하여 직접 문제를 해결하려는 입장으로부터, 가정 영역을 지원함으로써 가정이 스스로 문제를 해결할 수 있도록 돕는 입장으로 변화하였다고 볼 수 있다. 국가는 다양한 사회보장제도를 통해 자녀 양육 수당을 제공하고, 청소년 보호와 교육을 위한 공공지출을 증대시켰다.

1989년 유엔아동권리협약이 채택된 이후에는 청소년을 양육과 보호의 대상으로부터 자율성과 결정권을 가진 시민으로 보는 관점으로 변화하게 되었다. 이 관점은 청소년들도 투표, 근로, 여행, 공공 의사 결정에서 성인들과 동등한 권리를 누리도록 국가가 보장해주어야 한다는 것을 강조하고 있는데, 이전까지의 청소년 보호가 통제와 제한을 통한 것이었다면, 이후의 청소년 보호는 청소년이 자신의 권리를 누릴 수 있도록 환경을 조성해주는 것을 의미하는 것이다.

〈표 11-1〉 청소년 보호에 대한 관점의 변화

시대 구분	주요 관점	국가의 역할	시대적 특성
~18세기	아버지의 권리(父權) 강조	국가의 불간섭	사적 영역으로서 가족의 중요성이 강조되면서 아버지의 절대적 권한을 인정
19세기	아동과 청소년의 양육 받을 권리 강조	국가의 권위적 간섭	가정의 자녀보호 및 교육을 강조하면서 역할을 올바르게 수행하지 못하는 가정에 대한 국가의 적극적 개입을 옹호
20세기 초·중반	가정의 역할 강조	국가의 가정 지지적 개입	복지국가의 출현과 함께 부모 요구의 증가, 국가의 가족에 대한 지원 확대
20세기 후반	아동과 청소년의 권리 강조	권리 보호를 위한 국가의 적극적 개입	유엔아동권리협약의 채택에 따라 청소년의 권리에 대한 법률의 제정과 정책 수립

출처: 송주미, 2003: 184의 내용을 일부 수정

3. 우리나라의 청소년 보호 정책

1) 우리나라 청소년 보호 정책의 변천

(1) 소극적 보호 정책

청소년 보호 정책이란 교육, 노동, 복지 등 생활 전반의 영역에서 청소년을 보호하기 위한 법과 제도, 사업을 포괄하는 정책을 의미하며, 기본적으로 법률에 따라 시행된다. 우리나라의 청소년 보호 정책은 크게 다음의 네 단계로 발전해 왔다(이해주 · 이미리 · 모경환, 2006: 305).

첫 번째 단계는 광복 이후부터 1987년 「청소년육성법」이 제정되기 이전까지의 시기로서 미성년자, 요보호아동, 근로 청소년을 보호하고, 법을 위반하는 청소년에 대한 교정과 처벌이 주된 정책 목표였다.

두 번째 단계는 1987년부터 1997년 「청소년보호법」이 제정되기 이전까지의 시기로 이 시기에는 문제 청소년보다 일반 청소년의 다양한 소질과 잠재력, 덕성, 적성을 육성하는데 정책의 목표가 있었다.

세 번째 단계는 1997년부터 2005년 청소년위원회가 발족되기 이전까지의 시기로 유해환경에 대한 규제를 통해 청소년을 보호하는데 그 목표가 있었다. 아래 표는 규제를 통한 청소년 보호의 성격이 강한 청소년보호법의 주요 조항들을 발췌한 것이다.

〈표 11-2〉 청소년보호법의 주요 조항

조항	내용
제1조 (목적)	이 법은 청소년에게 유해한 매체물과 약물 등이 청소년에게 유통되는 것과 청소년이 유해한 업소에 출입하는 것 등을 규제하고 청소년을 유해한 환경으로부터 보호·구제함으로써 청소년이 건전한 인격체로 성장할 수 있도록 함을 목적으로 한다.
제3조 (가정의 역할 과 책임)	① 청소년에 대하여 친권을 행사하는 사람 또는 친권자를 대신하여 청소년을 보호하는 사람은 청소년이 청소년유해환경에 접촉하거나 출입하지 못하도록 필요한 노력을 하여야 하며, 청소년이 유해한 매체물 또는 유해한 약물 등을 이용하고 있거나 유해한 업소에 출입하려고 하면 즉시 제지하여야 한다. ② 친권자등은 제1항에 따른 노력이나 제지를 할 때 필요한 경우에는 청소년 보호와 관련된 상담기관과 단체 등에 상담하여야 하고, 해당 청소년이 가출하거나 비행 등을 할 우려가 있다고 인정되면 청소년 보호와 관련된 지도·단속 기관에 협조를 요청하여야 한다.
제4조 (사회의 책임)	① 누구든지 청소년 보호를 위하여 다음 각 호의 조치 등 필요한 노력을 하여야 한다. 1. 청소년이 청소년유해환경에 접할 수 없도록 하거나 출입을 하지 못하도록 할 것 2. 청소년이 유해한 매체물 또는 유해한 약물 등을 이용하고 있거나 청소년폭력·학대 등을 하고 있음을 알게 되었을 때에는 이를 제지하고 선도할 것 3. 청소년에게 유해한 매체물과 유해한 약물 등이 유통되고 있거나 청소년유해업소에 청소년이 고용되어 있거나 출입하고 있음을 알게 되었을 때 또는 청소년이 청소년폭력·학대 등의 피해를 입고 있음을 알게 되었을 때에는 제21조제3항에 따른 관계기관 등에 신고·고발하는 등의 조치를 할 것 ② 매체물과 약물 등의 유통을 업으로 하거나 청소년유해업소의 경영을 업으로 하는 자와 이들로 구성된 단체 및 협회 등은 청소년유해매체물과 청소년유해약물등이 청소년에게 유통되지 아니하도록 하고 청소년유해업소에 청소년을 고용하거나 청소년이 출입하지 못하도록 하는 등 청소년을 보호하기 위하여 자율적인 노력을 다하여야 한다.

제5조 (국가와 지방자치단체의 책무)	① 국가는 청소년 보호를 위하여 청소년유해환경의 개선에 필요한 시책을 마련하고 시행하여야 하며, 지방자치단체는 해당 지역의 청소년유해환경으로부터 청소년을 보호하기 위하여 필요한 노력을 하여야 한다. ② 국가와 지방자치단체는 전자 · 통신기술 및 의약품 등의 발달에 따라 등장하는 새로운 형태의 매체물과 약물 등이 청소년의 정신적 · 신체적 건강을 해칠 우려가 있음을 인식하고, 이들 매체물과 약물 등으로부터 청소년을 보호하기 위하여 필요한 기술개발과 연구사업의 지원, 국가 간의 협력체제 구축 등 필요한 노력을 하여야 한다. ③ 국가와 지방자치단체는 청소년 관련 단체 등 민간의 자율적인 유해환경 감시 · 고발 활동을 장려하고 이에 필요한 지원을 할 수 있으며 민간의 건의사항을 관련 시책에 반영할 수 있다. ④ 국가와 지방자치단체는 청소년을 보호하기 위하여 청소년유해환경을 규제할 때 그 의무를 충실히 수행하여야 한다.
제6조 (다른 법률과의 관계)	이 법은 청소년유해환경의 규제에 관한 형사처벌을 할 때 다른 법률보다 우선하여 적용한다.

출처: 국회 법률지식정보시스템(http://likms.assembly.go.kr/law)

청소년보호법은 청소년에게 유해한 매체, 약물, 업소 등을 구분하고, 가정과 사회, 정부의 청소년 보호 의무를 규정하고 있다. 특히 제6조의 규정을 통해 일반 형법보다 우선하는 특별법으로서의 지위를 부여하여 청소년 보호의 사회적 중요성을 강조하고 있다.

네 번째 단계는 2005년 청소년위원회의 발족 이후의 시기로서 위기 청소년을 종합적으로 지원할 수 있는 사회적 안전망 확충과 청소년들의 인권 증진을 통해 다양한 사회적 활동 참여를 증진시키는데 주된 목표가 있다. 이러한 변화는 규제를 중심으로 한 소극적 보호 정책으로부터 성장과 참여를 촉진하는 적극적 보호 정책으로 발전해 나가는 것이라 할 수 있다. 청소년위원회의 역할은 이후 보건복지가족부를 거쳐 현재는 여성가족부 청소년보호위원회에서 담당하고 있다.

(2) 적극적 보호 정책

1997년 청소년보호법의 제정과 청소년보호위원회의 출범으로 청소년 유해환경과 매체 등으로부터 청소년을 보호하기 위한 다양한 사업이 실시되었다. 또한 청소년보호에 대한 사회 전반의 관심을 높이고 급변하는 사회환경 속에서 청소년들을 건전하게 성장시키는 환경 개선에 크게 기여하였다.

그러나 이 법이 규제하고 있는 각종 유해환경들이 그 성격에 따라 각기 다른 법률에도 규정되어 있고 관할하는 정부기관도 다른 경우가 많다. 이러한 문제로 인하여 전체적인 법체계를 파악하기 어렵고 효율적인 보호업무를 수행하는데도 한계가 있다(김광웅 외, 2009: 135). 특히 규제 중심의 소극적 보호 정책은 우리 사회가 청소년을 정신적 · 육체적으로 미숙한 존재로 보고 자율적 의사 결정의 주체로 인정하지 않는다는 인식의 한계를 드러낸다.

2000년대 들어서 우리 사회의 민주화 수준이 높아지고, 이에 따라 청소년들의 인권과 권리에 대한 관심도 증대되었다. 이 시기에는 청소년헌장의 개정, 청소년활동진흥법과 청소년복지지원법 등이 제정되면서 적극적인 청소년 보호 정책으로 옮겨가기 시작하였다.

〈표 11-3〉 청소년헌장 내용 변화

1990년 제정 청소년헌장		1998년 개정 청소년헌장
• 미래의 주역 강조	→	• 오늘날의 사회구성원으로 인정
• 성인 중심의 보호 · 지도	→	• 청소년 중심의 자율 · 참여
• 타율적 평등권 중심	→	• 주체적 자율권 중심
• 미성숙한 존재로서의 인식	→	• 성숙한 사회인으로 인식
• 기성세대 역할 중심	→	• 청소년의 선택적 가치 중심
• 추상적 · 선언적 내용	→	• 구체적 실천적 내용

출처: 청소년백서, 1998: 43; 김광웅 외, 2009: 143에서 재인용.

1998년 개정된 청소년헌장은 청소년을 권리와 의무를 지닌 우리 사회의 시민으로 인정하였다는 선언적 의미를 갖는다. 이러한 변화는 규제와 보호 중심의 정책으로부터 청소년들이 능동적으로 자신의 삶을 영위할 수 있도록 보장해주는 적극적 보호 정책의 출발을 가능하게 하였다.

〈표 11-4〉 청소년활동진흥법과 청소년복지지원법의 주요 내용

청소년활동진흥법		청소년복지지원법	
제1조 (목적)	이 법은 「청소년기본법」 제47조제2항에 따라 다양한 청소년활동을 적극적으로 진흥하기 위하여 필요한 사항을 정함을 목적으로 한다.	제1조 (목적)	이 법은 「청소년기본법」 제49조제4항에 따라 청소년복지 향상에 관한 사항을 규정함을 목적으로 한다.
제4조 (청소년 운영위원회)	① 제10조제1호의 청소년수련시설(이하 "수련시설"이라 한다)을 설치 · 운영하는 개인 · 법인 · 단체 및 제16조제3항에 따른 위탁운영단체(이하 "수련시설운영단체"라 한다)는 청소년활동을 활성화하고 청소년의 참여를 보장하기 위하여 청소년으로 구성되는 청소년운영위원회를 운영하여야 한다. ② 수련시설운영단체의 대표자는 청소년운영위원회의 의견을 수련시설 운영에 반영하여야 한다. ③ 제1항에 따른 청소년운영위원회의 구성 · 운영 등에 필요한 사항은 대통령령으로 정한다.	제3조 (청소년의 우대)	① 국가 또는 지방자치단체는 그가 운영하는 수송시설 · 문화시설 · 여가시설 등을 청소년이 이용하는 경우 그 이용료를 면제하거나 할인할 수 있다. ② 국가 또는 지방자치단체는 다음 각 호의 어느 하나에 해당하는 자가 청소년이 이용하는 시설을 운영하는 경우 청소년에게 그 시설의 이용료를 할인하여 주도록 권고할 수 있다. 1. 국가 또는 지방자치단체의 재정적 보조를 받는 자 2. 관계 법령에 따라 세제상의 혜택을 받는 자 3. 국가 또는 지방자치단체로부터 위탁을 받아 업무를 수행하는 자 ③ 제1항 또는 제2항에 따라 이용료를 면제받거나 할인받으려는 청소년은 시설의 관리
	① 청소년은 다양한 청소년활동에 주체적이고 자발적으로 참여하여 자신의 꿈과 희망을 실현할 충분한 기회와 지원을 받아야 한다.		

제5조 (청소년 활동의 지원)	② 국가 및 지방자치단체는 청소년활동을 활성화하는 데 필요한 청소년활동시설, 청소년활동 프로그램, 청소년지도자 등을 위한 시책을 수립 · 시행하여야 한다. ③ 국가 및 지방자치단체는 개인 · 법인 또는 단체가 청소년활동을 지원하려는 경우에는 그에 필요한 행정적 · 재정적 지원을 할 수 있다.		자에게 주민등록증, 학생증, 제4조에 따른 청소년증 등 나이를 확인할 수 있는 증표 또는 자료를 제시하여야 한다. ④ 제1항 또는 제2항에 따라 이용료를 면제받거나 할인받을 수 있는 시설의 종류 및 청소년의 나이 기준 등은 대통령령으로 정한다.
제34조 (청소년 수련거리의 개발 · 보급)	① 국가 및 지방자치단체는 청소년수련활동에 필요한 청소년수련거리를 그 이용대상 · 나이 · 이용장소 등을 종합적으로 고려하여 유형별로 균형 있게 개발 · 보급하여야 한다. ② 국가 및 지방자치단체는 청소년의 발달원리와 선호도에 근거하여 청소년수련거리를 전문적으로 개발하여야 한다.	제5조 (건강한 성장 지원)	① 국가 및 지방자치단체는 성별 특성을 고려하여 청소년의 건강 증진 및 체력 향상을 위한 질병 예방, 건강 교육 등의 필요한 시책을 수립하여야 하며, 보호자는 양육하는 청소년의 건강 증진 및 체력 향상에 노력하여야 한다. ② 국가 및 지방자치단체는 관련 기관과 협의하여 성별 특성을 반영한 청소년의 건강 · 체력 기준을 설정하여 보급할 수 있다. ③ 국가 및 지방자치단체는 여성청소년의 건강한 성장을 위하여 여성청소년에게 보건위생에 필수적인 물품을 지원할 수 있다. ④ 제1항에 따른 시책의 마련, 제2항에 따른 건강 · 체력 기준의 설정 · 보급 및 제3항에 따른 물품 지원의 기준 · 범위 등에 필요한 사항은 대통령령으로 정한다.

第53조 (청소년 교류활동의 진흥)	① 국가 및 지방자치단체는 청소년교류활동 진흥시책을 개발·시행하여야 한다. ② 국가 및 지방자치단체는 청소년활동시설과 청소년단체 등에 대하여 청소년교류활동을 장려하기 위한 다양한 형태의 청소년교류활동 프로그램을 개발하여 운영하게 할 수 있다. ③ 국가 및 지방자치단체는 예산의 범위에서 제2항에 따른 청소년교류활동 프로그램의 개발·운영에 필요한 경비의 전부 또는 일부를 지원할 수 있다.	제14조 (위기 청소년 특별지원)	① 국가 및 지방자치단체는 대통령령으로 정하는 바에 따라 위기청소년에게 필요한 사회적·경제적 지원(이하 "특별지원"이라 한다)을 할 수 있다. ② 특별지원은 생활지원, 학업지원, 의료지원, 직업훈련지원, 청소년활동지원 등 대통령령으로 정하는 내용에 따라 물품 또는 서비스의 형태로 제공한다. 다만, 위기청소년의 지원에 반드시 필요하다고 인정되는 경우에는 금전의 형태로 제공할 수 있다. ③ 특별지원 대상 청소년의 선정 기준, 범위 및 기간과 그 밖에 필요한 사항은 대통령령으로 정한다.
제60조 (청소년 문화활동의 진흥)	① 국가 및 지방자치단체는 청소년문화활동 프로그램 개발, 문화시설 확충 등 청소년문화활동에 대한 청소년의 참여 기반을 조성하는 시책을 개발·시행하여야 한다. ② 국가 및 지방자치단체는 제1항에 따른 시책을 수립·시행할 때에는 문화예술 관련 단체, 청소년동아리단체, 봉사활동단체 등이 청소년문화활동 진흥에 적극적이고 자발적으로 참여할 수 있도록 하여야 한다. ③ 국가 및 지방자치단체는 제2항에 따른 자발적 참여에 대해서는 예산의 범위에서 그 경비의 전부 또는 일부를 지원할 수 있다.	제19조 (예방적·회복적 보호지원의 실시 등)	① 특별자치시장·특별자치도지사 또는 시장·군수·구청장은 청소년의 비행·일탈을 예방하고 가정·학교·사회생활에 복귀 및 적응하는 것을 돕기 위하여 다음 각 호의 어느 하나에 해당하는 청소년에 대하여 청소년 본인, 해당 청소년의 보호자 또는 청소년이 취학하고 있는 학교의 장의 신청에 따라 예방적·회복적 보호지원(이하 "보호지원"이라 한다)을 실시할 수 있다. 이 경우 해당 청소년의 보호자 또는 학교의 장이 보호지원을 신청하는 때에는 청소년 본인의 동의를 받아야 한다. 1. 비행·일탈을 저지른 청소년 2. 일상생활에 적응하지 못하여 가정 또는 학교 외부의 교육적 도움이 필요한 청소년

출처: 국회 법률지식정보시스템(http://likms.assembly.go.kr/law)

2004년 제정된 청소년활동진흥법과 청소년복지지원법은 규제 중심의 청소년보호법과 성격이 다르다. 청소년보호법은 기성세대의 관점에서 청소년을 보호하기 위한 제도적 환경을 조성하는데 입법 목적이 있다면, 청소년활동진흥법과 청소년복지지원법은 청소년의 관점에서 스스로의 사회적 역량을 증진할 수 있는 제도적 환경을 만드는데 입법 목적이 있다.

최근 들어 청소년을 사회 구성원으로 인정하고 이들의 다양한 사회적 참여 활동을 보장하기 위한 정책들이 마련된 것은 긍정적인 변화로 평가할 수 있다. 그러나 법과 제도의 정비 못지않게 중요한 것은 우리 사회 구성원들의 인식이 함께 변화해 나가는 것이다. 우리 사회에는 여전히 청소년들을 자율적 의사 결정의 주체로 인정하지 않고, 각종 규제를 통해 지도해야 한다고 생각하는 사람들이 많다. 이와 같은 인식을 변화시키기 위한 사회적 노력이 병행되어야만, 청소년 보호 정책이 실질적인 효과를 거둘 수 있을 것이다.

2) 청소년 보호 사업 실태

과거의 청소년 보호 사업은 주로 소수의 문제 청소년들을 대상으로 이루어졌으나 시간이 지남에 따라 대다수의 청소년들을 대상으로 하는 예방적 보호의 성격으로 변화해갔다. 1997년 청소년보호법의 제정에 따라 청소년 유해환경에 대한 법적 규정이 마련되었고 청소년보호위원회를 중심으로 관련 사업이 추진되었다.

윤철경 등(2005)은 청소년 보호 사업을 크게 유해환경으로부터의 보호, 위기상황으로부터의 보호, 그리고 시민운동 차원의 보호로 구분하고 그 실태를 분석하였다(윤철경 외, 2005: 82-152).

(1) 유해환경으로부터의 보호

유해환경으로부터의 보호는 청소년들이 유해매체나 유해업소에 접촉하는 것을 차단하는 것을 일차적인 목표로 한다. 유해매체의 경우 다양한 심의기관을 통해 심의와 시정명령을 내리거나 교육을 통해 매체 유해성에 대한 판단력을 강화하는 방식으로 이루어진다.

이러한 노력에는 영화나 방송의 관람(시청)등급제와 같이 이미 정착된 제도도 있지만, 온라인 게임 셧다운제도와 같이 최근에 이르러서야 법률로 제정된 것들도 있다. 그러나 미디어 환경의 급속한 발전에 따라 제도가 기술의 변화 속도를 따라가지 못하는 현상들도 나타나고 있다. 특히 모바일 환경의 변화는 특정한 시간과 장소에 국한되지 않고 다양한 형태의 콘텐츠를 제공하기 때문에 행정적 조치가 미치지 못하는 경우가 많다.

유해업소의 경우 대개 업주를 단속하는 방식을 통해 청소년을 보호하고 있다. 그러나 청소년을 출입허용 또는 고용함으로써 받게 되는 처벌이 반대급부로써 얻게 되는 이익에 비추어 미미할 경우에는 그 실효성을 확보하기 어렵다. 단순히 처벌을 무겁게 함으로써 이러한 문제를 해결할 수 있다는 식의 접근은 오히려 업주로 하여금 유사 업태로의 전환이나 교묘히 단속을 피할 수 있는 대안을 강구하게 함으로써 악순환을 초래할 수 있다. 심지어 처벌이 주로 업주(성인)에게 이루어지므로 자발적 의사에 의해 유해업소에 접촉하는 청소년들을 선도하는 효과는 오히려 미미하다.

이처럼 규제와 처벌에 초점을 두고 있는 제도들의 경우 청소년들의 자발적 준수 의식이 부족할 경우 청소년 보호라는 본래의 취지를 달성하기 어렵다. 변화하는 유해환경에 대응할 수 있는 행정 역량을 갖추는 것도 중요하지만, 지속적인 교육을 통해 유해환경의 위험성을 인식하게 하고, 스스로 자신을 지킬 수 있도록 하는 노력이 필요하다.

(2) 위기 상황으로부터의 보호

청소년의 위기 상황이란 폭력이나 성일탈, 가출 등을 의미한다. 이러한 문제들은 국가 차원의 규제와 처벌보다는 가정과 학교와 같은 주변 환경으로부터의 관심과 노력을 통해 해결하는 것이 바람직하다.

왜냐하면 유해환경의 경우 그 제공자가 대개 성인이기 때문에 단속과 처벌을 통해 청소년의 접촉 차단이라는 일차적 목표를 달성할 수 있지만, 위기 상황은 청소년 상호간 또는 개인 수준의 문제인 경우가 많기 때문에 처벌보다는 치료와 교육이 더 요구되기 때문이다. 물론 성일탈의 경우 그 가해자가 성인이라면 엄중한 법적 처벌을 통해 해결해야 하지만, 청소년 상호간 폭력의 경우에는 가해 청소년이라고 하여 형사처벌하는 것이 옳은 해결 방법은 아니다. 이미 많은 연구에서 밝혀진 바와 같이 처벌 경험이 있는 소년범의 경우 낙인 효과 때문에 오히려 재범의 위험이 더 높아지기 때문이다.

(3) 시민운동 차원의 보호

시민운동 차원의 청소년 보호는 주로 시민단체나 학교 등을 중심으로 유해환경을 감시하고 청소년을 교육하는 활동을 한다. 시민사회 중심의 청소년 보호 활동은 처벌이나 규제보다는 교육을 통해 청소년들의 자율적 판단능력을 길러준다는 점에서 장점이 있지만, 주로 자원봉사자들을 중심으로 이루어지기 때문에 업무의 전문성이 축적되기 어렵고, 지속적인 활동으로 이어지지 않는 경우가 많다.

그러나 시민운동 차원의 보호는 실정법의 적용을 통한 처벌이 이루어지기 전에 일차적으로 청소년을 보호하는 사회적 분위기를 조성한다는 점에서 매우 중요하다. 특히 다수의 위기 청소년들은 오랜 기간 주위의 관심으로부터 소외된 경우가 많다. 시민단체나 학교가 청소년들에게 적절한 도움을 제공한다면 많은 청소년들을 초기에 위기 상황으로부터 보호할 수 있다.

4. 청소년 보호 정책의 비전

1) 청소년 보호 정책의 특성과 변화

지난 30여 년간 우리나라의 청소년 보호 정책은 청소년 정책이라는 큰

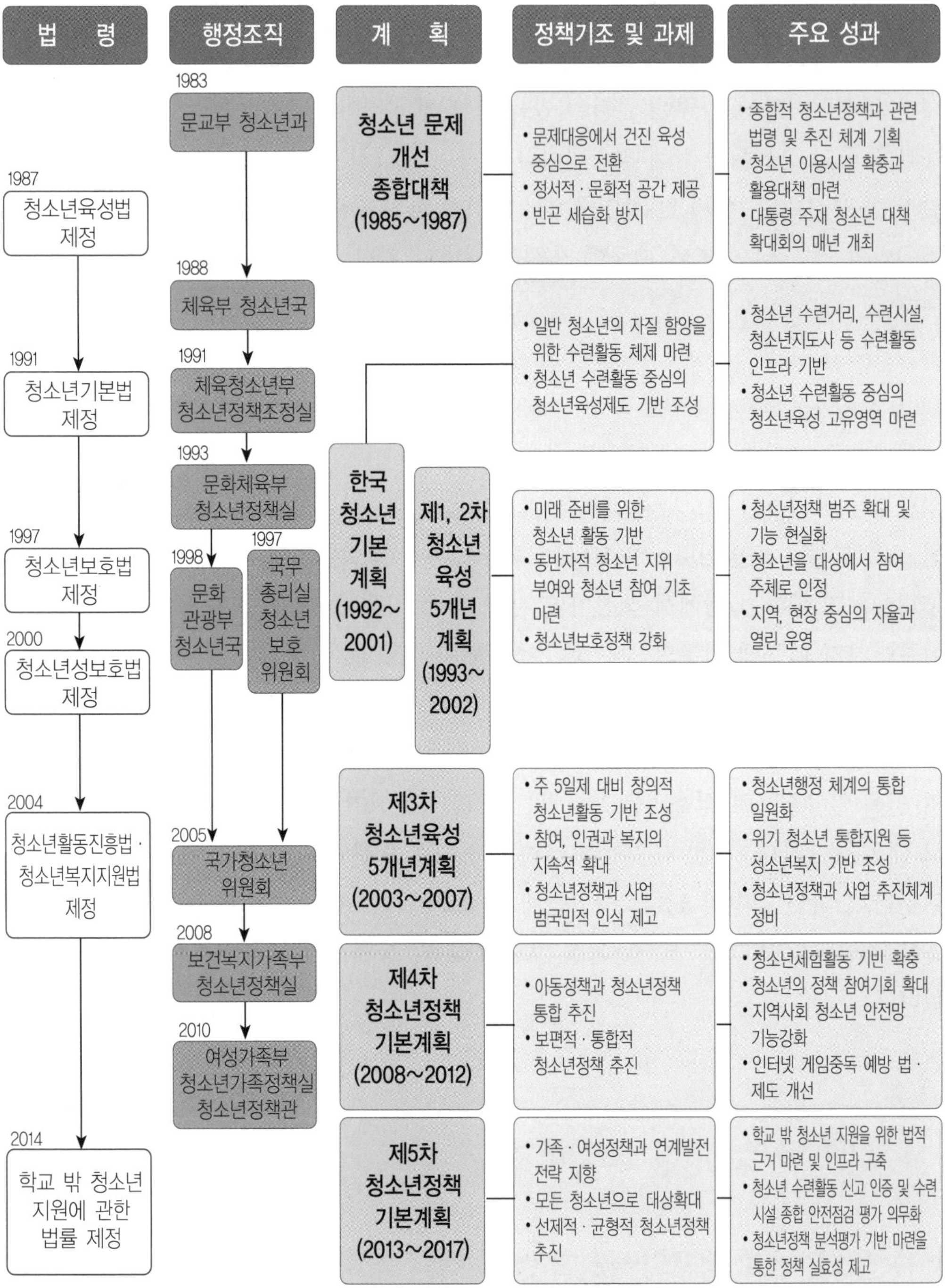

[그림 11-2] 청소년 정책의 변천 과정

출처: 여성가족부(2017)

틀 속에서 법률의 제정 및 개정, 담당 행정 조직의 개편 등의 많은 변화가 있었다. 앞의 [그림 11-2]는 청소년 정책의 변화 과정을 보여주고 있다.

지난 30여 년간의 청소년 정책을 보호의 관점에서 접근해보면, 문제 청소년을 대상으로 하는 정책으로부터 일반 청소년 전체를 대상으로 하는 정책으로, 규제를 통한 보호 중심의 정책으로부터 다양한 참여 기회의 확충과 자율성을 신장하는 정책으로 변화해 왔음을 알 수 있다.

청소년 정책을 담당하는 기구의 경우 단일 정부 부서가 전담하는 시기와 복수의 관련 부서가 분담하는 시기로 나눌 수 있는데, 이러한 특성은 청소년 문제가 교육, 보건, 가족, 문화, 복지 등 다양한 정책 분야에 모두 해당하는 특성을 갖기 때문이다. 단일 기구가 청소년 정책을 전담할 경우 정책 수행의 효율성 측면에서 장점이 있다. 반면, 복수의 기구가 청소년 정책을 분담할 경우에는 다양성과 전문성이 높은 정책들을 마련할 수 있다는 장점이 있다.

2) 청소년 문제의 요인과 대처 방안

최근 들어 위기 청소년이 증가하고, 건전한 성장을 위협하는 환경요인들도 확산되고 있는 실정이다. 위기 청소년이 증가하게 된 가장 근본적인 원인은 가족 기능의 약화에서 찾을 수 있다. 핵가족화와 맞벌이 가족 및 이혼 가정의 증가 등으로 인하여 가족이 함께하는 시간이 줄고, 부모와 자녀 간의 소통이 감소함에 따라 정서적 지지를 얻지 못하는 청소년들이 위기 상황을 겪게 되는 경우가 많다.

통계청에 따르면 우리나라 가족의 평균 가구원 수는 1975년 5명에서 2000년 3.1명으로, 다시 2016년에는 2.5명으로 줄어들었다. 전체 가구 대비 한부모 가구의 비율은 2008년 9%에서 2016년 10.8%로 증가하였다. 이처럼 가족 기능이 약화됨에 따라 가출, 비행 등 위기 청소년이 지속적으로 증가하고 있는 실정이다(여성가족부, 2017).

청소년의 건전한 성장을 위협하는 환경요인에는 폭력적 · 선정적인 내용의 유해매체와 유해업소의 증가가 있다. 특히 인터넷 환경의 급속한 발전에 따라 청소년을 중심으로 인터넷 게임 중독이 확산되고 있으며 유해업소에 출입하는 청소년이 늘어나면서 비례적으로 청소년 음주율과 흡연율도 증가하고 있다.

학교에서조차도 급우들로부터의 폭행이나 집단따돌림으로 고통받는 청소년들이 늘고 있는데, 그 결과 우리나라 청소년들의 삶에 대한 만족도는 44.9%로 핀란드 81.6%, 미국 78.3%, 영국 76.4% 등과 같은 서구 청소년들에 비해 현저히 낮은 수준으로 드러났다(여성가족부, 2010: 20).

(1) 가정의 기능 강화

청소년 문제의 상당 부분은 가정에서부터 비롯되는 경우가 많다. 부모의 긍정적인 양육 태도와 자녀와의 애착관계 형성은 청소년의 건전한 성장을 가능하게 하는 기초적 토양이라 할 수 있다. 특히 부모와 한 명의 자녀로만 이루어진 가정의 경우에는 형제, 자매와의 친밀감을 경험할 수 없기 때문에 부모의 역할이 더욱 중요하다. 하지만 맞벌이 부부가 증가하면서 자녀

〈표 11-5〉 부모님과 대화여부 및 대화시간(1일 평균) (단위: %)

구분		전혀 하지 않는다	30분 미만	30분~1 시간 미만	1시간~2 시간 미만	2시간 이상	해당없음	계
아버지	전체	6.7	34.1	22.4	12.9	18.9	5.0	100.0
	만 9세~12세	3.2	31.9	22.63	14.0	25.7	2.9	100.0
	만 13세~24세	7.6	34.6	22.5	12.6	17.3	5.4	100.0
어머니	전체	2.66	17.1	24.8	18.9	34.2	2.4	100.0
	만 9세~12세	1.2	12.9	20.5	17.3	46.3	1.9	100.0
	만 13세~24세	2.9	18.1	25.8	19.3	31.4	2.6	100.0

주: 해당없음은 부모님이 해외에 채류 중이거나 계시지 않는 경우, 조부모 등과 사는 경우를 의미함.
출처: 여성가족부(2014). 청소년종합실태조사

와 함께 보내는 시간은 오히려 줄어드는 실정이다.

국가 정책의 영역이 가정의 자녀 양육 문제에까지 관여하는 것이 바람직한가에 대해서는 다양한 의견이 있을 수 있다. 그러나 가정이 담당해야할 기능들이 여타의 사회적 제약 때문에 원활하게 이루어질 수 없다면 그것은 정책의 차원에서 접근하여 해결해야 하는 문제이다. 예컨대 가정의 본질적 기능인 가족 간의 애정 형성조차도 다양한 사회적 제약으로 인해 방해받고 있는 것이 사실이다. 선진국에 비해 과도하게 많은 노동 시간, 야근이 잦은 직장 문화, 여가의 장소와 프로그램의 부족 등은 정책적 노력을 통해 점진적으로 해결해 나가야 할 과제이다.

최근 들어 우리 사회의 가치관이 성장 위주의 근대적 가치로부터 삶의 질을 중시하는 현대적 가치로 변화하고 있는 것은 긍정적인 모습이라 할 수 있다. 국가 정책은 이렇게 변화하는 가치관에 부합하는 방향으로 추진되는 것이 바람직하다. 정부는 가족친화적인 사회문화를 조성하기 위해 '가족사랑의 날', '정시 퇴근하여 가족과 함께 시간 보내기'와 같은 운동을 추진하고 있으며, 제도적으로도 공공부문 유연근로제, 월례휴가제의 활성화를 통해 가족이 함께 하는 시간을 확대하려는 노력을 하고 있다(여성가족부, 2010: 49).

(2) 안전한 사회 환경 조성

청소년 보호는 가정과 학교, 지역 사회가 함께 노력해야 하는 문제이다. 청소년들의 일상생활이 대부분 친숙한 지역 사회 환경 속에서 이루어지기 때문에 안전한 사회 환경을 조성하는 것이 중요하다. 청소년 보호를 위한 사회 환경 조성 방법에는 크게 유해환경으로부터의 보호와 청소년 친화적인 사회문화 조성이 있다. 다음 〈표 11-6〉은 청소년의 건강하고 안전한 성장환경을 조성하기 위해 우리 정부가 추진하고 있는 정책 과제 중에서 대표적인 것들을 발췌한 것이다.

〈표 11-6〉 제6차 청소년정책 중 청소년 보호 정책

과제명	소관 부처
• 촘촘한 청소년 복지지원 체계 운영 - 지역사회 청소년통합지원체계 활용, 위기 청소년 종합적인 사회안전망 구축, 운영 - 위기청소년 발굴/진단/분석평가 체계 고도화 및 혁신	여성가족부
• 위기청소년 조기 발견 및 보호/지원 확대 - 사회안전망과의 조기 연결을 위한 현장 아웃리치 활성화 - 위기청소년에 대한 맞춤형 심리 · 정서 상담 서비스 - 주거우선의 자립 여건 마련을 위한 청소년 맞춤형 주거지원 방안 마련 - 비진학, 미취업 청소년 사회진출 지원	교육부, 여성가족부, 국토교통부
• 청소년 폭력예방 및 아동 안전 강화 - 청소년 폭력 예방을 위한 지원 강화 및 예방교육 체계화 - 아동 및 청소년을 위한 안전환경 조성 - 아동학대 예방 및 조기발견 강화 - 아동 · 청소년 실종예방 및 홍보 강화	교육부, 보건복지부, 행정안전부, 여성가족부, 경찰청
• 가족관계증진을 위한 서비스 기반 조성 - 취약 · 위기가족 맞춤형 서비스 확대 - 가족친화적 사회문화 확산	전 부처, 여성가족부, 보건복지부, 문화체육관광부, 법무부, 교육부
• 청소년이 안전한 생활환경 조성 - 유해환경으로부터 청소년 보호 강화 - 청소년의 유해약물 노출 예방활동 강화 - 유해약물 피해 청소년 상담 및 치료 · 재활 지원	교육부, 보건복지부, 여성가족부, 경찰청, 지자체
• 유해매체로부터 청소년 보호 - 신변종 불법 · 유해정보의 청소년 유통 차단을 위한 제도 개선 - 불법 · 유해정보에 대한 모니터링 확대 및 불법유통사업자 단속 강화 - 청소년 유해매체 대응역량 강화	교육부, 경찰청, 과학기술정보통신부, 문화체육관광부, 여성가족부, 방송통신위원회
• 청소년의 미디어 과의존 예방 및 치유 지원 강화 - 건강한 미디어 이용문화 조성 - 미디어 과의존 청소년 체계적 발굴 및 효과적 치유지원 - 효과적 상담 · 치유서비스 제공을 위한 인프라 확충	과학기술정보통신부, 문화체육관광부, 여성가족부, 방송통신위원회

출처: 관계부처 합동(2018). 제6차 청소년정책기본계획(2018-2022).

유해환경으로부터의 보호는 가장 대표적인 청소년 보호 정책 유형으로 유해업소 단속, 성보호 대책, 학교폭력 · 가정학대로부터의 보호, 인터넷 게임 중독 등 유해매체로부터의 보호가 있다. 청소년 유해업소란 청소년에게 유해한 것으로 인정되어, 청소년보호법에서 청소년의 출입이나 고용을 금지하는 업소들로서 유흥주점, 전화방, 숙박업 등이 포함된다.

정부의 정책은 업주에 대한 단속 · 처벌과 함께 도시개발과 설계 수립 단계에서부터 유해업소 접촉 가능성을 최소화하는 방안을 추진하고 있다. 정부는 지난 2010년 화성 동탄 신도시 실시계획 단계에서부터 유해업소 격리 구획화를 시범 반영하였고, 그 운영 결과를 토대로 향후 청소년 유해업소 격리 구획화를 제도화하는 방안을 고려하고 있다(여성가족부, 2010: 65).

청소년을 대상으로 한 성보호 정책은 사전에 범죄가 일어나지 않도록 예방에 초점을 맞추어 추진하는 것이 바람직하다. 위험에 노출된 청소년들이 쉽게 도움을 요청할 수 있도록 상담 연결 체제를 구축하고 고위험지역을 중심으로 경비인력과 장비를 운용함으로써 청소년들을 보호해야 한다.

성범죄자에 대해서는 재범을 막기 위한 조치를 강화해야 한다. 2010년 제정된 성폭력 범죄자의 성충동 약물치료에 관한 법률이나 아동 · 청소년 대상 성범죄자의 신상정보 등록 · 공개제도 강화 등은 이러한 노력의 사례들이라고 할 수 있다.

학교폭력과 가정학대로부터 청소년을 보호하기 위해서는 가정-학교-지원센터-지역사회-중앙정부로 이어지는 유기적인 협조 체제가 필요하다. 왜냐하면 이러한 문제는 가정이나 학교의 역량만으로는 해결하기 어렵기 때문이다. 특히 외부에 잘 알려지지 않는 가정학대의 경우 제3자라 하더라도 학대받는 아동과 청소년의 보호를 위해 관계 기관의 개입을 요청할 수 있도록 제도를 정비해야 한다. 실제로 2011년 개정된 아동복지법에 따르면 아동학대를 확인한 아동복지전담기관의 장, 아동복지시설의 장 및 학교장까지 시 · 도지사, 시장 · 군수 · 구청장 또는 검사에게 법원에 친권행사의 제한 또는 친권상실의 선고를 청구하도록 요청할 수 있다.

인터넷 게임 중독 등의 문제는 온라인 매체의 발전과 이에 반해 놀이 공간은 부족해지는 현대의 청소년들에게서 흔히 발생하는 문제라 할 수 있다. 청소년의 인터넷 게임 중독을 예방하기 위해서는 심야시간 이용 제한, 유해 콘텐츠 차단 서비스 등과 같은 기술적 조치도 필요하지만, 취학 전 아동 시기부터 미디어를 비판적으로 활용하는 습관을 형성할 수 있도록 다양한 교육이 필요하다.

청소년 친화적인 사회문화란 국가와 지역사회가 청소년들의 권리를 증진시키고, 청소년들이 건전하게 성장할 수 있는 생활환경을 조성하는 것을 의미한다. 이를 위하여 다양한 청소년 문화시설을 제공하고, 유해환경을 격리시키며 다양한 교육 프로그램의 실시와 제도 정비가 필요하다. 여성가족부와 교육부, 국가인권위원회 등을 중심으로 중앙 및 지방 단위에 청소년 권리 실태와 관련 정책을 모니터링하는 체계를 구축하고 청소년, 교원, 청소년지도자를 대상으로 하는 권리교육 교재를 개발·보급하고 있다.

학습 정리

1. 청소년 문제의 성격

- 청소년 문제는 시대와 사회적 상황에 따라 다르게 규정되는 것이며, 이에 따른 청소년 보호의 개념도 변화하는 특성을 가지고 있다.

2. 청소년 보호의 역사적 변화

- 청소년 보호란 청소년들이 성장하는 과정에서 만날 수 있는 다양한 위험들을 방지하고 이들의 건강한 발달을 지원하는 사회적 노력을 의미한다.
- 청소년 보호는 사회가 신체적·정신적으로 미성숙한 청소년들을 규제하거나 그 역할을 대신해 주는 것이 아니라 청소년들이 자율적으로 자신의 삶을 결정하고 능동적으로 생활할 수 있도록 환경을 조성해 주는 것을 의미한다.
- 근대 이후 청소년 보호에 대한 관점은 많은 변화를 겪어 왔는데, 자녀 보호에 대한 친권자의 절대적 권한으로부터 국가 개입을 통한 사회적 보호 기능이 강화되었고, 청소년을 단순히 보호의 대상으로만 보는 관점으로부터 자율적 권리 주체로 인정하는 관점으로 변화하였다.

3. 우리나라의 청소년 보호 정책

- 1990년대까지 우리나라의 청소년 보호 정책은 법적 규제를 통해 유해매체와 유해환경으로부터 청소년을 보호하는 소극적 보호 정책 중심으로 추진되었다.
- 2000년대 들어서 우리나라는 법적 규제 정책과 함께 청소년을 사회 구성원으로 인정하고 다양한 참여 활동을 보장하는 적극적 보호 정책을 추진하고 있다.
- 청소년 보호 사업에는 구체적으로 유해환경으로부터의 보호, 위기상황으로부터의 보호, 그리고 시민운동 차원의 보호가 있으며 사회적 환경의 변화에 따라 그 실효성을 증대시키기 위한 다양한 노력이 요구된다.

4. 청소년 보호 정책의 비전

- 청소년 문제의 근본적인 원인에는 가정의 기능 약화, 불건전한 사회 환경의 영향 등이 있는데 제6차 청소년정책 기본 계획에서는 이런 문제를 해결하기 위한 다양한 정책적 대안과 제도들이 마련되고 있다.
- 가족이 많은 시간을 함께 보내고, 다양한 여가 활동을 즐길 수 있는 가족 친화적 사회문화를 조성하여 가정의 청소년 보호 기능을 강화해야 한다.
- 새롭게 생겨나는 유해환경으로부터 청소년들을 보호하고 청소년들이 다양한 참여 활동을 즐길 수 있는 청소년 친화적 사회환경을 조성하기 위해 범부처적인 협력이 필요하다.

참고문헌

관계부처 합동(2018). 제6차 청소년정책기본계획(2018-2022)

김광웅 외(2009). 한국 청소년정책 20년사 - 한국 청소년정책의 성과와 전망. 한국청소년정책연구원.

김주일(2004). 독일의 청소년보호활동에 관한 연구, 사회복지정책, 19, 105-131.

박진애(2007). 뉴미디어 환경에서의 청소년보호, 고려법학, 49, 737-764.

송주미(2003). 아동과 청소년의 권리보호를 위한 국가이념의 방향과 과제 -역사적 고찰을 중심으로, 청소년학 연구, 10(2), 171-194.

여성가족부(2010). 제4차 청소년 기본계획. 여성가족부.
여성가족부(2014). 청소년종합실태조사. 여성가족부.
여성가족부(2017). 청소년백서. 여성가족부.
윤철경 외(2005). 청소년 보호 정책의 실태와 발전 방안. 한국청소년정책연구원.
이해주 · 이미리 · 모경환(2006). 청소년 문제론. 한국방송통신대학교 출판부.

제12장

청소년 보호의 국제적 동향

개관

청소년 문제의 실태는 나라마다 유사한 측면도 있고 다른 측면도 있다. 외국에서는 자국의 청소년 문제 상황에 따라 적절한 보호 정책을 추진하고 있다. 미국과 독일, 일본은 다양한 측면에서 우리나라의 청소년 보호 정책에 시사점을 주고 있다. 가장 기본이 되는 법·제도적 보호로부터 최근 우리 사회에서 새롭게 제기되고 있는 청소년 문제에 대한 대책, 그리고 청소년 보호를 위한 사회 구조적 환경 조성 정책들을 살펴볼 수 있다. 미국, 독일, 일본의 청소년 보호 정책 동향을 통해 우리나라 정책의 발전 방향을 고민해 보도록 하자.

학습목표

1. 미국의 청소년 문제 실태와 보호 정책의 특성을 설명할 수 있다.
2. 독일의 청소년 문제 실태와 보호 정책의 특성을 설명할 수 있다.
3. 일본의 청소년 문제 실태와 보호 정책의 특성을 설명할 수 있다.
4. 외국의 정책 동향이 갖는 시사점을 우리나라 청소년 보호 정책에 적용할 수 있다.

주요용어

미국, 독일, 일본, 청소년 문제, 청소년 보호 정책

1. 미국의 청소년 보호

1) 미국 청소년 문제의 실태

미국은 흔히 정치적, 경제적 지표에서 국제사회의 선도적 역할을 수행하는 국가로 인식되고 있지만, 그 이면에는 다양한 사회적 문제들을 안고 있다. 이러한 문제들은 국가 형성 초기부터 이미 배태되었던 문제로 볼 수 있는데, 대량의 이주민 유입에 따른 문화적 이질성, 자유주의 시장경제의 팽창과 시장실패의 반복에 따른 사회 구성원 간의 빈부격차 심화 등이 근본적 문제라고 할 수 있다. 물론 미국은 이러한 문제들을 다른 어느 국가들보다 심각하게 경험하였기 때문에 이에 대한 제도적 대처와 사회적 치유 방안도 마련해 왔다. 그러나 여전히 많은 문제들이 사회 내에 온존하고 있는 것이 사실이다.

역사적으로 보았을 때, 미국에 조기에 정착한 유럽계 백인 이주민들의 경우 세대를 거치면서 사회의 지배 집단으로 자리잡게 된 경우가 많은 반면, 노예 노동력으로 강제 이주한 흑인이나 여타의 소수 민족들은 아직까지 사회의 주변부 집단을 구성하고 있는 경우가 많다. 비록 노예제도가 폐지된 지 150년이 지나고 모든 미국 시민들이 법적으로 동등한 시민권을 누리고 있지만, 사회경제적 지위의 차등은 오랜 세월 동안 쉽게 극복되지 않는 문제라 할 수 있다.

(1) 청소년 문제의 원인

미국의 청소년 문제 역시 이러한 사회적 문제의 큰 틀 속에서 파악해 볼 수 있다. 미국 청소년들이 가정과 학교, 지역 사회에서 겪고 있는 문제 상황은 크게 다음 몇 가지 범주로 유형화할 수 있다(Siegel & Welsh, 2011: 3-8).

첫째, 가정의 빈곤 문제이다. 통계에 따르면 미국 사회의 빈곤 계층은 대략 3,700만 명에 달하며 이중 1,300만 명이 아동과 청소년이다. 미국 경제의 장기 침체에 따라 지난 수년간 실질 임금은 지속적으로 하락해 왔으며 1960년대와 1970년대에 비해 빈곤층은 더욱 확대되었다. 특히 한부모 가정의 자녀나 비백인계 청소년들 중에 빈곤층의 비율이 현저하게 높다. 청소년에게 가정의 빈곤은 생애주기 전체에서 조망해 볼 때 출발 지점에서부터 큰 부담을 지우는 것이다. 저소득 가정에서 자라는 청소년들은 부유한 가정에서 자란 청소년들에 비해 학업 성취에서부터 뒤처지게 되며 장차 직업의 획득에서도 더 낮은 사회적 지위를 갖게 되는 경우가 많다.

둘째, 가족의 해체 문제이다. 미국 사회는 부부의 별거와 이혼 비율이 높은 편이다. 최근 통계에서는 초혼 부부의 이혼율이 대략 40~50%로 나타나고, 재혼 부부의 경우 그 비율이 더 높아지는 것으로 나타났다. 이처럼 해체된 가족의 자녀들은 보호시설 등에 맡겨지는 경우가 많은데 그 수가 50만 명에 이르며 18세가 될 때까지 부모의 보살핌 없이 성장하게 된다. 이렇게 성장한 청소년들은 다른 청소년들에 비해 부랑자나 실업자, 심지어 범죄자가 될 가능성이 훨씬 높다. 뿐만 아니라 가족의 보호를 받지 못한 성장 환경으로 인해 받게 된 신체적, 정신적 상처가 반사회적 행동 성향으로 발현되게 될 우려가 매우 높다.

셋째, 열악한 주거 환경 문제이다. 많은 청소년들이 주거 밀도가 높고, 치안이 불안정한 도심 지역에 거주하고 있다. 이러한 생활환경에서는 청소년들이 비행을 저지르거나 범죄의 피해자가 될 가능성이 높다. 특히 도심의 뒷골목에서는 마약 거래가 자주 일어나며, 불건전한 성접촉으로 인한 질병 감염도도 높을 뿐만 아니라 심지어 총기 사고로 인한 사망도 자주 일어난다. 미국의 저소득층의 경우 아무리 열심히 벌어도 주거비용이 가장 낮은 시카고나 뉴욕, 워싱턴 D. C.의 도심 지역을 벗어나서 생계를 유지하기가 어려운 것으로 나타났다.

넷째, 교육 문제이다. 관련 연구에 따르면 미국 공립학교 4학년 학생의 70%가 해당 학년 수준의 읽기 능력에 미치지 못하는 것으로 나타났다. 소수 집단 학생들의 경우에는 그 비율이 더 심각해서 흑인 학생의 90%, 원

주민(인디언계) 학생들의 80%가 읽기 수준이 현저히 낮은 것으로 드러났다. 읽기는 학업 성취의 기본이 되는 능력이기 때문에 이것이 부족한 학생의 경우 자연스럽게 유급이나 낙제생이 될 가능성이 높다. 가난한 소수 인종 학생들은 열악한 학교를 다니고, 다양한 교육적 혜택을 받지 못하며 그 결과 사회적 성취의 기회로부터 배제되고 있다. 실제로 조사에 따르면 고등학교를 졸업하지 못한 성인은 그렇지 않은 성인들에 비해 평균 30% 적은 소득을 얻는 것으로 밝혀졌다.

다섯째, 현대 사회에서 등장한 새로운 문제들이다. 앞서의 문제들이 빈곤과 계층에 결부된 근대 이래의 문제라면 현대 사회의 문제란 부모 세대들은 전혀 경험하지 못한 새로운 양상의 문제들을 의미한다. 정보화와 관련 기술의 발달에 따라 오늘날의 청소년들은 사이버 공간에서 자행되는 다양한 문제들에 노출되고 있다. 전통적으로 청소년들 간의 폭력이나 괴롭힘은 학교라는 공간에서 주로 일어났지만 현대에는 이메일이나 문자 메신저를 통해서도 이런 일이 발생하고 있다. 사이버공간의 팽창에 비해 이를 규제할 수 있는 제도적 장치의 미비로 인하여 많은 청소년들이 음란물에 무분별하게 접촉하고 있으며 처방전이 없이는 약국에서 구할 수 없는 마약성 약물들까지 인터넷을 통해 구입하고 있다.

(2) 청소년 문제의 현황

① 청소년 범죄 통계 추이

미국 통합범죄보고서에 따르면 2012년 기준으로 폭력 범죄의 경우 소년범의 비율이 전체 범죄율의 11.7%, 재산 범죄의 경우 전체 범죄율의 18%를 차지하는 것으로 나타났다. 폭력 범죄의 경우 1987년부터 1994년까지는 크게 증가하다가 1995년부터 크게 감소하여 2005년 이후부터는 유지-감소하는 경향을 보이고 있다. 재산 범죄의 경우 폭력 범죄와 달리 1980년부터 1994년까지 거의 변화가 없다가 1995년부터 역시 감소하기 시작하여 지속적으로 감소-유지되는 경향을 보이고 있다. 그러나 1980년부터 2010년까지 10~12세 청소년이 저지른 기타 범죄유형을 보면 총기 및 마약 관련 범죄는 두 배로 증가하였고, 성범죄, 무질서 행동, 야간통행위반은 모두 증가한 경향을 보였다. 종합하면 10~12세 청소년의 전반적인 범죄율은 감소하고 있으나 성범죄, 무기소지, 마약위반은 과거와 비교해 증가한 것으로 나타나고 있다(이승현 · 박성훈, 2017: 71-73).

② 청소년 범죄의 요인

경범죄나 비행을 포함한 청소년 범죄에는 몇 가지 관련 요인들이 있는 것으로 분석되었다(Siegel & Welsh, 2011: 40-46).

● 시기와 장소

첫째 요인은 시기와 장소이다. 보통 여름철에 청소년들의 범죄율이 높아지는 경향이 있다. 특히 학교가 방학을 하고 사람들이 휴가를 떠나는 시기에 청소년들은 비행 충동을 더 크게 느끼는 것으로 보인다. 지역적으로는 대도시 지역에서 범죄율이 가장 높으며 교외 지역에서는 범죄율이 낮은데 특히 미국의 서부와 남부 지역의 범죄율이 중부와 북동부에 비해 항상 높게 나타난다. 이는 해당 지역들의 문화적 배경, 인구 구성, 총기 소지, 경제적 지위의 치이와 관련이 있는 것으로 분석된다.

● 성별

둘째, 성별이다. 대체로 남자 청소년의 범죄율이 훨씬 높다. 통계상으로 폭력 범죄의 경우 여자 청소년에 비해 4배, 재산 범죄의 경우 2배 가까이 남자 청소년들이 많이 저지른다. 그러나 최근 들어 남녀 청소년의 범죄율 차이가 조금씩 줄어들고 있다. 경찰의 공식 통계에 따르면 남녀 청소년 모두 범죄율은 감소하고 있는데, 그 비율이 남자 청소년에서 더 크게 감소하고 있으며, 이러한 추세대로라면 머지않아 성별에 따른 범죄율의 차이가 거의 없어질 것으로 예상된다.

● 인종

셋째, 인종이다. 5세부터 17세까지 청소년 인구비율은 유럽계 백인이 4천만 명이고, 아프리카계 흑인이 1천만 명이다. 산술적으로 백인 청소년이 흑인 청소년보다 4배 더 많지만, 중대 폭력 범죄를 저지른 비율은 흑인 청소년이 절반 넘게 차지하고 있다. 인구 비례와 맞지 않은 이러한 통계에 대해서 몇 가지 설명이 가능하다. 경찰의 공식 통계에 따르면 실제로 흑인 청소년들이 중대 범죄를 저지르는 경우가 많다고 볼 수 있지만, 일부 학자들은 이 과정에서 사법 시스템의 인종 차별적 적용을 비판하기도 한다. 다시 말해서 유사한 범죄 행위에 대해 백인 청소년에게 관대하게 대하고 흑인 청소년에게는 엄격하게 처벌한다는 의미인데, 재판과 구속보다는 훈방 조치를 했을 경우 공식적인 검거율에 셈해 넣지 않기 때문에 백인 청소년의 범죄율이 낮다는 것이다.

[그림 12-1] 흑인에 대한 경찰이 총격 사망 사건에 대한 시위 모습

출처: The Asia N 2016. 7. 21 기사(http://kor.theasian.asia/archives/163726).

● 사회 계층

마지막으로 사회 계층이다. 중산층에 비해 하위 계층의 청소년들이 중대 범죄를 저지르는 비율이 높다. 계층 문제, 즉 가난은 다양한 요인들과 복합적인 상호작용을 일으킨다. 빈곤한 지역의 생활환경은 대개 공동체 문화의 부재, 사회적 안전망의 미비, 소득 불균형, 청소년 폭력집단의 준동, 사회적 자원의 박탈과 같은 특성을 갖는다. 이런 지역에 사는 청소년들은 부유한 지역의 청소년들과 경쟁에서 이길 수 없다는 경제적 · 심리적 박탈감을 갖게 되고, 그에 대한 보상 심리로 범죄의 유혹에 쉽게 빠져들게 되는 경우가 많다.

2) 미국의 청소년 보호 정책

미국은 문화적, 인종적, 계층적 다양성에 기인한 많은 범죄가 발생하고 있고, 특히 청소년 범죄에 대한 처벌과 예방을 위한 다양한 정책과 프로그램을 추진하고 있다. 그런데 이러한 노력들이 청소년의 범죄율을 낮추는데 효과적이라고 보는 시각과 그렇지 않다고 보는 시각이 공존한다.

사법 체제의 효율성이라는 측면에서 보면 청소년 범죄도 성인과 동등하게 간주하여 검거하여 처벌하는 것이 훨씬 효과적이라는 주장도 일리가 있다. 이러한 관점에서는 소년범의 재교육과 일반 청소년들의 범죄 예방을 위한 교육 프로그램들이 그 효과에 비해 많은 예산을 낭비하는 것이라고 주장하기도 한다.

그럼에도 불구하고 청소년 범죄가 갖는 특수성과 전과자로 살아야 할 생애 주기 전체의 기회비용을 고려할 때, 그것을 예방하기 위한 노력들은 사회적 비용 측면에서 충분한 투자 가치를 갖는다고 할 수 있다.

(1) 미국 청소년 보호 정책의 종류

미국의 청소년 보호 정책은 크게 치안 활동, 소년 사법제도, 처벌 정책, 예방 및 재활 프로그램 등으로 구분할 수 있다(Agnew & Brezina, 2012: 358-470).

① 치안 활동 강화

경찰의 치안 활동은 가장 기본적인 청소년 보호 정책이다. 관련 연구에 따르면 다음 두 가지의 조건이 충족될 때 치안 활동의 효과가 가장 높은 것으로 나타났다.

첫 번째 조건은 단속 지역과 대상 범죄를 명확히 하는 것이다. 광범위한 순찰 지역을 뚜렷한 목적없이 순찰차로 배회하는 것보다는 우범지역에 명확한 단속 목적을 가지고 단속하는 것이 훨씬 효과적이다.

두 번째 조건은 지역 사회와의 연계와 협력이다. 흔히 지역 경비(community policing)란 지역 주민 스스로 치안 활동을 담당한다는 의미와 지역 사회 출신 경관이 해당 지역을 담당한다는 의미 모두로 해석가능하다. 그런데 그 취지는 치안활동의 목적이 단순히 범죄자의 단속과 처벌에 있는 것이 아니라, 지역 사회에 배태되어 있는 범죄 유발 요인들을 근원적으로 해소해나가는데 있다. 이러한 목적을 달성하기 위해서는 해당 지역 사회의 문제를 정확히 알고 있는 주민들의 협력이 필요하다는 것이다.

② 소년 사법제도 운영

소년 사법제도는 처벌보다는 교정과 재사회화에 목표를 두고 있다. 따라서 일반 형사 사법제도에서 사용하는 범죄(crime), 소송(trial), 판결(sentence), 기소(charge)라는 용어 대신 비행(delinquency), 심리(adjudication), 처분(disposition), 주장(allege)이라는 용어를 사용한다.

일반적으로 미국을 비롯한 많은 국가들이 일반 형사사법과는 구별되는 소년 사법제도를 가지고 있는데, 성인 범죄자를 대상으로 하는 형사 사법제도와는 달리 엄격한 법 절차를 적용하기보다는 약식절차나 사회봉사명령, 그리고 다양한 재사회화 프로그램 등을 이용하여 형을 집행한다. 그러나 이러한 소년 사법제도에 대해 비판의 목소리도 높다. 왜냐하면 교화 위주의 처벌이 청소년의 범죄를 줄이는데 현실적으로 실패하고 있고, 판사의 재량권이 일반 형사 재판에 비해 넓게 보장되다보니 형평성의 문제가 발생하기 때문이다. 실제로 흑인 청소년들의 경우 교정시설에 수용되는 경우가 많은 반면, 백인 청소년들은 그렇지 않다는 인종 차별의 문제가 제기됨에 따라 최근에는 청소년 범죄도 일반 형사재판과 마찬가지로 다루어야 한다는 주장이 힘을 얻고 있다(전돈수, 2003: 31-38).

③ 처벌 정책

최근 들어 청소년 범죄라 할지라도 강력하게 처벌하는 경향이 강해지고 있다. 그런데 이런 정책 성향이 청소년 범죄를 예방하는데 효과적인지에 대해서는 회의적인 시각이 많다. 물론 범죄 청소년을 사법 처리하면 그들이 구속된 기간 동안만큼은 다른 범죄를 저지를 수 없다는 점은 분명하다. 그러나 그들이 형기를 마친 후에 사회에 올바르게 적응할 것인지, 다른 청소년들이 처벌의 두려움 때문에 범죄를 저지르지 않게 될 것인지는 예측하기 어렵다. 따라서 처벌 정책은 많은 요인들을 함께 고려해야 한다. 범죄 청소년을 처벌하는 것만큼이나 대다수의 선량한 청소년들에게 범죄 행위의 사회적 해악을 자각하게 하고, 처벌의 위험성을 알리는 것도 중요하다. 그리고 순찰 활동을 강화하는 것과 같이 범죄행위 자체가 실현되기 어렵도록 방지하는 노력도 필요하다.

④ 예방 및 재활 프로그램 운영

청소년 보호를 위한 예방 프로그램이란 청소년들이 범죄에 빠져들지 못하게 하는 프로그램이고, 재활 프로그램은 이미 죄를 저지른 청소년들의 재범 성향을 줄이기 위한 프로그램을 의미한다.

이러한 프로그램의 효과는 소년 사법제도와 함께 고려해야 한다. 전통적으로 소년 사법제도가 청소년의 처벌보다는 교정과 재사회화를 목적으로 하고 있으나, 그 실효성이 낮다는 비판과 함께 강력한 처벌중심의 사법 정책으로 변화하였다. 그러나 축적된 통계 자료에 따르면 처벌 위주의 정책 또한 청소년들의 범죄율 및 재범률을 낮추는데 크게 기여하지 못했으며 수감 인원의 증가에 따른 예산 낭비도 큰 문제로 제기되었다. 이에 최근 들어 다시 예방 및 재활 프로그램에 대한 관심이 높아지고 있다. 특히 범죄 청소년의 개인적 심리 치료와 사회 복귀를 돕는 갱생 교육과 더불어 가정 및 학교와 연계하여 우범 요인을 근본적으로 제거하는 것을 목표로 하는 프로그램들을 추진하고 있다.

2. 독일의 청소년 보호

1) 독일 청소년 문제의 실태

(1) 청소년 범죄 추이

독일 사회에서 청소년 문제에 대한 사회적 관심은 2차 대전 패전 이후인 1950년대 이래로 꾸준히 지속되고 있는데 특히 1990년대 이후의 변화에 주목할 필요가 있다. 왜냐하면 동서독의 통일 이후 사회의 극심한 변화와 이주 노동자의 유입에 따른 인구학적 변화가 청소년 범죄에도 많은 영향을 미쳤기 때문이다.

통일 이후 최근까지의 통계치를 분석한 연구들에 따르면 청소년 범죄율은 증가하는 추세로 나타나는데 2010년 독일 경찰청이 발표한 통계에 따르면 6세부터 21세까지의 범죄율은 약 25%로 전체 범죄율의 1/4을 차지하고 있다. 이를 주요 범죄 유형별로 구분하면 청소년의 살인은 전체 살인의 16.8%, 강도죄는 전체 강도죄의 31.1%, 상해죄는 전체 상해죄의 31.9%로 나타났다(Bundesministerium des Innern, 2010: 5-22).

근래의 청소년 범죄 추이와 관련하여 독일에서는 다음과 같이 상반된 주장들이 제기되고 있다(Albrecht, 2004: 465).

첫째, 청소년들이 과거에 비해 점차 사회적 위험 집단이 되어가고 있으므로 더 강력한 예방 및 억압 조치가 필요하다. 둘째, 언론과 경찰의 과장된 보도, 보수적 정치인들의 선동적 구호 때문에 청소년들이 과도하게 우범 집단으로 간주되는 것을 경계해야 한다. 범죄율의 증가는 청소년에 대한 경찰 당국의 관심이 높아진데도 기인하거니와, 일반 대중들이 과거에 비해 경찰의 수사력에 더 많은 관심을 갖고 있기 때문이다. 셋째, 청소년 범죄가 증가한 것은 사실이지만 실제 통계상의 수치에 비해 청소년 범죄는 비교적 가벼운 죄질에 초범인 경우가 많다는 점을 고려해야 한다.

(2) 청소년 문제의 최근 동향

최근의 연구는 청소년 범죄 행위 자체보다 이러한 현상을 둘러싼 사회적 배경 요인들을 종합적으로 파악하는데 많은 관심을 기울이고 있다. 거시적인 관점에서 탈산업사회의 특징이라 할 수 있는 가족 기능의 해체, 학교와 지역사회의 역할 증대, 문화적 다양성과 갈등의 증대 등이 중요한 사회적 배경 요인이라 할 수 있다.

최근 들어 가장 주목받는 부분은 다문화적 배경 요인과 결합한 청소년 문제이다. 전형적인 사례가 흔히 '메흐메트(Mehmet) 청소년'과 관련한 문제인데, 이들은 독일로 이주한 터키계 부모로부터 태어난 세대들을 의미한다. 국적상 독일인이지만 인종과 민족이 다르며 특히 종교적 배경에서 이슬람 전통의 영향을 받았기 때문에 메흐메트라 불린다. 메흐메트를 포함하여 외국계 청소년들이 관련된 범죄는 독일 전체 청소년 범죄의 절반 이상을 차지하고 있다. 이들은 사회적 배경으로부터 소외를 경험하게 되는 경우가 많기 때문에, 재범 비율도 높고 만성적인 범죄 집단으로 낙인이 찍히기도 한다. 이러한 이유로 독일 사회에서 이민과 관련한 법제도를 강화하고 적극적인 강제 추방을 주장하는 목소리가 힘을 얻기도 한다(Albrecht, 2004: 455-456).

외국계 청소년들은 사회적 안전망으로부터 자신들이 소외되는 것에 대한 분노를 표출하기 위해 범죄를 저지르고, 독일계 청소년들은 높은 실업율의 원인을 외국 이주민들에게 돌림으로써 인종갈등의 불씨가 증폭되고 있다(이해주 · 이미리 · 모경환, 2006: 285).

[그림 12-2] 메르켈 정부의 난민수용 정책에 반대하는 독일 시위대의 모습

출처: 컨스피러시뉴스 2016.8.6. 기사 http://conspiracynews.co.kr/?p=3455.

2) 독일의 청소년 보호 정책

독일의 청소년 보호 정책은 크게 법적, 교육적, 구조적 보호 영역으로 나누어볼 수 있다(김주일, 2004: 118-120). 법적 보호 정책은 가장 전통적인 형태이며 주로 법적 규제를 통하여 청소년들이 유해 환경과 접촉하는 것을 차단하는 억제적 방안들이 중심이 된다. 법 규정들은 일차적으로 모든 시민들을 대상으로 하고 있지만 특히 청소년들에게 유해하다고 판단되는 것들 예컨대 약물, 주류, 담배, 유해매체, 유해장소 및 유해하다고 판단되는 행위 즉, 폭력, 성적 학대 등에 대해 형법과 청소년보호법, 청소년노동보호법, 약물법 등을 통해 구체적으로 명시하고 있다.

교육적 보호는 전통적 방식의 법적 보호만으로는 청소년들의 건전한 성장과 능동적 의식 함양에 한계가 있다는 인식에 따라 중요한 정책 영역으로 대두되었다. 교육적 보호는 국가의 가부장적 개입과 통제에 따른 청소년 보호보다는 교육을 통해 청소년 스스로 올바른 판단을 할 수 있는 능력을 기르고 문제 상황에서 올바른 의사결정을 할 수 있도록 하는 것이 보다 근본적인 해법이라는 판단에 기초하고 있다.

구조적 보호는 청소년을 보호의 대상으로 바라보는 법적 접근이나, 청소년이 스스로를 보호할 수 있는 자질을 함양하도록 하는 교육적 접근과 달리 사회구조의 변화를 통해 청소년 친화적인 환경을 조성하는 것을 목적으로 한다. 따라서 구조적 보호는 특정 법률이나 청소년 기관만이 감당할 수 있는 영역이 아니라, 정부 각 부처를 포괄하는 정책 연계를 통해 접근해야 하는 영역이다. 예컨대, 청소년에게 유해한 콘텐츠를 제공할 수 있는 방송 및 통신 분야, 청소년 안전에 위협이 될 수 있는 도시건축이나 교통시설, 식품 및 위생 분야 등 공공 정책의 전 분야에서 청소년 보호를 고려한 의사결정과 제도 시행을 지향한다.

(1) 법적 보호 정책

법적 보호는 법률 규정과 사법 적용으로 이루어진다. 대표적인 법률인 독일 청소년보호법은 유해환경을 공중 영역과 미디어 영역으로 구분하고 각 영역에서 지켜야 할 청소년 보호의 법적 의무를 명시하고 있다. 청소년보호법의 보호 대상은 14세 미만의 어린이와 14세 이상 18세 미만의 청소년으로 구분된다.[1] 청소년 보호 의무가 있는 공중 영역은 접객업소, 댄스파티, 도박장, 기타 유해장소로 구분되고 보호자의 동반 의무 및 체류 시간, 구체적인 제한 연령 및 주류와 담배의 관리 의무까지 명시하고 있다. 미디어 영역은 영화, 영상물, 게임물 등을 규정하고 있으며 연령표시 의무와 설치, 유통, 표현 및 묘사 제한에 대한 규정들을 담고 있다(김정환, 2009).

청소년보호법 및 기타 법률상의 청소년 관련 보호 규정에 따라 이를 위반한 경우 사법 적용을 받게 된다. 소년 사법제도는 검찰에 의해 기소가 확정되면 사안이 소년 법원으로 넘겨진다. 이 때 수사기관은 법원의 합리적 판단을 돕기 위해 위법 청소년의 개인적, 사회적 배경에 대한 조사를 실시하여 관련 자료를 법원에 제공하는데 판사는 전달 받은 관련 자료를 토대로 판결과 양형을 결정하게 된다.

1) 독일 경찰청이 분류하고 있는 18세부터 21세까지의 청년(young adult)은 청소년보호법의 적용 대상이 아니다.

소년 재판은 청소년의 인격 보호를 위하여 부모를 제외하고 비공개로 진행되며 법률 보좌관(court aide)이 재판 전 과정에 배석하여 피의(被疑) 청소년의 법적 권리를 보호한다. 아울러 청소년에게 재판 전 단계에서의 구금은 원칙적으로 금지된다. 다만, 피의 청소년이 과거에 도주의 경력이 있거나 안정적인 거주지가 없을 경우에 한해, 청소년의 의사를 고려하여 구금하는 것은 가능하다. 구금이 결정된 경우에도 청소년을 위한 다양한 보호 서비스를 제공해야 한다(Albrecht, 2004: 470-471).

(2) 교육적 보호 정책

약물 중독, 폭력, 유해매체 접촉과 같은 대표적 청소년 문제들은 전통적으로 법적 보호를 통해 접근을 차단하거나 위반 시 처벌하는 방법을 사용하였다. 그러나 법적 보호 정책에 대해서는 그동안 다양한 비판들이 제기되어 왔다. 예를 들어 청소년의 미숙한 판단 능력 때문에 발생하는 범죄에 대한 예방 효과 부족, 사회적 낙인으로 인한 재범자 양산, 실질적인 범죄율 감소의 실패와 같은 문제들은 교육적 정책을 통해 보완하는 것이 바람직하다.

교육적 보호는 청소년의 사회화를 담당하는 모든 교육 기관과 이들의 교육학적 프로그램들을 총칭한다. 학교 교육은 물론이거니와 시민사회 단체의 청소년 참여 프로그램과 강연회 등이 대표적인 노력들이라 할 수 있는데 최근 들어 강조되고 있는 교육 내용에는 약물 중독, 유해매체, 성문제, 자살문제, 청소년 노동문제, 폭력 문제, 다문화 문제 등이 있다.

과거의 교육이 이러한 문제의 예방을 위해 관련된 정보들을 제공하거나 일방적으로 계몽하는데 주안점을 두었다면, 최근에는 청소년들이 스스로 해당 문제의 심각성을 인식하고 문제를 해결할 수 있는 자율적 능력을 신장시키는데 초점을 맞추고 있다.

(3) 구조적 보호 정책

구조적 보호 정책은 청소년이 안전하고 건강하게 성장할 수 있도록 생활

환경을 조성하는 것을 목적으로 한다. 예를 들어 청소년의 유해 업소 출입이 심각한 지역이 있다고 할 때, 법적 보호 정책은 관련 법을 적용하여 출입 청소년과 업주에게 적법한 처벌을 가하는 방식을 취하고, 교육적 보호 정책은 유해 업소 출입의 위험성과 건강에 미치는 해악 등을 가르쳐 자발적인 준수를 이끌어내는 방식을 취한다. 이에 비해 구조적 정책은 "왜 이 지역의 청소년들이 유해 업소 출입을 많이 하는가?"라는 문제의식에서 출발하여 도시 환경 정화와 청소년 놀이 시설의 확충 등을 통해 문제를 해결한다.

이처럼 구조적 보호 정책은 특정 법률이나 단체의 노력만으로는 해결하기 어려운 사회구조적 문제에 접근한다. 따라서 연방과 주, 지방정부는 물론 다양한 사회단체 및 이들의 네트워크가 종합적으로 정책 주체의 역할을 수행한다.

최근 독일에서 범정부 차원으로 추진하고 있는 정책들은 계층 문제 해소를 통한 청소년의 사회적 차별 퇴치, 인종 차별과 반유대주의, 외국인 혐오증의 퇴치, 청소년 참여와 시민의식 성장 등을 목적으로 하고 있다. 이를 위하여 다양한 사업들이 추진되고 있는데 대표적인 것으로 소외 청소년을 위한 기회 균등 프로그램(학업 중도 포기 학생들을 위한 취업 준비 교육 등), 청소년을 위한 사회복지 수당과 보조금, 길거리 아동과 청소년을 위한 주택 정책 및 보조금, 청소년이 주체가 되는 다양한 정치 참여 단체, 인종 차별 철폐를 위한 프로그램 등이 있다(윤철경 · 정회욱, 2001: 120-140).

3. 일본의 청소년 보호

1) 일본 청소년 문제의 실태

(1) 청소년 범죄의 추이

일본은 장기간에 걸친 경제 악화와 빈번한 자연 재해 등의 문제로 사회적 혼란을 겪고 있으며 이에 수반되는 치안정세의 악화를 해결하기 위해 많은 노력을 기울이고 있다. 특히 청소년 인구의 감소에도 불구하고 전체 범죄에서 청소년 범죄가 차지하는 비율을 늘고 있는 추세를 감안하여 소년 비행 방지와 청소년의 건전한 육성을 중요한 사회적 과제로 삼고 있다.

일본의 청소년 범죄자 수는 1980년대에 가장 높았고 이후 1990년대 중반까지 감소 경향이 지속되었으나, 이후 대략 15만 명 내외에서 증감을 반복하고 있다. 문제는 전체 범죄 검거 인원에서 소년이 차지하는 비율이 40%를 넘는다는 점이다(김철호, 2004: 2). 이러한 비율은 각 국의 범죄 통계를 비교해 볼 때 과도하게 높은 수치이다. 물론 각 나라마다 범죄율과 검거율을 산출하는 방식이 다르고, 일본의 경우 청소년들이 절대 다수를 차지하는 상해죄 검거율이 매우 높다는 점도 감안해야 하지만(김승구, 1992: 25-26) 그럼에도 불구하고 청소년의 높은 범죄율은 일본 사회의 미래에 심각한 걱정거리임에 틀림없다.

일본 정부는 청소년을 둘러싼 문제들이 현대 일본 사회의 위기의식 그리고 가정과 학교, 지역사회 등 광범위한 영역의 다양한 요인들이 상호적으로 얽힌 문제로 인식하고 있다. 후생노동성의 조사에 따르면 일본 가족의 핵가족화 현상에 따라 아동이 혼자 보내는 시간이 늘고 있으며 혼자 식사를 하는 청소년들의 비율도 늘어나고 있는 것으로 밝혀졌다(강영배, 2004: 166).

소년범을 대상으로 한 의식 조사 결과 남에 대한 이해심 부족, 대인 관계를 원만하기 유지하는 능력의 부족, 그리고 보호자의 적절한 보살핌의 부재 등이 중요한 문제 요인으로 밝혀졌는데(김철호, 2005: 30) 이러한 요인들은 청소년 보호를 위한 가정의 역할이 소홀해진 점에 기인한 것으로 해석할 수 있다.

(2) 최근의 청소년 문제

일본의 청소년 문제는 1980년대까지 폭행 관련 범죄가 주를 이루다가 1990년대에는 이지메와 등교거부와 같은 학교 관련 문제들이 주목을 받았다. 최근에는 새로운 청소년 유해 환경의 등장이 중요한 문제로 다루어지고 있다. 이미 과거부터 청소년의 성적 호기심, 폭력성, 잔학성을 조장할 우려가 있는 출판물, 비디오, 영화 등과 같은 매체와 향락적인 색채가 강한 디스코텍, 심야음식점, 게임센터, 노래방과 같은 업소들에 대한 규제와 단속이 이루어져 왔다.

최근에는 전화교제 서비스, 미팅 사이트 등 정보통신과 관련한 유해 사업들이 많이 생겨나면서 청소년들에게 심각한 영향을 미치고 있다. 특히 이러한 유해 매체들은 가정에서도 접근할 수 있고, 핵가족화에 따라 가족의 보호와 지도를 받지 못하는 상황에서 쉽게 빠져들 수 있다는 점에서 심각성이 크다(도중진, 2009: 99-103).

2) 일본의 청소년 보호 정책

(1) 청소년 보호 정책의 시대적 변화

일본의 청소년 보호 정책의 특징은 시대별로 구분할 수 있다(황성하, 2008: 122-127). 첫 번째 단계인 2차 대전 패전 직후에는 긴급구호 대책과 기본적 법제도의 제정 시기로 볼 수 있다. 이 시기는 종전 직후의 사회적 혼란으로부터 경제를 회복해가는 과정에서 전쟁 고아, 부랑아 및 가출소년이 급증하였으며 이에 따라 청소년 범죄도 증가하였다. 이러한 문제에 대처하기 위해 새로운 헌법을 비롯하여 교육기본법, 학교교육법, 노동기준법, 아동복지법, 소년법 등의 법제도를 정비하였다.

① 1950~1960년대

1950년대부터 1960년대에는 경제부흥과 고도 성장에 따른 소비 풍조 조성에 따라 청소년들의 가출, 배회, 유해 업소 출입 등의 문제가 불거졌으며 단순한 비행 방지 정책으로부터 청소년 건전 육성을 위한 범사회적 정책이 마련되었다.

② 1970년대

1970년대에는 핵가족화, 도시화, 자녀수의 감소와 함께 가정의 교육 기능이 저하되는 경향이 나타났으며 풍요로운 소비생활 속에서 성산업과 게임센터가 증가하는 등 사회 전반의 향락적 성향이 강해졌다. 이러한 상황에서 가정 폭력, 교내 폭력, 집단따돌림 등의 문제가 늘어났으며 청소년을 둘러싼 가정과 학교 환경의 변화에 대처하기 위한 다양한 정책들이 시도되었다.

③ 1980~1990년대

1980년대와 1990년대는 경기침체로 인한 청소년 취업 문제, 가정과 지역사회의 교육 기능 저하, 다양한 매체의 발달에 따른 새로운 유해 환경이 조성되는 등의 문제가 발생하였다. 특히 1990년대 이후 주요 형법범 소년의 전체 인구 대비 비율이 증가하였으며, 약물 남용, 집단따돌림, 폭력 행위, 성일탈, 그리고 흉악 범죄 등의 문제가 심각한 수준에 이르렀다.

일본 정부는 청소년을 둘러싼 문제들이 가정과 학교, 지역사회 등 광범위한 영역에 걸친 여러 가지 요인들이 복합적으로 얽힌 문제라는 점에 인식을 공유하고, 환경 요인을 종합적으로 고려하는 보호 정책을 통해 사회적 안전망을 정비하는 노력을 기울였다.

④ 2000년대 이후

2000년대 들어서서 1990년대 이래로 지속되어온 종합적 성격의 정책들을 계승하면서 청소년 친화적인 복지 사업들을 강화하고 있다. 지역사회 전체가 청소년 보호의 책임을 공유하기 위하여 다양한 청소년 단체와 프로그램들을 설치 · 운영하고, 자원 봉사나 국제교류, 사회문제에 직접 청소년들이 참여할 수 있는 기회를 제공함으로써 청소년들의 자발적이고 건전한 성장을 유도하고 있다.

(2) 소년 사법제도의 변화

① 소년 사법의 엄벌화 경향

1948년 제정된 일본 소년법은 철저한 보호주의적 성격의 법률이었다. 그러나 1970~80년대를 거치면서 연속적인 강력 소년 범죄의 발생을 계기로 보호주의적인 소년법을 개정해야 한다는 주장이 힘을 얻기 시작하였다.

2000년에 들어서서 개정된 소년법은 형사처벌이 가능한 연령의 인하, 소년심판 절차의 적정화, 소년범죄 피해자에 대한 배려를 강화하였고, 2007년 들어 재개정된 소년법 역시 14세 미만의 비행소년에 대한 처리의 강화를 특징으로 하고 있다.

2000년에 이루어진 1차 개정은 그때까지 형사처벌을 할 수 없었던 14세와 15세 소년에 대한 형벌이 가능하도록 엄벌화하는 것이 특징이었고 많은 사회적 논란에도 불구하고 2007년 2차 개정이 이루어짐에 따라 14세 미만의 소년에 대해서도 처리와 조치가 가능하게 함으로써 전체적으로 소년 범죄에 대한 엄벌화 경향이 최근의 추세라 할 수 있다(최종식, 2007: 272-279).

② 엄벌화 경향에 대한 비판

최근 소년 사법의 엄벌화 경향에 대해서 많은 비판들이 제기되고 있다. 대개 사법 제도의 변화를 요구하는 목소리가 높아지는 계기는 사회적으로 큰 이슈가 되는 강력 범죄가 등장하는 경우이다.

일본에서도 어린 소년에 의해 자행된 몇 건의 흉악 범죄가 사회적 위기감을 고조시켜 법 개정의 분위기를 이끌어간 것이 사실이다. 그러나 치안 문제에 대한 일반의 인식은 실제 현실의 범죄 상황을 정확히 반영하고 있는 것이 아니다. 언론보도, 범죄 피해자와 유족, 그 지지자를 포함한 일반시민의 활동, 행정과 정치적 활동 등에 의해 형성된 일종의 신화라는 비판이 있다.

엄중한 처벌은 외견상 범죄 억제나 재발 방지에 효과가 있는 것처럼 보이지만, 사회적 격리나 교육적 원조의 빈곤, 사회적 낙인의 심화에 의하여 청소년의 사회 복귀를 어렵게 만들고 재범 가능성을 높여서 오히려 범죄 상황을 악화시킬 수도 있다(최종식, 2007: 269-270)

(3) 환경 개선을 통한 청소년 보호

청소년을 둘러싼 사회적 환경은 가정과 학교, 지역 사회이다. 법과 제도를 통한 청소년 보호의 한계를 인식하고 범죄가 발생하기 어렵도록 청소년 친화적 사회 환경을 조성하는 것은 일본뿐만 아니라, 서구의 청소년 보호 정책에서도 공통적으로 관찰되는 현상이다.

① 가정에 대한 지원

핵가족 현상이 나타난 이래 가정의 청소년 보호 기능은 많이 약해졌다. 이러한 현상을 해결하기 위하여 사회적 원조를 필요로 하는 가정에 대한 복지 지원 사업을 실시하고 있다.

일본 정부는 수양부모제도 개정, 아동보호시설, 보육소 등을 정비함으로써 아동 학대를 방지하고 가정 문제의 조기 발견과 대응, 보호 · 지원 · 사후 대책에 이르기까지 연속적이고 종합적인 지원을 강구하고 있다.

② 학교의 역할 강화

학교에서도 다양한 청소년 보호 프로그램을 실시하고 있다. 학생들의 문제행동을 체계적으로 관리하기 위하여 교내 상담 교사를 확충 · 배치하고 있으며 등교 거부나 집단 따돌림 등 학생들의 학교부적응 문제를 해결하기 위하여 지역과 연계한 네트워크 사업도 실시하고 있다.

아울러 흡연, 음주, 약물 남용, 성일탈 등의 문제에 대응하기 위한 교육 자료들을 제작 · 배포하고, 담당 교사들의 연수를 통해 실질적이고 체계적인 교육이 이루어지도록 하고 있다.

③ 지역 사회의 환경 조성

지역 사회 차원에서는 청소년 친화적 환경을 조성하기 위해 유해 환경을 정화하는 사업을 실시하고 있다. 관련 업종 사업주들로 하여금 청소년의 출입을 규제할 수 있도록 계도하고, 주민 자치 조직을 통한 환경 정화 활동을 장려하며, 지방 정부의 조례 제정을 통한 제도적 방안도 마련하고 있다.

특히 최근 문제가 심각해지고 있는 유해 사이트의 확산을 막기 위해 정보 제공자나 사이트 관리자들로 하여금 청소년의 접속을 막는 기술적 조치를 의무화하고 있다(강영배, 2004: 166-170).

4. 우리나라 청소년 보호 정책에의 시사점

1) 외국 청소년 보호 정책의 특성

각국의 청소년 보호 정책은 해당 사회의 특징과 시대적 변화를 반영하고 있다. 미국, 독일, 일본의 청소년 문제와 보호 정책들을 살펴보면 우리나라의 상황과 유사한 측면들을 많이 발견할 수 있다. 특히 1990년대 중반 이후 근대화와 산업 발전, 그리고 정보화 사회로 이행하는 사회경제적 변화의 과정에서 우리나라의 법과 제도, 문화에 많은 영향을 미쳤다.

(1) 미국

미국은 해방 이후 한국 사회에 가장 큰 영향을 끼친 나라라고 할 수 있다. 청소년 문제에 있어서도 관련 현상이나 그것에 대한 학문적 탐구가 가장 많이 이루어지고 있는 나라가 미국이다.

세계에서 가장 강한 나라라는 사실과 역설적으로 미국 사회는 해결하기 어려운 무수한 사회적 문제들을 안고 있다. 빈부격차, 인종과 문화의 갈등, 지역에 따른 교육의 질적 차이와 같은 문제들은 다양한 청소년 문제들을 파생시키고 있다.

(2) 독일

독일은 전란의 극복 과정에서 심각한 사회문제를 경험하였고, 우리나라와 같은 이념 갈등과 분단의 역사를 갖고 있는 나라이다. 역사적 유사성과는 별개로 대륙법계를 대표하는 나라로서 우리나라를 비롯한 많은 나라의 법과 제도에 큰 영향을 미쳤다.

통일 이후의 혼란, 이주민 문화와의 갈등 등은 우리나라가 최근 경험하고 있거나 머지않은 미래에 겪게 될 문제에 대해 많은 시사점을 제공해 준다. 특히 이러한 문제들이 결국 향후 우리 사회를 이끌어나갈 청소년들의 올바를 가치관의 형성과 직결되는 문제라는 점에서 그 중요도가 크다.

(3) 일본

일본은 지리적 접근성, 오랜 문화역사적 교류 측면에서 우리나라와 밀접한 관계에 있는 나라이다. 법과 제도적 측면의 유사성이 근대 식민지배의 영향에서 비롯되었다는 점에서 극복해야 할 과제임에는 틀림없지만 아시아의 평화 정착과 공동 발전을 위하여 더 많은 교류와 협력을 해야 하는 것이 우리에게 주어진 과제이다.

청소년 문제의 측면에서 접근했을 때, 가정과 학교를 둘러싼 문제 양상에서 양국은 많은 유사성을 갖고 있다. 이러한 문제에 대처하기 위한 일본의 정책 사례들이 우리에게 중요한 시사점을 줄 수 있다.

2) 법 · 제도적 시사점

외국 사례를 통해 살펴본 청소년 문제에 대한 법 · 제도적 대처 방안은 우리나라의 청소년 관련 법과 제도의 발전에 많은 시사점을 제공해 준다. 청소년 문제에 대한 법적 접근의 핵심 이슈는 "과연 처벌 외에 다른 방법이 없는가?"라는 점이다. 여기에 대해서는 상반되는 주장이 맞서고 있다. 하나의 주장은 증가하는 청소년 범죄에 대해서 보다 강력한 처벌을 하자는 것이고, 다른 하나는 처벌 위주의 소년 사법제도는 범죄율 감소와 재범 방지에 효과가 없다는 사실이 이미 검증되었다는 것이다(전돈수, 2003: 45).

최근 들어 외국에서는 총기를 이용한 살인 사건, 가족과 친구들을 범행 대상으로 삼은 흉악 범죄들이 청소년들에 의해 자행되면서 엄격한 법적 처벌의 필요성이 높아지고 있지만, 보다 근본적인 문제 해결을 위한 법과 제도의 정비에 더 많은 노력을 기울이고 있다.

위법 청소년에 대해서는 적법 절차를 통해 인권을 보호하고 차후 사회복귀가 원만하게 이루어 질수 있도록 교육기능을 강화하고 있으며, 피해자에 대해서는 적절한 치료와 보상, 그리고 공익을 위해 상습적이고 죄질이 나쁜 청소년으로부터 지역사회를 보호하기 위한 제도들을 마련하고 있다(전돈수 2003: 46-48).

우리나라 청소년 사법제도도 단순한 처벌 위주의 접근에서 벗어나야 한다. 이를 위해서는 사법처리 과정 초기 단계부터 교육, 사회적 기능, 고용가능성에 초점을 맞추어야 하며 다양한 지역사회 봉사 프로그램, 갈등 조절 프로그램 들을 개발할 필요가 있다. 무엇보다 비행 청소년들을 잠재적 범죄 집단으로 바라보는 시각으로부터 벗어나, 성장 잠재력을 지닌 사회적 자원으로서 가치를 지닌 청소년으로 인정하는 의식 전환이 필요하다(남미애, 2005: 45).

3) 새로운 문제에 대한 시사점

(1) 정보통신 관련 청소년 문제

외국은 물론 우리나라에서도 중요하게 다루어지는 청소년 문제는 폭력, 가출, 약물 남용, 유해 환경과의 접촉 등이다. 그런데 최근 들어 새로운 유형의 문제들이 등장하기 시작하였다. 대표적으로 인터넷과 정보통신 기술의 발달로 인한 유해 정보의 확산이 청소년들의 건전한 삶을 위협하고 있다. 음란·폭력 콘텐츠의 무분별한 전송과 확산, 자살 사이트나 불건전한 만남을 알선하는 사이트들이 심각한 사회 문제로 등장하였다. 정부 차원에서 이러한 유해 사이트들을 단속하고 있지만 행정력이 미치지 못하는 경우가 많으며, 단속을 피해 해외에 서버를 두고 있는 경우에는 실질적인 행정 및 사법 조치를 취할 수 없는 경우가 많다.

이러한 문제를 해결하기 위해서 관련 법을 제·개정하고 사이버 수사력을 신장시키는 것도 필요하지만, 많은 나라들이 같은 문제의식을 공유하고 있기 때문에 국제적인 협력도 필요하다. 아무리 성문화가 개방되고 사적 영역의 보장을 강조하는 나라에서도 청소년에 대한 정보 접근의 규제와 관리는 이루어지고 있다. 따라서 국내뿐만 아니라 해외로부터 유입되는 청소년 유해 정보를 관리하기 위한 국가 간 협력과 노력이 필요하다.

(2) 다문화 현상 관련 청소년 문제

미국과 독일의 사례에서 살펴보았지만, 우리나라에서도 다문화 현상과 관련한 청소년 문제들이 발생하고 있다. 다문화 현상의 본질은 주류 문화로서 사회경제적 상층부를 차지하고 있는 다수 집단이 이주민들을 차별하는데 있다. 차별의 결과는 이주민의 문화를 하위문화로 규정하고 사회경제적 지위의 하층부에 종속시키는 것이다.

미국의 경우 주로 흑인들이 이러한 차별의 피해를 받고 있고, 독일의 경우 동유럽계 이주민들이 이러한 차별을 받고 있다. 우리나라에서는 주로 동남아시아계 이주민들이 같은 고통을 겪고 있다. 이러한 고통은 이주한 성인뿐만 아니라 동반 자녀, 그리고 이들의 후세대에까지 대물림을 하는 경우가 많다.

우리나라는 2000년대 들어 다문화 현상에 사람들의 관심이 늘어나기 시작하였고, 정부와 시민사회, 학계를 중심으로 다양한 대책들이 논의되고 있다. 이미 많은 다문화 청소년들이 사회적으로 낮은 계층에 속해 있으며, 이로 인한 자존감 상실, 학교부적응 등을 경험하고 있다.

이러한 위기 상황을 관리하는데 실패하면 문제행동을 일으킬 위험이 높다. 인종 차별로 인해 심각한 사회적 갈등과 비용을 지불하고 있는 미국과 외국인 혐오주의가 다시 고개를 들고 있는 독일의 사례를 비판적 관점으로 분석하여 우리나라의 다문화 청소년들이 건전한 시민으로 성장할 수 있도록 해야 한다.

4) 향후 정책에의 시사점

청소년 보호 정책은 여타의 공공 정책과 그 성격이 다르다. 대부분 국가의 행정 조직은 보통 직무의 영역에 따라 구조화되어 있다. 예컨대 국토방위, 국내 치안, 재정 운영, 교육, 보건 등 전문성이 집중될 때 가장 효율적으로 관리될 수 있는 방식이다. 그런데 청소년 정책은 그 대상이 직무의 영역이 아니라 인간이기 때문에 집중이 곧 효율성을 보장해 주지 않는다.

정부의 청소년 관련 부서나 기구가 오랜 세월 안정적으로 사업을 관리하는 경우는 드물다. 미국, 독일, 일본은 물론 우리나라도 정부 조직이 개편될 때마다, 또는 여론의 비등(沸騰)에 따라 반복적으로 바뀌어 왔다.

최근 들어 각국의 청소년 정책은 관련 영역의 연계와 통합을 지향하는 방향으로 변하고 있다. 이는 청소년 문제와 관련한 사회적 영역에 경계가 없기 때문이므로 바람직한 변화라고 할 수 있다. 외국의 사례가 시사해 주는 향후 우리나라 청소년 보호 정책의 방향은 다음 세 가지로 정리할 수 있다(강영배 · 진영선, 2008: 39-41).

(1) 정책 사각 지대의 해소

우리나라의 정책 운영 체계는 중앙 집권적 성향이 강하여 의사결정이 효율적으로 이루어진다는 장점이 있는 반면, 다양한 문제에 융통성을 발휘하기가 어렵다는 단점을 지닌다.

실제로 청소년들이 문제를 경험하고 있는 현실 상황에는 중앙 정부의 행정력이 미치지 못하는 경우가 많다. 가족과 학교, 지역사회, 공공기관 등의 협력 네트워크가 구축함으로써 공공 정책이 실질적인 효과를 거둘 수 있도록 해야 한다.

(2) 전 생애적(lifespan) 관점의 접근

청소년 보호 정책은 각각의 발달 단계에 따라 분리되어서는 안 되고 상호 연계되어야 한다. 물론 법은 법적 안정성과 형평성의 원칙을 준수하기 위하여 형사상의 연령을 명확하게 규정한다.

그러나 법 외의 영역에서는 어떤 행동에 대해 13세는 해도 되지만 14세는 해선 안 된다고 할 근거가 없다. 이렇게 청소년 문제를 생애적 관점으로 접근하는 이유는 아동기적 특성이 청소년기와 연결되며, 청소년기의 특성이 청년기의 문제와 직결되기 때문이다.

(3) 사회구조적 접근

청소년 문제는 어떤 개인적 성향 때문에 생기는 것만도 아니고, 청소년기가 갖는 특수성 때문에 생기는 것만도 아니다. 대다수의 청소년 문제는 청소년을 둘러싼 사회 구조적 환경들이 복합적으로 작용하여 발생한다.

외국의 경우는 물론 우리나라도 가족의 해체, 빈곤한 생활환경, 지역 사회 자원의 결핍 등이 중요한 환경 요인이다. 이러한 문제는 사회 구조적 개선 노력을 통해 해결해야 한다. 구체적으로 계층적 양극화를 해소하기 위한 분배 정책, 지속적인 일자리 창출을 위한 노동 정책과 실업자를 위한 사회적 안전망 확충, 지역 사회의 안정적 발전을 위한 지방 정책 그리고 사회 공동체의 구성원들의 자질 함양을 위한 평생교육 등이 필요하다.

이러한 거시적이고, 중장기적인 사회 개선 노력을 통해 궁극적으로 청소년들이 안전하고 건전하게 성장할 수 있는 환경을 조성해 주는 것이 청소년 보호를 위한 근본적인 대책이다.

학습 정리

1. 미국의 청소년 보호

- 미국의 청소년 문제는 빈곤과 사회 계층화에 따른 배경 요인으로 발생하고 흑인 남성 청소년들의 범죄율이 높은 것으로 나타나지만, 인종 차별적인 사법처리에 기인한 왜곡된 실태라는 비판이 존재한다.
- 미국의 청소년 보호 정책은 지역사회와 연계한 치안 활동, 교정과 재사회화를 목표로 하는 소년 사법제도, 위법 청소년에 대한 처벌 정책 그리고 청소년 보호를 위한 다양한 예방 및 재활 프로그램 등으로 구성된다.

2. 독일의 청소년 보호

- 독일은 증가하는 청소년 범죄에 대해 강력한 처벌을 요구하는 주장과, 청소년을 우범 집단으로 간주하는 인식을 탈피해야 한다는 주장이 맞서고 있으며 최근 들어 인종 문제와 결합한 청소년 문제가 중요한 이슈로 대두되고 있다.
- 독일의 청소년 보호 정책은 청소년보호법을 근간으로 하는 법적 보호, 청소년의 자율적 능력을 신장시키는 교육적 보호, 그리고 건전한 생활 환경을 조성하기 위한 구조적 보호 정책으로 구성된다.

3. 일본의 청소년 보호

- 일본은 가정의 교육적 기능 약화에 따른 청소년 문제, 학교에서 이루어지는 이지메와 등교 거부 같은 문제들이 지속되고 있는 가운데, 최근 정보통신 유해 매체와의 접촉이 심각한 문제로 다루어지고 있다.
- 일본에서는 최근 소년 사법의 엄벌화 경향에 대해 많은 비판들이 제기되고 있으며 법을 통한 처벌보다는 가정과 학교, 지역사회의 환경 개선을 통해 청소년 친화적인 환경을 조성하기 위한 정책 네트워크가 형성되고 있다.

4. 우리나라 청소년 보호 정책에의 시사점

- 사법 제도를 통한 청소년 보호는 단순한 처벌 위주의 접근으로부터 탈피하고 청소년들을 성장 잠재력을 지닌 사회적 자원으로 인식하는 의식의 전환으로 나아가야 한다.
- 정보통신 기술의 발달과 이로 인해 파생되는 청소년 문제, 그리고 다문화 사회로의 이행 과정에서 새롭게 등장하고 있는 청소년 문제들을 해결하기 위해 외국의 사례들을 비판적으로 수용해야 한다.

- 외국의 정책 동향과 그 성과에 비추어 볼 때, 향후 우리나라의 청소년 보호 정책은 네트워크를 통한 정책 사각지대의 해소, 전 생애적 관점으로의 접근, 그리고 사회 구조적 관점의 접근을 강화해야 한다.

참고문헌

강영배(2004). 현대 일본 청소년 정책에 관한 분석 및 정책적 시사점, 청소년학연구, 11(2), 163-183.

강영배 · 진영선(2008). 청소년정책에 관한 국제 비교 연구 -한국, 미국, 일본을 중심으로. 미래청소년학회지, 5(1), 19-43.

김승구(1992). 외국의 소년범죄처리제도와 실태 -일본제도를 중심으로. 한국형사정책연구원.

김정환(2009). 독일 청소년보호법. 법학논총, 21(2), 393-422.

김주일(2004). 독일의 청소년보호활동에 관한 연구. 사회복지정책, 18, 105-131.

김철호(2004). 최근 일본의 소년범죄동향과 그 시책. 형사정책연구소식, 82.

김철호(2005). "일본의 소년비행 동향 -2005년 일본 범죄백서를 중심으로. 형사정책연구소식 92.

남미애(2005). 소년사법처리과정 청소년을 위한 미국 소년사법관련 다기관간 협력에 대한 연구. 교정연구, 26, 33-55.

도중진(2009). 일본의 청소년 유해환경 규제 법률과 청소년보호 지원체계. 청소년보호연구, 12, 93-123.

윤철경 · 정회욱(2001). 유럽 국가의 청소년 정책. 한국청소년개발원.

이승현 · 박성훈(2017). 소년강력범죄에 대한 외국의 대응동향 및 정책 시사점 연구. 형사정책연구원 연구총서 17-AB-07.

이해주 · 이미리 · 모경환(2006). 청소년 문제론. 한국방송통신대학교출판부.

전돈수(2003). 최근 미국 소년사법제도의 변화가 주는 교훈. 한국경찰연구, 1(2), 28-52.

최종식(2007). 일본 소년사법의 최근 동향. 동북아법연구, 1(1), 267-291.

황성하(2008). 일본 청소년복지 정책의 발전과 현황에 대한 고찰 -청소년복지 정책의 변화과정과 청소년육성시책대강을 중심으로. 청소년학연구, 15(1), 115-142.

Agnew, R., Brezina, T. (2012). *Juvenile Delinquency Causes and Control*(4th ed.), New York: Oxford University Press.

Bundesministerium des Innern(2010). Polizeiliche Kriminal-statistik 2010, Publikationsversand der Bundesregierung.

Albrecht, H. J. (2004). "Youth Justice in Germany", *Crime and Justice, Vol 31*, 443-493.

Siegel, L. J., Welsh, B. C. (2011). *Juvenile Delinquency the Core*(4th ed.), CA: Wadsworth.

찾아보기

저자 소개

모경환

서울대학교 사범대학 사회교육과(학사)

서울대학교 사범대학 사회교육과(석사)

University of California at Berkeley(Ph.D.)

현) 서울대학교 사범대학 사회교육과 교수

이미리

연세대학교 생활과학대학 아동학과(학사)

연세대학교 생활과학대학 아동학과(석사)

University of Illinois at Urbana-Champaign(Ph.D.)

현) 한국체육대학교 스포츠청소년지도학과 교수

김명정

서울대학교 사범대학 사회교육과(학사)

서울대학교 사범대학 사회교육과(석사)

서울대학교 사범대학 사회교육과(박사)

현) 강원대학교 사범대학 일반사회교육과 교수

청소년 문제와 보호(제2판)

2014년 8월 30일 1판 1쇄 발행
2016년 2월 25일 1판 2쇄 발행
2020년 2월 25일 2판 1쇄 인쇄
2020년 2월 28일 2판 1쇄 발행

저 자 • 모경환 · 이미리 · 김명정

발행자 • 한정주
발행처 • 교육과학사
경기도 파주시 광인사길 71
전화 • 031)955-6956~8 / 팩스 031)955-6037
Home-page • http://www.kyoyookbook.co.kr
E-mail • kyoyook@chol.com
등록 • 1970년 5월 18일 제2-73호

정가 18,000원
ISBN 978-89-254-1466-9

낙장 · 파본은 교환해 드립니다.
Printed in Korea.
저자와의 협의하에 인지를 생략합니다.